Die Fernwirkung der Beweisverbote

Europäische Hochschulschriften Recht

European University Studies in Law

Publications Universitaires Européennes de Droit

Band/Volume **6069**

Carlos Correa Robles

Die Fernwirkung der Beweisverbote

Ein Rechtsvergleich zwischen deutschem und chilenischem Strafprozessrecht

PETER LANG

Bibliografische Information der Deutschen Nationalbibliothek
Die Deutsche Nationalbibliothek verzeichnet diese Publikation in der Deutschen Nationalbibliografie; detaillierte bibliografische Daten sind im Internet über http://dnb.d-nb.de abrufbar.

Zugl.: Berlin, Freie Univ., Diss., 2018

D 188
ISSN 0531-7312
ISBN 978-3-631-77996-5 (Print)
E-ISBN 978-3-631-78245-3 (E-PDF)
E-ISBN 978-3-631-78246-0 (EPUB)
E-ISBN 978-3-631-78247-7 (MOBI)
DOI 10.3726/b15315

Diese Publikation wurde begutachtet.

www.peterlang.com

Vorwort

Die vorliegende Arbeit wurde im Dezember 2016 vom Fachbereich Rechtswissenschaft der Freien Universität Berlin als Dissertation angenommen. Rechtsprechung und Literatur sind im Wesentlichen bis Ende 2016 berücksichtigt.

Mein herzlichster Dank gilt meinem Doktorvater, Herrn Professor a.D. Dr. Klaus Rogall für die wissenschaftliche Betreuung meines Promotionsvorhabens. Bei Fragen und Problemen konnte ich mich immer an ihn wenden. Professor Dr. Carsten Momsen bin ich für die wertvollen Anregungen in seinem Zweitgutachten dankbar.

Mein Dank gilt ebenso der Konrad-Adenauer-Stiftung e.V., die durch ein Dissertationsstipendium die Anfertigung dieser Untersuchung ermöglichte. Für Korrekturen und Hinweise bei der Manuskripterstellung danke ich herzlich Frau Ute Rehfeld, Frau Kyra Gawlista, Frau Margot Wagner, Frau Natalia Sartori und Herrn Carsten Stempel. Ohne ihre Unterstützung hätte die Arbeit nicht entstehen können.

Den größten Dank möchte ich meiner Frau Daniela Pavez aussprechen, die stets für mich da war.

Santiago de Chile, im Oktober 2018.
Carlos Correa Robles

Inhaltsverzeichnis

Abkürzungen

a.A.	anderer Ansicht
AAJO	Auto de apertura del juicio oral (Beschluss zur Eröffnung der Hauptverhandlung)
Abs.	Absatz
aF	alte Fassung
AG	Amtsgericht
AK-StPO	Alternativkommentar zur Strafprozessordnung (zitiert nach Paragraph, Bearbeiter und Randnummer)
Anm.	Anmerkung
AnwK-StPO	Anwaltskommentar Strafprozessordnung (zitiert nach Paragraph, Bearbeiter und Randnummer)
AO	Abgabenordnung
APJO	Audiencia de preparación del juicio oral (Anhörung zur Vorbereitung der Hauptverhandlung)
Art.	Artikel
Aufl.	Auflage
BayObLG	Bayerisches Oberstes Landesgericht
BGB	Bürgerliches Gesetzbuch
BGH	Bundesgerichtshof
BGHSt	Entscheidungen des Bundesgerichtshofs in Strafsachen; Amtliche Sammlung (zitiert nach Band und Seite)
BVerfG	Bundesverfassungsgericht
BVerfGE	Entscheidungen des Bundesverfassungsgerichts; Amtliche Sammlung (zitiert nach Band und Seite)
B.Y.U. Journal of public law	Brigham Young University Journal of Public Law (zitiert nach Jahr und Seite)
BZRG	Gesetz über das Zentralregister und das Erziehungsregister (Bundeszentralregistergesetz)
Cal. L. Rev.	California Law Review
CdPP	Código de Procedimiento Penal (alte chilenische Strafprozessordnung von 1906)
CADH	Convención Americana sobre Derechos Humanos (Amerikanische Menschenrechtskonvention, auch Vertrag von San José de Costa Rica)
Cons.	Considerando (Urteilsbegründung) (zitiert nach Nummern)

COT	Código Orgánico de Tribunales (chilenisches Gerichtsverfassungsgesetz)
CP	Código Penal (chilenisches Strafgesetzbuch)
CPP	Código Procesal Penal (neue chilenische Strafprozessordnung von 2000)
CPR	Constitución Política de la República (chilenische Verfassung von 1980)
DAV	Schriftenreihe der Arbeitsgemeinschaft des Deutschen Anwaltsvereins, der Arbeitsgemeinschaft Strafrecht, Wahrheitsfindung und ihre Schranken, 1989
ders.	derselbe
Diss.	Dissertation
DJT	Deutscher Juristentag
DRiZ	Deutsche Richterzeitung (zitiert nach Jahr und Seite)
DuR	Demokratie und Recht (zitiert nach Jahr und Seite)
Eds.	Ediciones (Ausgaben)
EGMR	Europäischer Gerichtshof für Menschenrechte
Einl.	Einleitung
Fn.	Fußnote
FN	Fiscalía Nacional (chilenische Generalstaatsanwaltschaft)
FS	Festschrift
G 10	Gesetz zur Beschränkung des Brief-, Post- und Fernmeldegeheimnisses (Gesetz zu Artikel 10 GG) vom 13. August 1968
GA	Goltdammer's Archiv für Strafrecht (zitiert nach Jahr und Seite)
GG	Grundgesetz
GJ	Gaceta Jurídica (chilenische juristische Zeitschrift)
GS	Gedächtnisschrift
GVG	Gerichtsverfassungsgesetz
h.L.	herrschende Lehre
h.M.	herrschende Meinung
HGB	Handelsgesetzbuch
HRRS	Höchstrichterliche Rechtsprechung im Strafrecht (zitiert nach Jahr und Seite)
Idaho L.Rev.	Idaho Law Review (zitiert nach Jahr und Seite)
i.d.R.	in der Regel
i.e.S.	im engeren Sinne
InsO	Insolvenzordnung

i.V.m.	in Verbindung mit
J Crim Law Criminal Police Sci	Journal of Criminal Law & Criminology (zitiert nach Jahr und Seite)
JA	Juristische Arbeitsblätter für Ausbildung und Examen (zitiert nach Jahr und Seite)
JG	Juez de Garantía (chilenischer Untersuchungsrichter)
JR	Juristische Rundschau (zitiert nach Jahr und Seite)
Jura	Juristische Ausbildung (zitiert nach Jahr und Seite)
JuS	Juristische Schulung (zitiert nach Jahr und Seite)
JZ	Juristenzeitung (zitiert nach Jahr und Seite)
KG	Kammergericht
krit.	kritisch
LG	Landgericht
LOCMP	Ley orgánica constitucional del Ministerio Público (Staatsanwaltschaftsgesetz)
MDR	Monatsschrift für Deutsches Recht (zitiert nach Jahr und Seite)
Mich.L.Rev	Michigan Law Review (zitiert nach Jahr und Seite)
NJW	Neue Juristische Wochenschrift (zitiert nach Jahr und Seite)
NJW-RR	Neue Juristische Wochenschrift Rechtsprechungsreport (zitiert nach Jahr und Seite)
NStZ	Neue Zeitschrift für Strafrecht (zitiert nach Jahr und Seite)
NStZ-RR	Neue Zeitschrift für Strafrecht Rechtsprechungsreport (zitiert nach Jahr und Seite)
OLG	Oberlandesgericht
PDICP	Pacto internacional de derechos civiles y políticos (Internationaler Pakt über bürgerliche und politische Rechte)
RDPUCV	Revista de Derecho de la Pontificia Universidad Católica de Valparaíso (chilenische juristische Zeitschrift der Universität Valparaìso)
REJ	Revista de Estudios de la Justicia (chilenische juristische Zeitschrift)
RG	Reichsgericht
RGSt	Entscheidungen des Reichsgerichts in Strafsachen; Amtliche Sammlung (zitiert nach Jahr und Seite)

Rdn.	Randnummer
SK-StPO	Systematischer Kommentar zum Strafgesetzbuch (zitiert nach Paragraph, Bearbeiter und Randnummer)
Stan. L.Rev.	Stanford Law Review (zitiert nach Jahr und Seite)
S Tex. L. J.	South Texas Law Review (zitiert nach Jahr und Seite)
StGB	Strafgesetzbuch
StPO	Strafprozessordnung
StrK	Strafkammer
StV	Strafverteidiger (zitiert nach Jahr und Seite)
StVollzG	Strafvollzugsgesetz
StraFO	Strafverteidiger Forum
TOP	Tribunal de juicio oral en lo penal (Gericht der Hauptverhandlung)
U. Chi. L. Rev.	The University of Chicago Law Review (zitiert nach Jahr und Seite)
U. Pa. L. Rev.	University of Pennsylvania Law Review (zitiert nach Jahr und Seite)
v.	versus, von, vom
Wash.L.Rev.	Washington Law Review
wistra	Zeitschrift für Wirtschaft, Steuer, Strafrecht; Neue Juristische Wochenschrift (zitiert nach Jahr und Seite)
ZIS	Zeitschrift für Internationale Strafrechtsdogmatik (zitiert nach Jahr und Seite)
zit.	zitiert
ZPO	Zivilprozessordnung
ZRP	Zeitschrift für Rechtspolitik (zitiert nach Jahr und Seite)
ZStW	Zeitschrift für die gesamte Strafrechtswissenschaft (zitiert nach Jahr und Seite)
zust.	zustimmend
zutr.	zutreffend

Einleitung

Mit *Ernst Belings* Antrittsvorlesung an der Eberhard-Karls-Universität Tübingen zum Thema *„Die Beweisverbote als Grenzen der Wahrheitserforschung im Strafprozess"* wurde im Jahr 1903 eine neue Epoche in der Entwicklung der Strafverfahrensdogmatik eingeläutet. In Deutschland begann die Auseinandersetzung mit der sog. Beweisverbotslehre erstaunlicherweise bereits wenige Jahre vor dem Urteil *„Weeks v. U.S."* des *Supreme Court* der Vereinigten Staaten von Amerika aus dem Jahre 1914, welches als die Geburtsstunde der sog. *„exclusionary rule"* des US-amerikanischen Rechts gilt. Beide Ereignisse haben das Strafverfahrensrecht bis zum heutigen Tag entscheidend verändert. Wichtige Grundsätze der Strafverfolgung, die heute eine allgemeine Akzeptanz genießen, sind eine direkte Folge der Entstehung der Beweisverbotslehre: Die Wahrheitsermittlung im Strafverfahren hat ihre Grenzen, deren Überschreitung sogar zum Ausschluss eines Beweismittels für die richterliche Verwertung führen kann.

Der eigentliche Beginn der systematischen Untersuchung der Beweisverbotslehre in Deutschland ist aber ein halbes Jahrhundert später zu datieren, und zwar, als auf dem 46. Juristentag in Essen (1966) das Thema der Beweisverbote Gegenstand der strafrechtlichen Diskussion wurde. Seitdem gehören die Beweisverbote zu den meist diskutierten Themen der Strafrechtswissenschaft.

Eine zentrale Frage der relativ weitläufigen Beweisverbotslehre lautet, ob die Beweismittel, die aufgrund eines unmittelbar unverwertbaren Beweismittels erlangt wurden, ebenso unverwertbar sind oder nicht. Die wissenschaftliche Relevanz dieses Themas ist in den letzten 35 Jahren ständig gestiegen, vor allem seit der BGH Ende der 70er Jahre zum ersten Mal Stellung zu diesem Thema genommen hat. Heutzutage wird die Thematik der Beweisverbote nicht nur in fast jedem Lehrbuch und Kommentar zur StPO behandelt, sondern ist auch Gegenstand zahlreicher wissenschaftlicher Aufsätze, Dissertationen sowie Anmerkungen zu Urteilen.

Das Problem der Fernwirkung von Beweisverwertungsverboten wurde – nicht ohne Grund – von *Dünnebier*[1] als „das schwerste Problem der Beweisverbote" bezeichnet. Die Antwort auf die Frage, ob Beweisverbote eine Fernwirkung in sich tragen, ist kein autonomer Bereich innerhalb der Beweisverbotslehre, sondern muss vielmehr unter enger Berücksichtigung anderer Forschungsgegenstände im Rahmen dieser Lehre beantwortet werden. Besonders relevant für die Beantwortung der Fernwirkungsfrage sind u.a. die Funktion der Beweisverwertungsverbote, die Frage, wann aus einem Verstoß gegen ein Beweiserhebungsverbot ein Beweisverwertungsverbot folgt, sowie der Umfang und Anwendungsbereich der möglichen Einschränkungen bzw. Ausnahmen der Fernwirkung. Eine Stellungnahme

1 Dünnebier, MDR 1964, 965 (967, Fn. 27).

hierzu ist unvermeidbar, wenn man eine gelungene Antwort auf die Fernwirkungsfrage finden will.

Während in Deutschland und den USA dieses Thema sowohl in der Lehre als auch in der Rechtsprechung seit mehr als 100 Jahren intensiv diskutiert wird, wurde die Beweisverbotslehre – und somit folglich auch die Fernwirkung von Beweisverboten – im chilenischen Recht erst seit Beginn des neuen Jahrtausends Gegenstand einer wissenschaftlichen Auseinandersetzung.

Während der fast 100 Jahre, in denen ein rein inquisitorisches Strafverfahren in Chile galt, wurde die Beweisverbotslehre von der Lehre und Rechtsprechung nahezu ausnahmslos ignoriert. Erst mit Inkrafttreten des neuen *Código Procesal Penal* (CPP – chilenische StPO) im Jahr 2000 wurde sie in der chilenischen Literatur und Rechtsprechung aufgegriffen: In Art. 276 Abs. 3 des neuen Gesetzbuches wurde – zum ersten Mal im chilenischen Recht – eine ausdrückliche Beweisausschlussregel formuliert.

Ein Vergleich zwischen dem deutschem und dem chilenischem Recht scheint bezüglich der Fernwirkung der Beweisverbote für beide Seiten sinnvoll und kann von großem Nutzen für die Weiterentwicklung der Dogmatik und für die Rechtsprechung sein.

Die Untersuchung der Fernwirkung der Beweisverbote – sowie der Beweisverbotslehre selbst – hat in der deutschen Lehre ständig zugenommen und zu einer Präzision und Differenzierung bei der Suche nach einer gerechten Lösung im konkreten Fall geführt. Heutzutage lässt sich die Fernwirkungsfrage nach der übereinstimmenden Lehre nicht mit einer „Ja-Nein" Lösung beantworten, sondern erfordert eine komplexe und differenzierte Abwägung, die verschiedene Elemente berücksichtigt.

Die Komplexität, die die Lehre in der deutschen Literatur erreicht hat, spiegelt sich leider nicht in der deutschen Rechtsprechung wider. Der BGH hat seit den 1980en Jahren in seiner Rechtsprechung die Fernwirkung der Beweisverwertungsverbote grundsätzlich abgelehnt. Als Begründung dieser Haltung hat das Gericht vor allem kriminalpolitische Argumente vorgebracht, die heutzutage in der Literatur kaum Unterstützung finden.

Im Gegensatz dazu ist die Erforschung der Fernwirkung der Beweisverbote im chilenischen Recht ein neues Phänomen, das erst mit dem Inkrafttreten des CPP im Jahr 2000 begonnen hat. Die wenigen Autoren, die sich mit diesem Thema beschäftigt haben, haben sich auf die Analyse der Situation im US-amerikanischen Recht beschränkt, dessen Ergebnisse mehr oder weniger einfach auf das chilenische Recht übertragen werden. Aus diesem Grund können die Komplexität und Vielfalt der analytischen Behandlung dieses Themas in Deutschland die Diskussion in Chile durch viele neue Elemente bereichern.

Andererseits hat die *Corte Suprema* (der chilenische Oberste Gerichtshof) in den letzten 15 Jahren eine Reihe interessanter Urteile erlassen, welche die grundsätzliche Bejahung einer Fernwirkung der Beweisverbote als Basis haben. Die Anerkennung der Fernwirkung in der Rechtsprechung gilt allerdings nicht unbegrenzt: Der Oberste Gerichtshof hat – vor allem unter Berufung auf das US-amerikanische

Recht – mehrere Ausnahmen des Fernwirkungsgrundsatzes anerkannt. Die in den meisten Fällen konsistenten Ergebnisse, die die chilenische Rechtsprechung für die Behandlung der Fernwirkungsproblematik in der Praxis erreicht hat, zeigen, dass in einem kontinentalen Rechtssystem die Anerkennung einer Fernwirkung unter bestimmten Umständen nicht nur möglich, sondern auch empfehlenswert ist. Diese Erfahrung kann wiederum im Hinblick auf eine weitere Entwicklung der deutschen Rechtsprechung bezüglich der Fernwirkung der Beweisverbote von großer Bedeutung sein.

Die vorliegende Dissertation gliedert sich in zwölf Teile.

Im ersten Teil (Kap. 1) wird die Lehre der Beweisverbote in der Bundesrepublik Deutschland analysiert. Nach einer notwendigen Begriffsbestimmung (Kap. 1. A) wird die Funktion der Beweisverwertungsverbote im deutschen Strafprozessrecht ausführlich behandelt (Kap. 1. B). Anschließend wird näher auf die unselbstständigen Beweisverwertungsverbote in der Rechtsprechung (Kap. 1. C); die Rechtsprechung des BVerfG hinsichtlich der selbstständigen Beweisverwertungsverbote (Kap. 1. D) sowie die Rechtzeitigkeit des Ausschlusses von Beweisverwertungsverboten (Kap. 1. E) eingegangen. Zentraler Punkt dieses Kapitels ist die Untersuchung der in der Literatur entwickelten Beweisverbotslehren bezüglich der unselbstständigen Beweisverbote (Kap. 1. F), wobei die wichtigsten Meinungen in der Literatur bezüglich der Frage, wann aus einem Verstoß gegen eine gesetzlich normierte Beweiserhebungsvorschrift ein Beweisverwertungsverbot folgt, ausführlich dargestellt werden.

Der zweite Teil behandelt die Beweisverbote im chilenischen Strafprozessrecht (Kap. 2). Nach einer Darstellung der rechtshistorischen Entwicklung des Themas in Chile (Kap. 2. A) und der Begriffsbestimmungen (Kap. 2. C) folgt der wesentlichste Punkt dieses Teils: die Analyse des Art. 276 Abs. 3 des chilenischen *Código Procesal Penal* (Kap. 2. D; 2. F; 2. G), als zentrale Norm, die den Ausschluss von Beweisen im chilenischen Recht regelt.

Im dritten Teil der Dissertation (Kap. 3) geht es um die Verbotslehre im US-amerikanischen Recht unter besonderer Berücksichtigung der Fernwirkungsproblematik. Die Erörterung der sog. *„fruits of the poisonous tree doctrine*" (Kap. 3. B) steht dabei im Mittelpunkt. Diese *„doctrine*" ist eine Erschaffung des US-amerikanischen *Supreme Court*, die heutzutage einen wichtigen Referenzpunkt bei der Behandlung der Fernwirkungsfrage im deutschen und chilenischen Recht darstellt. Schließlich werden (Kap. 3. B. II) die verschiedenen Einschränkungen der Fernwirkung im US-amerikanischen Recht analysiert.

Im vierten Teil der Arbeit (Kap. 4) wird das zentrale Thema dieser Dissertation behandelt: Die Fernwirkung der Beweisverbote im deutschen Strafprozessrecht. Diese Untersuchung beginnt mit einer Abgrenzung der Problematik (Kap. 4. A). Anschließend wird die Fernwirkung von Beweisverwertungsverboten in der deutschen Rechtsprechung analysiert (Kap. 4. B). Der größte Teil des Kapitels setzt sich mit der Fernwirkung der Beweisverwertungsverbote in der Literatur auseinander. Dort werden die verschiedenen Positionen der Lehre dargestellt, die entweder eine ablehnende (Kap. 4. C. I) eine befürwortende (Kap. 4. C. II) oder eine vermittelnde

Auffassung (Kap. 4. C. III) vertreten. Schließlich (Kap. 4. C. IV) nimmt der Verfasser hierzu Stellung.

Im fünften Teil der Dissertation (Kap. 5) wird ausführlich auf die Fernwirkung der Beweisverbote im chilenischen Recht eingegangen. Dies erfolgt nach derselben Struktur, wie schon bei der Analyse des deutschen Rechts: Zunächst wird die Fernwirkung der Beweisverbote in der chilenischen Rechtsprechung (Kap. 5. A) sowie in der Literatur (Kap. 5. B) untersucht, bevor eine eigene Stellungnahme erfolgt.

In den letzten Kapiteln der Dissertation steht die Analyse der Ausnahmen der Fernwirkung der Beweisverbote im Mittelpunkt: Zunächst wird der kausale Zusammenhang zwischen einer durch einen Prozessverstoß erlangten Wissensnutzung und der Erlangung von mittelbaren Beweismitteln im deutschen (Kap. 6) und chilenischen (Kap. 7) Recht erörtert; anschließend wird auf den Relevanzverlust des festgestellten Kausalzusammenhanges durch ein dazwischentretendes Ereignis im deutschen (Kap. 8) und chilenischen (Kap. 9) Recht eingegangen. Abschließend werden die hypothetischen Ermittlungsverläufe im deutschen (Kap. 10) und chilenischen (Kap. 11) Recht untersucht. Als Exkurs (Kap. 12) wird noch auf die Rolle der umstrittenen „*Good faith exception*" des US-amerikanischen Rechts als mögliche Ausnahme des Fernwirkungsgrundsatzes im deutschen und chilenischen Recht eingegangen.

Kapitel 1. Die Beweisverbote in der Bundesrepublik Deutschland

A. Begriffsbestimmungen

In der deutschen Lehre herrscht heute weitgehend Einigkeit hinsichtlich der Terminologie, die der Beweisverbotslehre zugrunde liegt.[2] „Beweisverbote" ist dabei ein Oberbegriff, der keine besondere dogmatische Funktion erfüllt, sondern dem lediglich klassifikatorische Bedeutung zukommt.[3] Beweisverbote thematisieren eine bestimmte, nicht zulässige beweisrechtliche Aktivität, die darauf abzielt, prozessual erhebliche Tatsachen zum Zwecke der Entscheidungsfindung festzustellen und zu würdigen.[4]

Beweisverbote werden in Beweiserhebungs- und Beweisverwertungsverbote unterteilt.[5] Beweiserhebungsverbote untersagen die Erhebung eines Beweises,

---

2 Auch: Knoll, Die Fernwirkungen, S. 1 f.; Küpper, JZ 1990, 416 (416). Gegen: *Jahn* (Jahn, Gutachten, C 27), der von einer „*babylonischen Begriffsverwirrung*" spricht. Zur Terminologie der Beweisverbotslehre s. ausführlich: Dalakouras, Beweisverbote, S. 104 ff.; Dencker, Verwertungsverbote, S. 3 ff.; Hofmann, JuS 1992, 587 (587 f.); Pitsch, Strafprozessuale Beweisverbote, S. 76 ff.; Rogall, ZStW 91 (1979), 1 (2 ff.).

3 Der Begriff hat seinen Ursprung in Belings Antrittsvorlesung „Die Beweisverbote als Grenzen der Wahrheitserforschung im Strafprozess", welche unbestrittenermaßen einem der Ausgangspunkte in der wissenschaftlichen Diskussion über strafprozessuale Beweisverbote entspricht. Vgl. Hofmann, JuS 1992, 587 (587); Kelnhofer, Hypothetische Ermittlungsverläufe, S. 49, Fn. 8; Knoll, Die Fernwirkungen, S. 2; Küpper, JZ 1990, 416 (416); Rogall, JZ 2008, 818 (821); ders., Zur Theorie und Systematik, S. 143; ders., NStZ 1988, 385 (386); Roxin / Schünemann, Strafverfahrensrecht, § 24 Rdn. 14; Störmer, JURA 1994, 393 (393); ders., Dogmatische Grundlagen, S. 4.

4 Vgl. LR-*Gössel*, Einl. Abschn. L. Rdn. 9; Rogall, JZ 2008, 818 (821); ders., Beweisverbote in Ländern der EU, S. 125.

5 Die traditionelle Einordnung der Beweisverbote in Beweiserhebungs- und Beweisverwertungsverbote wird heute von einigen Autoren in Frage gestellt, vor allem von Gössel (LR-*Gössel*, Einl. Abschn. L. Rdn. 18 ff.; Gössel, FS Hanack, S. 277 ff.), der eine Unterscheidung zwischen absoluten und relativen Beweisverboten vorschlägt; Jäger (Jäger, GA 2008, 473 (484 ff.); ders., Beweisverwertung und Beweisverwertungsverbote, S. 143 ff.), der im Rahmen der von ihm entwickelten „beweisgegenständlichen Verwertungsverbotslehre" (S. Kap. 1. F. IV) zwischen *kausalen* und *abstrakten Beweisgegenstandsverboten* unterscheidet, und Störmer und Amelung als Anhänger der Lehre vom informationellen Folgenbeseitigungs- und Unterlassungsanspruch (S. Kap. 1. F. VI) durch das Ersetzen von „Informationserhebung" und „Informationsverwertung" (Amelung, Informationsbeherrschungsrechte, S. 1 ff.; Störmer, JURA 1994, 393 (394 f.); ders., Dogmatische Grundlagen, S. 9 ff. Allerdings hat Amelung in seinen neuen Beiträgen zum Thema auf die Benutzung einer differenzierten Terminologie

wenn eine solche Erhebung verfahrensrechtlich unzulässig ist.[6] Es geht hierbei um Verstöße gegen Beweiserhebungsregeln, die den Strafverfolgungsorganen die beweisrechtliche Erlangung von Kenntnissen prozessual erheblicher Tatsachen verbieten und infolgedessen die Ermittlungsbefugnisse der Strafverfolgungsorgane einschränken.[7] Solche Verbote kommen in drei Konstellationen in Betracht: Wenn eine Norm eine Beweiserhebung ausdrücklich verbietet; wenn im konkreten Fall die gesetzlichen Voraussetzungen für eine erlaubte Ermittlungsmaßnahme nicht vorliegen; oder wenn es für eine bestimmte Ermittlungsmaßnahme an einer Rechtsgrundlage fehlt.[8]

Ein beachtlicher Teil der Lehre unterscheidet im Rahmen der Beweiserhebungsverbote zwischen Beweisthemaverboten, Beweismittelverboten, Beweismethodenverboten[9] sowie relativen Beweisverboten.[10] Diese Unterscheidung hat keine dogmatische Bedeutung und erzeugt bezüglich der schwierigen Einordnung und Abgrenzung dieser Kategorien erhebliche Probleme.[11] Wegen ihrer Irrelevanz für die Entwicklung der Beweisverbotslehre sollte in Zukunft auf eine solche Unterscheidung verzichtet werden.[12]

Das Vorliegen eines Beweisverwertungsverbots verbietet es hingegen, ein bereits gewonnenes Beweisergebnis zum Gegenstand der Beweiswürdigung und

---

zugunsten der Verwendung der üblichen Terminologie verzichtet (Amelung / Wehnert, Prinzipien strafprozessualer Beweisverwertungsverbote, S. 18).

6 S. § 244 Abs. 3 S. 1 StPO. Vgl. Pitsch, Strafprozessuale Beweisverbote, S. 76; Rogall, JZ 2008, 818 (821); ders., Beweisverbote in Ländern der EU, S. 126; ders., Zur Theorie und Systematik, S. 144; ders., ZStW 91 (1979), 1 (2).

7 Vgl. Rogall, JZ 2008, 818 (821).

8 Vgl. ders., JZ 2008, 818 (821); ders., Beweisverbote in Ländern der EU, S. 126; ders., Zur Theorie und Systematik, S. 144.

9 Etwa Alsberg / Nüse / Dallmeyer, Beweisantrag, Rdn. 798 ff.; Ambos, Beweisverwertungsverbote, S. 21 f.; Beulke, Strafprozessrecht, Rdn. 455; Engländer / Volk, StPO, § 28 Rdn. 1 ff.; Haller / Conzen, Strafverfahren, Rdn. 549; Hartmann / Schmidt, Strafprozessrecht, Rdn. 1066; Heger / Kütterer-Lang, Strafprozessrecht, Rdn. 393; Hellmann, Strafprozessrecht, Rdn. 780; Hofmann, JuS 1992, 587 (587 f.); Lesch, Strafprozessrecht, Kap. 3, Rdn. 148 ff.; Meyer-Goßner / Schmitt, Strafprozessordnung, Einl. Rdn. 51 ff.; Peters, Verhandlungen des 46. Deutschen Juristentages, Band I, S. 94; Pitsch, Strafprozessuale Beweisverbote, S. 76 f.; Ranft, Strafprozeßrecht, Rdn. 1584 ff.; SSW-*Beulke*, Einl. Rdn. 248.

10 U.a. Eisenberg, Beweisrecht, Rdn. 337 ff.; Jahn, Gutachten, C 29 f.; Kühne, Strafprozessrecht, Rdn. 881 ff.; Roxin / Schünemann, Strafverfahrensrecht, § 24, Rdn. 15 ff.

11 Kritisch: Dalakouras, Beweisverbote, S. 105 f.; LR-*Gössel*, Einl. Abschn. L. Rdn. 207; Ossenberg, Die Fernwirkung, S. 18; Peres, Strafprozessuale Beweisverbote, S. 13; Rogall, JZ 2008, 818 (822); ders., ZStW 91 (1979), 1 (3); Störmer, Dogmatische Grundlagen, S. 10.

12 Auch Dalakouras, Beweisverbote, S. 107.

Entscheidungsfindung zu machen.[13] Da solche Beweisergebnisse im Strafverfahren nicht verwertet werden dürfen, dürfen sie erst recht nicht in die richterliche Beweiswürdigung einfließen, was den Geltungsbereich des in § 261 StPO normierten Prinzips einschränkt.[14] Anders als Beweiserhebungsverbote sind Beweisverwertungsverbote im Gesetz nur vereinzelt ausdrücklich geregelt.[15] Ihr Anwendungsbereich beschränkt sich allerdings nicht auf die gesetzlich normierten Fälle. Neben den seltenen Fällen, in denen ein Verwertungsverbot ausdrücklich in einer Norm geregelt ist, können Beweisverwertungsverbote auch ohne eine ausdrücklich normierte Regel in Betracht kommen. In diesem Sinne scheint der Unterschied zwischen Beweiserhebungs- und Beweisverwertungsverboten sinnvoll, da – wie die deutsche Rechtsprechung[16] sowie die einstimmige Lehre[17] verdeutlichen – nicht jeder Verstoß gegen ein Erhebungsverbot zu einem Verwertungsverbot führt. Unter welchen Voraussetzungen solche nicht normierten Beweisverwertungsverbote bestehen, ist eines der wichtigsten Probleme der Beweisverbotslehre, worauf ausführlich im Kapitel 1. F eingegangen wird.

Umgekehrt bedarf es für ein Beweisverwertungsverbot nicht unbedingt eines Fehlers bei der Beweiserhebung. Daraus leitet die h.M.[18] – gemäß der im Wesentlichen von *Rogall*[19] und *Dencker*[20] entwickelten Unterscheidung – die selbständigen und unselbständigen Beweisverwertungsverbote ab. Unselbständige Beweisverwertungsverbote sind diejenigen, die aus einem vorangegangenen Verstoß gegen ein Beweiserhebungsverbot resultieren. Selbständige Beweisverwertungsverbote sind hingegen unabhängig von einem vorherigen Verstoß gegen ein Beweiserhebungsverbot. Folglich können sie auch bei eine vorherigen Beweiserhebung ohne Erhebungsfehler vorliegen. In solchen Fällen folgt das Verwertungsverbot etwa aus der Verfassungswidrigkeit erst im Rahmen der Verwertung des Beweisergebnisses. Zu dieser Gruppe gehören vor allem die verfassungsrechtlichen Verwertungsverbote[21] sowie bestimmte einfache gesetzliche Vorschriften, die die Verwertung von

13 Vgl. LR-*Gössel*, Einl. Abschn. L. Rdn. 17; Jahn, Gutachten, C 31; Pitsch, Strafprozessuale Beweisverbote, S. 78; Rogall, Beweisverbote in Ländern der EU, S. 126; Wohlers, GS Weßlau, S. 434.

14 Vgl. LR- *Gössel*, Einl. Abschn. L. Rdn. 7; Meyer-Goßner / Schmitt, Strafprozessordnung, Einl. Rdn. 55; Pitsch, Strafprozessuale Beweisverbote, S. 78; Rogall, JZ 2008, 818 (822); ders., ZStW 91 (1979), 1 (2).

15 Vgl. Jahn, Gutachten, C 33; Rogall, JZ 1996, 944 (946). Beispiele von gesetzlich geregelten Beweisverwertungsverboten sind §§ 69 Abs. 3; 81 a Abs. 3; 81 c Abs. 3; 98 b Abs. 3 S. 3; 100 b Abs. 5; 100 c Abs. 5 S. 3; 108 Abs. 2; 110 e; 136 a Abs. 3 S. 2; 160 a Abs. 1 S. 2 StPO.

16 S. Kap. 1. C. II.

17 S. Kap. 1. F.

18 Laut: Jäger, GA 2008, 473 (474), Jahn, Gutachten, C 32; Reinecke, Die Fernwirkung, S. 6.

19 Rogall, ZStW 91 (1979), 1 (3 ff.); ders., Der Beschuldigte als Beweismittel gegen sich selbst, S. 202 ff.

20 Dencker, Verwertungsverbote, S. 10 ff.

21 Hierzu ausführlich: Gössel, JZ 1984, 361 (361 ff.); Störmer, JURA 1994, 393 (393 ff.).

bestimmten Beweisergebnissen – unabhängig von einem Beweiserhebungsverstoß – verbieten.[22]

Von den Beweisverwertungsverboten sind wiederum die sog. Verwendungsverbote zu unterscheiden.[23] Verwendungsverbote sind häufig in den neueren Vorschriften der StPO[24] sowie in anderen Gesetzen[25] zu finden. Sie sind als Nutzungsverbote zu verstehen, die sie jeden Zugriff der Strafverfolgungsorgane auf Daten jeglicher Form und in jedem Stadium des Verfahrens verbieten.[26] Verwendungsverbote sind – trotz ihrer steigenden praktischen Relevanz – nicht Gegenstand dieser Arbeit.

B. Die Funktion der Beweisverwertungsverbote im deutschen Strafprozessrecht

Die folgenden Kapitel beschäftigen sich mit der Funktion der Beweisverwertungsverbote in Deutschland. Die enorme Relevanz dieses Themas umfasst zunächst eine theoretische Ebene, wo die Beweisverbote ihre Legitimität als prozessuale Sanktion im Falle eines Verfahrensfehlers gewinnen. Darüber hinaus hat die Funktion der Beweisverwertungsverbote aber auch eine konkrete, praktische Bedeutung, weil die Beantwortung der Funktionsfrage die Reichweite und Grenzen der Beweisverwertungsverbote bestimmt.[27] Im Einklang mit dem heute nicht mehr umstrittenen Prinzip, dass nicht alle Verfahrensfehler zu einem Verwertungsverbot führen müssen,[28] muss die Begründung außerdem mehrdimensionale Lösungen hinsichtlich der Frage nach den Folgen eines Beweiserhebungsverbots ermöglichen.

Für die Analyse dieses Themas werden hier nur die Ansichten, die heutzutage noch – mehr oder weniger – Zustimmung in der Literatur finden, dargestellt und kritisch behandelt. Aufgrund ihrer mangelnden Relevanz in der gegenwärtigen Diskussion werden veraltete Theorien, die früher eine Rolle gespielt haben – wie

---

22 Etwa § 252 und 108 Abs. 2 StPO. Vgl. Rogall, FS Kohlmann, S. 481; ders., Zur Theorie und Systematik, S. 146, Fn. 211; ders., ZStW 91 (1979), 1 (3 f.).

23 Ausführlich zum Thema: Dencker, FS Meyer-Gossner, S. 243 ff.; LR-*Gössel*, Einl. Abschn. L. Rdn. 26 ff.; Rogall, FS Kohlmann, S. 481 ff.; Singelnstein, ZStW 120 (2008), 854 (865 ff.); Wohlers, GS Weßlau, S. 436 ff.

24 Etwa §§ 100 d Abs. 5; 100 i Abs. 2; 160 a Abs. 1 S. 2; 161 Abs. 3; 477 Abs. 2.

25 Etwa § 97 Abs. 1 S. 1 InsO; 393 Abs. 2 AO.

26 Vgl. Dencker, FS Meyer-Gossner, S. 243; Meyer-Goßner / Schmitt, Strafprozessordnung, Einl. Rdn. 57 d; Rogall, JZ 2008, 818 (827); ders., FS Kohlmann, S. 484 f.; Singelnstein, ZStW 120 (2008), 854 (865). Dagegen versteht Pitsch, Strafprozessuale Beweisverbote, S. 273 ff. die Verwendungsverbote als Synonym zu den Verwertungsverboten.

27 S. Kap. 4. C. IV. 2; 4. C. V. 3. Dagegen ist Mergner, Fernwirkung, S. 28 der Meinung, dass der Streitgegenstand an Bedeutung verloren hat.

28 Ausführlich dazu: S. Kap. 1. C. II.

u.a. die Rechtsmitteltheorie[29] oder die Lehre von der sittlichen Überlegenheit des Staates[30] – nicht analysiert.

I. Schutz der Wahrheitsfindung

Einer der ersten Versuche, die Funktion der Verwertungsverbote zu definieren,[31] geht auf den Schutz der Wahrheitsfindung zurück.[32] Die Verbote sollen für Beweismittel gelten, deren Verwertung eine zuverlässige Aufklärung des Sachverhalts nicht ermöglichen.[33] Nach Ansicht der Anhänger dieser Auffassung wäre die Wahrheitsfindung als Ziel des Strafprozesses durch den Einfluss dieser nicht zuverlässigen Beweismittel wesentlich beeinträchtigt und ohne den Ausschluss der Beweismittel nicht erreichbar.

Der Schutz der Wahrheitsfindung kann keinesfalls die Funktion der Verwertungsverbote zufriedenstellend erklären.[34] Das gilt sowohl für die nicht ausdrücklich geregelten Verbote, als auch für die konkreten Normen der StPO, auf die sich diese Theorie laut seiner Anhänger stützt.[35]

Das in § 136 a Abs. 3 S. 2 StPO genannte Verwertungsverbot wirkt unabhängig davon, ob das dieser Norm zuwider erhaltene Beweismittel der Wahrheit

---

29 Otto, GA 1970, 289 (290). Dazu kritisch u.a. Dalakouras, Beweisverbote, S. 112 f.; Dencker, Verwertungsverbote, S. 57, Fn. 190; Gössel, NJW 1981, 649 (650).

30 Haffke, GA 1973, 65 (72); Osmer, Der Umfang, S. 10. Dazu krit u.a.: Dalakouras, Beweisverbote, S. 113 f.; Dencker, Verwertungsverbote, S. 55 ff.; Jäger, Beweisverwertung und Beweisverwertungsverbote, S. 71 f.; Otto, GA 1970, 289 (290. f.); Pelz, Beweisverwertungsverbote, S. 108 ff.

31 Vgl. Busch, JZ 1953, 703 (703); Feldmann, NJW 1959, 853 (855 f.); Klug, Verhandlungen des 46. Deutschen Juristentages, Band II, F 35; Niese, JZ 1953, 219 (223); Rudolphi, MDR 1970, 93 (98); Schmidt, JZ 1958, 596 (600). Neuerdings hat Beulke (Beulke, Strafprozessrecht, Rdn. 454; SSW-*Beulke*, Einl. Rdn. 247) die Abwehr von Gefahren für die Wahrheitsermittlung als eine Nebenfunktion der Beweisverwertungsverbote signalisiert. Auch erkennt Amelung (Amelung, GS Schlüchter, S. 419 ff.; ders., StraFo 1999, 181 (181 ff.); ders., Informationsbeherrschungsrechte, S. 14 ff.) – allerdings nur mit beschränkter Wirkung – die Schutz der Wahrheitsfindung als eine der unterschiedliche Zwecke der Verwertungsverbote an,.

32 Busch, JZ 1953, 703 (703); Klug, Verhandlungen des 46. Deutschen Juristentages, Band II, F 35; Niese, JZ 1953, 219 (223); Rudolphi, MDR 1970, 93 (98); Schmidt, MDR 1970, 461 (464); ders., JZ 1958, 596 (600 f.).

33 Vgl. Feldmann, NJW 1959, 853 (856).

34 Vor allem: Jähnke, Wahrheitsfindung und ihre Schranken, S. 73; Rogall, ZStW 91 (1979), 1 (16). Bereits 1903 erklärte Beling, dass die Zeugnisverweigerungsrechte des § 51 a.F. und § 54 a.F. nicht zum Schutz der Wahrheitsfindung bestimmt seien. Beling, Beweisverbote, S. 14 ff. Vgl. Strate, Wahrheitsfindung und ihre Schranken, S. 16; BGHSt 11, 213 ff.

35 Vgl. Dalakouras, Beweisverbote, S. 116; Gössel, NJW 1981, 649 (651); Pelz, Beweisverwertungsverbote, S. 121.

entspricht oder nicht. Wäre der Schutz der Wahrheitsfindung eine direkte Funktion der Beweisverbote, sollte eine Aussage bei Verstoß gegen diese Norm dann verwertbar sein, wenn sich ihr Inhalt als richtig beweisen ließe.[36]

In diesem Zusammenhang kann festgestellt werden, dass tatsächlich nur ein geringer Teil der rechtswidrig erlangten Beweismittel das Finden der materiellen Wahrheit behindert. Das ist z. B. bei einigen Geständnissen der Fall, die unter Folter erlangt wurden. In den meisten Fällen der rechtswidrig erlangten Beweismittel – z. B. die Erlangung von Dokumenten in einer Wohnung ohne den erforderlichen Richtervorbehalt – kann allerdings ihre Echtheit nicht angezweifelt werden. Trotzdem verkennen diejenigen, die die Beweisverwertungsverbote als Schutzinstrument der Wahrheitsfindung ansehen, dass die Entscheidung über die Zuverlässigkeit bzw. Unzuverlässigkeit eines Beweismittels – wie heute eindeutig die Lehre und Rechtsprechung betonen – eine Frage der richterlichen Beweiswürdigung ist.[37] Allgemein betrachtet lässt sich diese Theorie nicht auf die selbständigen Verwertungsverbote anwenden. In diesen Fällen – wie auch bei den meisten unselbständigen Verwertungsverboten – ist die Glaubwürdigkeit des Beweismittels unstrittig und kann deshalb die Wahrheitsfindung (abgesehen von der Richtigkeit dieses Begriffs als Ziel des Strafverfahrens) nicht beeinträchtigen.

II. Disziplinierung der Strafverfolgungsorgane

Die Disziplinierung der Strafverfolgungsorgane als Ziel der Beweisverwertungsverbote stammt aus der Rechtsprechung des US-amerikanischen *Supreme Court*,[38] der – seit mehr als einem Jahrhundert – die Konturen der sog. *„exclusionary rule"* und der *"fruits of the poisonous tree"* Doktrin formt. Wie später im Kapitel 3. A. II dargelegt wird, ist der Disziplinierungszweck heutzutage die wichtigste, wenn nicht sogar die einzige, Funktion der Ausschlussregel im US-amerikanischen Recht.

---

36 Zutreffend: Bockemühl, Private Ermittlungen, S. 97 f.

37 Ausführlich dazu: Dencker, Verwertungsverbote, S. 37 ff.; Kalb, Die funktionale Begründung, S. 8 ff. Vgl. auch Dalakouras, Beweisverbote, S. 115 f.; Engländer / Volk, StPO, § 28, Rdn. 7; Küpper, JZ 1990, 416 (417); Mergner, Fernwirkung, S. 25; Ossenberg, Die Fernwirkung, S. 26; Pelz, Beweisverwertungsverbote, S. 118 ff.; Rogall, ZStW 91 (1979), 1 (16); Störmer, Dogmatische Grundlagen, S. 200 f. Darauf hat der BGH im Falle des Lügendetektors hingewiesen (BGHSt 5, 322 (333). Auch gem. LG Hannover StV 1986, 521 (522) wonach die Verwertbarkeit eines Beweismittels, das unter Verstoß des § 136 a StPO erlangt wurde, nicht von dessen Richtigkeit und Verlässlichkeit abhängt. Ungeachtet des bereits Genannten dient das ausdrücklich normierte Verwertungsverbot des § 136 a Abs. 3 StPO nicht dem Schutz der Wahrheitserforschung, sondern der Gewährleistung der Prozesssubjektqualität und der Selbstbelastungsfreiheit des Beschuldigten. Vgl. SK-*Rogall* § 136 a, Rdn. 4.

38 Vgl. Bockemühl, Private Ermittlungen, S. 102; Dencker, Verwertungsverbote, S. 52; Ossenberg, Die Fernwirkung, S. 29; Pelz, Beweisverwertungsverbote, S. 125; Schröder, Beweisverwertungsverbote, S. 28.

Der Beweisverlust wäre als Folge eines Verwertungsverbots eine strafprozessuale Sanktion, ein präventiver Mechanismus, um die Polizeibeamten und andere Strafverfolgungsorgane zu demotivieren, rechtswidrige Beweisermittlungsmethoden zu nutzen.

Trotz der strukturellen Unterschiede zwischen dem deutschen und US-amerikanischen Strafprozessrecht hat die Disziplinierung der Strafverfolgungsorgane als Ziel der Beweisverwertungsverbote auch außerhalb der Grenzen des *common law* Anhänger gefunden. In Deutschland spielte diese Ansicht nicht nur eine historische Rolle als Ausgangspunkt bei vielen Untersuchungen hinsichtlich der Beweisverbote, die in den 1960er Jahren während des 46. Deutschen Juristentages durchgeführt wurden.[39] Vielmehr findet der Disziplinierungszweck im letzten Jahrzehnt neue Anhänger, die mit neuen Argumenten die Bedeutung dieser Theorie wiederbelebt haben.[40]

Manche Befürworter[41] des Disziplinierungszwecks leiten eine Disziplinierungswirkung der Verwertungsverbote aus dem „unmittelbaren Zweck des § 136a StPO" her. Danach wäre das Ziel des Gesetzgebers bei der Formulierung dieser Norm, den Anreiz zur Beweisbeschaffung durch diese verbotenen Vernehmungsmethoden seitens der Ermittlungsbehörden abzuschaffen. Andere Autoren[42] haben eine disziplinierende Funktion der Beweisverbote als Prinzip der Verwertungsverbote verallgemeinert. In diesem Sinne sollten alle Beweisverwertungsverbote eine präventive Funktion erfüllen, indem künftige Rechtsverletzungen vermieden werden.

Da durch den Ausschluss von Beweismitteln die Strafverfolgungsbehörden keinen Anreiz mehr hätten, Beweiselemente rechtswidrig zu beschaffen, wirken die Beweisverwertungsverbote als Ausdruck einer bestimmten präventiven Erwartungshaltung: zukünftigen Rechtsverletzungen entgegenzuwirken.[43] Aus diesem Grund kann man den Zweck dieser Theorie an generalnegativpräventive

---

39 U.a. Baumann, GA 1959, 33 (36); Grünwald, JZ 1966, 489 (499); Klug, Verhandlungen des 46. Deutschen Juristentages, Band II, F 36; Nüse, JR 1966, 281 (284); Spendel, NJW 1966, 1102 (1108). Allgemein beschreibt Schöneborn, GA 1975, 33 (37) die Disziplinierung der Strafverfolgungsorgane als „Zweck der Verfahrensrüge."

40 U.a. Conen, FS Eisenberg, passim; Kalb, Die funktionale Begründung, S. 36 ff.; Weigend, StV 2003, 436 (440); Weiler, GS Meurer, S. 418. S. auch: Engländer / Volk, StPO, §28, Rdn. 7; Peres, Strafprozessuale Beweisverbote, S. 33 f.; Reichert-Hammer, JuS 1989, 446 (450); Weigend, ZStW 113 (2001), 270 (290).

41 In diesem Sinne: Baumann, GA 1959, 33 (36); Klug, Verhandlungen des 46. Deutschen Juristentages, Band II, F 36; Osmer, Der Umfang, S. 46; Reichert-Hammer, JuS 1989, 446 (449).

42 U.a. Grünwald, StV 1987, 470 (470); ders., JZ 1966, 489 (499); Weigend, ZStW 113 (2001), 270 (290). Bezüglich der Fernwirkung hat Schroth, JuS 1998, 969 (970) sogar die Disziplinierung der Verfolgungsbehörden als „*unbestreitbar erforderlich*" bezeichnet.

43 Vgl. Grünwald, JZ 1966, 489 (499); Kalb, Die funktionale Begründung, S. 36 f.

Gedanken[44] angliedern und folglich eine Parallele zum Schutz der generalpräventiven Strafzwecke ziehen.[45] Trotz des gemeinsamen Ausgangspunkts unterscheiden sich beide Ansichten im Adressaten des Abschreckungseffekts. Im Vergleich zur Generalnegativprävention als Strafzweck wirkt der Disziplinierungszweck nicht auf den (vermutlichen) Täter, sondern *indirekt* auf die Ermittlungsorgane bzw. die Strafverfolgungsbehörden. Die Wirkung erfolgt auf eine psychologische Weise, indem die Gefahr einer Nicht-Verurteilung des Beschuldigten wegen eines Beweisverwertungsverbotes die polizeiliche Arbeit letztlich fruchtlos machen würde.[46]

Wie die h.M.[47] zutreffend betont, kann die Disziplinierung der Strafverfolgungsorgane kein direkter Zweck des Verwertungsverbotes sein.

Eine klassische Erwägung, die gegen die Disziplinierung der Strafverfolgungsorgane als Funktion der Beweisverwertungsverbote spricht, ist die Berufung auf ihre Inkompatibilität mit der Struktur des deutschen Strafverfahrens.[48] Im Vergleich zum angelsächsischen System ist das deutsche Strafverfahren kein Parteiverfahren – in dem sich ein nicht zur Objektivität verpflichteter Ermittlungsbeamter und der Beschuldigte als Parteien gegenüberstehen – sondern ein neoinquisitorisches Offizialverfahren, ausgestattet mit einer neutralen Staatsanwaltschaft, die gem. § 160 Abs. 2 StPO nicht nur das belastende sondern auch das entlastende Beweismaterial ermitteln muss. Die Untersuchung der materiellen Wahrheit erfolgt im deutschen Strafverfahren gem. § 244 Abs. 2 StPO von Amts wegen und obliegt

---

44 S. Kap. 1. A. IV. Gem. Ossenberg, Die Fernwirkung, 29 f. enthält die Disziplinierungsfunktion ferner auch spezialpräventive Erwägungen, da durch die Unmöglichkeit einer Verwertung von rechtswidrigen Beweismitteln der Polizist direkt betroffen sein würde, indem seine illegale Handlung demzufolge als ungeeignet für eine rechtmäßige und verwertbare Beweiserlangung bewertet wird.

45 Vgl. Bradley, GA 1999, 99 (101); Dencker, Verwertungsverbote, S. 52; Grünwald, JZ 1966, 489 (499); Herrmann, FS Jescheck, S. 1297; Jäger, Beweisverwertung und Beweisverwertungsverbote, S. 69; Kalb, Die funktionale Begründung, S. 36; Ossenberg, Die Fernwirkung, S. 29; Prittwitz, StV 2008, 486 (494, Fn. 111).

46 Vgl. Weigend, ZStW 113 (2001), 270(290).

47 U.a. Bockemühl, Private Ermittlungen, S. 102 f.; Dalakouras, Beweisverbote, S. 115; Dencker, Verwertungsverbote, S. 54 f.; Gössel, NJW 1981, 649 (651); Jäger, Beweisverwertung und Beweisverwertungsverbote, S. 70 f.; Jahn, Gutachten, C 57 f.; Löffelmann, Die normativen Grenzen, S. 71 f.; Mergner, Fernwirkung, S. 51; Otto, GA 1970, 289 (301); Ransiek, FS Beulke, 950; Rogall, JZ 1996, 944 (947); ders., Zur Theorie und Systematik, S. 149; Sarstedt, Verhandlungen des 46. Deutschen Juristentages, Band II, F 23; Störmer, Dogmatische Grundlagen, S. 198. Bezüglich der Fernwirkung: Maiwald, JuS 1978, 379(384).

48 U.a. Dencker, Verwertungsverbote, S. 53 f.; Hartmann / Schmidt, Strafprozessrecht, Rdn. 1134; Herrmann, FS Jescheck, S. 1302; Kleinknecht, NJW 1966, 1537 (1544); Lesch, Strafprozessrecht, Kap. 3, Rdn. 161, Fn. 385; Rdn. 170; Ranft, FS Spendel, S. 725; Roxin / Schünemann, Strafverfahrensrecht, § 24, Rdn. 27; Schröder, Beweisverwertungsverbote, S. 28 f.

deshalb nicht, wie in den USA, den Parteien. Aus diesen Umständen folgt, dass diese Funktion nicht auf das deutsche Rechtsgebiet übertragbar ist.[49]

Gegen diese Darlegung hat *Conen*[50] argumentiert, dass die vom BGH geforderte „Widerspruchslösung“,[51] die bei einem unterlassenen oder nicht rechtzeitig eingereichten Widerspruch seitens des Verteidigers bzw. des Angeklagten den unwiederbringlichen Verlust dieses Rechtes zur Folge hat, den deutschen Strafprozess dem rechtlichen Parteiherrschaftsprinzip näherbringt. Aus diesem Grund seien dem deutschen Strafprozess parteiprozessuale Prinzipien nicht fremd, und eine Disziplinierung der Strafverfolgungsorgane als Zweck der Verwertungsverbote wäre folglich im deutschen Recht zulässig. Da die StPO – anders als die ZPO (vgl. § 296 ZPO) – keine generelle Präklusionsregel kennt,[52] kann die Berufung auf die Widerspruchslösung wegen ihrer dogmatischen Inkonsistenz[53] kein Argument sein, um eine parteiliche Struktur des deutschen Strafverfahrens herzuleiten.

Neben dem Argument der Systemfremdheit gibt es andere bedeutende Gründe, die zur Ablehnung der Anerkennung dieser Funktion führen. Der Versuch einer Disziplinierung der Strafverfolgungsorgane durch die Beweisverbote kann kein adäquates Mittel sein, um eine rechtswidrige Handlung der Ermittlungsorgane zu sanktionieren.[54] Infolgedessen ist die Disziplinierung der Strafverfolgungsorgane keine Aufgabe des Beweisrechts und insbesondere nicht der Beweisverbote: ein solcher Zweck kann unmittelbarer durch die Vorschriften des Disziplinierungs- bzw. Amtsstrafrechts erreicht werden.[55] Die Disziplinierung der Strafverfolgungsorgane durch diese Mittel wirkt sich direkt auf den Rechtsbrecher aus, ohne die Kosten auf die Allgemeinheit zu übertragen.[56] Die Anwendung solcher Mittel

49 Kritisch dazu Reichert-Hammer, JuS 1989, 446 (449), der dieses Argument als zu undifferenziert bezeichnet.

50 Conen, FS Eisenberg, S. 464.

51 Zur Widerspruchslösung: S. Kap. 1. C. III.

52 Vgl. Beulke, JURA 2008, 653 (655).

53 S. Kap. 1. C. III.

54 Vgl. Jäger, Beweisverwertung und Beweisverwertungsverbote, S. 70; Störmer, Dogmatische Grundlagen, S. 199; Löffelmann, Die normativen Grenzen, S. 71.

55 In diesem Sinne: Amelung, Informationsbeherrschungsrechte, S. 18; Jäger, Beweisverwertung und Beweisverwertungsverbote, S. 70; Kelnhofer, Hypothetische Ermittlungsverläufe, S. 60; Ossenberg, Die Fernwirkung, S. 30; Pelz, Beweisverwertungsverbote, S. 128 f.; Ranft, FS Spendel, S. 725; Ransiek, FS Beulke, S. 950; Rogall, Beweisverbote in Ländern der EU, S. 131; ders., Zur Theorie und Systematik, S. 149; ders., ZStW 91 (1979), 1 (15); Störmer, Dogmatische Grundlagen, S. 199. Jahn, Gutachten, C 58 fordert die Erreichung des Disziplinierungszwecks durch eine Stärkung des Disziplinarrechts, u.a. über die Amtsdelikte des StGB. Ähnlich: Löffelmann, Die normativen Grenzen, S. 72. Kritisch: Kalb, Die funktionale Begründung, S. 40, der die Straf- und Disziplinarmaßnahmen als eine nicht geeignete Sanktion für eine Verfahrensfehler beschreibt.

56 Vgl. Amelung, NJW 1991, 2533 (2534); Störmer, Dogmatische Grundlagen, S. 199.

gegen Strafverfolgungsbehörden sollte nicht ausschließlich auf einer (für die Praxis irrelevanten) „theoretischen Ebene“ bleiben, sondern muss an praktischer gewinnen.[57]

Ebenso wenig bietet der Disziplinierungsgedanke geeignete Abgrenzungskriterien, um je nach Art des Verfahrensverstoßes zu differenzierten Lösungen zu gelangen. Konkret erscheint es fragwürdig, im Falle eines schuldlosen Verstoßes gegen Beweiserhebungsregeln die Notwendigkeit eines Beweisverwertungsverbotes zu rechtfertigen:[58] nur die Beamten, denen wenigstens bewusst ist, dass sie mit ihrer Handlung gegen Gesetze verstoßen haben, können nach der Anwendung einer Sanktion ihr zukünftiges Handeln gesetzeskonform modifizieren.[59] Gleichzeitig sollte nach der h.M.[60] eine Anerkennung der Disziplinierung der Strafverfolgungsorgane als Zweck der Verwertungsverbote dazu führen, dass alle den Strafverfolgungsbeamten (bewussten) Verstöße, die gegen ein Erhebungsverbot verstoßen, in jedem Fall ein Verwertungsverbot nach sich ziehen. Diese Ansicht findet so gut wie keine Anhänger in der Literatur.

---

57 Paradigmatisch für die skeptische Anwendung des Straf- bzw. Disziplinarrecht gegen Ermittlungsbeamten ist das berühmte Urteil im Fall Gäfgen (LG Frankfurt a.M. v. 20. Dezember 2004, NJW 2005, 692 ff.). Die Polizisten hatten den Angeklagten anlässlich einer polizeilichen Vernehmung gedroht, ihm Schmerzen zuzufügen, wenn er nicht den Aufenthaltsort des von ihm entführten Kindes nenne. Beide Angeklagten wurden lediglich mit einer Geldstrafe und eine Bewährungszeit von einem Jahr wegen einer Nötigung im Amt verurteilt. Diese Strafe wurde von der EGMR in seinem Urteil v. 1. Juni 2010 (EGMR NJW 2010, 3145 (3147) als eine *„nicht angemessene Reaktion auf einen Verstoß gegen Art. 3 EMRK ansehen* (…). *Eine solche offensichtlich unverhältnismäßige Strafe für die Verletzung eines der wesentlichen Grundrechte der Konvention hat nicht die abschreckende Wirkung, die notwendig ist, um neuen Verstößen gegen das Verbot von Misshandlungen in künftig möglichen schwierige Situationen vorzubeugen.*“ Kritisch dazu: Weigend, StV 2011, 325 (327).

58 Vgl. Dalakouras, Beweisverbote, S. 115; Dencker, Verwertungsverbote, S. 54 f.; Pelz, Beweisverwertungsverbote, S. 127; Rogall, Beweisverbote in Ländern der EU, S. 131. Das hat der *Supreme Court* in *United States v. Leon* 468 US 897 (1984) konsequent durch die sog. *„Good-faith-exception“* anerkannt und ein Verwertungsverbot dort verneint, wo die Polizei bei der Beweiserlangung nicht vorsätzlich gehandelt hat. Ausführlich dazu s. Kap. 12. Dagegen: Amelung, Informationsbeherrschungsrechte, S. 19, und Schröder, Beweisverwertungsverbote, S. 29, für die die Anerkennung des Disziplinierungszwecks dazu führt, dass jeder Verstoß gegen eine Beweiserhebungsnorm unbedingt ein Verwertungsverbot zur Folge hat.

59 Vgl. Pelz, Beweisverwertungsverbote, S. 127.

60 U.a. Alsberg / Nüse / Dallmeyer, Beweisantrag, Rdn. 901; Dalakouras, Beweisverbote, S. 115; Dencker, Verwertungsverbote, S. 54; Gössel, GA 1991, 483 (485); Jäger, Beweisverwertung und Beweisverwertungsverbote, S. 70; Küpper, JZ 1990, 416 (417); Ossenberg, Die Fernwirkung, S. 30; Störmer, Dogmatische Grundlagen, S. 198. Dagegen: Kalb, Die funktionale Begründung, S. 38 f.

Schließlich kann der Disziplinierungszweck die Existenz selbständiger Verwertungsverbote nicht erklären, da diese nicht auf einem Verfahrensfehler basieren, sondern sich nach dem Inhalt des (rechtmäßig) erlangten Beweismittels richten.[61]

Neuerdings hat *Conen*[62] versucht, eine disziplinierende Funktion der Beweisverbote im deutschen Recht zu rechtfertigen. Abgesehen vom bereits dargestellten Hinweis auf die Widerspruchslösung hat der Autor weiter argumentiert, der BGH habe vor Kurzem in seiner Entscheidung BGHSt 51, 285 ff. eine Disziplinierung von Ermittlungsbeamten als Zweck der Beweisverwertungsverbote anerkannt.[63] Der Autor stützt seine Argumentation auf die Worte des 5. Senats, wenn er sagt, dass schwerer Rechtsbruch durch Ermittlungsbeamte „*nicht sanktionslos gelassen werden* (darf)".[64]

Aus dieser Entscheidung des BGH ist es aber nicht möglich, auf eine Disziplinierung der Ermittlungsbeamten als direkten Zweck der Beweisverbote zu schließen.[65] Die Nicht-Sanktionierung eines bewussten oder gleichwertig schweren Rechtsbruchs durch Ermittlungsbeamte wäre für die Rechtsgemeinschaft und ihre Vorstellung von Recht unerträglich:[66] sie verursacht bei der rechtstreuen Bevölkerung einen Ansehensverlust des rechtsstaatlichen Ermittlungsverfahrens, der zu Effektivitätsverlusten des gesamten Systems führen könnte. Wenn also der BGH[67] betont, dass eine folgenlose Duldung gravierender Rechtsverstöße zu einem Ansehensverlust der rechtsstaatlichen Ermittlungsorgane führe, so handelt es sich bei der Anerkennung eines Verwertungsverbotes in solchen Fällen nicht *direkt* um die Disziplinierung von Ermittlungsbeamten, sondern um die Legitimität und Rechtmäßigkeit des Strafprozesses. Die Verwertungsverbote führen – wie in Kapitel 1. F. XII ausführlich dargestellt wird – zu einer Bekräftigung des geltenden Rechts und dienen zur Wiederherstellung der Legitimität des Strafverfahrens.[68]

Der BGH hat sich in diesem Zusammenhang vielmehr dahingehend geäußert, dass die Disziplinierung als Zweck der Beweisverwertungsverbote im deutschen Strafverfahrensrecht weder zulässig noch geeignet ist.[69]

---

61 Vgl. Bockemühl, Private Ermittlungen, S. 103; Kelnhofer, Hypothetische Ermittlungsverläufe, S. 61; Küpper, JZ 1990, 416 (417); Rogall, Beweisverbote in Ländern der EU, S. 131; Schröder, Beweisverwertungsverbote, S. 30.

62 U.a. Conen, FS Eisenberg, passim. S. auch Bottke, JURA 1987, 356 (366).

63 Conen, FS Eisenberg, S. 461.

64 BGHSt 51, 285 (293).

65 S. Kap. 1. B. VI.

66 BGHSt 51, 285 (293).

67 BGHSt 51, 285 (297).

68 In diesem Sinne auch: Mosbacher, NJW 2007, 3686 (368).

69 BGHSt 32, 345 (356); 33, 283 (284). Vgl. Muthorst, Das Beweisverbot, S. 55; Rogall, Beweisverbote in Ländern der EU, S. 131; ders., Zur Theorie und Systematik, S. 149. Fern: Reichert-Hammer, JuS 1989, 446 (449).

Die Disziplinierung der Strafverfolgungsorgane stellt – und in Übereinstimmung mit der h.M.[70] – eine allenfalls mögliche Neben- bzw. Reflexwirkung eines Verwertungsverbotes dar, und zwar im Sinne einer erwünschten, aber nicht unbedingt erwarteten Folge der Beweisverwertungsverbote.

III. Schutz der spezialpräventiven Strafzwecke

Ein geringer Teil der Lehre[71] sieht den Zweck der Beweisverwertungsverbote in der Sicherung des Strafzwecks der Spezialprävention. Die Spezialprävention als Strafzweck versucht, den Täter von künftigen Straftaten abzuhalten.[72] Diese Theorie umfasst zwei Varianten, die sich mit der Erreichung dieses Ziels auseinandersetzen: während die sog. „negative Spezialprävention" den Schutz der Gesellschaft vor dem Straftäter durch dessen Freiheitsentzug verfolgt, zielt die positive Variante auf die Resozialisierung des Täters, also auf seine „Besserung", ab.[73]

Die Vertreter der positiven Variante dieser Theorie kommen zu dem Schluss, dass die Resozialisierung des Rechtsbrechers bereits während des Strafverfahrens (und nicht erst im Strafvollzug) ihren Anfang nimmt.[74] Laut *Otto* erfüllt der Staat mit der Verfolgung von Straftaten eine sittliche Aufgabe, wodurch er bei Verwendung rechtswidrig erlangter Beweismittel unglaubwürdig werden würde.[75] Der Autor erläutert, dass der Beschuldigte aufgrund vorsätzlicher oder fahrlässiger richterlicher Verstöße sowie vorsätzlicher Fehler der Strafverfolgungsbehörden den Eindruck gewinne, er könne kein gerechtes Urteil erwarten, sondern nur einen außergesetzlichen Beschluss: bei Verstoß gegen eine Erhebungsnorm werde der Grundsatz des guten Gesprächs endgültig verletzt und der Täter als Opfer des Systems begriffen.[76] Da es dem Täter in diesen Situationen unmöglich ist, die Fehlerhaftigkeit seines eigenen Verhaltens einzusehen, wäre eine innere Akzeptanz und Verarbeitung des Urteils seitens des Verurteilten und dementsprechend seine

70 Vgl. Amelung, Informationsbeherrschungsrechte, S. 20; Beulke, Strafprozessrecht, Rdn. 454; Bockemühl, Private Ermittlungen, S. 103; Störmer, Dogmatische Grundlagen, S. 199; Dalakouras, Beweisverbote, S. 115; Dencker, Verwertungsverbote, S. 55; Gropp, StV 1989, 216 (209); Hengstenberg, Frühwirkung, S. 57; Jahn, Gutachten, C 58; Kelnhofer, Hypothetische Ermittlungsverläufe, S. 254; Muthorst, Das Beweisverbot, S. 56; Pelz, Beweisverwertungsverbote, S. 131; Rogall, ZStW 91 (1979), 1 (16); SSW-*Beulke*, Einl. Rdn. 247; Schröder, Beweisverwertungsverbote, S. 67. Jedenfalls ist, wie Löffelmann, Die normativen Grenzen, S. 71 betont die Wirksamkeit der Disziplinierungstheorie schwierig bestenfalls empirisch nachzuweisen.

71 U.a. Osmer, Der Umfang, S. 10 ff.; Otto, GA 1970, 289(300).

72 Roxin, Strafrecht AT, A § 3, Rdn. 11.

73 Ausführlich dazu: Lesch, JA 1994, 510 (590 ff.).

74 Haffke, GA 1973, 65 (72); Osmer, Der Umfang, S. 10; Otto, GA 1970, 289 (297). Vgl. Kalb, Die funktionale Begründung, S. 65.

75 Otto, GA 1970, 289(290).

76 ders., GA 1970, 289(298).

Resozialisierung unmöglich.[77] Um diese Situation zu vermeiden und die spezialpräventive Funktion des Verfahrens zu gewährleisten, muss der Staat mit einem Verwertungsverbot reagieren und den Grundsatz des guten Gesprächs wiederherstellen. Die Beweisverbote haben folglich die Funktion, die Gefahren für die spezialpräventive Wirkung der Strafe, die sich aus dem rechtswidrigen Vorgehen der Strafjustiz ergeben könnten, zu verhindern.[78]

Die vom größten Teil der Lehre dargestellten Einwände gegen den Schutz der spezialpräventiven Strafzwecke als Funktion der Verwertungsverbote konzentrieren sich auf ihre unüberwindbaren internen Unstimmigkeiten.[79] Diese Vorwürfe umfassen einerseits eine Analyse der Funktion der Spezialprävention im Strafprozess und andererseits grundsätzliche Einwände gegen die Legitimität der spezialpräventiven Erwägungen als Strafzweck.

Während die negative Spezialprävention im Grunde genommen eine Aufgabe des Polizeirechts ist,[80] leidet die positive Variante der Spezialprävention als Strafzweck an einem Legitimationsmangel.[81] Es ist schwierig, die Resozialisierungsprämisse mit dem Prinzip der freien Entfaltung der Persönlichkeit in Einklang zu bringen, und zwar in dem Maße, als durch eine staatliche Intervention eine Person gezwungen wird, sich an eine bestimmte Lebensform anzupassen. Durch zweifelhafte Eingriffe seitens des Staates wird die Beurteilung einer Person als „frei" und „verantwortungsbewusst" in Frage gestellt.[82] Andererseits lässt sich die positive Variante der Spezialprävention schwer mit den Grenzen des Schuldprinzips vereinbaren: Die Dauer und Reichweite der Resozialisierung umfassen kriminologische sowie psychologische Faktoren, die nicht unbedingt ein Korrelat im Schuldprinzip haben.[83]

Trotz der bis hierhin dargestellten Kritiken an der spezialpräventiven Funktion der Strafe ist empirisch nicht feststellbar, ob das Strafverfahren an sich überhaupt eine solche Wirkung haben kann.[84] Außerdem – wie *Eb. Schmidt* zutreffend

---

77 ders., GA 1970, 289 (298, 300). Vgl. Jäger, Beweisverwertung und Beweisverwertungsverbote, S. 72.

78 Otto, GA 1970, 289 (290, 297). Vgl. Jäger, Beweisverwertung und Beweisverwertungsverbote, S. 72; Kalb, Die funktionale Begründung, S. 65.

79 Kritisch u.a. Dalakouras, Beweisverbote, S. 116 f.; Dencker, Verwertungsverbote, S. 58 f.; Jäger, Beweisverwertung und Beweisverwertungsverbote, S. 73 f.; Kalb, Die funktionale Begründung, S. 65 ff.; Kelnhofer, Hypothetische Ermittlungsverläufe, S. 56 f.; Ossenberg, Die Fernwirkung, S. 27 f.; Rogall, ZStW 91 (1979), 1 (13); Störmer, Dogmatische Grundlagen, S. 201 ff.

80 Vgl. Lesch, JA 1994, 510 (592).

81 Vgl. ders., JA 1994, 510 (592 f.); Ossenberg, Die Fernwirkung, S. 27.

82 Vgl. Lesch, JA 1994, 510 (592 f.).

83 Vgl. Kalb, Die funktionale Begründung, S. 67; Kelnhofer, Hypothetische Ermittlungsverläufe, S. 57; Lesch, JA 1994, 510 (593). Kritisch über die Geeignetheit dieser Funktion der Strafe: Bockemühl, Private Ermittlungen, S. 100; Ranft, FS Spendel, S. 722.

84 Vgl. Kalb, Die funktionale Begründung, S. 67; Pelz, Beweisverwertungsverbote, S. 112.

erläutert – wird dem Angeklagten bei einem spezialpräventiven Ansatz im Verfahren nicht mehr die Unschuldsvermutung eingeräumt, sondern vielmehr wird er als ein Resozialisierender behandelt.[85] Danach ist diese Theorie schwer mit der Unschuldsvermutung des Art. 6 EMRK zu vereinbaren.[86] Selbst wenn man diese Funktion der Strafe als legitim betrachten würde, wäre unklar, wie ein geringfügiger Verfahrensfehler es schaffen würde, diese Funktion der Strafe in Frage zu stellen.[87]

Diese Ansicht kann die Anwendung von differenzierten Sanktionen bei den verschiedenen Gruppen von Verfahrensfehlern nicht richtig erläutern. Da diese Theorie keine inhaltlichen Kriterien zur Unterscheidung folgenloser Verfahrensfehler und solcher, deren Verletzung zur Unverwertbarkeit des verbotswidrig ermittelten Beweismittels führt,[88] muss danach jeder Verfahrensverstoß zu einem Verwertungsverbot führen.[89]

Diese Theorie scheint auch deshalb inkonsequent zu sein, weil die Verwertungsverbote als Reaktion auf Verstöße gegen den behaupteten *Grundsatz des guten Gesprächs* im Falle eines möglichen Freispruchs des Täters – wie *Dencker* vorbringt – gerade in die Gegenrichtung wirken: sie rufen das Gefühl eines geschwächten und verwundbaren Justizsystems mit der Folge hervor, dass die Akzeptanz des Urteils durch die Bevölkerung beeinträchtigt wird.[90]

IV. Schutz der generalpräventiven Strafzwecke

Die verschiedenen Varianten der positiven Generalprävention verbinden die Funktion der Strafe mit einem motivierenden Effekt, der sich – trotz seiner Unterschiede –auf die Erhaltung und Stärkung der Rechtsordnung als geltendes und wirksames System stützt. In dieser Hinsicht, und unter Berufung auf *Osmer*,[91] misst *Dencker*[92] als bekanntester Verfechter einer generalpräventiven Funktion der

85 Schmidt, ZRP 1969, 254 (255). Vgl. Jäger, Beweisverwertung und Beweisverwertungsverbote, S. 73; Jahn, Gutachten, C 58.

86 Vgl. Jäger, Beweisverwertung und Beweisverwertungsverbote, S. 73; Kalb, Die funktionale Begründung, S. 67 f.

87 Vgl. Dencker, Verwertungsverbote, S. 59; Pelz, Beweisverwertungsverbote, S. 112 f.

88 Vgl. Dalakouras, Beweisverbote, S. 117; Pelz, Beweisverwertungsverbote, S. 113; Rogall, ZStW 91 (1979), 1 (13).

89 Vgl. Bockemühl, Private Ermittlungen, S. 100; Gössel, NJW 1981, 649 (651); Kelnhofer, Hypothetische Ermittlungsverläufe, S. 56; Ossenberg, Die Fernwirkung, S. 28; Rogall, ZStW 91 (1979), 1 (13).

90 Vgl. Dencker, Verwertungsverbote, S. 59; Jäger, Beweisverwertung und Beweisverwertungsverbote, S. 73; Schröder, Beweisverwertungsverbote, S. 32; Störmer, Dogmatische Grundlagen, S. 203.

91 Osmer, Der Umfang, S. 13.

92 Dencker, Verwertungsverbote, S. 59 ff. Auch in dieser Hinsicht: Ranft, FS Spendel, S. 724, der allerdings einen Schutz der *„Befriedigungsfunktion des Strafverfahrens"* als

Beweisverbote dem Strafprozess eine große Bedeutung bei, um die Wirksamkeit dieser genannten Funktion zu gewährleisten. Der Autor sieht die Funktion der Strafe – nach der u.a. von *Welzel*[93] vertretenen Auffassung – in der „*Erhaltung und Schaffung des Bewusstseins sozialethischer Werte.*“[94]

Der von *Dencker* vertretene Gesichtspunkt bezieht sich nicht nur auf die Strafe selbst, sondern auch auf den Strafprozess. Auf diese Weise hebt er die Wirkung des einzelnen Strafverfahrens als „*Bekräftigung der allgemeinen Gewißheit, daß auf Straftaten mit Strafe reagiert wird*“[95] hervor. Die rechtswidrige Erlangung von Beweismitteln verursache – laut *Dencker* – einen Autoritätsverlust,[96] der die Akzeptanz des Urteils in der Gesellschaft in Frage stelle, mit der Folge, dass die Generalprävention als Zweck nicht erreicht werden könne. Da die *sittliche Autorität und Glaubwürdigkeit* des Gerichts von dessen eigenem Verhalten abhängig ist,[97] würden die Beweisverbote auf diese Art und Weise als „*Selbstreinigung der Justiz*“ wirken, indem sie den im rechtswidrigen Vorgehen liegenden Autoritätsverlust *ausgleichen* bzw. *neutralisieren* könnten.[98] Damit würde der Strafprozess durch die Beweisverbote den Zweck der Strafe sichern. Insofern bezieht sich die generalpräventive Wirkung der Beweisverbote – im Vergleich zum Disziplinierungszweck – nicht auf die Strafverfolgungsorgane, sondern auf die Gesellschaft.

Da laut *Denker* das Strafverfahren einen Einfluss auf die Frage habe, „wie“ die Strafe verhängt wird, könnte es zu einer Aufhebung des Trennungsdogmas zwischen materiellem und prozessualem Recht kommen.[99]

Funktion der Verwertungsverbote sieht. Kritisch: Rogall, Beweisverbote in Ländern der EU, S. 132.

93 Welzel, Abhandlungen, S. 228 ff.; ders., Strafrecht, S. 5. Vgl. Lesch, JA 1994, 510 (518, Fn. 70).

94 Dencker, Verwertungsverbote, S. 60. S. auch in ähnlichem Sinn: Osmer, Der Umfang, S. 51 ff.

95 Dencker, Verwertungsverbote, S. 64.

96 ders., Verwertungsverbote, S. 65.

97 ders., Verwertungsverbote, S. 65.

98 ders., Verwertungsverbote, S. 65. Dazu krit u.a. Jäger, Beweisverwertung und Beweisverwertungsverbote, S. 75; Kalb, Die funktionale Begründung, S. 69; Kelnhofer, Hypothetische Ermittlungsverläufe, S. 57; Mergner, Fernwirkung, S. 23; Ossenberg, Die Fernwirkung, S. 28 f.; Pelz, Beweisverwertungsverbote, S. 114.

99 Ähnlich, aber nicht identisch, hat Müssig, GA 2004, 87 (96); ders., GA 1999, 119 (122) versucht, den Zweck des Strafprozessrechts als „*praktische Realität des Strafrechts*“ in der Aufgabenbestimmung und der materiellen Legitimation des Strafrechts zu begreifen. Das Strafverfahren zöge – seiner Ansicht nach – seine Legitimation nicht aus eigenen Zwecken heraus, sondern aus der Aufgabenbestimmung der positiven generalpräventiven Funktion des Strafrechts. Laut diesem Autor „(stehen) *die internen Strukturen des Strafverfahrensrechts in einem Legitimationszusammenhang zur Strafrechtstheorie* (…), *dass also diese Strukturen strafrechtstheoretisch fundiert sind*“. Müssig, GA 2004, 87 (95). S. auch Müssig, GA 1999, 119 (123). Daher existierte

Die These, dass die Verwertungsverbote den Schutz der generalpräventiven Funktion der Strafe gewährleisten, wurde in der Praxis als nicht haltbar angesehen und mit Recht stark kritisiert. Wie bei der spezialpräventiven Funktion, liefert die Berücksichtigung einer generalpräventiven Funktion der Strafe keine Anhaltspunkte, um den Umfang und die Grenzen von Verwertungsverboten festzulegen.[100] Dagegen könnte man argumentieren, dass nicht jeder Verfahrensfehler geeignet ist, die generalpräventive Funktion der Strafe zu beeinträchtigen. Demzufolge sollten sozialpsychologische Gründe bestimmen, welche Verfahrensfehler einen Einfluss auf diese Funktion haben können.[101] Das ist allerdings eine Untersuchung, die bisher niemand durchgeführt hat.

Außerdem erscheinen die Verwertungsverbote als Mittel zur Neutralisierung des behaupteten Autoritätsverlusts des Urteils als nicht geeignet. In der Tat führt der Freispruch des Täters aufgrund eines Beweisverlusts, dessen Ursprung in einem Verstoß gegen eine fast unbekannte Verfahrensnorm zu finden ist, gerade in die Gegenrichtung, da dies ein ineffizientes Strafverfolgungssystem[102] widerspiegelt und in der Schlussfolgerung zu einem Autoritätsverlust führen kann.[103]

Dencker schlägt eine Betrachtung des Strafprozesses vor, der nicht gefolgt werden kann. Seine Ansicht beschränkt das Strafprozessrecht darauf, ein bloßes Instrument des materiellen Rechts zu sein. Diese Auffassung vernachlässigt die Autonomie des Verfahrensrechts und ordnet es in seiner Funktion dem materiellen Recht unter. Das Verfahrensrecht wird folglich auf ein bloßes Hilfsinstrument des materiellen Strafrechts reduziert.[104]

---

ein legitimationszusammenhang zwischen Strafrechtstheorie und Strafverfahren. Müssig, GA 2004, 87 (96); ders., GA 1999, 119 (127).

100 Selbst Dencker hat dieses Problem anerkannt, indem er die Bestimmung der Verwertungsverbote nicht aus ihrer *Ratio*, sondern aus weiteren normativen Anhaltspunkten ableitet: Dencker, Verwertungsverbote, S. 73 ff. Vgl. Alsberg / Nüse / Dallmeyer, Beweisantrag, Rdn. 901; Gössel, GA 1991, 483 (485); Jäger, Beweisverwertung und Beweisverwertungsverbote, S. 77.

101 Vgl. Kalb, Die funktionale Begründung, S. 71.

102 Vgl. Bockemühl, Private Ermittlungen, S. 102; Dalakouras, Beweisverbote, S. 118; Kalb, Die funktionale Begründung, S. 71; Ossenberg, Die Fernwirkung, S. 29; Pelz, Beweisverwertungsverbote, S. 115; Rogall, ZStW 91 (1979), 1 (14); Störmer, Dogmatische Grundlagen, S. 203.

103 Vgl. Jäger, Beweisverwertung und Beweisverwertungsverbote, S. 76; Kelnhofer, Hypothetische Ermittlungsverläufe, S. 58; Rogall, ZStW 91 (1979), 1 (14).

104 In diesem Sinne auch: Jäger, Beweisverwertung und Beweisverwertungsverbote, S. 77. Ähnlich: Eisenberg, Beweisrecht, Rdn. 368, der zutreffend von einer verfahrenswidrigen Instrumentalisierung des Beweisrechts spricht. Dagegen: Amelung, GS Schlüchter, S. 422 f.; ders., Informationsbeherrschungsrechte, S. 20 ff., der die Wahrung der Legitimation zum Strafen als einen – allerdings inhaltlich unbestimmten – der von ihm abgeleiteten unterschiedlichen Zwecke der Verwertungsverbote signalisiert hat. Vgl. ders., StraFo 1999, 181 (181); ders., Informationsbeherrschungsrechte, S. 14 ff.; 28 ff.

Die Verwertungsverbote sind kein geeignetes Instrument, um die materiellen Strafnormen zu schützen,[105] sie erfüllen indessen eine innerprozessuale und selbstständige Funktion.

V. Schutzfunktion der Individualrechte des Bürgers

In seiner Veröffentlichung von 1979[106] versucht *Rogall* aus der Analyse verschiedener gesetzlich normierter Verwertungsverbote[107] sowie verfassungsrechtlicher Verwertungsverbote auf eine gemeinsame Funktion zu schließen, die auch auf die nicht gesetzlich normierten Verwertungsverbote angewandt werden kann. Die Verwertungsverbote sind – nach dieser Ansicht – *„Schutzinstrumente der Individual- und Grundrechte“* bzw. *„Schutzinstrumente des Einzelnen gegenüber der staatlichen Strafverfolgung“*.[108] Sie dienen letztendlich zur Bewahrung und Durchsetzung der Individualrechtsgüter im Strafverfahren. Diese Ansicht vertritt heutzutage – trotz unterschiedlicher Varianten – die vorherrschende Meinung.[109]

Die Darstellung von Verwertungsverbote als Schutzinstrumente der Individualrechte darzustellen, war nicht frei von Kritik.[110] Eine der häufigsten, wiederkehrenden Kritiken argumentierte, es gebe durchaus auch Individualrechtsverletzungen, die kein Verwertungsverbot zur Folge hätten.[111] Außerdem wird darauf hingewiesen, dass für die Bestimmung von Beweisverwertungsverboten eine Individualrechtsverletzung nicht das einzige Kriterium sei.[112]

Der erste Kritikpunkt fußt aber auf einer falschen Grundlage. Wenn jedes Verwertungsverbot von einer Individualrechtsverletzung ausgeht, lässt das nicht den „Umkehrschluss“ zu, dass jede Verletzung eines Individualrechts zwangsläufig ein

---

105 Vgl. Rogall, Zur Theorie und Systematik, S. 149.

106 Vgl. ders., ZStW 91 (1979), 1 (1 ff.).

107 §§ 81 c III S. 5, 136 a III 2, 69 III, 163a StPO, § 393 II AO, § 7 III G 10, § 49 I BZRG und § 34 StVollzG. Zustimmend: Mergner, Fernwirkung, S. 27; Ossenberg, Die Fernwirkung, S. 24, Fn. 75. Vgl. Dalakouras, Beweisverbote, S. 120; Pelz, Beweisverwertungsverbote, S. 134 f.; Störmer, Dogmatische Grundlagen, S. 204.

108 Rogall, ZStW 91 (1979), 1 (17 ff.; 21). Kritisch dazu: Lesch, Strafprozessrecht, Kap. 3, Rdn. 160; Rogall, JZ 2008, 818 (820).

109 Laut: Kalb, Die funktionale Begründung, S. 49; Ossenberg, Die Fernwirkung, S. 23. In dieser Sinne u.a. Beulke, Strafprozessrecht, Rdn. 454; ders., JURA 2008, 653 (654); Dalakouras, Beweisverbote, S. 122; Herrmann, FS Jescheck, S. 1292; Mergner, Fernwirkung, S. 28; Rogall, ZStW 91 (1979), 1 (17 ff.; 21); SSW-*Beulke*, Einl. Rdn. 247; Schröder, Beweisverwertungsverbote, S. 35; Störmer, Dogmatische Grundlagen, S. 207.

110 Kritisch etwa Gössel, NJW 1981, 649 (651); Jäger, Beweisverwertung und Beweisverwertungsverbote, S. 79; Küpper, JZ 1990, 416 (417); Lesch, Strafprozessrecht, Kap. 3, Rdn. 160; Ranft, FS Spendel, S. 721.

111 Selbst Rogall, ZStW 91 (1979), 1 (21) hat dieser Punkt anerkannt.

112 Gössel, NJW 1981, 649 (651); Küpper, JZ 1990, 416 (417).

Verwertungsverbot nach sich zieht.[113] Allerdings ist der Individualschutzgedanke – wie *Ranft* bezüglich des zweiten Kritikpunktes zu Recht betont – sicherlich fester Bestandteil eines übergeordneten Prinzips, nicht aber dieses Prinzip selbst.[114] In diesem Sinne erscheint die Betrachtung einer Schutzfunktion der Individualrechte als einziger Gesichtspunkt zur Bestimmung der Funktion der Verwertungsverbote als zu eng, da sie das öffentliche Interesse als entscheidenden Faktor zur Bestimmung dieser Funktion nicht erfasst.[115]

VI. Stabilisierung von Normen

Abgeleitet von den oben genannten Kritikpunkten hat u.a. *Rogall* den Individualrechtsschutz als Ausgangspunkt für eine geeignete Auffassung der Funktion der Beweisverbote im Hinblick auf eine Konzeption des Rechts als soziales System in einem überindividuellen Sinne weiterentwickelt. Zweck der Beweisverbote ist in diesem Sinne die *„Stabilisierung und Schutz derjenigen Normen der Verfassung, deren Schutzgüter im Strafverfahren besonders gefährdet sind“.*[116]

Im Rahmen der Strafverfolgung treffen den Staat zwei gegenläufige Pflichten. Einerseits stellt die notwendige Stabilisierung strafrechtlicher Normen durch die Strafe einen unvermeidbaren Betrachtungspunkt dar, in dem sich die Sicherung der Geltung von strafrechtlichen Normen im Interesse einer effektiven verfassungsrechtlichen Strafverfolgungspflicht widerspiegelt. Das entspricht den öffentlichen Belangen in Bezug auf eine wirksame, funktionstüchtige Strafverfolgung, Verbrechensbekämpfung und eine möglichst vollständige Wahrheitsfindung im Strafverfahren.[117] Andererseits lässt sich auch die Stabilisierung verfassungsrechtlicher Normen, die die Position des Beschuldigten im Prozess sichern, nennen.

---

113 Vgl. Bockemühl, Private Ermittlungen, S. 105; Kelnhofer, Hypothetische Ermittlungsverläufe, S. 63 f.; Schröder, Beweisverwertungsverbote, S. 35.

114 Ranft, FS Spendel, S. 721. Ihm folgend: Bockemühl, Private Ermittlungen, S. 105.

115 Vgl. Kelnhofer, Hypothetische Ermittlungsverläufe, S. 64; Ranft, FS Spendel, S. 721; Rogall, JZ 2008, 818 (824); ders., Beweisverbote in Ländern der EU, S. 133; ders., FS Hanack, S. 303.

116 SK-*Rogall* § 136 a, Rdn. 112; Rogall, FS Rieß, S. 978; ders., Beweisverbote in Ländern der EU, S. 132 f.; ders., FS Hanack, S. 302 f.; ders., FS Grünwald, S. 546; ders., JZ 1996, 944 (947); ders., Zur Theorie und Systematik, S. 150. Ihm folgend: Mergner, Fernwirkung, S. 135. Ähnlich: Lesch, FS Volk, 318; Müssig, GA 1999, 119 (122). Vgl. Kritik dazu: Amelung, FS Roxin, S. 1274 f.

117 SK-*Rogall* § 136 a, Rdn. 112. BGHSt; 47, 172 (179); 42, 170 (174); 38, 214 (220); 29, 23 (25). BVerfGE 122, 248 (272 f.); 107, 104 (118 f.); 80, 367 (375); 77, 65 (76); 74, 257 (262); 51, 324 (343 f.); 47, 239 (250); 46, 214 (222); 44, 353 (374); 41, 246 (250); 39, 156 (163); 38, 312 (321); 38, 105 (116); 36, 174 (186); 34, 238 (248); 33, 367 (383); 29, 183 (194); 20, 144 (147); 20, 45 (49); 19, 342 (347); BVerfG NJW 2009, 907 (909); BVerfG NStZ 1996, 45; BVerfG NJW 2012, 907 (909). Vgl. Herdegen, Wahrheitsfindung und ihre Schranken, S. 106.

Unter Berücksichtigung des Prinzips, dass der Strafprozess die Strafverfolgungsbeamten nicht zur Wahrheitserforschung um jeden Preis zwingt,[118] muss der Staat die Interessen der Beschuldigten an der Wahrung ihrer Rechtssphäre garantieren.[119] Nur auf dieser Grundlage kann der Staat sich als Rechtsstaat präsentieren und unter Beweis stellen, dass er die verfassungsrechtlichen Werte ernst nimmt und in der Lage ist, diese Werte im Strafprozess für alle Bürger sicherzustellen.[120] Beide Elemente bilden gegenläufige Interessen,[121] die im Zusammenspiel miteinander letztendlich den Systemschutz gewährleisten.[122]

Die Berücksichtigung dieser gegenläufigen staatlichen Interessen erlaubt eine zufriedenstellende Lösung eines rückläufigen Problems der in der Literatur vertretenen Ansichten hinsichtlich der Funktion der Beweisverbote: ihre Unfähigkeit, differenzierte Lösungen bezüglich der Frage der Verwertbarkeit eines rechtswidrig erlangten Beweismittels anzubieten.

Die Wurzeln dieser Theorie könnten auf die *Luhmannsche* Rechtssoziologie zurückgehen.[123] Ausgangspunkt dieser Theorie ist eine Betonung der Rolle des Rechts als Bestandteil einer komplexen Sozialstruktur, in der die einzelnen Personen miteinander kommunikativ verbunden sind. Die in einer Gesellschaft festgelegten Normen wirken als Orientierungsmuster, sind Bestandteil von komplexen Kommunikationsprozessen und ihre Gültigkeit ergibt sich aus sozialen

---

118 BGHSt 58, 301 (309); 51, 285 (290); 47 172 (179); 38, 372 (374); 38, 214 (220); 31, 304 (309); 14, 358 (365); BVerfGE 122, 248 (272 f.); BVerfG NJW 2011, 2783 (2784); BVerfG NJW 2012, 907 (909). Vgl. Roxin, 40 Jahre BGH, S. 78 ff.

119 Vgl. SK-*Rogall* § 136 a, Rdn. 112; Rogall, FS Grünwald, S. 546; ders., Beweisverbote in Ländern der EU, S. 133; ders., Zur Theorie und Systematik, S. 150 Ähnlich: Hellmann, Strafprozessrecht, Rdn. 781. Vgl. BGHSt 44, 243 (249); 38, 372 (373 f.); 38, 214 (219 f.).

120 Vgl. Rogall, Zur Theorie und Systematik, S. 150.

121 Dazu BGH Urteil von 10. Juli 2014, 3 StR 140/14, Rdn. 15; BGHSt 58, 301 (307 f.); 58, 84 (96); 56, 127 (132, 135); 52, 110 (116); 51, 285 (290); 47, 172 (179); 44, 243 (249); 42, 170 (172, 174); 42, 139 (157); 42, 15 (21); 38, 372 (373 ff.); 38, 214 (219 ff.); 37, 30 (32); 35, 32 (34); 34, 397 (401); 31, 304 (307); 27, 355 (357); 24, 125 (130 ff.); 19, 325 (329); BGH NJW 2003, 2034 (2035); BVerfG NJW 2012, 907 (910); 2010, 2937 (2938); 2009, 3225; 2007, 499 (503). Vgl. Herdegen, Wahrheitsfindung und ihre Schranken, S. 109; 119; Lesch, FS Volk, S. 315; Rogall, JZ 2008, 818 (820); ders., Zur Theorie und Systematik, S. 150.

122 Vgl. Rogall, JZ 2008, 818 (824); ders., Beweisverbote in Ländern der EU, S. 133 ff.; 141 f. Diese Idee wird ganz deutlich von Lesch, FS Volk, S. 315 dargestellt, indem er das so erläutert: „*Das ‚kollektive Strafverfolgungsinteresse' lässt sich per se nur befriedigen, wenn der Beschuldigte in das Verfahren nicht nur – wie im gemeinrechtlichen Inquisitionsprozess – als Beweismittel (Prozess-Objekt), sondern darüber hinaus auch als Beteiligter mit effektiver verfahrensbezogenen Rechten (Prozess-Subjekt) involviert wird.*"

123 Vgl. Luhmann, Rechtssoziologie, S. 31 ff.; ders., Das Recht der Gesellschaft, S. 124 ff.

Erwartungsstrukturen.[124] Solche normativen Erwartungen müssen im Enttäuschungsfall nicht preisgegeben, sondern können – kontrafaktisch – durchgehalten werden; dadurch werde der Normbruch als maßgeblicher Fehler definiert.[125] Diese Theorie hat sich in den letzten Jahrzehnten über die Grenzen der Soziologie hinaus erweitert und hat Eingang in die Straf- und Strafprozessrechtsdogmatik gefunden.

Wie diese moderne Tendenz signalisiert,[126] ist die Aufgabe des Strafrechts die Stabilisierung von Normen mittels staatlicher Strafe, durch die der Staat symbolisch bestätigt, dass eine verletzte Norm und nicht deren Zuwiderhandlung betrachtet werden muss.[127] Mit der Stabilisierung der kontrafaktischen Handlung des Täters durch die Strafe steht die Orientierungskraft der Norm – und damit ihre Geltung – nunmehr außer Zweifel.[128]

Im Strafprozessrecht spielt die Normstabilisierung durch eine richterliche Entscheidung über die Verwertbarkeit eines bestimmten Beweismittels auch eine wichtige Rolle. Das gültige Strafprozessrecht ist Ausdruck von gesellschaftlichen Organisationsprinzipien, die mittels Erwartungsstrukturen die Tätigkeit der Staatsorgane im Strafverfahren regeln. Wie *Hassemer* zu Recht betont, dürfen die Schutzprinzipien nicht nur als bloße restriktive Bedingungen effektiver Verbrechensverfolgung toleriert werden; sie liefern in der Tat die Legitimation für eine staatlich geordnete Strafrechtspflege; eine Legitimation, die bei Missachtung dieser Grundsätze entfällt.[129] In diesem Sinne hat das Strafverfahren – wie *Luhmann* dargestellt hat – eine *Legitimationsfunktion* im Strafjustizsystem.[130]

Die Gültigkeit der Normen wird durch die rechtswidrige Handlung der Ermittlungsorgane in Frage gestellt: wenn durch die rechtswidrige Erlangung von Beweismitteln die Ermittlungsorgane ihre Aktivitäten außerhalb der geltenden Rechtsordnung durchgeführt haben, hinterfragen sie die Gültigkeit der Beweiserhebungsnorm. Dieser Infragestellung der Gültigkeit der Norm wird durch ein Verwertungsverbot im Sinne einer *hegelianischen „negation der negation“* entgegengewirkt, indem bestätigt wird, dass die Norm nach wie vor gilt; mit anderen Worten: dass also derjenige, der sich künftig an dieser Norm orientieren will, im Recht sein wird.[131] Sowohl durch die Strafe – im materiellen Strafrecht – als

---

124 Vgl. Jakobs, Strafrecht AT, 1. Abschn. Rdn. 9. Über den Erwartungsbegriff s. Luhmann, Soziale Systeme, S. 396 ff.

125 Vgl. Jakobs, Strafrecht AT, 1. Abschn. Rdn. 6.

126 Vgl. ders., Staatliche Strafe, S. 30; ders., Strafrecht AT, 1. Abschn. Rdn. 4 ff.; Lesch, JA 1994, 510 (598).

127 Vgl. Luhmann, Rechtssoziologie, S. 121; Rogall, JZ 1996, 944 (947); ders., Zur Theorie und Systematik, S. 150.

128 Vgl. Luhmann, Rechtssoziologie, S. 43; 116; Müssig, GA 2004, 87 (96).

129 Vgl. Hassemer, FS Lange, S. 518 f.

130 Vgl. Ausführlich: Luhmann, Legitimation durch Verfahren, passim.

131 Vgl. Jakobs, Strafrecht AT, 1. Abschn. Rdn. 6; Lesch, JA 1994, 510 (598).

auch durch die Verwertungsverbote – im Strafprozessrecht – werden bestimmte soziale Erwartungen kontrafaktisch stabilisiert:[132] Wie die Strafe – aber nicht *durch* die Strafe! – zielen die Verwertungsverbote auch auf die Sicherung der Normgeltung ab.

Die Verwertungsverbote sind in diesem Zusammenhang als Folge einer Enttäuschung einer normativen Erwartung zu verstehen, was zur Erhaltung der Norm als Orientierungsmuster dient. Durch die Sanktion wird die Verfahrensnorm als gültig anerkannt und das, was sie beinhaltet und garantiert, führt nicht zu leeren Versprechungen.[133]

Im Vergleich zu der Konzeption der Verwertungsverbote als Schutzinstrumente der Individualrechte orientiert sich diese Konzeption der Beweisverbote zutreffend an der Gewährleistung von normativen Erwartungen, weit ab von der rein subjektiven Perspektive des Rechtsgüterschutzes.[134] Die Wahrung der Legitimation des Verfahrens erfasst öffentliche Interessen, die durch die rein subjektive Perspektive des Individualrechtsschutzes nicht erfasst werden können.[135] Die Stabilisierung von grundrechtsschützenden Normen durch ein Verwertungsverbot bestätigt die Gültigkeit des verletzten, geschützten Rechts als Strukturbestandteil der Gesellschaft.

Eine normstabilisierende Funktion der Beweisverbote wurde vom BGH in BGHSt 51, 285 (297) anerkannt: *„Die Sorge um einen* Effektivitätsverlust *wird vorliegend – jenseits erhobener grundsätzlicher Einwendungen gegen diesen Aspekt (...) – schon deshalb relativiert, weil bei Duldung eines bewussten oder gleichgewichtig schweren Rechtsbruchs durch Ermittlungsbeamte ein Ansehensverlust des rechtsstaatlichen Ermittlungsverfahrens bei der rechtstreuen Bevölkerung zu befürchten wäre, den es zu verhindern gilt und der seinerseits etwa durch verändertes Anzeige- oder Aussageverhalten infolge schwindenden Vertrauens in die Lauterkeit der Ermittlungsorgane zu* Effektivitätsverlusten *führen könnte“.*[136]

Diese richtige Auffassung wirkt sowohl *prospektiv* als auch *präventiv*:[137] Sie sucht zunächst – auf einer symbolischen Ebene – *prospektiv* die erneute Bekräftigung der Norm als Orientierungsmuster, sowie *präventiv* den Schutz von verfassungsrechtlichen Normen, die durch die Handlung der Ermittlungsorgane

132 Vgl. Luhmann, Rechtssoziologie, S. 57.

133 Popp, Verfahrenstheoretische Grundlagen, S. 373. Ähnlich: Reinecke, Die Fernwirkung, S. 182 ff., der die Beweisverwertungsverbot als eine Sanktion im Form eines innerprozessualen Schadenersatzes für die Verletzung prozessrechtlicher Beweisgewinnungsvorschriften und damit des Justizgewährungsanspruchs konzipiert.

134 Über die Kritik der Lehre vom Rechtsgüterschutz s. Jakobs, Rechtsgüterschutz, passim; ders., Strafrecht AT, 2. Abschn. Rdn. 22 ff.

135 Vgl. Rogall, FS Rieß, S. 978.

136 BGHSt 51, 285 (297).

137 Zutreffend aber ohne weitere Begründung: Reinecke, Die Fernwirkung, S. 186; 191.

bedroht sind. Als Ausdruck dieser *präventiven* Dimension der Verwertungsverbote können die Ermittlungsorgane sich künftig rechtstreu verhalten.[138] Durch die Wiederherstellung der Normtreue mittels eines Verwertungsverbotes müssen die Strafverfolgungsorgane in Kauf nehmen, dass ihre Enttäuschung der normativen Erwartung nicht als Orientierungsmuster gilt, was wiederum auch einen Anreiz für ein zukünftiges Normvertrauensverhältnis darstellt.

Die Stabilisierung der verfassungsrechtlichen Normen durch Verwertungsverbote ruft allerdings eine Disziplinierungswirkung bei den Ermittlungsorganen hervor, indem ihre rechtswidrige Handlung – die einer enttäuschten Erwartung entspricht – kontrafaktisch als Abweichung erklärt und folglich nicht als Orientierungsmuster für zukünftige Verhandlungen betrachtet wird.[139] Die Ermittlungsorgane können nach der richterlichen Feststellung eines Verwertungsverbotes ihr künftiges Verhalten am geltenden Recht orientieren.

Obwohl in diesem Sinne diese Theorie mit dem bereits genannten Disziplinierungszweck verbunden werden kann, darf man nicht zu dem Schluss kommen, die Stabilisierung verfassungsrechtlicher Normen stelle lediglich eine Variante der Disziplinierungstheorie dar.[140] Obwohl beide Ansichten eine präventive Ausrichtung haben, orientiert sich die Normstabilisierungsfunktion *direkt* am Schutz von freiheitssichernden Normen,[141] deren Gültigkeit aufgrund der Handlung von Strafermittlungsorganen gefährdet ist. Adressaten dieser Wirkung sind in erster Linie die Bürger, deren Rechte in Gefahr sind und nicht die Ermittlungsorgane. Die Wirkung der Verwertungsverbote auf Letztere ist – wie oben erwähnt – nur eine Nebenwirkung der Verwertungsverbote, nicht aber ihr direktes Ziel.

Die Stabilisierung von Normen als Funktion der Beweisverbote spielt nicht nur auf einer rein theoretischen Ebene eine Rolle in der Beweisverbotslehre, sondern stellt vielmehr bezüglich der Frage der Verwertbarkeit bzw. Unverwertbarkeit eines rechtswidrig erlangten Beweismittels sowie der Frage der Fernwirkung von Beweisverboten einen wesentlichen Faktor dar, wie im Kapitel 4. C. IV. 2 ausführlich dargelegt wird.

---

138 Vgl. Luhmann, Rechtssoziologie, S. 50; ders., Das Recht der Gesellschaft, S. 129 f; ders., Legitimation durch Verfahren, S. 111.

139 Vgl. ders., Rechtssoziologie, S. 116 ff.

140 In diesem Sinne: Amelung, FS Hilger, S. 329, Fn. 8; ders., FS Roxin, S. 1274.

141 Vgl. Rogall, Beweisverbote in Ländern der EU, S. 133.

C. Unselbständige Beweisverwertungsverbote in der Rechtsprechung

I. Von der Rechtsprechung des Reichsgerichts bis zur Rechtskreistheorie[142]

Die wesentliche Frage der Beweisverbotslehre, wann aus einem Verstoß gegen eine gesetzlich normierte Beweiserhebungsvorschrift ein Beweisverwertungsverbot folgt, wurde zunächst von der Rechtsprechung des Reichsgerichts (RG) Anfang des letzten Jahrhunderts in Revisionsverfahren beantwortet (sog. *Funktionslehre*).[143] Im Rahmen dieser Frage hat das RG betont, dass der Angeklagte ein Recht darauf hat zu verlangen, dass gegen ihn prozessordnungsgemäß verfahren wird.[144] Die Behandlung der Beweisverbote ist ein Bestandteil der strengen Beachtung der Justizförmigkeit des Strafverfahrens,[145] was zur Folge hatte, dass rechtswidrig erhobene Beweismittel im Prinzip als unzulässig angesehen wurden und daher auf keinen Fall richterlich verwendet werden durften.

Diese Meinung fand bei einigen Autoren[146] Zustimmung, die allen Beteiligten den Anspruch auf strenge Einhaltung und Beachtung von prozessualen Formen zusprachen. Als logische Folge dieser Auffassung stellt die Nichteinhaltung einer Beweiserhebungsnorm immer einen Verstoß gegen den Anspruch auf Justizgewährung dar, was folglich eine Verletzung des § 337 StPO bedeutet, die ihrerseits eine Revision – als Bestandteil eines umfassenden Revisionsrügerechts – begründen kann.[147] Eine Beschränkung der Revision aufgrund einer Differenzierung der verschiedenen Normverstöße wäre – gemäß dieser Ansicht – nicht möglich.

Als Reaktion auf dieses weite Verständnis des Revisionsrügerechts, das eine Beschränkung und klare Bestimmung der Beweisverwertungsverbote nicht ermöglicht, entwickelte der große Senat des BGH in seiner Grundsatzentscheidung vom 21. Januar 1958 (BGHSt 11, 213) die berühmte *Rechtskreistheorie.*[148] Zentraler Punkt dieses Urteils ist die Antwort auf die Frage, ob der Angeklagte

---

142 Eine rechtshistorische Betrachtung der Beweisverbotslehre befindet sich u.a. in: LR-*Gössel*, Einl. Abschn. L. Rdn. 48 ff.; Strate, Wahrheitsfindung und ihre Schranken, S. 13 ff.

143 Vid. etwa Alsberg / Nüse / Dallmeyer, Beweisantrag, Rdn. 896; Gössel, GA 1991, 483 (486 f.).

144 RGSt 57, 63 (64). Vgl. Dallmeyer, Beweisführung, S. 25 f.; Schmidt, Strafprozeßordnung, § 55, Rdn. 14.

145 RGSt 47, 195 (196); 57 (63 f.); 32, 157 (158). Vgl. Dallmeyer, Beweisführung, S. 26.

146 Niese, JZ 1953, 219 (223); Schmidt, Strafprozeßordnung, §55, Rdn. 14; ders., JZ 1958, 596 (597). Fern: Fezer, JuS 1978, 104 (327).

147 In diesem Sinne: Peters, Strafprozeß, S. 353; Schmidt, JZ 1958, 596 (597 f.). S. ähnlich auch Kühne, Strafprozessrecht, Rdn. 907.4. Kritik darüber: BGHSt 11, 213 (214 f.); LR-*Gössel*, Einl. Abschn. L. Rdn. 49 ff.

148 BGHSt 11, 213 (214 ff.). Vgl. auch BGHSt 17, 245 (247); 1, 39 (40).

seine Revision darauf stützen darf, dass ein Zeuge entgegen der Vorschrift des § 55 Abs. 2 StPO nicht über sein Auskunftsverweigerungsrecht belehrt worden ist. Im Gegensatz zu der Rechtsprechung des RG erfolgt die Antwort hinsichtlich der Verwertbarkeit eines fehlerhaft erlangten Beweismittels – nach Ansicht des Großen Senats – nicht automatisch, sondern muss bei jeder Vorschriftsverletzung einzeln geprüft werden. In diesem Sinne hängt die Zulässigkeit bzw. der Ausschluss des Rügerechts davon ab, ob der Verfahrensfehler eine Verletzung des Rechtskreises des Beschwerdeführers darstellt, weil er diesen wesentlich berührt, oder ob der Rechtsverstoß für Letzteren nur von untergeordneter oder keiner Bedeutung ist.[149] Der Beschwerdeführer kann sich – laut dieser Entscheidung – nur auf die Rüge der Verfahrensverstöße berufen, die seinen Rechtskreis wesentlich berühren. Die Rüge kann sich infolgedessen nicht auf solche Vorschriften beziehen, die ausschließlich die Wahrung der Interessen Dritter bezwecken. Da nach Auffassung des BGH § 55 StPO (anders als z. B. § 52 Abs. 3 StPO) vor allem dem Schutz des Zeugen diene, wurde im konkreten Fall ein Revisionsrügerecht des Angeklagten ausgeschlossen.[150] Somit kann man nicht von einem allgemeinen Recht der Verfahrensbeteiligten reden, jedes prozessordnungswidrige Verhalten mit einer Revision rügen zu können (anders als die Rechtsprechung des RG).[151]

In der oben genannten Entscheidung hat der Große Senat des BGH auch eine *„natürliche Stufung der Verfahrensvorschriften"* erwähnt, wonach die Bedeutung und Tragweite für die Rechte der Verfahrensbeteiligten *„sehr unterschiedlich zu bewerten sind".*[152] Darunter können die vom BGH als solche bezeichneten *„bloßen Ordnungsvorschriften"* eingeordnet werden, die den Rechtskreis des Angeklagten nicht berühren, woraus sich ergibt, dass deren Verletzung keine prozessuale Folge in sich trägt.[153]

Die Festlegung bestimmter Normen der StPO als *„bloße Ordnungsvorschriften"* wurde in der Lehre stark kritisiert.[154] Diese Einordnung sei zu unbestimmt und lasse daher den Schluss zu, dass die dargestellte Normunterscheidung willkürlich und nicht rational sei.[155] Aus diesem Grund bezeichnete *Grunwald* die Einordnung von bestimmten Verfahrensnormen als bloße Ordnungsvorschriften zutreffend als

---

149 BGHSt 11, 213 (215). Vgl. BGHSt 53, 191 (194 ff.); 38, 214(220).

150 S. auch in diesem Sinne: BGHSt 1, 39(40).

151 BGHSt 11, 213(214).

152 BGHSt 11, 213(214).

153 BGHSt 11, 213 (214). S. auch: BGHSt 22, 170(173).

154 Kritisch dazu: Frisch, Zur Theorie und Systematik, S. 200 ff.; Gössel, FS Bockelmann, S. 804; Grünwald, JZ 1968, 752 (752); Hanack, JZ 1971, 168 (169); Jahn, Gutachten, C 42 ff.; Rogall, NStZ 2008, 110; Rudolphi, MDR 1970, 93 (93 ff.; 99); Schöneborn, GA 1975, 33 (37). Dagegen: Bauer, NJW 1994, 2530 (2531); Herdegen, Wahrheitsfindung und ihre Schranken, S. 115, die die Kategorie *„bloße Ordnungsvorschriften"* als unverzichtbar bezeichnen.

155 Vgl. Gössel, FS Bockelmann, S. 804.

„*Zauberformel*" für eine Ausgrenzung gewisser Verfahrensverstöße.[156] Die Bezeichnung „*bloße Ordnungsvorschriften*" entspricht einem beliebigen Begriff, der sich anscheinend auf die Qualität einer verletzten Norm bezieht, allerdings ohne eine ihr zu Grunde liegende Theorie zu berücksichtigen, die eine klare Identifizierung ihrer Bestandteile ermöglicht.[157] Der 1. Strafsenat reagierte in einer Entscheidung von 1974[158] auf diese Vorwürfe und bezeichnete die Konzeption von bloßen Ordnungsvorschriften – sich ausdrücklich auf die Kritik von *Hanack*[159] beziehend – als „*methodisch veraltete Vorstellung*" und begrub diese Kategorie folglich.

Die beschriebene Kritik an den „*bloßen Ordnungsvorschriften*" darf allerdings nicht dahingehend interpretiert werden, als gäbe es überhaupt keine Stufung der Verfahrensnormen. Es gibt Normen, die grundlegende Rechte der Verfahrensbeteiligten garantieren und eine größere Bedeutung im Vergleich zu den Vorschriften haben, die das Verfahrensprozedere festlegen,[160] was dazu führt, dass die prozessualen Folgen einer Normverletzung nicht in allen Fällen identisch sind.

Die Rechtskreistheorie wurde von Anfang an in der Literatur[161] heftig kritisiert und quasi als Sündenbock für alle bei der Behandlung von Beweisverboten auftretenden Schwierigkeiten angesehen.[162] Die Kritiken gehen in verschiedene Richtungen: Zum einen wird bemängelt, dass die Rechtskreistheorie nicht in der Lage sei, alle im Gesetz anerkannten Verwertungsverbote zu erklären.[163] Diese erste Kritik versteht die Rechtskreistheorie als einheitlichen Gesichtspunkt des BGH zur Bestimmung der Frage, wann eine Gesetzesverletzung ein Verwertungsverbot nach sich zieht.[164] Des weiteren wurde – im Einklang mit der alten Rechtsprechung des RG – eingewandt, dass der Beschuldigte einen Anspruch auf ein ordnungsmäßiges, rechtmäßiges und faires Verfahren habe, was einen absoluten Ausschluss

---

156 Grünwald, JZ 1968, 752 (752). S. auch Frisch, Zur Theorie und Systematik, S. 201, der die Kategorie „*Ordnungsvorschriften*" als ein „*Sammelbecken für eine Reihe höchst heterogenen Normen bildet, die im Grunde nur dadurch zu einer Einheit verbunden sind, daß sie eben nicht revisibel sein sollen*" bezeichnet.

157 Vgl. ders., Zur Theorie und Systematik, S. 200 f.

158 BGHSt 25, 325 (329).

159 Hanack, JZ 1971, 168 (169). Vgl. Frisch, Zur Theorie und Systematik, S. 177; Gössel, NJW 1981, 649 (652); Jahn, Gutachten, C 42.

160 Zutreffend: Rogall, Beweisverbote in Ländern der EU, S. 143.

161 U.a. Dencker, Verwertungsverbote, S. 28 ff.; Fezer, JuS 1978, 104 (325 ff.); Rogall, ZStW 91 (1979), 1 (25 f.); Gössel, FS Bockelmann, S. 816 f.; Grünwald, JZ 1966, 489 (490 ff.); Peters, Strafprozeß, S. 353; Rudolphi, MDR 1970, 93 (93 ff.); Schmidt, JZ 1958, 596 (596 ff.).

162 Vgl. Widmaier, Wahrheitsfindung und ihre Schranken, S. 31.

163 Typischerweise sind §§ 69 III und 136 a StPO zu ernennen. S. Dalakouras, Beweisverbote, S. 124; Grünwald, JZ 1966, 489 (490); Jahn, Gutachten, C 42; Ossenberg, Die Fernwirkung, S. 35; Rogall, ZStW 91 (1979), 1 (26); Rudolphi, MDR 1970, 93 (95).

164 Vor allem: Roxin / Schünemann, Strafverfahrensrecht, § 24, Rdn. 24. S. auch: Fezer, JuS 1978, 104 (326 f.); Geppert, JURA 1988, 305 (313); Grünwald, JZ 1966, 489 (490).

von rechtswidrig erhobenen Beweismitteln zur Folge haben müsse, auch wenn sie den Rechtskreis des Beschuldigten nicht berühren.[165] Außerdem wurde auch der Rechtskreistheorie vorgeworfen, dass die Frage, wann eine Vorschrift den Rechtskreis des Angeklagten wesentlich berührt, nicht eindeutig beantwortet werden kann.[166]

Während die ersten zwei Kritikpunkte unberechtigt sind, entspricht der dritte Vorwurf nicht einer Kritik der Rechtskreistheorie an sich, sondern eher einer Missbilligung der Methodenlehre zur Auslegung von Normen, welche die Plausibilität des Rechtskreisgedanken bei der Feststellung von Beweisverwertungsverboten nicht bestreitet.[167]

Die Rechtskreistheorie wurde vom BGH nie als eine allumfassende Theorie der Verwertbarkeit von fehlerhaft erlangten Beweismitteln konzipiert.[168] So ist zunächst zu betonen, dass die Rolle der Rechtskreistheorie in der richterlichen Feststellung von Beweisverwertungsverboten nicht überschätzt werden darf. Heutzutage stellt die Berührung des Rechtskreises des Angeklagten für den BGH bei der Entscheidung über die Verwertbarkeit des fehlerhaft erlangten Beweismittels nur (noch) einen Gesichtspunkt neben anderen dar, nicht aber den einzigen.[169]

Die eigentliche Funktion der Rechtskreistheorie besteht – entgegen der zweiten oben genannten Kritik – darin, die Rügemöglichkeiten des Angeklagten im Rahmen der Revision nicht ausufern zu lassen, indem der Verfahrensbeteiligte kein allgemeingültiges Revisionsrügerecht für sich beanspruchen darf und folglich nicht jeder Verfahrensverstoß mit einer Revision gerügt werden kann.[170] Ansonsten müsste jede

---

165 Vor allem: Schmidt, Strafprozeßordnung, §55, Rdn. 14; ders., JZ 1958, 596 (596 ff.). Ihm folgend: Fezer, JuS 1978, 104 (325 f.); Geppert, JURA 1988, 305 (313); Rudolphi, MDR 1970, 93 (95).

166 Vgl. Paul, NStZ 2013, 489 (490). Es gelten auch in diesem Sinne die Kritiken der Schutzwecklehre, hierzu S. Kap. 1. F. V.

167 Vgl. bezüglich der Kritik gegen die Schutzzwecklehre zutreffend: Lubig, Beweisverwertungsverbote, S. 30. S. Kap. 1. F. V.

168 Zutreffend: Dallmeyer, Beweisführung, S. 146; Dencker, StV 1995, 232 (233); Frisch, Zur Theorie und Systematik, S. 186 f.; Grünwald, Beweisrecht, S. 156 f.; Muthorst, Das Beweisverbot, S. 41. Frisch, Zur Theorie und Systematik, S. 187 spricht in diesem Sinne kategorisch von einer *„Falsifizierung der (vom BGH so nicht vertretenen) Rechtskreistheorie als generelle Antwort auf die Verwertbarkeitsfrage“*. Vgl. SK-*Frisch* §337, Rdn. 95.

169 Vgl. BGHSt 58, 301 (308); 53, 191 (195 ff.); 42, 15 (21); 38, 372 (373 f.); 38, 214 (219 ff.); BGH NStZ 2013, 355; BGH StV 1995, 231 (232); Frisch, Zur Theorie und Systematik, S. 186.

170 Konsequent hat Schmidt, JZ 1958, 596 (598) die Entscheidung des Großen Senats als eine – für ihn unzutreffende – Erklärung gegen ein „umfassendes Revisionsrügerecht“ oder gegen „die unbeschränkte Anfechtbarkeit“ von Verfahrensfehlern bezeichnet. Vgl. BGHSt 17, 245 (247); 53, 191 (195 ff.); BGH NStZ 2013, 353 (355). Zutreffend: Frisch, Zur Theorie und Systematik, S. 174; insb. 187; Rogall, JZ 2008, 818 (823). Vgl. Herdegen, Wahrheitsfindung und ihre Schranken, S. 117 ff.

Verletzung von Beweisverboten ausnahmslos zu einem Verwertungsverbot führen,[171] was allerdings heutzutage in der Literatur keine Zustimmung findet.

Die sog. Rechtskreistheorie ist – im Vergleich zur Bezeichnung als bloße Ordnungsvorschriften – keine *sterbende Theorie*.[172] Sie erfreut sich bis heute einer kontinuierlichen Anerkennung in der Rechtsprechung,[173] die allerdings in den hier dargestellten Grenzen zu bewerten ist.[174]

II. Die Kriterien der Rechtsprechung zur Feststellung von unselbständigen Beweisverwertungsverboten

In seiner ständigen Rechtsprechung zu den Beweisverboten geht der BGH von der unbestreitbaren Tatsache aus, dass nicht jeder Verstoß gegen ein Beweiserhebungsverbot ohne Weiteres zu einer Unverwertbarkeit der dadurch erlangten Erkenntnisse führt.[175] Beweisverwertungsverbote müssen im Einzelfall hingenommen werden und sind „*nur nach ausdrücklich gesetzlichen Vorschriften oder aus übergeordneten wichtigen Gründen im Einzelfall anzuerkennen*".[176]

In diesem Sinne lehnt der BGH[177] die extremen Positionen hinsichtlich einer Verbindung zwischen Beweiserhebungs- und Beweisverwertungsverbot

171 Kritisch dazu: Gössel, NJW 1981, 649 (652) unter Berufung auf BGHSt 11, 213 (214 f.). Vgl. Hauf, MDR 1993, 195 (458); Ossenberg, Die Fernwirkung, S. 35; Roxin / Schünemann, Strafverfahrensrecht, § 24, Rdn. 24.

172 Daher ist die Ansicht Dalakouras, Beweisverbote, S. 125 in diesem Sinne m.E. unzutreffend.

173 Vgl. BGHSt 53, 191 (195 ff.); BGH NStZ 2013, 355; 2012, 104 (105); BGH StV 1995, 231 (232). S. auch BGH NJW 1952, 151 (152); BGHSt 58, 301 (308); 51, 285 (296); 42, 15 (21); 38, 373 (373 f.); 38, 214 (219 ff.); OLG Frankfurt am Main NStZ-RR 2003, 342. Vgl. Paul, NStZ 2013, 489 (491).

174 Relevant für das „Wiederaufleben" der Rechtskreislehre waren vor allem der Beitrag von Frisch, Zur Theorie und Systematik, S. 173 ff. sowie die Auseinandersetzung zwischen Bauer, NJW 1994, 2530; ders., wistra 1996, 46) und Hauf, wistra 1995, 53; ders., NStZ 1993, 457 Mitte der 1990 Jahre.

175 BGHSt 58, 301 (307); 58, 84 (96); 56, 127 (132); 51, 285 (289 f.); 44, 243 (249); 42, 15 (21); 38, 372 (373 f.); 24, 125 (130). BVerfGE 130, 1 (29); 9, 174 (196); BVerfG NStZ 2006, 46 (47); 2000, 488 (489); 2000, 489 (490). BVerfG wisstra 2011, 61 (64); BVerfG NJW 2009, 3225; 2000, 3557. Dagegen vertritt etwa Peters, Strafprozeß, S. 353 die Auffassung, dass jede Vorschrift das Verfahren im Ganzen trifft und damit auch die Interessen des Angeklagten. S. auch in diesem Sinne: Kühne, Strafprozessrecht, Rdn. 907.4.

176 BGHSt 58, 84 (96), 56, 127 (133); 54, 67 (87); 51, 285 (290); 44, 243 (249); 40, 211 (217); 37, 30 (32); 35, 32 (34); 27, 355 (357); 14, 358 (365). BVerfGE 113, 29 (61); BVerfG NJW 2011, 2783 (2784).

177 Ein ausführlicher Überblick der Rechtsprechung des BGH über Beweisverwertungsverbote findet sich in: LR-*Gössel*, Einl. Abschn. L. Rdn. 38 ff.; Paul, NStZ 2013, 489 (489 ff); Wolter, 50 Jahre BGH, S. 963 ff.

zutreffend ab, indem er betont hat, dass – im Vergleich zu anderen Rechtssystemen[178] – im deutschen Recht nicht jede fehlerhafte Beweiserhebung die Unverwertbarkeit des erlangten Beweismittels zur Folge hat.[179] Die Verwertungsverbote müssen vielmehr für jede Vorschrift und für jede Fallgestaltung gesondert beurteilt werden.[180]

In Übereinstimmung mit diesem Grundsatz hat das BVerfG festgestellt, dass die Beweisverwertungsverbote angesichts des öffentlichen Interesses an einer wirksamen, funktionstüchtigen Strafverfolgung und Verbrechensbekämpfung sowie einer möglichst vollständigen Wahrheitsfindung eine begründungsbedürftige Ausnahme im Strafverfahren darstellen,[181] die nicht zwangsläufig aus jeder Verletzung einer Beweiserhebungsnorm hergeleitet werden können.[182]

Demgegenüber wäre es angesichts des notwendigen Schutzes verfassungsrechtlicher Normen, die die Position des Beschuldigten im Prozess sicherstellen, unzulässig, aus einer fehlerhaften Beweiserhebung nie auf ein Beweisverwertungsverbot zu schließen.

In diesem Sinne stellen – laut BGH und BVerfG – die Verwertungsverbote eine begründungsbedürftige Ausnahme dar, die die Wahrheitserforschung und die Beweisaufnahme von Amts wegen auf all die Tatsachen, die von Bedeutung sind, beschränken[183] und so die Findung einer materiell richtigen und gerechten Entscheidung beeinträchtigen.[184] Wie der BGH und das BVerfG in ihrer

178 Z.B. in Italien (Art. 191 des Codice di procedura penale. "*Prove illegittimamente acquisite. 1. Le prove acquisite in violazione dei divieti stabiliti dalla legge non possono essere utilizzate*)".

179 BGHSt 58, 301 (307); 54, 69 (87); 51, 285 (289, f.); 44, 243 (249); 42, 15 (21); 38, 372 (373); 19, 325 (331). BVerfGE 130, 1 (29); BVerfG wisstra 2011, 61 (64); BVerfG NStZ 2011, 103 (104); BVerfG NJW 2011, 2783 (2784); 2008, 3053 (3054); 2007, 499 (503). Dagegen: Kühne, Strafprozessrecht, Rdn. 907.4.

180 BGHSt 44, 243 (249); 42, 372 (377 f.); 42, 170 (174); 42, 15 (21); 38, 372 (373, f.); 38, 214 (219; 223). Vgl. Wolter, 50 Jahre BGH, S. 986.

181 SK-*Rogall* § 136 a, Rdn. 112. BVerfGE 130, 1 (28); 122, 248 (272 f.); 107, 104 (118 f.); 80, 367 (375); 77, 65 (76); 74, 257 (262); 51, 324 (343 f.); 47, 239 (250); 46, 214 (222); 44, 353 (374); 41, 246 (250); 39, 156 (163); 38, 312 (321); 38, 105 (116); 36, 174 (186); 34, 238 (248); 33, 367 (383); 29, 183 (194); 20, 144 (147); 20, 45 (49); 19, 342 (347); BVerfG NJW 2009, 907 (909); BVerfG NStZ 1996, 45. Vgl. BGHSt 47, 172 (179); 42, 170 (174); 38, 214 (220); 29, 23 (25).Vgl. Herdegen, Wahrheitsfindung und ihre Schranken, S. 106; Wolter, 50 Jahre BGH, S. 996. Über die Strafverfolgungsinteressen im Rahmen der Funktion von Beweisverboten S. Kap. 1. F. IX ff.

182 BVerfGE 130, 1 (28); BVerfG NJW 2010, 2937 (2938). S. auch BGHSt 42, 372 (377). Vgl. Alsberg / Nüse / Dallmeyer, Beweisantrag, Rdn. 895; LR-*Gössel*, Einl. Abschn. L. Rdn. 42.

183 BGHSt 58, 301 (309); 58, 84 (96); 56, 127 (133, 136); 54, 69 (87); 51, 285 (290); 42, 372 (377); 38, 372 (373 ff); 38, 214 (220); 37, 30 (32); 27, 355 (357). BVerfGE 130, 1 (28); BVerfG wisstra 2011, 61 (64).

184 BVerfGE 130, 1 (28).

Rechtsprechung betont haben, ist es *„kein Grundsatz der Strafprozeßordnung, daß die Wahrheit um jeden Preis erforscht werden müßte"*.[185]

Ausgangspunkt für die Bestimmung eines Verwertungsverbots seitens des BGH[186] und neuerdings auch des BVerfG[187] ist die Feststellung, dass die Entscheidung für oder gegen ein Verwertungsverbot im Einzelfall aufgrund einer umfassenden Abwägung von gegenläufigen Interessen nach den Umständen des Einzelfalls, unter Berücksichtigung aller maßgeblichen Gesichtspunkte, zu treffen ist.[188] Solche Abwägungen geschehen heutzutage allerdings nicht auf einer rein abstrakten Ebene, sondern werden von der Rechtsprechung tendenziell durch die Formulierung von Vorrangregeln zur Verwertung oder Nichtverwertung im jeweiligen Einzelfall konkretisiert.[189] In diesem Sinne stützt sich der BGH in seinen Entscheidungen über die Verwertbarkeit von fehlerhaft erlangten Beweismitteln auf mehrfache, normative Bewertungsmaßstäbe[190] und nicht auf einen exklusiven Ansatz, wie von einem Teil der Lehre bezüglich der Rechtskreistheorie behauptet wird.[191]

Nach ständiger Rechtsprechung des BGH[192] sind dabei die Berücksichtigung der *„Art des etwaigen Beweiserhebungsverbots"* und das *„Gewicht des in Rede stehenden*

---

185 BGHSt 58, 301 (309); 51, 285 (290); 38, 372 (374); 38, 214 (220); 31, 304 (309); 14, 358 (365). BVerfG NJW 2011, 2783 (2784). Vgl. LR-*Gössel*, Einl. Abschn. L. Rdn. 9; Roxin, 40 Jahre BGH, S. 78 ff.

186 BGH NStZ-RR 2014, 318 (319); BGHSt 58, 301 (307 f.); 58, 84 (96); 56, 127 (132, 135); 52, 110 (116); 51, 285 (290); 47, 172 (179); 44, 243 (249); 42, 170 (172, 174); 42, 139 (157); 42, 15 (21); 38, 372 (373 ff.); 38, 214 (219 ff.); 37, 30 (32); 35, 32 (34); 34, 397 (401); 31, 304 (307); 27, 355 (357); 24, 125 (130 ff.); 19, 325 (329); BGH NJW 2003, 2034 (2035); Vgl. Dalakouras, Beweisverbote, S. 125; Jahn, Gutachten, C 46; Roxin, 40 Jahre BGH, S. 70.

187 BVerfGE 130, 1 (22 ff.); BVerfG NJW 2010, 2937 (2938); 2009, 3225; 2007, 499 (503); BVerfG NStZ 2011, 103.

188 Aus diesem Grund ist Jäger, Beweisverwertung und Beweisverwertungsverbote, S. 14 ff.; 67 der Ansicht, dass die Rechtsprechung des BGH zu den unselbständigen Verwertungsverboten *„ohne erkennbares System zwischen Schutzzweck- und Abwägungslehre hin und her schwankt"* und Störmer, Dogmatische Grundlagen, S. 189, dass die Rechtsprechung *„eine relativ einheitliche Linie* (verfolgt), *die durchaus in den Zusammenhang der Schutzzwecklehren gestellt werden kann"*, was heutzutage unzutreffend ist. Vgl. Rogall, StV 1996, 513 (517).

189 S. Kap. 1. F. X.

190 Vgl. Eisenberg, Beweisrecht, Rdn. 365; Hauf, NStZ 1993, 457 (460 f.); Rogall, ZStW 91 (1979), 1 (25 f.).

191 S. Kap. 1. C. I.

192 BGHSt 58, 301 (307 f.); 58, 84 (96); 54, 69 (87). Vgl. BGHSt 52, 48 (54); 52, 11 (23); 51, 285 (289, f.); 44, 243 (249); 42, 373 (377); 42, 170 (174); 42, 15 (21 f.); 38, 372 (373 f.); 38, 214 (219, ff.); 37, 30 (31 f,); 35, 32 (34 f.); 27, 355 (357); 19, 325 (329 ff.); BGH NStZ-RR 2014, 318 (319); BGH NStZ 2000, 383. S. auch: OLG Dresden NJW 2009, 2150; OLG Hamburg NJW 2008, 2599. Vgl. Eisenberg, Beweisrecht, Rdn. 367, Fn. 79; LR-*Gössel*,

Verfahrensverstoßes", das seinerseits wesentlich von der *„Bedeutung der im Einzelfall betroffenen Rechtsgüter"* bestimmt wird, zentrale Parameter. Für die Verwertbarkeit eines Beweisergebnisses sprechen vor allem die staatlichen Aufklärungsinteressen. Diese Parameter werden in einer neuen Entscheidung des BVerfG, vor allem unter Berücksichtigung der *„Verfügbarkeit weiterer Beweismittel, der Intensität des Tatverdachts und der Schwere der Straftat"* konkretisiert.[193] Zudem hat das BVerfG – in Übereinstimmung mit der neuen Rechtsprechung des BGH – mehrmals betont,[194] dass ein Beweisverwertungsverbot von Verfassung wegen insbesondere bei schwerwiegenden, bewussten oder objektiv willkürlichen Verfahrensverstößen geboten ist, bei denen die grundrechtlichen Sicherungen planmäßig oder systematisch außer Acht gelassen wurden. Ebenso betont das BVerfG in einer neuen Entscheidung, dass das *„Gewicht des Rechtsverstoßes"* vor allem von der *„Schutzbedürftigkeit des Betroffenen"* abhängt und zudem davon, ob der Rechtsverstoß gutgläubig, fahrlässig oder vorsätzlich begangen wird, welchen Schutzzweck die verletzte Vorschrift hat, und ob der Wert des Beweismittels beeinträchtigt wird.[195]

III. Die Widerspruchslösung

Allerdings hat der BGH – mit Zustimmung des BVerfG[196] – durch die in BGHSt 38, 214 (225, f.) ausdrücklich formulierte Widerspruchslösung[197] den Anwendungsbereich von zahlreichen Gruppen von Beweisverwertungsverboten wesentlich eingeschränkt.[198] Um die Wirkung eines Verwertungsverbots in der Hauptverhandlung

---

Einl. Abschn. L. Rdn. 42 ff.; Paul, NStZ 2013, 489 (491 ff.); Rogall, JZ 2008, 818 (824). Zur Geschichte der Widerspruchslösung s. Weßlau, StV 2010, 41 (42 f.).

193 BVerfGE 130, 1 (29).

194 BVerfGE 130, 1 (28); 125, 260 (339 f.); 113, 29 (61); BVerfG NJW 2011, 2783 (2784); 2008, 3053 (3054); 2006, 2684 (2686); 2005, 1917 (1923); BVerfG wistra 2011, 61 (64). Auch in diesem Sinne: BGH NStZ-RR 2014, 318 (319); BGH NStZ 2012, 104 (105). Vgl. LR-*Gössel*, Einl. Abschn. L. Rdn. 43.

195 BVerfGE 130, 1 (29 f.).

196 BVerfG NJW 2012, 907 (911); BVerfG 130, 1 (30); BVerfG NJW 2007, 499 (503 f.).

197 BGHSt 38, 214 (225 f.). S. auch: BGHSt 58, 84 (94); 52, 110 (113 f.); 52, 48 (53 ff.); 52, 38 (41 ff.); 51, 367 (376); 50, 364 (365); 51, 1 (2 ff.); 50, 272 (274); 50, 206 (215 f.); 42, 191 (194); 42, 15 (22 ff.); 39, 349 (352 ff.); 31, 140 (145); 9, 24 (28); 1, 284 (286); BGH NJW 2008, 308 f.; 1997, 2893; NStZ 1997, 502; RGSt 58, 100 (101); Ausführlich zum Thema u.a.: Dahs, StraFo 1998, 253 (253 ff.); Dautert, Beweisverwertungsverbote, S. 207; 67. DJT. Referat von Jörg-Peter Becker, L 45 ff.; Dudel, Widerspruchserfordernis, passim; LR-*Gössel*, Einl. Abschn. L. Rdn. 53 ff.; Ignor, FS Rieß, S. 185 ff.; Lippe, Widerspruchslösung, passim; Maiberg, Zur Widerspruchsabhängigkeit, passim; Maul / Eschelbach, StraFo 1996, 66 (66 ff.); Meyer-Mews, StraFo 2009, 141 (141 ff.); Mosbacher, FS Rissing-van Saan, S. 357 ff.

198 Der in BGHSt 38, 214 ff. erwähnte Fall entspricht einer Verletzung des § 136 StPO. In jüngsten Entscheidungen hat die Rechtsprechung den Anwendungsbereich der Widerspruchslösung auf andere Fallgruppen – u. A. bei beanstandeter Verwertung

anzuerkennen, wird nach der Widerspruchslösung gefordert, dass der Angeklagte bzw. sein Verteidiger der Verwertung des Beweismittels bis zum in § 257 StPO festgelegten Zeitpunkt begründet widersprochen hat.[199] Wenn also der Verteidiger der Verwertung und der vorangegangenen Beweiserhebung in der tatrichterlichen Verhandlung nicht widerspricht bzw. wenn der verteidigungslose Angeklagte nach einer entsprechenden Belehrung von seinem Widerspruchsrecht keinen Gebraucht macht, führt dies zu einem Verlust des Rechts, sich auf ein Verwertungsverbot zu berufen.[200]

Die Widerspruchslösung wurde stark kritisiert[201] und wurde von der strafrechtlichen Abteilung des DJT 2008 mit deutlicher Mehrheit (19 Ja, 44 Nein, 9 Enthaltungen) abgelehnt.[202] Sie entspricht einer unzulässigen Einschränkung des Anwendungsbereiches der Beweisverwertungsverbote ohne gesetzliche Grundlage und überzeugende Begründung.[203] Die obligatorische Forderung eines Widerspruchs stellt für den Angeklagten bzw. seinen Verteidiger eine Einschränkung verfassungsrechtlicher Garantien und ein Ansinnen dar, das keine befriedigende dogmatische Begründung[204] finden kann und der Struktur des deutschen Strafverfahrensrechts fremd ist.[205]

---

von Erkenntnissen aus einer Telefonüberwachung gem. § 100 a StPO, im Falle der Blutentnahme nach § 81 a II StPO – erweitert. s. etwa BGHSt 51, 1 (2 ff.); 26, 332 (334); BGH StV 2008, 63 (64); OLG Hamburg NJW 2008, 2600. Eine ausführliche Darstellung von Fallgruppen der Rügepflicht befindet sich in Heinrich, ZStW 112 (2000), 398 (406 ff.).

199 S. u.a. BGHSt 52, 48 (53); 52, 38 (42 f.); 39, 349 (352).

200 BGH NStZ 1999, 417; BGHSt 38, 214 (226). Zustimmend etwa: Ignor, FS Rieß, passim. Vgl. Heinrich, ZStW 112 (2000), 398 (401).

201 S. die Literaturanweisung in Hamm, NJW 1996, 2185 (2186, Fn. 10); Meyer-Goßner / Schmitt, Strafprozessordnung, § 136 a, Rdn. 25 a.

202 Zutreffend: Dautert, Beweisverwertungsverbote, S. 210; 67. DJT., Beschlüsse L 178. S. auch die Kritik von Müller und Becker in 67. DJT., L 17; L 51 ff. Vgl. Jahn, FS Stöckel, S. 275.

203 Vgl. Heinrich, ZStW 112 (2000), 398 (409 ff.); Jahn, Gutachten, C 111 f.; Meyer-Mews, StraFo 2009, 141 (144).

204 Vgl. Hengstenberg, Frühwirkung, S. 170; Jahn, FS Stöckel, S. 276. Eisenberg, Beweisrecht, Rdn. 429 merkt zutreffend an, dass im Vergleich zu § 295 Abs. 1 ZPO die StPO keine generelle Präklusionsvorschrift kennt. Ferner Rogall, JZ 2008, 818 (830). Jüngst hat Mosbacher FS Rissing-van Saan, S. 360 ff. versucht – m.E. nicht überzeugend – die Widerspruchslösung als Unterfall des Zwischenrechtsbehelfs aus § 238 Abs. 2 StPO zu konstruieren.

205 Wie Maul / Eschelbach, StraFo 1996, 66 (70) anmerken, entspricht ihre Eingliederung durch die Rechtsprechung des BGH eigentlich einen *„Schritt im Richtung auf einen Parteienprozeß“*. Deutlich ist in dieser Linie die Begründung des BGH in BGHSt 38, 214 (226) zur Widerspruchlösung: *„Diese Einschränkung des Verwertungsverbotes beschneidet die Rechte des Angeklagten nicht in unangemessener Weise. Sie entspricht der besonderen Verantwortung des Verteidigers und seiner Fähigkeit, Belehrungsmängel*

Die hier vertretene normstabilisierende Funktion der Beweisverbote[206] entspricht einer öffentlichen Aufgabe der Gerichte, wonach die Verfahrensfehler von Amts wegen zu überprüfen sind.[207] Diese Aufgabe kann folglich nicht Gegenstand einer konkreten Tätigkeit des Angeklagten bzw. seines Verteidigers sein.[208] Die Widerspruchslösung führt dazu, dass schwerwiegende Verfahrensverstöße nicht beachtet werden, was das Recht des Angeklagten auf einen fairen Prozess verletzt.[209]

Die hier aufgeführten Kritiken an der Widerspruchslösung müssen aber nicht in dem Sinne ausgelegt werden, als wären die Beweisverbote nicht disponibel. Sie stehen grundsätzlich zur Disposition,[210] was bedeutet, dass der Verteidiger bzw. der Angeklagte freilich nach ihrer Strategie entscheiden können, ob sie eine Verwertung der fragwürdigen Beweismittel wünschen oder nicht.

D. Die Rechtsprechung des BVerfG zu den selbständigen Beweisverwertungsverbote

Bei den selbständigen Beweisverwertungsverboten[211] hat das BVerfG[212] in seiner Rechtsprechung die Verwertung bzw. Nicht-Verwertung eines Beweismittels, dessen Verwertung einem Eingriff in die Grundrechte und vor allem in das allgemeine Persönlichkeitsrecht entspricht, nach der sog. *Dreistufen-* oder *Sphärentheorie* entschieden.[213] Danach wird allgemeine Persönlichkeitsrecht im Sinne des Art. 2 Abs. 1 GG i.V.m. Art. 1 Abs. 1 GG nicht schrankenlos gewährleistet, sondern ein möglicher Eingriff in dessen Schutzbereich kann unter bestimmten Umständen gerechtfertigt sein.[214] Diese Theorie unterscheidet drei verschiedene Sphären der Persönlichkeitsentfaltung: Die *Sozialsphäre*, die das Leben in der Öffentlichkeit betrifft und keines außerordentlichen Schutzes bedarf; die sog. *schlichte*

---

aufzudecken und zu erkennen, ob die Berufung auf das Verwertungsverbot einer sinnvollen Verteidigung dient".

206 S. Kap. 1. B. VI.

207 BGHSt 47, 362 (366 f.). Vgl. BGHSt 41, 30 (34). Dautert, Beweisverwertungsverbote, S. 210. Dagegen: Sarstedt, Verhandlungen des 46. Deutschen Juristentages, Band II, F 27 f.

208 Vgl. Roxin, FS Hanack, S. 21 f.; ders., JZ 1997, 343 (346). Dass geschieht im Ermittlungsverfahren, wo Verwertungsverbote sofort und ohne Widerspruch von Amts wegen zu beachten sind. Vid. Rogall, FS Geppert, S. 536.

209 Beulke, Strafprozessrecht, Rdn. 460 a; Roxin / Schünemann, Strafverfahrensrecht, § 24, Rdn. 34; Roxin, FS Hanack, S. 23.

210 BGHSt 51, 285 (296); 51, 1 (3); BGH NJW 2005, 3296 (3298).

211 S. Kap. 1. A.

212 Grundlegend: BVerfGE 34, 238 (245 ff.). Vgl. BVerfGE 80, 367 (373 ff.).

213 BVerfGE 34, 238 (245 ff.). Ausführlich dazu: Geis, JZ 1991, 112 (112 ff.); LR-*Gössel*, Einl. Abschn. L. Rdn. 103 ff.; Küpper, JZ 1990, 416 (416 ff.).

214 Vgl. BVerfGE 80, 367 (373); Dautert, Beweisverwertungsverbote, S. 21.

Privatsphäre, die private Räumlichkeiten einer Person betrifft; und als dritte Kategorie die *Intimsphäre*. Sie entspricht – nach Art. 2 I i.V. mit Art. 1 I GG – dem absolut geschützten Kernbereich der Persönlichkeitsentfaltung[215], der jedem fremden Zugriff der öffentlichen Gewalt absolut entzogen ist.

Die Folgen des Eingriffs unterscheiden sich je nach Sphäre des Privatbereichs, der durch die Verwertung von Beweismitteln betroffen ist. Bei Eingriffen in die *Intimsphäre* ist wegen des absoluten Grundrechtsschutzes stets ein Beweisverwertungsverbot anzunehmen, und zwar unabhängig von den Interessen an der Aufrechterhaltung einer funktionierenden Rechtspflege: Den Kernbereich betreffende Informationen dürfen überhaupt nicht von einem Gericht verwertet werden.[216] Folglich gibt es hier keinen Raum für Abwägungen nach Maßgabe des Verhältnismäßigkeitsgrundsatzes.[217] Selbst überwiegende Interessen der Allgemeinheit können einen Eingriff in diesen absolut geschützten Kernbereich privater Lebensgestaltung nicht rechtfertigen.[218]

Im Gegensatz dazu bedarf es bei Verletzungen der *Sozialsphäre* keines besonderen Schutzes und jede Verwertung des Beweismittels ist daher möglich.

Im Mittelpunkt der Diskussion steht die Verwertung von Beweismitteln, die die *schlichte Privatsphäre* betreffen. Diese Kategorie entspricht einen relativ geschützten Bereich, in dem Eingriffe nur *„im überwiegenden Interesse der Allgemeinheit unter strikter Wahrung des Verhältnismäßigkeitsgebots“* zulässig sind.[219] Die Bewertung dieser Kriterien erfolgt durch eine umfassende Abwägung zwischen den Strafverfolgungsinteressen der Allgemeinheit und dem Interesse des Beschuldigten an der Wahrung seines Persönlichkeitsrechts.[220] Wenn in Folge dieser Analyse das öffentliche Interesse an der Strafverfolgung wichtiger als der Schutz des Persönlichkeitsrechts ist, dann ist ein Verwertungsverbot zu verneinen. Umgekehrt soll eine Unverwertbarkeit bestehen, wenn die allgemeinen Persönlichkeitsrechte Vorrang haben.

Die Bestimmung der Verwertbarkeit von Beweismitteln, die einen Eingriff in die Grundrechte darstellen könnten, umfasst also zwei Prüfungsschritte: Zunächst muss geprüft werden, welcher Bereich des allgemeinen Persönlichkeitsrechts (Sozialsphäre, schlichte Privatsphäre oder Intimsphäre) von der Verwertung

---

215 Vgl. BVerfG NJW 2012, 907 (908); BVerfGE 120, 274 (335); 119, 1 (29 f.); 109, 279 (313); 89, 69 (82 f.); 80, 367 (373); 54, 143 (146); 34, 238 (245); 32, 373 (378 f.); 31, 296 (299); 27, 344 (350 f.); 27, 1 (6); 6, 32 (41). Ausführlich darüber: Rogall, FS Fezer, S. 61 ff.

216 BVerfG NJW 2012, 907 (908); BVerfGE 109, 279 (313 f.). BGHSt 50, 206 (210). Fern: BGHSt 36, 167 (173).

217 BVerfG NJW 2012, 907 (908); BVerfGE 80, 367 (373); 34, 238 (245). BGHSt 31, 296 (299 f.).

218 BVerfG NJW 2012, 907 (908); BVerfG wisstra 2011, 61 (64); BVerfGE 120, 274 (335); 109, 279 (313 f.); 80, 367 (373); 34, 238 (245). BGHSt 50, 206 (210).

219 BVerfGE 34, 238 (246); 32, 373 (379). Vgl. Geis, JZ 1991, 112 (113).

220 BVerfGE 32, 373 (379). BGHSt 34, 397 (401); 19, 325 (332 ff.).

betroffen ist.[221] In einem zweiten Schritt werden die Folgen dieser Einordnung für die Bestimmung eines Beweisverbots untersucht, was seinerseits die Zulassung, Nicht-Zulassung oder den Verzicht einer Abwägung bestimmt.[222]

Die *Sphärentheorie* ist Gegenstand erheblicher Kritik geworden, die weniger einen Vorwurf am Lösungsmodell des BVerfG, sondern vielmehr eine Missbilligung der Bestimmung der verschiedenen Sphären im konkreten Fall darstellt. Vorgeworfen wird ihr zunächst [223] – insbesondere seit der Entscheidung des BVerfG von 14. November 1989,[224] in der in einer Vier-Vier Entscheidung die Tagebuchaufzeichnungen des Angeklagten nicht zum absolut geschützten Kernbereich privater Lebensgestaltung eingeordnet wurden – die Schwierigkeit der Bestimmung des absolut geschützten Kernbereich bzw. der unscharfen Grenze zwischen dem unantastbaren Kernbereich privater Lebensgestaltung und der – abwägungstauglichen – schlichten Privatsphäre.[225] Diese Kritik erscheint berechtigt. Da nach dem BVerfG je nach Schwere des verfolgten Tatvorwurfs und des Inhalts der Information die Existenz eines unantastbaren Kernbereichs in Frage gestellt werden kann, könnte unter Berücksichtigung der Besonderheiten des Einzelfalls[226] die Existenz eines absolut unantastbaren Kernbereichs der Persönlichkeitsentfaltung bezweifelt werden, was mit einem effektiven Schutz von Persönlichkeitsrechten unvereinbar ist. Ferner wird kritisiert, dass die angeblich unscharfen Kriterien für eine Abwägung zwischen Persönlichkeitsschutz und Strafverfolgungsinteressen Unsicherheit zur Folge hätten.[227] Dieser Kritik widmet sich ausführlich Kapitel.1.F.IX.

---

221 Zutreffend äußert sich Küpper, JZ 1990, 416 (418), dass in jedem Falle die Abgrenzungsfrage vor der Abwägungsfrage zu klären ist.

222 Ähnlich: Geis, JZ 1991, 112(117).

223 Vgl. Fezer, Grundfragen, S. 6 f.; LR-*Gössel*, Einl. Abschn. L. Rdn. 111 ff.; Hofmann, JuS 1992, 587 (591); Jäger, Beweisverwertung und Beweisverwertungsverbote, S. 7; 10 ff.; Küpper, JZ 1990, 416 (418); Roxin / Schünemann, Strafverfahrensrecht, § 24, Rdn. 55 ff.; Wolter, StV 1990, 175 (175 ff.).

224 BVerfGE 80, 376. Ebenfalls kontrovers ist die Entscheidung des BGH in BGHSt 38, 397 (401), wonach die Verwertung von Tagebuchaufzeichnungen bei einem Mordfall als zulässig erklärt wurde. S. auch BGH JR 1994,430.

225 Vgl. BVerfG NJW 2012, 907 (908); BVerfG wisstra 2011, 61 (64); BVerfGE 124, 43 (69 f.); 113, 348 (391); 109, 279 (314 f.; 319); 80, 367 (374 f.). Daher gehören laut der Rechtsprechung des BVerfG zum Kernbereich etwa „Äußerungen innerster Gefühle" oder „Ausdrucksformen der Sexualität" (BVerfG NJW 2012, 907 (908); BVerfGE 120, 274 (335); 119, 1 (29 f.); 109, 279 (313 ff.) nicht aber (BVerfG NJW 2012, 907 (908); BVerfGE 124, 43 (70); 113, 348 (391); 109, 279 (319); 80, 367 (375), die in unmittelbarem Bezug zu konkreten strafbaren Handlungen stehen, wie etwa „Angaben über die Planung" bevorstehender oder „Berichte über begangene Straftaten".

226 BVerfGE 124, 43 (70); 109, 279 (314); 80, 367(374).

227 Vgl. Hofmann, JuS 1992, 587 (591); Küpper, JZ 1990, 416(418).

E. Einheitskonzeption der Beweisverbote

Die Beweisverbote wirken nicht nur im Hauptverfahren, sondern sind in jedem Verfahrensstadium zu beachten, auch im Zwischenverfahren und Ermittlungsverfahren[228] (sog. *Einheitskonzeption* der Beweisverbote[229]). Dies ist unvermeidbar, wenn man die normstabilisierende Funktion der Beweisverbote,[230] die sowohl in eine *präventive* als auch eine *prospektive* Richtung geht, ernst nimmt und keine willkürliche Unterscheidung zwischen Verfahrensverstößen in vorangegangenen Etappen des Verfahrens und in der Hauptverhandlung machen will. Folglich muss man die Geltung von Verfahrensnormen in allen Verfahrensstadien anerkennen. In diesem Sinne müssen die Richter und Staatsanwälte in allen Rechtsinstanzen die Geltung der Norm als Orientierungsmuster ernst nehmen. Das gilt für jede richterliche Entscheidung, in der Richter unabhängig von der Prozessphase zur Würdigung bzw. Verwertung von Beweisergebnissen Stellung nehmen müssen. Eine Verzögerung der Entscheidungsfindung hinsichtlich der Verwertbarkeit von Beweismitteln – z. B. durch das Verständnis der Beweisverbotslehre als ein nicht-eigenständiges Rechtsinstitut, sondern lediglich als ein Problem des Revisionsrechts, wie von einem kleineren Teil der Lehre vertreten wurde[231] – validiert automatisch einen Verfahrensfehler und seine Verwertung in Ermittlungsverfahren, was hinsichtlich einer späteren Beweisverbotserklärung widersprüchlich ist.

Indem die Beweisverbote nicht nur den Richter, sondern alle Organe der Strafjustiz verpflichten,[232] entfaltet die hier vertretene Einheitskonzeption der

---

228 S. etwa BVerfGE 44, 353 (383 f.); 34, 238 (238 ff.); OLG Frankfurt, NStZ 1988, 425. Jahn, FS Stöckel, S. 282 spricht in diesen Fällen von einer „Vorwirkung" von Beweisverboten.

229 Vgl. Dallmeyer, Beweisführung, S. 78 f.; Dencker, StV 1994, 667 (670); ders., Verwertungsverbote, S. 53; 75; Eisenberg, Beweisrecht, Rdn. 334; 356; 635; LR-*Gössel*, Einl. Abschn. L. Rdn. 14; 196; Hengstenberg, Frühwirkung, S. 30 f.; MK-*Kudlich*, Einl. §449; Knauth, NJW 1978, 741 (742 f.); Maul / Eschelbach, StraFo 1996, 66 (69); Pitsch, Strafprozessuale Beweisverbote, S. 83; Rogall, FS Geppert, S. 536; ders., Beweisverbote in Ländern der EU, S. 130; ders., ZStW 91 (1979), 1 (7 f.); Schlothauer, FS Lüderssen, S. 761 ff.; Störmer, JURA 1994, 621 (625); ders., Dogmatische Grundlagen, S. 241; 394. Bezüglich § 136 a StPO: Osmer, Der Umfang, S. 56 f.

230 S. Kap. 1.B. VI.

231 Wie die Rechtsprechung des RG und früheste Bemühungen des BGH beschränkt sich, laut dieser Meinung, – der Anwendungsbereich des Beweisverbotes – u.a. aus prozessökonomischen Gründen – auf die Hauptverhandlung und vor allem im Rahmen des Revisionsverfahrens. In diesem Sinne u. A.: Kühne, Strafprozessrecht, Rdn. 909; Schöneborn, GA 1975, 33 (35 f.); Sydow, Kritik der Lehre, S. 75. S. auch Schmidt, JZ 1958, 596 (597 f.). Fern: Gössel, GA 1991, 483 (486 ff.; 509); ders., NJW 1981, 2217 (2218 f.); ders., FS Bockelmann, S. 813 ff.

232 Dallmeyer, Beweisführung, S. 78; Dencker, Verwertungsverbote, S. 53 f.; Rogall, ZStW 91 (1979), 1 (8).

Beweisverbote ihre Wirkung auch bei den Ermittlungsorganen.[233] Da die Rechtswidrigkeit von fehlerhaft erlangten Beweismitteln in jedem Verfahrensstadium geklärt werden muss, können Polizei und Staatsanwälte – auf einer *prospektiven* Ebene – die Beweiserhebungsnorm als Orientierungsmuster ansehen und folglich ihr zukünftiges Verhalten in derselben oder einer anderen Ermittlung an diesem Parameter orientieren.[234]

F. Die in der Literatur entwickelten Beweisverbotslehren bezüglich der unselbständigen Beweisverbote

I. Einleitung

Im Einklang mit der Rechtsprechung[235] wird von der Literatur die Ansicht, dass jeder Fehler der Strafverfolgungsorgane im Rahmen der Beweisermittlung in allen Fällen zu einem Verbot des rechtswidrig erlangten Beweismittels führe, fast ausnahmslos verneint.[236] Selbst die Lektüre der Werke des „Vaters" der Beweisverbote in Deutschland, *Ernst Beling*, der oft dieser Position zugeordnet wird,[237] lässt die Schlussfolgerung zu, dass die Behauptung, jedes Verbot habe ein Verwertungsverbot zur Folge, relativiert werden muss.[238] Das ergibt sich aus der genauen Betrachtung seines hier zitierten Werkes[239] sowie seiner späteren Arbeiten, die die Verwertungsverbote nicht als einzige Folge der Verletzung eines Beweiserhebungsverbots aufführen.[240]

---

233 Als logische Folge der hier vertretenen Auffassung darf z. B. kein Haftbefehl oder Durchsuchungsbeschluss erlassen werden, falls der erforderliche Verdachtsgrad ohne das unverwertbare Beweisergebnis nicht erreicht wird. Vgl. Dencker, StV 1994, 667 (670).

234 S. Kap. 1.B. VI.

235 S. Kap. 1.C. II.

236 Grünwald, Beweisrecht, S. 142; Herdegen, Wahrheitsfindung und ihre Schranken, S. 115; Schellhammer, NJW 1972, 319 (320). A.a. etwa: Kühne, Strafprozessrecht, Rdn. 907.4; Peters, Strafprozeß, S. 353.

237 U.a. Beulke, ZStW 103 (1991), 657 (658); Koriath, Über Beweisverbote, S. 31. Vgl. ausführlich Dallmeyer, Beweisführung, S. 24 f.

238 Beling, Beweisverbote, S. 30 f.

239 In seiner Antrittsvorlesung verweist Beling, Beweisverbote, S. 33 bezüglich der Frage, ob Beweisverbote eine Berechtigung haben, auf die Notwendigkeit eine Güterabwägung zwischen dem Staatsinteresse an Wahrheitserforschung einerseits und widerstreitende Staats-. Kommunal-, und Privatinteresse andererseits.

240 In seinem Lehrbuch versteht Beling, Reichsstrafprozeßrecht, S. 284; 289 die Beweisverbote als Ausnahmen bzw. Einschränkungen der Wahrheitsaufdeckung und vertritt die Auffassung (ders., Reichsstrafprozeßrecht, S. 290), die Verwertung einer Tatsache sei ausgeschlossen, wenn *„das Beweisverfahren nicht ordnungsgemäß war"*. Vgl. Dencker, Verwertungsverbote, S. 14, Fn. 3; Rogall, JZ 2008, 818 (819).

Obwohl auf einer rein theoretischen Ebene die Möglichkeit denkbar ist, dass der Gesetzgeber all die Fälle regelt, in denen ein Beweisverwertungsverbot in Betracht kommt (im Sinne eines *numerus clausus*), ist in der Realität ein ausführlicher Beweisverbotskatalog im deutschen Strafprozessrecht nicht vorstellbar.[241] Der Gesetzgeber kann unmöglich alle denkbar möglichen Konstellationen und Situationen, in denen ein Verfahrensfehler ein Verwertungsverbot zur Folge haben muss, vorhersehen und abschließend auflisten.

Andererseits gibt es im deutschen Strafprozessrecht ein normativ fundiertes Prinzip, das alle Strafverfolgungsorgane gesetzlich dazu verpflichtet, entscheidungserhebliche Beweismittel grundsätzlich zu verwerten.[242] Dieser Verwertungsgrundsatz gilt aber nicht ausnahmslos. Außer in einigen wenigen Fällen, in denen vom Gesetzgeber mittels ausdrücklicher Anordnung die Verwertung von bestimmten Beweismitteln untersagt wird (etwa §§ 81 a Abs. 3, 81 c Abs. 3, 100b Abs. 5, 100d Abs. 3 S. 3, 100d Abs. 5, 100f, 108 Abs. 2, 110e, 136 a Abs. 2 S. 2, 161 Abs. 2 StPO, § 7 Abs. 3 G10, § 393 II AO), bedarf das Verwertungsverbot als Rechtsfolge einer fehlerhaften Beweiserhebung in den nicht geregelten Fällen stets einer Begründung.

Ob und unter welchen Voraussetzungen ein Verstoß gegen eine Beweiserhebungsnorm ein Verwertungsverbot nach sich zieht (wenn dies nicht ausdrücklich im Gesetz geregelt ist), ist das meist-diskutierte Problem der Beweisverbotslehre in Deutschland.[243] Eine geeignete Theorie der Beweisverbote muss – wie *Gössel* vor über 30 Jahre zutreffend bemerkte – *„inhaltliche Kriterien zur Abgrenzung folgenlos verletzbarer Beweisverbote von solchen Beweisverboten benennen, deren Verletzung zur Unverwertbarkeit des verbotswidrig ermittelten Sachverhalts führt“*.[244]

Die deutsche Lehre versucht seit mehr als 100 Jahren, eine Theorie zu entwickeln, die einleuchtend erklären kann, wann ein Erhebungsverbot ein Verwertungsverbot zur Folge hat. Nach den Schriften von *Beling* wurde die Beweisverbotslehre in der Literatur zunächst für ca. 50 Jahre kaum diskutiert. Erst in den 1960er Jahren, insbesondere nach dem 46. Deutschen Juristentag 1966 – unter dem Thema „Beweisverbote im Strafprozess“ –, wurde die wissenschaftliche Debatte diesbezüglich wieder aufgenommen. In den 1960er und 1970er Jahren konzentrierte sich die Diskussion auf einen Streit zwischen Anhängern der *Schutzzweck*[245]– und *Abwägungslehre*[246]. Nach einer Zuspitzung in den 1980er Jahren haben sich dank der 1990 veröffentlichten bedeutenden Monographie von *Amelung „Informationsbeherrschungsrechte im Strafprozeß“*[247] und der Entwicklung der *„normativen Fehlerfolgenlehre“* von

241 Vgl. Kohlhaas, DRiZ 1966, 286 (287). BGHSt 38, 214 (223).
242 Vgl. Störmer, JURA 1994, 621 (621).
243 Vgl. Alsberg / Nüse / Dallmeyer, Beweisantrag, Rdn. 894.
244 Gössel, NJW 1981, 649 (650).
245 S. Kap. 1. F. IV.
246 S. Kap. 1. F. VIII.
247 Amelung, Informationsbeherrschungsrechte im Strafprozess: dogmatische Grundlagen individualrechtlicher Beweisverbote.

Rogall[248] in den letzten zwei Jahrzehnten neue Perspektiven für die Antwort auf die Frage, wann ein Beweiserhebungsverbot ein Beweisverwertungsverbot zur Folge hat, eröffnet. Im Folgenden werden die wichtigsten wissenschaftlichen Theorien bezüglich dieser Frage näher betrachtet.

II. Die Funktionslehre (Zwecktheorie)

Die verschiedenen Theorien, die unter der Kategorie „Funktionslehre" zusammengefasst werden können, versuchen die Bestimmung der Verwertungsverbote auf eine bestimmte Zweckrichtung zurückzuführen. In dieser Gruppe sind u.a. die Autoren zu nennen, die eine Disziplinierung der Ermittlungsorgane oder den Schutz einer General- oder Spezialpräventivfunktion der Strafe nicht nur als Funktion der Beweisverbote, sondern auch als Entscheidungsfaktor für die Bestimmung eines Beweisverwertungsverbotes anerkennen.[249] In diesem Sinne führt ein Verstoß gegen ein Beweiserhebungsverbot in all den Fällen zu einem Beweisverwertungsverbot, in denen eine solche Sanktion erforderlich scheint, um einen bestimmten strafprozessualen Zweck zu erreichen.

III. Die Kritik an der Funktionslehre

Die Berücksichtigung einer bestimmten Funktion als entscheidendes Kriterium für die Begrenzung von Beweisverwertungsverboten vermengt allerdings zwei zu trennende Bestandteile der Beweisverbotslehre: Die Funktion und die Bestimmung der Beweisverwertungsverbote. Dies ermöglicht zunächst nur schwer eine Bestimmung und Begrenzung der Situationen, in denen ein Beweiserhebungsverbot ein Beweisverwertungsverbot zur Folge hat.[250] Da jeder Verstoß gegen eine Erhebungsvorschrift diesen versuchten Zweck beeinträchtigt,[251] muss konsequenterweise jedes Erhebungsverbot zu einem Verwertungsverbot führen. Folglich wäre es nach diesen einseitigen und absoluten Kriterien nicht möglich, Beweiserhebungs- und Beweisverwertungsverbote zu unterscheiden.[252] Demzufolge ist eben genau die oben genannte Aussage *Gössels* bzgl. der sog. Funktionslehre – bei der inhaltlich jedes Verwertungsverbot Folge einer Zweckbeeinträchtigung ist – nicht gänzlich zutreffend.

---

248 S. Kap. 1.F. X.

249 S. ausführlich Kap. 1. B. II ff.

250 Auch Alsberg / Nüse / Dallmeyer, Beweisantrag, Rdn. 901; Gössel, NJW 1981, 649 (651); Jäger, GA 2008, 473 (474).

251 Gössel, GA 1991, 483 (485).

252 Vgl. ders., GA 1991, 483 (485); Jäger, GA 2008, 473 (475).

IV. Die Schutzzwecklehre

Bereits in den 1960er Jahren, als die Diskussion über die noch umstrittene Frage, wann ein Beweisverwertungsverbot als Folge eines Verstoßes gegen eine Beweiserhebungsnorm entsteht, noch ganz am Anfang stand, versuchten viele Stimmen in der Literatur, diese Frage mehr oder weniger mit einer Analyse des Schutzzwecks der verletzten Beweiserhebungsvorschrift zu beantworten.[253] Nach Ansicht dieser Autoren lasse sich ein Verwertungsverbot bejahen, wenn durch die Verletzung der Beweiserhebungsvorschrift nach einer teleologischen Auslegung dieser Norm deren *ratio* tangiert sein sollte.[254]

Im Vergleich zur Funktionslehre wird nach der Schutzzwecklehre nicht die Funktion von Verwertungsverboten bestimmt. Daher kann sie mit unterschiedlichen Funktionen der Beweisverbote – ungeachtet der Kritik an ihnen – völlig kompatibel sein.[255]

Trotz des dargestellten gemeinsamen Ausgangspunkts umfasst die Schutzzwecklehre unterschiedliche Varianten (die mitunter stark voneinander abweichen), deren gemeinsamer Nenner die Auslegung der *Ratio* der Norm als entscheidender Faktor der Bestimmung von Beweisverwertungsverboten ist. Im Folgenden werden einige der repräsentativsten Auffassungen der Schutzzwecklehre vorgestellt und ihre Merkmale kritisch analysiert.

Nach einer vollständigen und kritischen Analyse der damaligen Rechtsprechung des BGH und des RG über die Beweisverbote kommt *Rudolphi* zum Schluss, dass das entscheidende Kriterium bei der Bestimmung, ob eine Verletzung einer Verfahrensnorm ein Verwertungsverbot in Form eines Revisionsrügerechts begründen kann, *„nur der Sinn und Zweck der jeweils verletzten Vorschrift, d.h. die Frage sein* (kann), *ob der Gesetzgeber mit der Aufstellung der verletzten Norm überhaupt*

253 Auch hat die Rechtsprechung diese Ansicht in eigenen Entscheidungen vertreten. U.a. BGHSt 53, 191 (197 f.); 27, 355 (357); 25, 325 (331). Teilweise auch BGHSt 24, 125, welche in Zusammenhang mit Schutzzwecküberlegungen allerdings sogleich auf die sog. Abwägungslehre zurückgreift.

254 Vgl. Beulke, JURA 2008, 653 (655); KMR-*Paulus* § 244, Rdn. 516 ff. Vertreter der Schutzzwecklehre sind u.a. Beulke, JURA 2008, 653 (656); ders., ZStW 103 (1991), 657 (663 ff.); Fezer, Strafprozeßrecht, Fall 16, Rdn. 29 ff.; ders., Grundfragen, S. 8 ff.; 20 ff.; Grünwald, Beweisrecht, S. 141 ff.; ders., JZ 1966, 489 (492 ff.); Jäger, Beweisverwertung und Beweisverwertungsverbote, S. 131 ff.; MK-*Kudlich,* Einl. Rdn. 463; Lubig, Beweisverwertungsverbote, S. 29 f.; Paulus, JuS 1988, 873 (877); Petry, Beweisverbote, S. 28 ff.; 77 ff.; Rudolphi, MDR 1970, 93 (97 ff.); Schröder, Beweisverwertungsverbote, S. 53 f. Nach revisionsrechtlicher Ansicht u.a. Blomeyer, JR 1971, 142 (142 ff.); Rudolphi, MDR 1970, 93 (97 ff.); Schöneborn, GA 1975, 33 (35 f.).

255 Während Rudolphi, MDR 1970, 93 (98) u.a. den Schutz der Wahrheitsfindung von unsicheren Beweismitteln als eine der Funktionen der Beweisverbote nennt, spricht Grünwald, JZ 1966, 489 (499) von einer generalpräventiven Funktion des Verwertungsverbots, um künftigen Rechtsverletzungen entgegenzuwirken.

die Absicht verfolgte, Urteile, die auf einer Verletzung dieser Norm beruhen, zu verhindern".[256] Wenn folglich der Schutzzweck der verletzten Norm nicht direkt auf dieses Ziel hinausläuft, dann ist es nicht möglich, ihren Verstoß mit einer Revision zu rügen.[257]

Für eine Bejahung eines Verwertungsverbots kommen laut *Rudolphi* drei Gründe in Betracht. Zunächst sei der Schutz der Wahrheitsfindung von unsicheren Beweismitteln zu berücksichtigen.[258] Des Weiteren seien dritte Personen vor zu weit gehenden Eingriffen der Strafverfolgungsorgane in ihre rechtlich geschützten Interessen zu schützen[259] und zuletzt müsse der Schutz der Geheim- und Vertrauenssphäre des Beschuldigten garantiert werden.[260]

Rudolphis revisionsbezogene Schutzzwecklehre basiert auf der Analyse des Schutzzwecks bzw. der *Ratio* der jeweils in Frage kommenden Verfahrensnormen als einziges Kriterium dafür, ob ein Normverstoß ein Verwertungsverbot (und damit dieser Meinung nach ein Revisionsrügerecht) begründet.[261] Der Mangel an anderen, relevanten Betrachtungspunkten zur Bestimmung eines Verwertungsverbots erlaubt es, diese Theorie als rein *monistisch* einzuordnen.

Eine andere, monistische Lösung der Frage, ob der Verstoß gegen ein Beweiserhebungsverbot ein Verwertungsverbot zur Folge hat, ist die Ansicht *Fezers*, der in Beweisverwertungsverboten ein Spiegelbild einer bewussten Selbstbeschränkung des Staates bei der Wahrnehmung der Strafverfolgungsaufgaben sieht. Dieser Meinung nach hat der Gesetzgeber bereits selbst für die Beweiserhebungsnormen eine Abwägung zwischen schutzwürdigen Individualinteressen und dem öffentlichen Interesse an der Wahrheitserforschung nach dem Prinzip der Verhältnismäßigkeit vorgenommen.[262] Durch ihren Inhalt würden Beweiserhebungsnormen die Strafverfolgungsorgane auf ein Eingriffsverbot hinweisen, dessen Missachtung ein Verwertungsverbot zur Folge habe. Dieser Auffassung nach ist der Schutzzweck der verletzten Norm maßgebend für die Annahme eines Verwertungsverbots, weil sie

---

256 Rudolphi, MDR 1970, 93 (97).

257 ders., MDR 1970, 93 (97).

258 Darunter ordnet der Autor – unter Berufung auf Schmidt, JZ 1958, 596 (600) – eine Verletzung des § 55 Abs. 2 StPO ein, wobei diese Norm nicht nur den Zeugen vor einem Konflikt zwischen seiner Aussagepflicht und seinen Interessen bewahrt, sondern auch eine falsche Aussage aufgrund einer Zwangslage verhindert. Rudolphi, MDR 1970, 93 (98).

259 Zu diesem Zweck würde u.a. § 54 StPO gehören, wo eine Verletzung der Aussagegenehmigung für Richter und Beamte zu einem Verwertungsverbot führt. Schmidt, MDR 1970, 93 (98).

260 In diese Gruppe fällt die Verletzung der Belehrungspflicht: Schmidt, MDR 1970, 93 (98 f.).

261 ders., MDR 1970, 93 (98 ff.).

262 Fezer, Grundfragen, S. 8 ff.; 20 ff.; ders., Strafprozeßrecht, Fall 16, Rdn. 29 ff. S. auch: ders., Strafprozeßrecht, Fall 16, Rdn. 31. Ihm folgend: Wohlers, StV 2008, 434 (435). Vgl. dazu: Jahn, Gutachten, C 55.

eine Entscheidung des Gesetzgebers bezüglich ihrer Wirkung darstellt.[263] Durch eine *„Auslegung der StPO und ihrer Struktur unter Berücksichtigung verfassungsrechtlicher Grund- und Rahmenbedingungen“*[264] könne bestimmt werden, ob aus der verletzten Beweiserhebungsnorm im konkreten Einzelfall ein Verwertungsverbot folgt.[265]

Unter den verschiedenen Versionen der Schutzzwecklehre hat die sog. „Schadensvertiefungslehre“ von *Grünwald* großen Einfluss und einige Relevanz in der Literatur.[266] In seiner Theorie, die erstmals im Jahr 1966 entworfen[267] und dann fast 30 Jahre später weiter ergänzt und entwickelt wurde,[268] sieht der Autor die Antwort auf die Frage der Verwertbarkeit in der Differenzierung nach der *„ratio der jeweils verletzten Vorschrift“*, indem *„jeweils untersucht werden* (muss), *ob der Schutzzweck der Vorschrift bereits endgültig vereitelt ist, sobald gegen sie verstoßen worden ist – oder ob die Verwertung des Beweismittels erst die Vollendung oder eine Vertiefung der Verletzung des geschützten Interesses darstellen würde“*.[269] Letzterer Fall führe nach der *Ratio* der betreffenden Vorschrift zu einem Verwertungsverbot. Wenn im Gegensatz dazu die Verletzung des geschützten Interesses mit dem Verstoß abgeschlossen ist, müsse man prüfen, *„ob etwa zusätzliche Erwägungen gegen die Verwertung sprechen – oder ob kein Interesse mehr vorhanden ist, das der Wahrheitsfindung entgegenstehen könnte.“*[270] Ein zusätzliches, relevantes Kriterium zur Bestimmung eines Verwertungsverbots sei die Berücksichtigung hypothetischer Ermittlungsverläufe. In diesen Fällen sei ein Beweismittel trotz einer Rechtsverletzung verwertbar, *„wenn es auch bei ordnungsgemäßem Vorgehen gewonnen worden wäre.“*[271]

---

263 Fezer, JR 1992, 385 (385 f.).

264 ders., Grundfragen, S. 3.

265 ders., JuS 1978, 104 (329).

266 Ihm folgend: u.a. MK-*Kudlich*, Einl. §463; Ranft, Strafprozeßrecht, Rdn. 1612; Schöneborn, GA 1975, 33 (40); Welp, JuS 1971, 239 (243). Ausführlich dazu: Rogall, FS Grünwald, S. 524 ff.

267 Grünwald, JZ 1966, 489.

268 ders., Beweisrecht, insb. S. 141 ff.

269 ders., JZ 1966, 489 (492). Die Betrachtung der *„endgültigen Vereitelung der geschützten Interessen“* ermöglicht – wie *Rogall* betont – eine Parallele zwischen diesem System und der strafrechtlichen Kategorie des Erfolgsdeliktes. Vgl. Rogall, FS Grünwald, S. 526.

270 Grünwald, JZ 1966, 489 (492 f.). In diesem Sinne bejaht der Autor ein Verwertungsverbot in einem Fall, in dem entgegen § 81 a StPO eine Blutprobe nicht von einem Arzt entnommen wurde, obwohl nach der Blutentnahme der Eingriff in die körperliche Integrität des Beschuldigten bereits endgültig abgeschlossen ist. Trotz dieses Umstandes hält der Autor in diesem Fall an der Unverwertbarkeit des Beweismittels fest, weil *„der Staat nicht auf dem Unrecht aufbauend dem Verletzten weitere Nachteile zufügen* (darf)“ ders., JZ 1966, 489 (495). Vgl. Schöneborn, GA 1975, 33 (40, Fn. 47).

271 Grünwald, JZ 1966, 489 (495). Als Beispiel zitiert der Autor die Entnahme einer Blutprobe durch einen Nichtarzt (Verstoß gegen § 81 a StPO). Die Verwertbarkeit

Relativ weit entfernt von den oben genannten Positionen unterteilt *Beulke*[272] mit einer kombinierten Theorie die Beweisverwertungsverbote in drei Kategorien, bei denen eine Reihenfolge besteht, in der die Schutzzwecklehre den Vorrang hat und die Abwägungslehre nur eine subsidiäre Rolle spielt. Erstens müsse man prüfen, ob das Verwertungsverbot in den Verfahrensgesetzen ausdrücklich geregelt ist. Fehle eine solche vorrangige, ausdrückliche Regelung, müsse man als zweiten Schritt prüfen, ob Verwertungsverbote vorliegen, die sich mittelbar aus Verfahrensnormen ergeben, in denen den Ermittlungsorganen ein bestimmtes Verhalten vorgeschrieben wird. Schließlich betrifft *Beulke* Verwertungsverbote, die sich aus der Verfassung ergeben.[273]

In Bezug auf die wenigen ausdrücklichen Beweisverwertungsverbote argumentiert *Beulke*, dass die Entscheidung über die Verwertbarkeit in diesen Fällen vom Gesetzgeber selbst vorgenommen wird.[274] Für die Verwertungsverbote, die sich mittelbar aus der StPO ergeben, erkennt der Autor den Vorrang der Schutzzwecklehre an. In solchen Konstellationen habe schließlich der Gesetzgeber bereits eine Abwägung getroffen, welche lediglich durch Herausarbeitung des Schutzbereichs der Norm nachzuvollziehen ist.[275] Nur für die Verwertungsverbote, die direkt aus der Verfassung abgeleitet werden, erkennt *Beulke* die Zulässigkeit einer allgemeinen Abwägung zwischen den Rechten des Einzelnen und dem Interesse der Allgemeinheit an einer effektiven Rechtspflege an.[276]

Eine Modifizierung der traditionellen Auffassung der Schutzzwecklehre versuchte *Jäger* mit seiner *„beweisgegenständlichen Verwertungsverbotslehre"* mittels einer strengen Trennung zwischen dem „persönlichen" und dem „sachlichen" Schutzbereich der Erhebungsnorm.[277] Die Entscheidung für oder gegen das Verwertungsverbot müsse im sachlich-gegenständlichen und nicht – wie bei den bislang vertretenen Schutzzweckansätzen argumentiert – im persönlichen Schutzbereich der Norm gesucht werden.[278] Um ein Beweisverwertungsverbot hinreichend zu begründen, sollte nicht der persönliche Schutzzweck entscheidend sein, also die Frage, wem die Erhebungsnorm zu dienen bestimmt ist, sondern der „beweisgegenständliche" Schutzzweck der Erhebungsnorm, und zwar ob und

---

des Beweismittels folgt aus dem Umstand, dass im *„Regelfalle (...) auch ein Arzt erreichbar* (ist)*"*.

272 SSW-*Beulke*, Einl. Rdn. 261; Beulke, Strafprozessrecht, § 23, Rdn. 458; ders., ZStW 103 (1991), 657 (663 ff.). Ihm folgend: Ostendorf, Strafprozessrecht, Rdn. 380.

273 Beulke, JURA 2008, 653 (656); ders., ZStW 103 (1991), 657 (665).

274 ders., ZStW 103 (1991), 657 (668).

275 ders., JURA 2008, 653 (656); ders., ZStW 103 (1991), 657 (671 ff.).

276 ders., ZStW 103 (1991), 657 (677 ff.) Zusammenfassend: ders., Strafprozessrecht, Rdn. 458. In ähnlichem Sinne: Fezer, Grundfragen, S. 29 f.

277 Jäger, GA 2008, 473 (484 ff.); ders., Beweisverwertung und Beweisverwertungsverbote, S. 139 ff. Zusammenfassend: Fezer, StV 2005, 467 (passim); Wohlers, GA 2005, 368 (368 ff.).

278 Jäger, Beweisverwertung und Beweisverwertungsverbote, S. 139.

inwieweit dadurch *„das Objekt der Beweisführung vor seiner verwertbaren Existenz oder in seiner unverwertbaren Existenz geschützt ist"*.[279] Danach sei Beweiserhebung *„nicht anders als Wahrnehmung bestimmter Tatsachen im Hinblick auf ein bestimmtes Beweisziel, während Beweisverwertung die Verwendung bestimmter Tatsachen zum Ziel des Beweises eines bestimmten Sachverhalts bedeutet."*[280]

Im Rahmen eines zweistufigen Prüfungsverfahrens müsse man zunächst untersuchen, ob ein Beweiserhebungsverbot verletzt wurde. Ein Verfahrensfehler bei der Beweisgewinnung, der den personenbezogenen Schutzzweck einer Norm verletzt, führe zu einem Beweiserhebungsfehler. Werde dies bejaht, sei in einem zweiten Schritt zu prüfen, ob *„im Anschluss daran ausschließlich nach dem sachlichen Schutzzweck dieser Norm"* der Eintritt eines Beweisverwertungsverbotes aufgrund einer Verletzung dieses beweisgegenständlichen Schutzbereichs der Norm gerechtfertigt ist.[281]

V. Die Kritik an der Schutzzwecklehre

Die Einwände gegen diese Theorie weisen sowohl in eine *praktische* als auch in eine *methodische* Richtung.[282] Den Schutzzwecklehren wird zunächst entgegengehalten, dass ihre Berufung auf klare Regeln, und folglich ihre beanspruchte Rechtssicherheit gegenüber der Abwägungslehre[283] nach Analyse der verschiedenen Auffassungen über die *Ratio* einer bestimmten Norm, nur als *petitio principii* erscheint. Da die Normzwecke in der Regel komplex sind und manchmal aus widerstreitenden Zielsetzungen bestehen, ist in diesem Sinne die Rede von einer deutlichen *Ratio* bzw. Zweck der Norm zumindest missverständlich.[284] Wie auch bei der Kritik gegen die Rechtskreistheorie – die danach fragt, wann eine Vorschrift den Rechtskreis des Angeklagten „wesentlich berührt" ist – besteht unter den Vertretern dieser Ansicht keine Einigkeit über den konkreten Schutzzweck der jeweiligen Beweiserhebungsnorm.[285] Aus diesem Grund kommen die Anhänger

---

279 ders., Beweisverwertung und Beweisverwertungsverbote, S. 279.

280 ders., GA 2008, 473 (484).

281 ders., GA 2008, 473 (485). Vgl. Wohlers, GA 2005, 368 (368 ff.).

282 S. Kritik von u.a. Dalakouras, Beweisverbote, S. 128 f.; Dencker, Verwertungsverbote, S. 47 ff.; Haffke, GA 1973, 65 (77 ff.); Jahn, Gutachten, C 56 ff; Kelnhofer, Hypothetische Ermittlungsverläufe, S. 71 ff.; Peres, Strafprozessuale Beweisverbote, S. 38 ff.; Reinecke, Die Fernwirkung, S. 98 ff.; Rogall, Beweisverbote in Ländern der EU, S. 140; ders., Zur Theorie und Systematik, S. 154; ders., ZStW 91 (1979), 1 (27 ff.); Röger, Die Verwertbarkeit des Beweismittels, S. 84 f.; Schröder, Beweisverwertungsverbote, S. 42 ff.; Störmer, Dogmatische Grundlagen, S. 194 f.

283 Vor allem: Beulke, ZStW 103 (1991), 657 (664) Dieser Umstand wurde auch von Autoren, die diese Ansicht nicht teilen, als Vorteil der Schutzzwecklehre betont. U.a. Störmer, Dogmatische Grundlagen, S. 193 f.

284 Koch, Abwägung im Recht, S. 13.

285 Alsberg / Nüse / Dallmeyer, Beweisantrag, Rdn. 902; Engländer / Volk, StPO, §28, Rdn. 10; Jahn, Gutachten, C 57; Kelnhofer, Hypothetische Ermittlungsverläufe, S. 73;

der Schutzzwecklehre zu abweichenden Ergebnissen, je nach ihrer persönlichen Auslegung.[286] Paradigmatisch dafür sind die widersprüchlichen Meinungen unter den Anhängern der Schutzzwecklehre über die Verwertbarkeit einer Aussage, die durch Missachtung der Belehrung nach § 55 StPO herbeigeführt wurde.[287]

Gegen diese Kritik hat erst jüngst *Lubig* zutreffend eingewandt, dass die Vielfalt der Methodenlehrschulen selten zu völlig zweifelsfreien Ergebnissen bei der Auslegung von Normen gelangt, so dass sich diese Kritik eigentlich nicht gegen die Schutzzwecklehre selbst, sondern gegen die übliche Auslegung und Rechtsfortbildung richtet.[288]

Die bedeutendsten Kritiken der Schutzzwecklehre beziehen sich also nicht auf die etwa widersprüchlichen Ergebnisse ihrer praktischen Anwendung, sondern auf ihre Rolle in der Feststellung eines Beweisverbotes. Ist es in diesem Zusammenhang überhaupt möglich, ausschließlich aus dem Zweck einer verletzten Beweiserhebungsnorm einleuchtende Schlussfolgerungen für ihre Verwertbarkeit herzuleiten?[289] Auch wenn unter richtiger Anwendung einer bestimmten Methodenschule die eindeutige Zweckbestimmung einer Norm möglich erscheint, ist die Rücksicht auf den Schutzzweck der verletzten Verfahrensvorschriften als ausschließlicher Betrachtungspunkt, um die Folgen eines Beweiserhebungsverbots abzuleiten, unzumutbar. Soweit der Schutzzweck einer Rechtsnorm keine Rechtsfolge nach sich zieht, vermengt diese Lehre die Rechtsnorm mit den Folgen ihres Verstoßes.[290]

Ossenberg, Die Fernwirkung, S. 38; Rogall, ZStW 91 (1979), 1 (27); Röger, Die Verwertbarkeit des Beweismittels, S. 84.

286 Vgl. Jahn, Gutachten, C 57.

287 Während Grünwald (Grünwald, JZ 1966, 489 (498) diese Aussage für zulässig hält, folgern Petry, Beweisverbote, S. 105 und Rudolphi, MDR 1970, 93 (98) daraus eine Unverwertbarkeit dieser Beweismittel. Ein anderer Fall betrifft eine Hausdurchsuchung ohne richterliche Anordnung entgegen § 105 Abs. 1 StPO, bei der Beulke, ZStW 103 (1991), 657 (673) eine Verwertungsverbot vorschlägt, während Rudolphi, MDR 1970, 93 (97) dieses verneint. Fraglich ist auch, ob der Schutzzweck der §§ 57 und 58 StPO sich ausschließlich auf die Interessen der Zeugen bezieht oder ob es unmittelbar dem persönlichen Interesse des Angeklagten dient. Dazu: Dalakouras, Beweisverbote, S. 128 f.; Jäger, GA 2008, 473 (476); ders., Beweisverwertung und Beweisverwertungsverbote, S. 157; Röger, Die Verwertbarkeit des Beweismittels, S. 84, Fn. 279.

288 Lubig, Beweisverwertungsverbote, S. 30.

289 Vgl. Rogall, Beweisverbote in Ländern der EU, S. 140; ders., JZ 1996, 944 (948); ders., Zur Theorie und Systematik, S. 154.

290 In diesem Sinne: Amelung, FS Bemmann, S. 519; Fezer, Strafprozeßrecht, Fall 16, Rdn. 25; Haffke, GA 1973, 65 (77); Jahn, Gutachten, C 57; Kelnhofer, Hypothetische Ermittlungsverläufe, S. 73; Rogall, Zur Theorie und Systematik, S. 154; Schröder, Beweisverwertungsverbote, S. 49; Störmer, Dogmatische Grundlagen, S. 195.

In der Tat lässt sich aus dem Wortlaut der Norm keine entscheidende Antwort auf die Frage nach der Verwertbarkeit des rechtswidrig erlangten Beweismittels ableiten.[291] In diesem Sinne haben einige Autoren mit einem methodischen Einwand gegen diese Lehre zutreffend darauf hingewiesen, dass eine Untersuchung von Sinn und Zweck einer Beweiserhebungsnorm keinen Schluss auf die verfahrensrechtlichen Folgen einer Verletzung dieser Norm zulässt.[292] Wie *Störmer*[293] zutreffend betont, lässt sich *„aus den Verfahrensvorschriften die Rechtsfolge Verwertungsverbot weder unmittelbar noch im Wege der Rechtsfortbildung (z. B. der Analogie) gewinnen.“* Die teleologische Betrachtung einer Norm findet ihre Grenzen in ihrem Wortlaut und darf diese nicht überschreiten, um eine erwünschte Rechtsfolge herzuleiten. Abschließend ist *Jahn* zuzustimmen, dass die Anhänger der Schutzzwecklehre regelmäßig Telos und Wirkung der Beweisverwertungsverbote verwechseln.[294]

Im Bereich der selbständigen Verwertungsverbote liefert die Schutzwecklehre kein Argument zur Bestimmung eines verfassungsrechtlichen Verwertungsverbots.[295] Vielmehr werden – wie auch Anhänger der Schutzzwecklehre anerkennen[296] – im Rahmen der selbständigen Beweisverbote ausschließlich Abwägungsparameter angewandt.

Es gibt zudem Einwände gegen die einzelnen Varianten der Schutzzwecklehre.[297] An der Ansicht von *Fezer* wird kritisiert,[298] dass der Gesetzgeber sich auf unklare Prämissen stützt, wenn es darum geht, neue Beweiserhebungsverbote zu formulieren, was infolgedessen keine Schlussfolgerung bezüglich der Existenz

---

291 In diesem Sinne: Amelung, Informationsbeherrschungsrechte, S. 45; Haffke, GA 1973, 65 (77); Schneider, NStZ 2009, 46 (50); Störmer, Dogmatische Grundlagen, S. 194; Rogall, ZStW 91 (1979), 1 (28).

292 In diesem Sinne: Haffke, GA 1973, 65 (77); Jahn, Gutachten, C 57; Rogall, Beweisverbote in Ländern der EU, S. 140; ders., ZStW 91 (1979), 1 (28); Schröder, Beweisverwertungsverbote, S. 49; Störmer, Dogmatische Grundlagen, S. 194.

293 ders., JURA 1994, 621 (626).

294 Jahn, Gutachten, C 57.

295 In diesem Sinne: Bockemühl, Private Ermittlungen, S. 106; Kalb, Die funktionale Begründung, S. 290; Kelnhofer, Hypothetische Ermittlungsverläufe, S. 73; Reinecke, Die Fernwirkung, S. 102; Rogall, ZStW 91 (1979), 1 (27). Auch problematisch für die Schutzzwecklehre ist die Bestimmung von Verwertungsverboten, die eine Folge von privaten Ermittlungen sind. Vgl. Bockemühl, Private Ermittlungen, S. 111.

296 Insbesondere: Beulke, ZStW 103 (1991), 657 (677 ff.); Fezer, Grundfragen, 29 f. Kritisch: Rogall, Beweisverbote in Ländern der EU, S. 136.

297 Insbesondere: Haffke, GA 1973, 65 (77 f.); Schröder, Beweisverwertungsverbote, S. 42 f. Die Ansicht von Rudolphi wird in diesem Kapitel nicht analysiert, weil sie im Grunde genommen einer reinen Darstellung der Schutzzwecklehre ohne besondere Merkmale entspricht.

298 Eine ausführliche Kritik findet sich in Dallmeyer, Beweisführung, S. 46 f. sowie aus der Ausganspunkt der Lehre von den Informationsbeherrschungsrechten: Amelung, GA 1996, 332 (passim).

eines Verwertungsverbotes zulässt.[299] Der Anspruch *Fezers* verkenne nicht nur die unterschiedlichen Funktionen der Beweiserhebungsverbote in Bezug auf die Verwertungsverbote,[300] sondern überlasse dem Gesetzgeber auch die Entscheidung über die Bestimmung eines Verwertungsverbotes durch seine Abwägung.

Grünwalds These leidet ihrerseits an internen Unstimmigkeiten, die die Richtigkeit seiner Ansicht in Frage stellen.[301] Im Grunde genommen liefert die Irreparabilität eines Schadens kein teleologisches Argument, um ein Verwertungsverbot zu bestimmen.[302] Gerade eine irreparable Vereitelung müsse ein Verwertungsverbot begründen, weil anderenfalls der „weniger erfolgreiche" und nicht der „erfolgreiche" Eingriff ein Verwertungsverbot zur Folge hätte, was wiederum bedeuten würde, dass der massive Eingriff gegenüber dem leichteren bevorzugt würde.[303] Ferner wird auch die Nutzung zusätzlicher Argumente außerhalb des Schutzzwecks der Norm (wie die Berücksichtigung hypothetischer Ermittlungsverläufe) zur Bejahung eines Verwertungsverbotes in den Fällen kritisiert, in denen die Rechtsgutverletzung bereits abgeschlossen ist. Die Berufung auf solche externen Betrachtungspunkte zeigt, dass *Grünwald* seine Schutzzweckregel nicht konsequent einhält, sondern vielmehr auf den Ausgangspunkt seiner Theorie verzichtet, um das von ihm gewünschte Ergebnis zu erreichen.[304]

Obwohl die Berufung auf nicht schutzzweckbezogene Argumente[305] – wie z. B. hypothetische Ermittlungsverläufe – die Bedeutung seiner Hauptthese für die Bestimmung von Verwertungsverboten mindert,[306] ist diese scheinbare Inkonsistenz eigentlich ihre größte Stärke. Indem *Grünwald* eine „eindimensionale" Theorie ablehnt, beurteilt er das Problem der Verwertbarkeit nicht allein unter einem Gesichtspunkt, sondern unter mehreren.[307] Damit entfernt er sich vom *Schutzzweckdogma*, was seine Theorie normativen Konzeptionen näherbringt.

---

299 Vgl. Dallmeyer, Beweisführung, S. 46; Jahn, Gutachten, C 57.

300 Vgl. Löffelmann, Die normativen Grenzen, S. 83.

301 Eine umfassende Kritik findet sich in: Dencker, Verwertungsverbote, S. 47 ff. S. auch: Röger, Die Verwertbarkeit des Beweismittels, S. 85.

302 Vgl. Rogall, Zur Theorie und Systematik, S. 155.

303 ders., ZStW 91 (1979), 1 (28). Auch: Dalakouras, Beweisverbote, S. 129; Röger, Die Verwertbarkeit des Beweismittels, S. 85; Schröder, Beweisverwertungsverbote, S. 42.

304 Zutreffend bezüglich § 81a: Schöneborn, GA 1975, 33 (40, Fn. 47). Vgl. Jäger, Beweisverwertung und Beweisverwertungsverbote, S. 86.

305 u.a. die Berufung darauf, dass der Staat nicht auf Unrecht aufgebaut werden kann, die Verwertung, wenn das Beweismittel *„auch bei ordnungsgemäßem Vorgehen gewonnen worden wäre"*, und die Anerkennung eines Verwertungsverbots bei bewussten Verletzungen, *„mit dem Ziele, ein auf ordnungsgemäßem Wege nicht erreichbares Beweismittel zu erlangen"*. Grünwald, Beweisrecht, S. 154; ders., JZ 1966, 489 (495, 499). Vgl. Rogall, FS Grünwald, S. 529; ders., NStZ 1988, 385 (388, 390).

306 Vgl. Schröder, Beweisverwertungsverbote, S. 42.

307 Grünwald, JZ 1966, 489 (490). Vgl. Rogall, FS Grünwald, S. 525.

Trotz der Absicht, traditionelle Varianten der Schutzzwecklehre zu differenzieren, handelt es sich bei der von *Jäger* vertretenen beweisgegenständlichen Verwertungsverbotslehre nur um eine neue Version, die von den gleichen Einwänden der anderen Konzeptionen der Schutzzwecklehre betroffen ist.[308] Die Unsicherheiten und Probleme bei der Bestimmung des persönlichen Schutzzwecks der Norm werden durch die nicht unproblematische Berufung auf den sachlichen Schutzzweck nicht gelöst. Da sie das Vorhandensein eines Beweiserhebungsverbots durch eine Verletzung des *persönlichen* Schutzzwecks bestimmt, hängt *Jägers* Auffassung im wesentlichen Maße von dem von ihm kritisierten persönlichen Schutzzweck der Norm ab und gerät damit in genau die Schwierigkeiten, die er selbst an anderer Stelle kritisiert. Wie bei allen Schutzzwecklehren bleibt bei *Jägers* Ansatz die wesentliche Verbindungsfrage zwischen Grund und Folge unbeantwortet: Die Berufung auf den beweisgegenständlichen Schutzzweck einer Erhebungsnorm bietet keinen Anhaltspunkt für die angeblichen Folgen ihrer Verletzung.[309] Die beweisgegenständliche Verwertungsverbotslehre bietet keine Vorteile im Vergleich zu den traditionellen Schutzzwecktheorien.[310]

VI. Die Lehre vom informationellen Folgenbeseitigungs- und Unterlassungsanspruch

Die im Wesentlichen seit 1990 von *Amelung*[311] entwickelte und durch das öffentliche Recht[312] geprägte Lehre von den Informationsbeherrschungsrechten stützt sich auf das Recht auf informationelle Selbstbestimmung, aus dem sich ein

---

308 Auch in diesem Sinne: Wohlers, GA 2005, 368 (370). Eine ausführliche Kritik findet sich in: Amelung / Wehnert, Prinzipien strafprozessualer Beweisverwertungsverbote, S. 155 ff; Löffelmann, Die normativen Grenzen, S. 87 ff.

309 Löffelmann, Die normativen Grenzen, S. 87 ff.

310 S. auch: Kühne, Strafprozessrecht, Rdn. 908.1, der keine wesentlichen Unterschiede „*im Ergebnis wie auch im Ansatz*“ zwischen Beulkes und Jägers Auffassungen feststellt.

311 Amelung / Wehnert, Prinzipien strafprozessualer Beweisverwertungsverbote, passim; Amelung, Informationsbeherrschungsrechte, S. 30 ff. Auch: Lesch, FS Volk, 319; Müssig, GA 2004, 87; ders., GA 1999, 119 (120, 131 ff.); Schroth, JuS 1998, 969 (973). S. auch Störmer, JURA 1994, 621 (626 ff.); ders., JURA 1994, 393 (393 ff.); ders., Dogmatische Grundlagen S. 223 ff., der die These von *Amelung* in Form einer Theorie der „Verwertungsverbote als Rechtsfolge von Unterlassungsansprüchen“ modifiziert hat. S. auch: Singelnstein, FS Eisenberg, S. 645 ff., der die informationelle Selbstbestimmung als Bestandteil des Allgemeinen Persönlichkeitsrechts nach Art. 2 I i.V.m. Art. 1 I GG definiert.

312 Seine Wurzeln finden sich in der Rechtsprechung des BVerfG im Volkszählungsurteil vom Jahre 1983, BVerfGE 65, 1 ff. und im Steuerrecht bei Überlegungen zu den Folgen rechtswidriger Betriebsprüfungsmaßnahmen (vgl. dazu Rogall, FS Grünwald, S. 534, Fn. 72).

informationeller Abwehranspruch des Beschuldigten ableitet. Begründungen eines Verwertungsverbotes seien – nach den bekanntesten Strömungen dieser Lehre – ein informationeller Folgenbeseitigungs-[313] oder ein allgemein öffentlich-rechtlicher Unterlassungsanspruch des Beschuldigten.[314]

In seinen Beiträgen[315] unterteilt *Amelung* die Verwertungsverbote nach drei unterschiedlichen Zwecken: Den „Schutz von Informationsbeherrschungsrechten“, „die Sicherung der Wahrheitsfindung“ und „die Wahrung der Legitimation zum Strafen.“ Unter ihnen entspricht der erste Zweck *„der größten und wichtigsten Gruppe von Verwertungsverboten.“*[316] Bei diesen Informationsbeherrschungsrechten handelt es sich – nach Amelung – um subjektive Rechte, die ihrem Inhaber erlauben, bestimmte Informationen zurückzuhalten und zu verhindern, dass sie von anderen gespeichert, weitergegeben oder verwertet werden.[317] Solche Informationsbeherrschungsrechte gewähren *primär* einen informationellen Abwehranspruch, der den Rechtsträgern ermöglicht, die Erhebung von Informationen, auf welche die Strafverfolgungsorgane keinen Anspruch haben, zu verhindern.[318]

Im Falle einer rechtswidrigen Erhebung geschützter Information kommen als Sekundäranspruch ein subjektiver, öffentlich-rechtlicher *informationeller Folgenbeseitigungsanspruch*[319] oder *Unterlassungsansprüche* in Betracht.[320] Solche Ansprüche zielen darauf ab, die Verwertung der unrechtmäßig erlangten Informationen zu verhindern bzw. einen rechtswidrigen Zustand zu beseitigen.[321] Ein Verwertungsverbot leitet sich demnach aus der Verletzung eines Informationsbeherrschungsrechtes

313 Amelung, Informationsbeherrschungsrechte, S. 45.

314 Laut dieser von Störmer vertretenen Konzeption bedeutet ein Verwertungsverbot *„nichts anderes als das staatliche Unterlassen der Verwertung“*. Vgl. Störmer, JURA 1994, 621 (627); ders., Dogmatische Grundlagen S. 223 ff. Ausführlich dazu: Rogall, StV 1996, 513 (513 ff.). Ohnedies sind – wie Amelung selbst anerkennt – die praktischen Folgen dieses Unterschieds von geringer Relevanz (Amelung, StraFo 1999, 181 (181, Fn. 5); ders., FS Bemmann, S. 507. Für die Anerkennung beide Ansprüchen: Lesch, FS Volk, S. 319; Müssig, GA 1999, 119(133).

315 Amelung, JR 2008, 327 (327); Amelung / Mittag, NStZ 2005, 614 (615); Amelung, FS Hilger, S. 327; ders., GS Schlüchter, S. 419 ff.; 426; ders., FS Roxin, S. 1262 f.; ders., StraFo 1999, 181 (181 f.); ders., FS Bemmann, S. 515; ders., NJW 1991, 2533 (2534 f.); ders., Informationsbeherrschungsrechte, S. 14 ff.; 20 ff.

316 Amelung, GS Schlüchter, S. 423; ders., StraFo 1999, 181(181).

317 ders., FS Bemmann, S. 505 f.; ders., Informationsbeherrschungsrechte, S. 24 ff.; 30 ff.; 66. Ähnlich liegt laut Singelnstein, FS Eisenberg, S. 647 unter diesen Umständen ein Eingriff in den Schutzbereich vor.

318 Amelung, FS Roxin, S. 1260; ders., StraFo 1999, 181 (181); ders., FS Bemmann, S. 506; ders., Informationsbeherrschungsrechte, S. 37 ff.; 41.

319 ders., FS Roxin, S. 1260 f.; ders., StraFo 1999, 181 (181); ders., FS Bemmann, S. 507; ders., Informationsbeherrschungsrechte, S. 26 ff.; 38 ff. Auch: Singelnstein, FS Eisenberg, S. 649.

320 Störmer, JURA 1994, 621 (627); ders., Dogmatische Grundlagen, S. 223 ff.

321 Amelung, StraFo 1999, 181 (181). Vgl. ders., Informationsbeherrschungsrechte, S. 67.

des Beschuldigten ab,[322] wenn also der Staat infolge des Fehlers keinen Anspruch auf die Information hat. Demzufolge dienen Verwertungsverbote als Mittel zur Beseitigung einer rechtswidrigen Informationslage, deren Aufhebung der betroffene Bürger kraft öffentlichen Rechts verlangen kann.

VII. Die Kritik an der Lehre vom informationellen Folgenbeseitigungs- und Unterlassungsanspruch

Beweisverbote als rechtliche Folge der Verletzung von Informationsbeherrschungsrechten wurden stark kritisiert.[323] Zunächst wurde an dieser Theorie zutreffend bemängelt, dass aus dem Strafprozessrecht kein allgemeines Recht darauf, die Verwertbarkeit von Informationen und ihren Umfang frei zu bestimmen, abgeleitet werden kann. Im Grunde genommen ist die Existenz von Informationsbeherrschungsrechten im Strafprozess unstreitig.[324] Dieser Auffassung folgend lässt sich das Recht auf informationelle Selbstbestimmung nicht problemlos auf den Strafprozess übertragen.[325] Außerdem ist der datenschutzrechtliche Begriff der „Information" als Ausgangspunkt einer Lehre des Beweisverbotes ungeeignet, weil ein verwerteter Beweis oder Beweisträger (z. B. ein Zeuge oder ein Augenscheinsobjekt) an sich keine Information darstellt, auch wenn er zu einer solchen führen kann.[326]

Amelung betont zwar mehrfach, dass Informationsbeherrschungsrechte nicht die einzige Quelle für Verwertungsverbote sind.[327] Daneben nennt er die Straflegitimation und den Schutz der Wahrheitsfindung als komplementäre Zwecke der Verwertungsverbote. Dies weist nicht nur auf eine Relativierung der Informationsbeherrschungsrechte als größte und wichtigste Gruppe von Verwertungsverboten

---

322 ders., StraFo 1999, 181 (181). Zustimmend: Schroth, JuS 1998, 969 (973), der allerdings auch aus anderen Gründen ein Beweisverwertungsverbot ableitet.

323 Umfassend: Jäger, Beweisverwertung und Beweisverwertungsverbote, S. 100 ff.; Rogall, Beweisverbote in Ländern der EU, S. 139 f.; ders., FS Grünwald, S. 531 ff.; ders., StV 1996, 513 (513 ff.); ders., Zur Theorie und Systematik, S. 153; Weßlau, StV 1995, 278 (278 ff.). S. auch die Kritiken von: Alsberg / Nüse / Dallmeyer, Beweisantrag, Rdn. 906; Dautert, Beweisverwertungsverbote, S. 51; Fezer, Grundfragen, S. 34 ff.; LR-*Gössel*, Einl. Abschn. L, Rdn. 224; Kühne, Strafprozessrecht, Rdn. 908.2; Löffelmann, Die normativen Grenzen, S. 74 ff.; Muthorst, Das Beweisverbot, S. 64 ff.; Pelz, Beweisverwertungsverbote, S. 100 ff. Gegen die Kritiken: Amelung, FS Roxin, S. 1263 ff.; ders., FS Bemmann, S. 510 ff.

324 Mit Beispielen s. Jahn, Gutachten, C 65 f.

325 Vgl. Rogall, FS Grünwald, S. 536 ff.; ders., StV 1996, 513 (517); ders., Zur Theorie und Systematik, S. 153. Ihm folgend: Jäger, Beweisverwertung und Beweisverwertungsverbote, S. 100 f.

326 Vgl. Jäger, GA 2008, 473 (477); Jahn, Gutachten, C 66; Ossenberg, Die Fernwirkung, S. 40. Dagegen: Ambos, Beweisverwertungsverbote, S. 47.

327 Vgl. etwa Amelung, JR 2008, 327 (327); ders., FS Roxin, S. 1264.

hin, sondern deutet vielmehr auf einen Versuch, die Inkonsistenzen seiner grundlegenden Theorie zu beseitigen.[328] In diesem Sinne kann die Absicht des Autors, eine geschlossene Konzeption des Themas zu entwickeln, in der die Ecken und Kanten der Beweisverbotsproblematik grundsätzlich auf das Informationsbeherrschungsrecht als theoretische Prämisse zurückgeführt werden können, nicht verwirklicht werden. Die Inkonsistenzen dieser Theorie zeigen sich u.a. in der Behandlung der Fernwirkung von Beweisverboten, welche in Kapitel 4. C. II. 6 ausführlich dargestellt wird.

Ferner führt die Lehre von den Informationsbeherrschungsrechten zu einer extremen Subjektivierung der Beweisverbotslehre.[329] Der Normstabilisierung als maßgebliche Funktion des Beweisverbotes steht die Erledigung öffentlicher Aufgaben gegenüber, die freilich nicht auf die Erfüllung privater Informationsansprüche reduziert werden kann.[330] Mit anderen Worten: Die Pflicht, bestimmte Beweismittel nicht zu verwerten, kann sich nicht aus einem reinen individuellen Anspruch des Beschuldigten herleiten, sondern befriedigt vielmehr eine überindividuelle Systemschutzfunktion. Um die Gelten der verletzten Norm zu bekräftigen, ist es notwendig, deren Missachtung zu sanktionieren.[331]

Problematisch ist schließlich die Bezeichnung von „bloßen Verfahrensregeln“,[332] mit denen *Amelung* diejenigen Vorschriften benennt, die nichts darüber aussagen, ob der Staat eine Information in Anspruch nehmen darf oder nicht und folglich ein Verwertungsverbot nicht ausschließen. Das erinnert an die ursprüngliche Bezeichnung von Ordnungsvorschriften, die der BGH in seiner früheren Rechtsprechung stützte;[333] eine „Zauberform“, die heutzutage nicht mehr vertreten werden kann.[334]

---

328 Daher ist der von Rogall formulierte Hinweis auf „innere Brücken“ (Rogall, FS Grünwald, S. 533; 539) in Amelungs Lehre vollkommen richtig. Ihm folgend: Jäger, Beweisverwertung und Beweisverwertungsverbote, S. 103. Dagegen: Amelung, FS Roxin, S. 1264.

329 In diesem Sinne: Fezer, Grundfragen, S. 36; Rogall, FS Grünwald, S. 543 f.; ders., Zur Theorie und Systematik, S. 115; Weßlau, StV 1995, 278 (280). Dagegen: Amelung, FS Bemmann, S. 510 f.

330 In diesem Sinne: Eisenberg, Beweisrecht, Rdn. 368; Mergner, Fernwirkung, S. 14; Rogall, Beweisverbote in Ländern der EU, S. 139.

331 S. Kap. 1.B. VI.

332 Amelung, FS Bemmann, S. 512.

333 S. Kap. 1.C. I.

334 Vgl. Rogall, FS Grünwald, S. 539 ff.

VIII. Die Abwägungslehre

Die heute überwiegende Meinung[335] in der Literatur[336] vertritt – im Einklang mit der Rechtsprechung[337] – die Auffassung, dass die Bestimmung eines Verwertungsverbots von einer umfassenden Einzelfallprüfung abhängt, in der zwei sich gegenüberstehende Interessen abgewogen werden: einerseits das staatliche Interesse an der Tataufklärung und andererseits das Individualinteresse des Bürgers an der Bewahrung seiner Rechtsgüter.[338] Die Abwägungslehre rückte mit der Wiederbelebung der wissenschaftlichen Diskussion über die Beweisverbote in den 1960er Jahren in deren Mittelpunkt[339] und konsolidierte sich in den 1970er Jahren, insbesondere durch *Rogalls* wesentlichen Beitrag *„Gegenwärtiger Stand und Entwicklungstendenzen der Lehre von den strafprozessualen Beweisverboten"*[340] sowie durch die Rechtsprechung des BGH und des BVerfG hinsichtlich der Beweisverbote.[341]

---

335 Gem. Engländer / Volk, StPO, § 28, Rdn. 11; Hartmann / Schmidt, Strafprozessrecht, Rdn. 1074; Jahn, Gutachten, C 58; Kindhäuser, Strafprozessrecht, § 23, Rdn. 16; Pelz, Beweisverwertungsverbote, S. 36; SSW-*Beulke*, Einl. Rdn. 256; Schröder, Beweisverwertungsverbote, S. 46. A. a.: Dallmeyer, Beweisführung, S. 156; Wohlers, GS Weßlau, S. 427 f.

336 Vertreten u.a. von Alsberg / Nüse / Dallmeyer, Beweisantrag, Rdn. 917; Ambos, Beweisverwertungsverbote, S. 48 ff.; Baumann, GA 1959, 33 (35); Bockemühl, Private Ermittlungen, S. 112 ff.; Dalakouras, Beweisverbote, S. 131 ff.; Fezer, JuS 1978, 104 (329); Gropp, StV 1989, 216 (224 f.); KK-*Greven* § 94, Rdn. 10; Hauf, wistra 1995, 53 (54 f.); ders., NStZ 1993, 457 (461); Hellmann, Strafprozessrecht, Rdn. 784; Jähnke, Wahrheitsfindung und ihre Schranken, S. 74; Kelnhofer, Hypothetische Ermittlungsverläufe, S. 73 ff.; Knoll, Die Fernwirkungen, S. 58 ff.; Kohlmann, JA 1978, 594 (595); Koriath, Über Beweisverbote, S. 95 ff.; Mergner, Fernwirkung, S. 15; Meurer, JR 1990, 389 (392); Nüse, JR 1966, 281 (284); Peres, Strafprozessuale Beweisverbote, S. 133 f.; Pitsch, Strafprozessuale Beweisverbote, S. 294 ff.; Rogall, NStZ 1988, 385 (389; 391); ders., ZStW 91 (1979), 1 (29 ff.); Röger, Die Verwertbarkeit des Beweismittels, S. 87 f.; Roxin, NStZ 1989, 375 (377 ff.); Schellhammer, NJW 1972, 319 (320); Schlüchter, Rdn. 173. 2; Thiele, wistra 2004, 121 (126); Wolter, GS Kaufmann, S. 778; ders., NStZ 1984, 276 (277 f.). Ferne: Kleinknecht, NJW 1966, 1537 (1540). Bezüglich der Fernwirkung Joerden, JuS 1993, 927 (931); Maiwald, JuS 1978, 379 (384 f.); Ossenberg, Die Fernwirkung, S. 65 ff.

337 S. Kap. 1. C. II.

338 Vgl. Alsberg / Nüse / Dallmeyer, Beweisantrag, Rdn. 917; Dalakouras, Beweisverbote, S. 112 ff.; 122 ff.; Gropp, StV 1989, 216 (220); Kelnhofer, Hypothetische Ermittlungsverläufe, S. 67; Mergner, Fernwirkung, S. 55; Rogall, ZStW 91 (1979), 1 (29 ff.); Wolter, StV 1990, 175 (177); ders., NStZ 1984, 276 (277 f.).

339 Wie dargestellt wurde (Kap. 1. F. I), schlägt Beling, Beweisverbote, S. 33 in seiner Antrittsvorlesung vor die Notwendigkeit einer Güterabwägung für die Behandlung der Beweisverbote zu berücksichtigen. Vgl. Rogall, Beweisverbote in Ländern der EU, S. 138 f.

340 ders., ZStW 91 (1979), 1 (1 ff).

341 Insb. BGH Urteil vom 10. Juli 2014, 3 StR 140/14, Rdn. 15; BGH NJW 2003, 2034 (2035); BGHSt 58, 301 (307 f.); 58, 84 (96); 56, 127 (132, 135); 52, 110 (116); 51, 285 (290); 47, 172 (179); 44, 243 (249); 42, 170 (172, 174); 42, 139 (157); 42, 15 (21); 38, 372

Ausgangspunkt dieser Theorie ist die heute unbestrittene Feststellung, dass nicht jeder Verstoß gegen ein Erhebungsverbot zu einem Beweisverwertungsverbot führt.[342] Da der Gesetzgeber nicht alle Fälle von Verwertungsverboten regeln könne,[343] müsse der Richter bei seiner Entscheidung – wenn eine ausdrückliche Regel fehlt – durch eine normative Bewertung gegenläufiger Interessen berücksichtigen, ob im konkreten Fall das individuelle Interesse oder das Strafverfolgungsinteresse des Staates überwiegt.

Ein Verstoß gegen ein Beweiserhebungsverbot führe zu einem Beweisverwertungsverbot, wenn sich nach einer wertenden Abwägung ergebe, dass das Individualinteresse des Bürgers an der Bewahrung seiner Rechtsgüter das Strafverfolgungsinteresse des Staates überwiege.[344] Wenn im Gegensatz dazu im konkreten Fall das öffentliche Interesse an einer effektiven Strafverfolgung größer sei als das Individualinteresse des Bürgers, führe die Verletzung einer Beweiserhebungsnorm nicht zu einem Verwertungsverbot.

IX. Die Kritik an der Abwägungslehre

Trotz der enormen Anerkennung, der sich die Abwägungslehre bis heute erfreut, war sie Gegenstand erheblicher Kritik.[345] Insbesondere wird das Unsicherheitsmoment, das jede Einzelfallabwägung mit sich bringt, kritisiert, was – wegen der argumentierten Unvorhersehbarkeit der Entscheidung – am Ende zu richterlichem Dezisionismus führe.[346] In diesem Sinne habe der angebliche Mangel an klaren

---

(373 ff.); 38, 214 (219 ff.); 37, 30 (32); 35, 32 (34); 34, 397 (401); 31, 304 (307); 27, 355 (357); 24, 125 (130 ff.); 19, 325 (329). BVerfG NJW 2010, 2937 (2938); 2008, 3053 (3054); 2009, 3225; 2007, 499 (503). BVerfG wisstra 2011, 61 (64); BVerfGE; 130, 1 (31); 80, 367 (375 f.); 34, 238 (248 ff.); BVerfG StV 2008, 1 (4). Vgl. Kelnhofer, Hypothetische Ermittlungsverläufe, S. 67 ff.; Pitsch, Strafprozessuale Beweisverbote, S. 291.

342 Diese Feststellung entspricht auch der ständigen Rechtsprechung des BGH und BVerfG. Darüber S. Kap. 1. C. II. Vgl. Rogall, ZStW 91 (1979), 1 (29). Dagegen: Kühne, Strafprozessrecht, Rdn. 907.4.

343 Bockemühl, Private Ermittlungen, S. 114; Rogall, Zur Theorie und Systematik, S. 140; ders., ZStW 91 (1979), 1 (32).

344 Rogall, ZStW 91 (1979), 1 (30). Auch ders., NStZ 1988, 385 (391); Röger, Die Verwertbarkeit des Beweismittels, S. 87 f.

345 Vor allem *Amelung* (Amelung, FS Bemmann, S. 521), der diese Auffassung als *„keine Theorie, sondern nur ein Deckname für deren Fehlen"* bezeichnet. Kritisch auch: Beulke, ZStW 103 (1991), 657 (663 f.); Dallmeyer, Beweisführung, S. 157 ff.; Grünwald, Beweisrecht, S. 155 ff.; Müssig, GA 1999, 119 (139); Störmer, JURA 1994, 621 (625 f.); ders., Dogmatische Grundlagen, S. 184 ff.; Weigend, StV 2003, 436 (439 f.).

346 Beulke, ZStW 103 (1991), 657 (679); Dallmeyer, Beweisführung, S. 156; Lesch, Strafprozessrecht, Kap. 3, Rdn. 160; Müssig, GA 1999, 119 (120); Pelz, Beweisverwertungsverbote, S. 99; Schöneborn, GA 1975, 33 (34 f.); Schröder, Beweisverwertungsverbote, S. 46; Störmer, JURA 1994, 621 (626); ders., Dogmatische Grundlagen, S. 190 f. Amelung, FS Bemmann, S. 522; ders., NJW 1991, 2533 (2533) spricht in diesem Sinne von

Regeln bei der Abwägung Rechtsunsicherheit zur Folge,[347] die ihrerseits widersprüchliche Ergebnisse der Abwägung in konkreten Fällen verursache. Rechtssicherheit und Berechenbarkeit in gerichtlichen Entscheidungen seien mit einer Abwägung kaum vereinbar und hätten eine Entscheidungsfindung zur Folge, die sich nur auf richterliche Beliebigkeit oder *„subjektive Prioritätensetzung“*[348] stütze.[349]

Besonders stark kritisiert wird die Bestimmung eines Verwertungsverbots gemäß der Abwägungslehre in Fällen extrem schwerer Kriminalität. In solchen Fällen wird die Abwägungslehre häufig so interpretiert, als ob die Berücksichtigung der Schwere der Straftat als Abwägungsmerkmal die rechtliche Relevanz von Verwertungsverboten aus dem Bereich der Schwerstkriminalität *„auf null reduziert“*.[350] Zur Beliebtheit dieser Kritik hat beigetragen, dass bekannte Befürworter der Abwägungslehre in gesetzlich kodifizierten Strafkatalogen – wie z. B. dem Straftatenkatalog des § 100 a StPO,[351] § 7 Abs. 3 G 10[352], oder § 12 Abs. 1 StGB[353] – die genaue Wertung der Strafverfolgungsinteressen feststellen. Wenn man das Strafverfolgungsinteresse des Staates durch einen gesetzlichen Katalog *a priori* bestimmt, erscheint es besonders schwierig zu rechtfertigen, unter welchen Umständen ein Beweiserhebungsverbot bezüglich einer Katalogtat ein Verwertungsverbot zur Folge hat.

Die erste Kritik verdient Aufmerksamkeit. Verantwortlich für die kritisierte Rechtsunsicherheit und Beliebigkeit bei den Abwägungsergebnissen sind eigene Stimmen in der Literatur, die durch die Darstellung von unscharfen bzw. zweifelhaften Abwägungsmerkmalen[354] die notwendige Bestimmung und Konkretisierung

---

Entscheidungen, die nach den politischen Präferenzen der jeweils entscheidenden Richter getroffen werden.

347 In diesem Sinne: Dallmeyer, Beweisführung, S. 157 f.; Kindhäuser, Strafprozessrecht, § 23, Rdn. 17; Müssig, GA 1999, 119 (135); Schröder, Beweisverwertungsverbote, S. 47.

348 Vgl. Weigend, StV 2003, 436 (440).

349 Vgl. Dallmeyer, Beweisführung, S. 159 f.; Schröder, Beweisverwertungsverbote, S. 46; Störmer, Dogmatische Grundlagen, S. 191.

350 Beulke, ZStW 103 (1991), 657 (672); Dencker, Verwertungsverbote, S. 97; Fezer, StV 1989, 290 (294); Jäger, Beweisverwertung und Beweisverwertungsverbote, S. 108; Jahn, Gutachten, C 61. Vgl. Fezer, Strafprozeßrecht, Fall 16, Rdn. 28; Küpper, JZ 1990, 416 (419).

351 In diesem Sinne: Rogall, ZStW 91 (1979), 1 (34).

352 In diesem Sinne: Wolter, NStZ 1984, 276 (278).

353 In diesem Sinne: Mergner, Fernwirkung, S. 140 f.; Ossenberg, Die Fernwirkung, S. 66.

354 S. Kritik von: Lesch, Strafprozessrecht, Kap. 3, Rdn. 160. Bedeutsames Beispiel einer uferlosen Konkretisierung der Abwägungsmerkmale findet sich in: Gropp, StV 1989, 216 (224 f.), der dreizehn (!) Abwägungskriterien nennt. Vgl. Rogall, Zur Theorie und Systematik, S. 156. S. auch im Rahmen der Fernwirkung das von Mergner, Fernwirkung, S. 135 ff.; 174 *naiv* vorgeschlagene Abwägungsmodell, oder die unzutreffenden Abwägungsmerkmale von Knoll, Die Fernwirkungen, S. 78 ff. Ausführlich dazu Kap. 4. C. III. 3. b).

von Abwägungsfaktoren oftmals nicht beachtet haben.[355] In diesem Sinne muss die Kritik von *Eisenberg* an der Abwägungslehre, nach der individuelle Vorstellungen der Personen, die mangels einer einheitlichen Bewertungsskala die Wertung der widerstreitenden Interessen in jedem Fall – mit unterschiedlichen Ergebnissen – vorzunehmen haben,[356] ernsthaft berücksichtigt werden. Die mangelhafte Vorhersehbarkeit ihrer Ergebnisse ist somit als Kritik zutreffend. Diese Kritik ist keine methodologische Erwägung gegen die Nutzung von Abwägungsmethoden, um die Verwertbarkeitsfrage zu beantworten, sondern eine Frucht defizitärer Bestimmung bzw. Anwendung der konkreten Abwägungsparameter.

Die Kritik bezüglich der *strebenden Rationalität* der Abwägungslehre, die nur eine Fassade einer willkürlichen bzw. gewünschten richterlichen Entscheidung darstellen würde,[357] welche wiederum Rechtsunsicherheit zur Folge habe,[358] ist ungerechtfertigt. Die Abwägungsmethode ist eine zulässige Handhabung, um die Lösung eines konkreten Falls angesichts der Kollision von gegenläufigen Interessen zu ermöglichen, deren Umfang in einer bestimmten Situation zu erklären ist.[359] Wie *Rogall* betont, beginnt die Abwägung dort *„wo es um die Aufgabe der Konkretisierung von Normen und Rechten sowie um die Auflösung von Normkollisionen geht, für die das Gesetz keine Vorgabe erkennen läßt“*.[360] Man muss hierbei darauf hinweisen, dass die Abwägung in der alltäglichen Praxis der Richter eine wichtige Rolle spielt.[361] Die Nutzung von Abwägungsmethoden mag schwierig sein, aber solche Schwierigkeiten dürften nicht zur Ablehnung dieses Ansatzes *per se* führen.[362] In diesem Sinne dürfen die Kritiker der Abwägungslehre auch nicht vergessen, dass

---

355 Vgl. Eisenberg, Beweisrecht, Rdn. 367; Rogall, ZStW 91 (1979), 1 (32). Diese Kritik teilen auch die Vertreter der Abwägungslehre. Dalakouras schreibt in diesem Sinne: *„Gelingt es jedoch, die Interessenabwägung anhand bestimmter Maßstäbe zu konkretisieren und innerhalb der Verwertungsverbote Fallgruppen zu bilden, dann schwindet die Gefahr der Rechtsunsicherheit in großem Maße.“* (Dalakouras, Beweisverbote, S. 134). Laut Knoll, Die Fernwirkungen, S. 77 ist *„Anzunehmen (...) der Vorwurf des Schaffens einer gewissen Rechtsunsicherheit bei Forderung nach einer situationsabhängigen Güterabwägung. Doch ist diesem Argument das Hauptgewicht genommen, wenn entsprechend konkrete, allgemeingültige Maßstäbe entwickelt worden sind, um die Abwägung zu erleichtern, durchschaubarer und nachvollziehbar zu machen.“*. S. auch in diesem Sinne: Koch, Abwägung im Recht, S. 11 ff.; 19 f.

356 Vgl. Eisenberg, Beweisrecht, Rdn. 367. Auch Müssig, GA 1999, 119 (135).

357 Vgl. Beulke, ZStW 103 (1991), 657 (668); Schröder, Beweisverwertungsverbote, S. 47. Schröder bezeichnet die Abwägung als *„nicht anderes als pure Rhetorik“* ders., Beweisverwertungsverbote, S. 48.

358 Vgl. Amelung, NJW 1991, 2533 (2534); Störmer, Dogmatische Grundlagen, S. 190 ff.

359 Ausführlich: Rogall, FS Hanack, S. 297 ff.; Wolter, NStZ 1993, 1 (4 ff.).

360 Vgl. Rogall, FS Hanack, S. 297.

361 Vgl. Knoll, Die Fernwirkungen, S. 76; Koriath, Über Beweisverbote, S. 98.

362 Rogall, ZStW 91 (1979), 1 (32) Auch: Bockemühl, Private Ermittlungen, S. 114; Dalakouras, Beweisverbote, S. 134.

man am Ende auf diese Lehre zurückgreifen muss, wenn es z. B. darum geht, die selbständigen Beweisverbote zu erklären.[363]

Aufgabe einer geeigneten Beweisverbotslehre ist es, durch eine Präzisierung und Reduzierung der Abwägungsparameter die Gefahr eines richterlichen Missbrauchs durch die Formulierung von Vorrangregeln zu verringern.[364] Die Erfüllung dieser Aufgabe ermöglicht am Ende, die gegen die Abwägungslehre formulierten Kritiken zu überwinden. In diese Richtung hat die Fehlerfolgenlehre als Weiterentwicklung der Abwägungslehre einen wesentlichen Beitrag zur Lehre von den Beweisverboten geleistet, was im nächsten Kapitel analysiert wird.

X. Die normative Fehlerfolgenlehre

Mitte der 1990er Jahre begann *Rogall*[365] die Entwicklung der normativen Fehlerfolgenlehre: Eine Theorie der Beweisverbote, die zunächst einer Weiterentwicklung der Abwägungslehre entspricht, aber gleichzeitig die gegen diese Theorie vorgetragenen Kritiken überwinden kann.

Ausgangspunkt dieser Theorie ist der Begriff des „Verfahrensfehlers“. Diese sind Folge einer Abweichung vom Gesetz, die in der Regel in der Verantwortung der Strafverfolgungsorgane liegt.[366] Während es manche Verfahrensfehler gibt, die keine strafprozessuale Sanktion benötigen, ist es in einigen spezifischen Situationen, in denen ein beachtlicher Verfahrensfehler aufgetreten ist, notwendig, mit einem Verwertungsverbot zu reagieren.[367] Das zeigt, dass die Reaktion des Systems auf solche Fehler nicht immer gleich sein muss: Während auf bestimmte Verfahrensfehler mit einem Verwertungsverbot reagiert wird, gibt es Verfahrensfehler, für die eine Verwertungssperre nicht gerechtfertigt erscheinen mag. In bestimmten Situationen – die sich nach der Intensität und Art eines Verfahrensfehlers richten – erscheint die Anwendung von außerprozessualen Sanktionen – u.a. disziplinäre und strafrechtliche – als angemessene Reaktion auf bestimmte Verfahrensfehler der zuwiderhandelnden Akteure eines Strafprozesses.[368] Die Einordnung der

363 Fezer, Grundfragen, S. 6 verweist diesbezüglich sogar auf die „*Einigkeit in der Rechtsprechung und im wissenschaftlichen Schrifttum*“. Vgl. Beulke, ZStW 103 (1991), 657 (663 f.); Eisenberg, Beweisrecht, Rdn. 370; Grünwald, Beweisrecht, S. 155; Jahn, Gutachten, C 78 ff.; Küpper, JZ 1990, 416 (419); Störmer, JURA 1994, 621 (626); ders., Dogmatische Grundlagen, S. 33 ff.; 193.

364 Vgl. Rogall, FS Rieß, S. 975; ders., Zur Theorie und Systematik, S. 156.

365 SK-*Rogall* § 136, Rdn. 112 ff.; Rogall, JZ 2008, 818 (820 ff.); ders., FS Rieß, S. 975 ff.; ders., FS Grünwald, S. 546, f.; ders., FS Hanack, S. 304 ff.; ders., Beweisverbote in Ländern der EU, S. 141 ff.; ders., JZ 1996, 944 (947 ff.); ders., Zur Theorie und Systematik, S. 155 ff. Neuerdings: Pitsch, Strafprozessuale Beweisverbote, S. 415 ff.

366 Vgl. Rogall, Beweisverbote in Ländern der EU, S. 121.

367 Vgl. ders., JZ 1996, 944 (954). In dieser Richtung auch: Herdegen, Wahrheitsfindung und ihre Schranken, S. 120.

368 Vgl. Rogall, FS Hanack, S. 305.

Beweisverbotslehre als Bestandteil der allgemeinen Lehre der Fehlerfolgen erklärt die Bezeichnung dieser Theorie als normative Fehlerfolgenlehre.[369]

Wenn also die Bedingungen erfüllt sind, die eine Korrektur der Verfahrensfehler durch Beweisverbote erzwingen, dient das Verwertungsverbot der Stabilisierung von verfassungsrechtlich geschützten, normativen Erwartungen, die – wie bereits erwähnt[370] – eine überindividuelle und über den spezifischen Fall wirkende Systemschutzfunktion befriedigen.[371]

Die Fehlerfolgenlehre geht davon aus, dass die Frage der Folgen eines Verfahrensfehlers normativer Art ist und unter Berücksichtigung von vielfältigen Kriterien beantwortet werden muss.[372] In diesem Sinne müsse die Frage nach den Rechtsfolgen eines Verfahrensfehlers durch die Entwicklung von Vorrangregeln beantwortet werden, die durch Abwägungsentscheidungen bezüglich unterschiedlicher Interessen den Vorzug einer Verwertung oder Nichtverwertung im konkreten Fall anzeigen. In diesem Zusammenhang seien folgende normative Parameter zu beachten:[373]

- Das Gewicht des Verfahrensverstoßes und das Ausmaß der Abweichung vom Gesetz („Fehlerschwere").
- Die Bedeutung des Verfahrensverstoßes für das rechtlich geschützte Interesse („Erfolgsunrecht").
- Die Notwendigkeit einer Verwertungssperre nach Maßstäben der Rechts- und Verfassungsordnung unter Berücksichtigung des Strafverfolgungsinteresses („Strafbedürftigkeit").

Gemäß dieser Parameter sei immer dann von einem Verwertungsverbot auszugehen, wenn der Verfahrensverstoß den Anspruch des Verfahrensbeteiligten auf eine an rechtsstaatlichen Garantien ausgerichtete Strafrechtspflege beeinträchtigt.[374] Das trete in der Regel bei schwerwiegenden Verletzungen grundlegender Verfahrensvorschriften auf, besonders dann, wenn:[375]

---

369 Darüber ausführlich: Popp, Verfahrenstheoretische Grundlagen, passim.

370 S. Kap. 1. B. VI.

371 Dazu s. SK-*Rogall* § 136 a, Rdn. 112.

372 Vgl. Rogall, FS Grünwald, S. 546; ders., JZ 1996, 944 (947); ders., NStZ 1988, 385 (391).

373 Vgl. Rogall, JZ 2008, 818 (824); ders., JZ 1996, 944 (954). Ausführlich dazu: ders., Beweisverbote in Ländern der EU, S. 143 ff. In dieser Richtung auch: Schneider, NStZ 2009, 46 (48; 52). Vgl. BVerfGE 130, 1 (29 f.).

374 Vgl. Rogall, JZ 1996, 944 (954).

375 Vgl. ders., Beweisverbote in Ländern der EU, S. 144; 147; ders., JZ 1996, 944 (954). Über die Anwendbarkeit dieser Prinzipien in Besteuerungsverfahren s. ders., FS Rieß, S. 979 f.

- eine Maßnahme ohne Rechtsgrundlage vorgenommen wird;[376]
- der Eingriff den Kernbereich eines Grundrechts betrifft oder grundlegende Verfahrenspositionen entwertet;[377]
- der Eingriff das Ziel hat, Rechte des Betroffenen zu umgehen oder ihm diese Rechte vorzuenthalten;[378]
- das Recht auf ein faires Verfahren beeinträchtigt erscheint.[379]

Ein Verwertungsverbot sei insbesondere zu verneinen, wenn:[380]

- das Verwertungsverbot dem Betroffenen eine Entlastungsmöglichkeit nehmen würde;
- der Betroffene der Verwertung zustimmt oder ihr nicht widerspricht;[381]
- der Fehler sonst geheilt wird;[382]
- die Fehlerhaftigkeit nicht gegenüber dem Betroffenen besteht („Drittwirkung");[383]
- eine Verwertungssperre entbehrlich ist, weil eine Wiederherstellung des Rechts mit außerprozessualen Mitteln gewährleistet werden kann.[384]

---

376 Vgl. BGHSt 58, 301 (308); 55, 138 (146); 51, 285 (291); 42, 372 (377); 35, 32 (33); 34, 39 (51 f.); 31, 304 (306 ff.); BGH NStZ 2012, 104 (105); BGH NStZ-RR 2007, 242 (243); BGH NJW 1997, 1018 (1019); BVerfGE 130, 1 (30). Ausführlich: Paul, NStZ 2013, 489 (493 f.).

377 Auch: Kelnhofer, Hypothetische Ermittlungsverläufe, S. 183 ff.; Meyer-Goßner / Schmitt, Strafprozessordnung, Einl. Rdn. 55 a. Vgl. BVerfGE 109, 279. BGHSt 56, 127 (135); 52, 11 (17 ff.); 51, 1 (4); 50, 206 (210 ff.); 38, 214(220).

378 Vgl. BGHSt 56, 127 (135); 52, 11 (17 ff.); 42, 15 ff.; 38, 372 (373 f.); 34, 362 (364); 31, 304 (308); 24, 125 (131); OLG Frankfurt am Main NStZ-RR 2003, 342.

379 BGHSt 53, 294 (304); 52, 11 (18 ff.); 51, 285 (291). BVerfGE 64, 135 (145); 57, 250 (274). Eine bewusste Missachtung geltender gesetzlicher Bestimmungen verletzt den Fair-Trial Grundsatz. S. BVerfGE 66, 313 (318); 39, 156 (163); 38, 105 (111). S auch BGHSt 24, 125 (131). S. auch in diesem Sinne: Paul, NStZ 2013, 489 (494 f.); Roxin, NStZ 1989, 375 (379). Im Einklang mit diesem Parameter bezeichnet Widmaier, Wahrheitsfindung und ihre Schranken, S. 38 ff. die Grundsätze des rechtsstaatlichen und fairen Verfahrens als einen der „drei Grundsätze der Beweisverbote" und nennt konkrete Erscheinungsformen, die zu dieser Gruppe gehören. Zur Konkretisierung des Fair-Trial Grundsatzes s. Roxin, 40 Jahre BGH, S. 90 ff.

380 Vgl. Rogall, Beweisverbote in Ländern der EU, S. 144 f.; 147 f.; ders., JZ 1996, 944 (949; 954 f.). S. auch: Rogall, FS Hanack, S. 306 f.; Schroth, JuS 1998, 969 (979 f.); Wolter, 50 Jahre BGH, S. 985 f. Über die Anwendbarkeit dieser Prinzipien in Besteuerungsverfahren s. Rogall, FS Rieß, S. 979 f.

381 In den Beschlüssen des 67. Juristentages wurde die Verwertbarkeit eines Beweismittels, das an sich einem Verwertungsverbot unterliegt, mit Zustimmung des Angeklagten angenommen (67. DJT, Beschlüsse L 178).

382 S. Kap. 8.

383 BGHSt 53, 191 (195 ff.); BGH StV 1995, 231 (232). BayObLG NJW 1994, 1296.

384 Das ist der Fall, wenn z. B. eine Berufung auf das Disziplinierungs- bzw. Strafrecht angemessen erscheint. S. Kap. 1. B. II.

Die Betrachtung der genannten Parameter und besonders ihre Konkretisierung in klare Regeln, welche die Lösung eines Falles ermöglichen, entsprechen einem Modell, das sich von der vor allem dualistischen Darstellung der Beweisverbote der Abwägungslehre, im Sinne eines reinen Ergebnisses einer Kollision zwischen zwei gegenläufigen Interessen (Individual- und Strafverfolgungsinteresse) abwendet. In diesem Sinne ermöglicht die konkretere Fassung von klaren Regeln – im Vergleich zur Abwägungslehre – größere Rechtssicherheit und bessere Vorhersehbarkeit der Ergebnisse.[385]

XI. Die Kritik an der normativen Fehlerfolgenlehre

In der Literatur sind jüngst neue Einwände gegen solche Betrachtungspunkte erschienen, die sich eigentlich nicht gegen die Fehlerfolgenlehre, sondern gegen eine frühere Vorstellung dieser Theorie richten, die unter das undifferenzierte Stichwort der „Abwägungslehre" fällt.[386] Paradigmatisch ist in diesem Sinne die Charakterisierung der Fehlerfolgenlehre in dem von *Jahn* vorbereiteten Gutachten für den 67. Deutschen Juristentag. Dort hat der Autor die Fehlerfolgenlehre grob vereinfachend als eine *„einzelfallbezogene Abwägung zwischen den betroffenen Individual- und Strafverfolgungsinteressen"* bezeichnet,[387] ohne diejenigen Merkmale zu berücksichtigen, die diese Theorie von einer reinen Abwägungslehre unterscheiden. Ähnliche Kritik verdienen die letzten Einwände von *Amelung*[388] gegen die Fehlerfolgenlehre. Sie richten sich vor allem gegen die Abwägungsgedanken, auf die sich diese Theorie stützt.[389] Zwar erkennt *Amelung* an, dass die Entwicklung der Fehlerfolgenlehre sich um eine *„Konkretisierung der Maßstäbe"* bemüht, er wirft ihr aber die Nichtbeseitigung der Unschärfen der Abwägungslehre vor.[390]

In eine andere Richtung weisen die Kritiken von *Jäger* an der normativen Fehlerfolgenlehre.[391] Zunächst ist eindeutig zu beobachten, dass *Jäger* – im Vergleich zu den oben genannten Stimmen – die Fehlerfolgenlehre und die reine Abwägungslehre auseinanderhält.[392] Dessen ungeachtet weist der Autor darauf hin, dass diese Theorie *„auf die Seite der Schutzzwecklehren schlägt, ohne freilich Rechtssicherheit*

---

385 Ein deutlicher Vorläufer dieser Methode ist Herdegen, Wahrheitsfindung und ihre Schranken, S. 120, für den die Formulierung eines Fehlerkatalogs sich von einer rein *„abwägenden Analyse"* abweicht und *„auch ihre rationale Verknüpfung* (...) *und generellen Maßstäbe für die Beantwortung der Präferenzfrage"* aufzeigt.

386 Vor allem: Dallmeyer, Beweisführung, S. 157 ff.; Jahn, Gutachten, C 59.

387 Jahn, Gutachten, C 59.

388 Amelung, FS Roxin, S. 1273 ff.

389 ders., FS Roxin, S. 1274 ff.

390 ders., FS Roxin, S. 1276.

391 Jäger, Beweisverwertung und Beweisverwertungsverbote, S. 109 f.

392 ders., Beweisverwertung und Beweisverwertungsverbote, S. 109: *„Man muss sich darüber im Klaren sein, dass Rogall mit diesen Ausführungen die reine Abwägungslehre endgültig begräbt"*.

zu gewinnen“ und folglich als „*heimliche Schutzzwecklehre*“[393] bezeichnet werden könne. Um diese Auffassung zu begründen, argumentiert *Jäger*, die Betrachtung des Gewichts des Verfahrensverstoßes und seiner Bedeutung für das rechtlich geschützte Interesse stelle im Grunde genommen einen Bezug zum Schutzzweck der Verfahrensnorm dar. Mit ähnlichen Argumenten hat jüngst *Ambos* gegen die Fehlerfolgenlehre kritisch Stellung genommen. Obwohl der Autor anerkennt, dass die von der Fehlerfolgenlehre vorgeschlagenen Begrenzungen von Entscheidungskriterien „*zu einer Erhöhung der Rechtssicherheit führen*“,[394] betont er, dass man „*das Gewicht oder die Bedeutung von Verfahrensverstößen und die Notwendigkeit der Fehlerkorrektur durch ein Verwertungsverbot nicht ermessen kann, ohne der Sache nach auf den Schutzzweck der Verfahrensregel abzustellen*“.[395]

XII. Stellungnahme

Die dargestellte Untersuchung zeigt, dass jeder Versuch, die Verwertungsverbote in allen Fällen von einem einzigen Betrachtungspunkt aus zu erklären, zum Scheitern verurteilt ist.[396] Im Vergleich dazu bietet die normative Fehlerfolgenlehre hohe Vorteile für die Bestimmung von Beweisverboten, die keine andere Theorie liefern kann.

Die wichtigste Aufgabe der normativen Fehlerfolgenlehre ist die Aufstellung von klaren Regeln, aus denen sich ergibt, in welchen Verletzungskonstellationen ein Beweisverwertungsverbot anzunehmen ist. Das führt im Rahmen der Beweisverbotslehre zu einem bedeutungsvollen Gewinn an Rechtssicherheit und Vorhersehbarkeit der richterlichen Entscheidungen.[397] Das von *Rogall* vorgeschlagene System stellt durch bestimmte Fehlerbewertungsparameter einen klaren Maßstab für die Lösung des konkreten Falles dar und befreit den Richter von den Risiken und Ungewissheiten einer reinen Abwägung zwischen zwei gegenläufigen Interessen.[398] In diesem Sinne entspricht die normative Fehlerfolgenlehre einer deutlichen Weiterentwicklung und ist gegenüber der Abwägungslehre ein Fortschritt, der auf die dargestellten Kritiken und Schwachstellen der alten Konzeption Bezug nimmt.[399]

---

393 ders., GA 2008, 473; ders., Beweisverwertung und Beweisverwertungsverbote, 110. Ihm folgend: Dautert, Beweisverwertungsverbote, S. 39.

394 Ambos, Beweisverwertungsverbote, S. 45. Auch in diesem Sinne: Dautert, Beweisverwertungsverbote, S. 39.

395 Ambos, Beweisverwertungsverbote, S. 45.

396 In dieser Richtung auch: Pitsch, Strafprozessuale Beweisverbote, S. 291.

397 Vgl. Koch, Abwägung im Recht, S. 19; Rogall, FS Hanack, S. 298; Schroth, JuS 1998, 969 (973).

398 Auch: Pitsch, Strafprozessuale Beweisverbote, S. 296. Ferne: LR-*Gössel* Einl. Abschn. L, Rdn. 236.

399 Vgl. Herdegen, Wahrheitsfindung und ihre Schranken, S. 120. Dagegen: Amelung, FS Roxin, S. 1275 f.

Allerdings verkennen die Kritiker der Abwägung als Methode zur Feststellung der Beweisverwertungsverbote nicht nur, dass – wie bereits angemerkt – die Abwägung eine wichtige Rolle in anderen Sphären der alltäglichen richterlichen Praxis spielt, sondern auch, dass andere Beweisverbotslehren – bewusst[400] oder unbewusst[401] – abwägende Entscheidungen zur Feststellung von Beweisverboten genauso treffen. Die Nutzung von abwägenden Methoden der Rechtsfindung im Rahmen der Beweisverbote[402] sowie auf anderen Rechtsgebieten entspricht nicht nur einer anerkannten und akzeptierten Handhabung in verschiedenen Bereichen der Rechtswissenschaft, sie ist methodisch sogar unvermeidbar.[403]

Die normative Fehlerfolgenlehre steht darüber hinaus auch im Einklang mit der neuen Rechtsprechung über Beweisverwertungsverbote,[404] die durch die Formulierung von Vorrangregeln – entfernt von einer reinen Abwägung – zur Verwertung oder Nichtverwertung im jeweiligen Fall entscheidet. Die Formulierung von klaren Vorrangregeln,[405] die eine fallspezifische Entscheidung ermöglichen, führt zu einer Optimierung der Lösungen bei Beweisverbotsproblemen durch vorhersehbare richterliche Entscheidungen. In diesem Sinn entspricht die Abfassung eines Katalogs, der eine relationale Verknüpfung aufzeigt, einem echten Fortschritt in der Lehre von Beweisverboten.[406]

---

400 Das ist z. B. die Meinung von den Autoren, die eine Abwägung allein als gültige Methode für die Behandlung von selbständigen Verwertungsverboten akzeptieren. S. Kap. 1.F. IV.

401 Einige solcher sog. „*verdeckten Abwägungen*“ finden sich u.a. in Jahn, Gutachten, C 72, wenn er im Rahmen seiner „*Beweisbefugnislehre*“ auf einer Verhältnismäßigkeitsprüfung für die Feststellung von Verwertungsverboten zurückgreift. Vgl. Pitsch, Strafprozessuale Beweisverbote, S. 295; Rogall, JZ 2008, 818 (821, Fn. 62); ders., FS Hanack, S. 295 ff.

402 Die Beschlüsse der 67. Juristentages zeigen mit deutlicher Mehrheit (54 Ja, 16 Nein, 6 Enthalten) die Bedürftigkeit einer Abwägung aller wesentlichen Umstände des Einzelfalls als generelle Voraussetzung für Beweisverwertungsverbote (67. DJT, Beschlüsse, L 176).

403 Vgl. Kühne, Strafprozessrecht, Rdn. 909; Pitsch, Strafprozessuale Beweisverbote, S. 294. *Koch* (Koch, Abwägung im Recht, S. 10) bezeichnet in diesem Sinne die Abwägung als einen „*im Recht ubiquitären Entscheidungsmodus, der auch im Bereich der Gesetzauslegung zur Lösung von Zielkonflikten regelmäßig erforderlich ist.*“ Über die Anwendung der Abwägung auf anderen Gebieten der Rechtsordnung s. Koch, Abwägung im Recht, S. 10 ff.

404 Vor allem steht in Einklang mit der in BVerfGE 130, 1 (28 ff.) dargestellten Parameter. S. Kap. 1.C. II.

405 Vgl. Koch, Abwägung im Recht, S. 19; Rogall, FS Hanack, S. 298. Daher ist m.E. das von Pitsch, Strafprozessuale Beweisverbote, S. 415 ff.; 428 ff. vorgeschlagene Fehlerfolgenmodell ein komplizierter Lösungsvorschlag mit einer Vielzahl von Fehlerkategorien (17!) und drei Fehlerfolgekategorien – jede mit verschiedenen Unterarten – und keine Vereinfachung bzw. die Verneinung des Bedürfnisses einer Formulierung von klaren Regeln.

406 Vgl. Herdegen, Wahrheitsfindung und ihre Schranken, S. 120.

Die oben genannten Kritiken an der normativen Fehlerfolgenlehre sind m.E. unzutreffend. Zunächst ist die behauptete Ähnlichkeit dieser Theorie mit der reinen Abwägungslehre eine unannehmbare Simplifizierung. Sie verkennt, dass gerade der Zweck der Fehlerfolgenlehre die Formulierung und Entwicklung von Vorrangregeln ist, die – ganz entfernt von der gefürchteten richterlichen Willkür – eine vorhersehbare Lösung eines Falls bringen. Indem die normative Fehlerfolgenlehre durch die Aufstellung von Vorrangregeln den Gerichten eine differenzierte Rangfolge in der Bewertung des Einzelfalls bietet, ermöglicht sie es, von den Unsicherheiten der Abwägungslehre wegzukommen.[407]

Eine wesentliche Entfernung von der nicht mehr gültigen Auffassungen der sog. Abwägungslehre zeigt auch die Behandlung der Strafverfolgungsinteressen für die Bestimmung von Beweisverwertungsverboten. Wie bereits festgestellt wurde, ist die Berücksichtigung dieser Interessen in Verbindung mit einem Tatbestandskatalog ungeeignet. Im Grunde genommen führt ein Deliktskatalog durch seine Klassifizierung in Tatbestandsgruppen zu einer schwierigen Betrachtung der Strafverfolgungsinteressen im konkreten Fall,[408] was den immer wieder zitierten Vorwurf bezüglich der mangelnden rechtlichen Relevanz von Verwertungsverboten aus dem Bereich der Schwerstkriminalität schürt. Wie *Grünwald*[409] zutreffend erklärt: „*je schwerer die Straftat, umso schwerer auch die Strafe, also der Nachteil, der dem Beschuldigten durch die Ausnutzung der Rechtsverletzung angetan wird*". Die Bestimmung der obwaltenden Strafverfolgungsinteressen muss infolgedessen ohne konkreten Deliktskatalog erreicht werden.

Die von *Ambos* und *Jäger* vorgebrachten Vorwürfe, wonach die normative Fehlerfolgenlehre lediglich eine Variante der Schutzzwecklehre sei, sind gleichermaßen unberechtigt. Anders als die Schutzzwecktheorie führt die Fehlerfolgenlehre die Bestimmung eines Verwertungsverbotes nicht auf die reine Ebene des Schutzzwecks der Erhebungsnorm zurück, sondern auf das Erfolgsunrecht, die Fehlerschwere und die „Strafbedürftigkeit". Allerdings ist die Berücksichtigung des Schutzzwecks der Norm ein wesentliches Kriterium für die Bestimmung eines Verwertungsverbots, das jede Theorie des Beweisverbots explizit oder implizit in sich trägt. Die im Kapitel 1. F. V. dargestellten Kritiken gegen die Schutzzwecklehre zielen nicht darauf ab, jede Bedeutung des Schutzzwecks der Norm als einen relevanten Parameter anzuerkennen, um zu bestimmen, wann ein Verstoß gegen eine Erhebungsnorm ein Verwertungsverbot herbeiführt. Sie richten sich vielmehr auf die Betrachtung des Schutzzwecks der Norm als einseitiges Kriterium, um diese Frage zu beantworten. Der Zweck einer Erhebungsnorm ist eindeutig ein wichtiger Parameter zur Feststellung eines Verwertungsverbots, der allerdings mit zusätzlichen normativen Parametern ergänzt werden muss.

---

407 Vgl. Wolter, 50 Jahre BGH, S. 1000.

408 Zutreffend: Knoll, Die Fernwirkungen, S. 80 f.

409 Grünwald, Beweisrecht, S. 156.

Diese Berücksichtigung des Schutzzwecks der Norm bei der Bestimmung der Bedeutung des Verfahrensverstoßes für das rechtlich geschützte Interesse hat auch sein Korrelat in der Abwägungslehre, in der die Bestimmung der individuellen Interessen unvermeidlich den Zweck der verletzenden Norm berücksichtigen muss.[410] Dieser Zusammenhang wird auch in der Lehre von den Informationsbeherrschungsrechten deutlich. Die eventuelle Präsenz von Informationsbeherrschungsrechten, deren Verletzung ein Verwertungsverbot zur Folge hat, kann nur durch die Analyse des Sinnes und Zweckes der verletzten Norm bestimmt werden. Selbst *Amelung* erkennt eine enge Beziehung zwischen der von ihm entwickelten Theorie und *„jenen Ansätzen, die man unter dem Namen Schutzzwecklehre zusammenzufassen pflegt“* an.[411]

Als eine allgemeine und umfassende Lehre zur Betrachtung von Verfahrensfehlern beschränkt sich die normative Fehlerfolgenlehre nicht nur auf den Umfang des Strafprozesses und selbstverständlich auch nicht nur auf die Beweisverbotslehre, sondern ihr Anwendungsbereich umfasst u.a. das Verwaltungsrecht.[412] Im Strafprozessrecht ist die Entwicklung einer umfassenden Fehlerfolgenlehre noch nicht vollkommen abgeschlossen. Die Bestimmung der konkreten Vorrangbedingungen, die eine Antwort auf die Frage nach der Fernwirkung von Beweisverwertungsverboten im deutschen und chilenischen Recht geben, ist das Ziel dieser Arbeit.

410 Vor allem: SK-*Wolter* § 151 (Stand 1994) Rdn. 196 a ff.

411 Amelung, FS Bemmann, S. 518.

412 S. etwa Schnelle, Eine Fehlerfolgenlehre, passim; Werner, Allgemeine Fehlerfolgenlehre, passim.

Kapitel 2. Der Beweisausschluss im chilenischen Strafverfahren

A. Rechtshistorische Einführung: der *Código de Procedimiento Penal* von 1906

Der unter der Leitung von *Manuel Egidio Ballesteros* von einer Kommission verfasste *Código de Procedimiento Penal* (CdPP) war das Ergebnis einer langandauernden Diskussion über das Strafverfahrenssystem, die nach der Unabhängigkeit Chiles zum Ziel hatte, den alten kolonialen spanischen Strafprozess zu ersetzen. Dieses Gesetzbuch wurde 1906 veröffentlicht und trat am 01. März 1907 in Kraft. Der CdPP regelte das chilenische Strafverfahren fast 100 Jahre lang, bis es im Jahr 2000 durch den *Código Procesal Penal* (CPP) ersetzt wurde.

Die Verfasser des CdPP hatten sich für ein rein inquisitorisches Verfahren entschieden.[413] Paradigmatisch dafür waren die Übernahme der Ermittlungsaufgaben und der Verurteilung des Angeklagten durch eine einzelne Person: den Strafrichter (*Juez del Crimen*). Der Richter war im alten Strafverfahren Vertreter der öffentlichen Anklage und hatte gleichzeitig die Verfahrensherrschaft im Ermittlungsverfahren; er musste also im Rahmen seiner Funktionen jede Ermittlung anordnen und die Beweisaufnahme persönlich durchführen, was selbstverständlich zu einer enormen Be- und Überlastung in der Ausübung seiner alltäglichen Pflichten führte. Auch bei den Zuständigkeiten des Richters gab es keine Differenzierungen: dasselbe Gericht war für das Vorverfahren (*Sumario*), das Zwischenverfahren sowie das Hauptverfahren (*Plenario*) verantwortlich.[414]

Ausgehend von der bereits beschriebenen undifferenzierten Struktur des Strafverfahrens war das Hauptverfahren lediglich eine bürokratische und irrelevante Formalie, der keine reale Funktion zukam. Da derselbe Richter sowohl für die Ermittlung als auch für die Erhebung der Anklage zuständig war und gleichzeitig über die Verurteilung oder den Freispruch des Angeklagten zu entscheiden hatte, war es praktisch unmöglich, Objektivität hinsichtlich der Schuldfrage in einem Fall zu erwarten. Bereits in der Ermittlungsphase hatte der Richter seine Meinung gebildet; eine Meinung, die im Hauptverfahren dann lediglich bestätigt wurde.

Solange der inquisitorische Strafprozess des CdPP galt, war die Ermittlung der historischen Wahrheit der einzige Zweck des Strafverfahrens.[415] Um dieses Ziel zu

---

413 Eine ausführliche Darstellung des alten chilenischen Strafprozesses findet sich in: Bofill Genzsch, Beweisverbote, S. 20 ff.

414 Krit. ders., RDPUCV 1988, 225 (230); ders., Beweisverbote, S. 22 f.

415 Vgl. Díaz García, Derechos Fundamentales, S. 130; Echeverria Donoso, Derechos Fundamentales, S. 13.

erreichen, war jedes Beweismittel, das den Richter der Wahrheit näher brachte – ohne Rücksicht auf seinen Ursprung – ausnahmslos zulässig.

Die Übernahme des Prinzips der freien Beweiswürdigung im chilenischen Strafverfahren galt für den Verfasser des Gesetzentwurfs *Ballesteros* als unmöglich.[416] Bei der Beweiswürdigung legte der CdPP ein sehr detailliertes und komplexes System von Beweisregeln fest, die den Wert der meisten Beweismittel bei der Beweiswürdigung vorentschieden hatten.[417] Durch solche strikten Beweisregeln wurden die Freiheit und Autonomie des Richters bei der Entscheidungsfindung praktisch auf null reduziert.

Die wesentlichen Aufgaben des Strafverfahrens wurden während der Geltung des CdPP überhaupt nicht erfüllt. Einerseits war die Ineffizienz des Systems bei der Verfolgung von Straftaten enorm. Die große Belastung des Strafrichters führte dazu, dass die Substantiierung des Prozesses, die Beweisaufnahme sowie das Verfassen von vielen Gerichtsbeschlüssen in der Praxis von Beamten – von denen viele nicht einmal Volljuristen (sog. „*Actuarios*") waren – und nicht vom Richter selbst durchgeführt wurden. Diese irreguläre,[418] aber in der Praxis durchaus tolerierte, Situation führte zu Verletzungen des im Gesetz vorgeschriebenen Prinzips der Unmittelbarkeit der Beweisaufnahme.[419] Der überforderte Strafrichter kam mit den Beweismitteln kaum in Kontakt und stütze seine Entscheidungen hauptsächlich auf die von anderen Beamten verfassten Protokolle bzw. Akten.

Andererseits eignete sich das alte chilenische Strafverfahren aufgrund seiner Struktur nicht, um die Rechte des Beschuldigten angemessen zu gewährleisten.[420] Der Beschuldigte war lediglich *Objekt* des Strafverfahrens und nicht Rechtsinhaber. Seine Rechte und deren Achtung spielten dabei eine sekundäre Rolle, die der Ermittlung der Straftaten und der Feststellung der materiellen Wahrheit untergeordnet waren.[421] Man kann eindeutig festhalten, dass während der Geltung des CdPP die Wahrheit *um jeden Preis* erforscht werden musste.

Vor diesem Hintergrund ist leicht nachvollziehbar, warum die Beweisverbotslehre fast ein ganzes Jahrhundert ein vollkommen unbekanntes Sachgebiet im chilenischen Recht blieb.[422] Die bedeutsamen Fortschritte, die die US-amerikanische[423] sowie die deutsche Lehre und Rechtsprechung[424] im 20. Jahrhundert bei

---

416 Zitiert nach Bofill Genzsch, Beweisverbote, S. 31.

417 Vgl. Art. 459; 472 f.; 475 f.; 477; 481 ff. CdPP; Bofill Gensch, Beweisverbote, S. 31 ff.

418 Im CdPP gibt es keinen Hinweis auf die Existenz oder Funktionen des sog. „*Actuario*" im Strafverfahren. Ausnahmsweise ermöglichte der alte Art. 312 COT nur bei Abwesenheit des Richters die Präsenz von „*Actuarios*" als Hilfskräfte des Gerichtssekretärs bei der Ausübung seiner Aufgaben.

419 Vgl. Art. 110; 453 ff.; 465 ff.; 474; 481; 488 CdPP.

420 Vgl. Etcheberry Orthusteguy, Revista de Ciencias Penales, Tercera Época 1965, 78 (78 ff.).

421 Vgl. Horvitz Lennon / López Masle, Derecho procesal penal, S. 170 f.

422 Ausführlich: Bofill Genzsch, Beweisverbote, S. 110 ff.

423 S. Kap. 3.

424 S. Kap. 1.

der Entwicklung einer Beweisverbotslehre gemacht hatten, wurden in Chile viele Jahrzehnte lang schlichtweg ignoriert.

Der erste Autor, der sich diesem Thema widmete, ist *Jorge Bofill*. Für die Einführung dieses Themas in Chile war seine im Jahr 1988 abgeschlossene Dissertation an der Friedrich-Alexander Universität Erlangen-Nürnberg (die von Prof. Dr. *Karl Heinz Gössel* betreut wurde) über *„Die Beweisverbote im chilenischen Strafprozeß“* ein wesentlicher Schritt. Kurz nach dem Abschluss seiner Promotion veröffentlichte *Bofill* den relevanten Artikel *„Las prohibiciones de prueba en el proceso penal“* in der *„Revista de Derecho de la Universidad Católica de Valparaíso“*.[425] Dies war die erste Veröffentlichung über das Thema der Beweisverbote in spanischer Sprache in Chile. In seiner Untersuchung hat *Bofill* die Beweisverbote als *„Grenzen des Gegenstands der Urteilsfindung“* bezeichnet,[426] die ein wichtiges strafprozessuales Instrument sind, um die Konflikte zwischen einer effizienten Strafverfolgung und der Beachtung individueller Garantien einzugrenzen.[427] Unter Berücksichtigung der von *Gössel*[428] vorgeschlagenen Kategorien von Beweisverboten[429] hatte *Bofill* zum ersten Mal im chilenischen Recht einen Katalog von Beweisverboten in Bezug auf den CdPP angelegt.[430]

Die Rolle der Rechtsprechung war seit 1907 ebenso kritikwürdig wie die fehlende Bereitschaft des Gesetzgebers, diese Situation zu verändern. Es gab keine einzige richterliche Entscheidung, die ein bestimmtes Beweismittel aufgrund seiner Erlangung für unverwertbar erklärte.[431] Dieser Umstand war der mangelhaften Struktur des Verfahrens geschuldet. Ein Richter, der die Ermittlungsfunktion selbst ausübt, die Erhebung der öffentlichen Klage vornimmt und dann selbst der Entscheidungsträger ist, kann sein eigenes mangelhaftes Vorgehen nicht verurteilen. Zudem brachte die inquisitorische Kultur auch ein großes Maß an Verantwortlichkeitssinn mit sich: Für den Strafrichter war es unvorstellbar, auf die Ermittlung der Wahrheit zugunsten der Beachtung der Garantien des Beschuldigten zu verzichten.

Das Fehlen einer ausdrücklichen Ausschlussregel bzw. geregelter Beweisverwertungsverbote im CdPP war aber kein ausreichender Grund, um eine

---

425 Bofill Genzsch, RDPUCV 1988, 225. S. Auch: ders., Revista de derecho y jurisprudencia 1994, 17 (27 ff.).

426 ders., Beweisverbote, S. 12; 128.

427 ders., RDPUCV 1988, 225 (232).

428 Gössel, NJW 1981, 2217 (2217).

429 (1) Ausdrückliche gesetzliche Verbote, bestimmte Sachverhalte im Strafverfahren zu ermitteln oder zu verwerten (2) Verstoß gegen Ermittlungsregeln, die eine bestimmte Ermittlung erlauben, und (3) ungeschriebene Beweisverbote, die aus verfassungsrechtlichen Prinzipien (vor allem aus dem Rechtsstaatsprinzip, Art. 20 Abs. 3 GG) abgeleitet werden können. Vgl. Bofill Genzsch, Beweisverbote, S. 127 ff.

430 ders., RDPUCV 1988, 225 (233 ff.); ders., Beweisverbote S. 47 ff.; 115 ff.

431 Vgl. Bofill Genzsch, Beweisverbote, S. 110 f; Díaz García, Derechos Fundamentales, S. 136.

Beweisverbotslehre nicht anzuerkennen.[432] Die Beachtung der in Art. 19 CPR und in internationalen Menschenrechtsverträgen festgelegten Garantien[433] hätte keine ausdrückliche Regel gebraucht, um ihre Wirksamkeit im Strafverfahren zu gewährleisten.

B. Der *Código Procesal Penal* (CPP) aus dem Jahr 2000

Nach 17 Jahren Militärdiktatur war am Tag der Widerherstellung der Demokratie am 11. März 1990 das chilenische Strafverfahrensrecht eine „juristische Exzentrizität", die keinen Vergleich in der westlichen Welt hatte. Damals galt noch das bereits beschriebene inquisitorische Verfahren des CdPP; ein Verfahren, das mit der Einhaltung der Grundrechte und den Verpflichtungen des chilenischen Staats als Unterzeichner internationaler Verträge von Menschenrechten nicht im Einklang stand.

Im Zuge der Notwendigkeit, das chilenische Strafprozessrecht an die Anforderungen eines demokratischen Rechtsstaats anzupassen, und im Rahmen einer angemessenen Achtung der Menschenrechte als wichtige Legitimationsbasis dieser neuen Demokratie, unternahm die chilenische Regierung Mitte der 1990er Jahre eine umfassende Reform der Strafjustiz. Zweck dieser Reform war es – in den Worten des Gesetzgebers[434] –, „(...) *die Verfahrensgrundlagen für ein neues System des Strafverfahrens zu schaffen, das das inquisitorische Modell aufgibt und zu einem anderen, akkusatorisch orientierten Modell übergeht*". Ein wichtiges Ergebnis dieses Prozesses war die Verabschiedung einer neuen Strafprozessordnung – der *Código Procesal Penal* (CPP) – durch das Gesetz Nr. 19.696 vom 29. September 2000.[435]

Eine deutliche Änderung im Vergleich zum inquisitorischen Strafverfahren aus dem Jahr 1906 hat der Gesetzgeber des CPP dahingehend eingeführt, dass die Ermittlungsfunktion und die Entscheidungsfunktion in einer Strafanklage bei verschiedenen Organen angesiedelt wurden. Für die Ermittlungsfunktion ist nun die Staatsanwaltschaft zuständig – ein neues Organ mit Verfassungsrang[436] –, das mit

432 In diesem Sinne auch: Jara Bustos, Derecho y Humanidades 2012, 273 (287).

433 S. Kap. 2. G. I.

434 *„Mensaje de S.E. el Presidente de la República en el que inicia un proyecto de ley que establece un nuevo Código de Procedimiento Penal*". In: https://www.leychile.cl/Navegar/scripts/obtienearchivo?id=recursoslegales/10221.3/643/1/HL19696.pdf

435 Das neue Strafverfahren trat progressiv in verschiedenen Landesteilen in Kraft. Ende 2000 machten einige Regionen den Anfang und 2006 trat der CPP zum Schluss auch in der Hauptstadt Santiago in Kraft.

436 Arts. 83 bis 91 CPR. Die chilenische Verfassung beschreibt dies in Art. 83 Abs. 1 als *„ein autonomes und hierarchisches Organ, genannt Staatsanwaltschaft, leitet ausschließlich die Untersuchung der für das Vorliegen eines Delikts konstitutiven Tatsachen, die für eine strafbare Beteiligung des Beschuldigten wesentlich sind oder seine Unschuld bestätigen, und lässt dann gegebenenfalls die Anklage in der durch das Gesetz vorgesehenen Form zu. Ebenso ergreift es die erforderlichen Maßnahmen zum Schutz von Opfern und Zeugen. In keinem Fall kann es richterliche Funktionen ausüben. (...)*"

der Strafprozessreform gegründet wurde und den Strafrichter von seinen bis dahin geltenden Aufgaben im Ermittlungsverfahren befreite. Dadurch hat der chilenische Gesetzgeber den endgültigen Schritt hin zur Etablierung eines akkusatorischen Verfahrens getan und demzufolge das alte inquisitorische Verfahren hinter sich gelassen.[437]

Das ordentliche Strafverfahren gliedert sich in drei Phasen: Ermittlungsverfahren, Zwischenverfahren und Hauptverhandlung.

Für die Ermittlungsphase ist der Staatsanwalt verantwortlich. Laut Art. 77 CPP ist er zur Objektivität verpflichtet; laut Art. 1 LOCMP muss er gleichermaßen den Sachverhalt, der zur Tat führte, sowie die zur Be- oder Entlastung dienenden Umstände, ermitteln. Der Staatsanwalt ist auch für die eventuelle Erhebung der öffentlichen Anklage zuständig.

Zentraler Punkt des Ermittlungsverfahrens ist die sog. *„Formalización de la investigación"* (Formalisierung der Ermittlung). Das ist – gemäß Art. 229 CPP – eine Mitteilung, die vom Staatsanwalt gegenüber dem Angeklagten in Anwesenheit des Untersuchungsrichters gemacht wird und die besagt, dass gegen den Beschuldigten eine Ermittlung bezüglich einer oder mehrerer Straftaten durchgeführt wird. Diese Bekanntmachung ist für den Verlauf des Verfahrens wichtig, weil u.a. die Zulässigkeit der Anordnung von Zwangsmaßnahmen sowie die Anklageerhebung von der Formalisierung der Ermittlung abhängt. Nach der Formalisierung spricht man von einem „formalisierten" Angeklagten.

Die Ermittlungsphase sieht auch die Beteiligung des Untersuchungsrichters (*Juez de Garantía*) vor, der eine zentrale Rolle bei der Gestaltung des neuen chilenischen Strafverfahrens spielt. Seine wichtigste Funktion ist – gemäß Art. 14 a) COT – im Gegensatz zum alten Strafrichter des CdPP die *„Sicherstellung der Rechte des Angeklagten und anderer Beteiligter im Strafverfahren entsprechend des Strafprozessrechts"*. In dieser Funktion ist es Aufgabe des Untersuchungsrichters, alle Konflikte, die zwischen der Ausübung der Ermittlungsfunktion und der Wahrung der Rechte und Interessen des Angeklagten und anderer Beteiligter im Strafverfahren entstehen können, zu lösen.

In den Fällen, in denen – laut Staatsanwalt – gemäß der Untersuchungen schwerwiegende Gründe für eine Verurteilung des „formalisierten" Angeklagten bestehen, muss der Staatsanwalt (Art. 248 b) CPP) nach Abschluss der Ermittlungen eine öffentliche Anklage erheben. Mit dieser prozessualen Handlung beginnt die zweite Phase des Verfahrens, nämlich das Zwischenverfahren, dessen zentraler Punkt die in Art. 260 ff. CPP geregelte *„Audiencia de preparación del Juicio Oral"* (APJO) – Anhörung zur Vorbereitung der Hauptverhandlung – ist. Ziel dieser Anhörung ist es u.a., die formalen Fehler der Anklageschrift zu korrigieren

---

S. auch die *Ley Orgánica Constitucional del Ministerio Público* (LOCM) – Staatsanwaltschaftsgesetz – Nr. 19.640 vom 15. Oktober 1999, die die Struktur und Aufgabe des Staatsanwaltschaft regelt.

437 Vgl. Bofill Genzsch, Revista de derecho y jurisprudencia 1994, 17 (17 f.).

(Art. 270 CPP), eine Entscheidung hinsichtlich der in Art. 264 CPP genannten Einreden und Einwände (Art. 271) zu treffen, sowie über die Zulässigkeit bzw. den Ausschluss der vom Staatsanwalt, vom Verteidiger und dem privaten Kläger vorgebrachten Beweiselemente für die Hauptverhandlung (Art. 272 und 276 CPP) zu befinden. Wie später ausführlich dargelegt wird, hat der chilenische Gesetzgeber im Art. 276 CPP den Ausschluss von Beweisen für die Hauptverhandlung entsprechend ihrer (fehlenden) Sachlichkeit, Nutzlosigkeit oder Illegalität geregelt.[438]

Am Ende der APJO (Art. 277 CPP) wird vom Untersuchungsrichter der sog. *„Auto de Apertura del Juicio Oral"* (AAJO) – Beschluss zur Eröffnung der Hauptverhandlung – verkündet. Inhalt dieses Beschlusses ist u.a. die Nennung des zuständigen Gerichts für die Hauptverhandlung (Art. 277 a) CPP), die Bekanntgabe der genauen Anklage, die Gegenstand der Hauptverhandlung sein wird (Art. 277 b) CPP), sowie die Festlegung derjenigen Beweismittel, die in der Hauptverhandlung vorgebracht werden dürfen (Art. 277 e) CPP).

Die letzte Phase des neuen Strafverfahrens ist die Hauptverhandlung. Sie findet vor dem *„Tribunal Oral en lo Penal"* (TOP) – dem Gericht der Hauptverhandlung – statt, welches aus drei Richtern besteht. Dort werden der Staatsanwalt, der Verteidiger und eventuell der private Kläger ihre Beweismittel vorlegen und diskutieren. Schließlich entscheidet das TOP nach einer Abwägung und Würdigung der vorgebrachten Beweise über den Freispruch oder die Verurteilung des Angeklagten.

Im Vergleich zum alten Strafverfahren geht der CPP von einer freien Beweiswürdigung aus. In Art. 297 Abs. 1 CPP wird diesbezüglich festgelegt, dass die Gerichte die Beweise frei bewerten sollen. Die Ausübung dieser Tätigkeit muss mit den Regeln der Logik, den allgemein anerkannten Erfahrungssätzen sowie den wissenschaftlich nachgewiesenen Erkenntnissen im Einklang stehen.

Mit Inkrafttreten des im CPP geregelten Strafverfahrens wurde in Chile zum ersten Mal die Diskussion über die Rolle der Garantien im Strafverfahren und die damit zusammenhängende Frage der Zulässigkeit von Beweismitteln angeregt.

Der rechtsvergleichende Betrachtungspunkt – vor allem im Hinblick auf das US-amerikanische Modell – hat für die Lehre und Rechtsprechung eine sehr wichtige Rolle für die Entwicklung der Beweisverbotslehre im chilenischen Recht gespielt. Relevant für die Annahme der US-amerikanischen *„exclusionary rule"* und somit der *„fruit of the poisonous tree doctrine"* im chilenischen Recht war insbesondere die ausführliche Darstellung des Themas im Lehrbuch[439] von *Lopez/*

438 Der CPP regelt bei der Telekommunikationsüberwachung (TKÜ) ausnahmsweise ein ausdrückliches Beweisverwertungsverbot. Art. 225 CPP lautet wie folgt: *„Verwertungsverbot. Die Ergebnisse einer Telekommunikationsüberwachung dürfen nicht als Beweismittel im Verfahren verwertet werden, wenn sie außerhalb der im Gesetz geregelten Fälle erlangt oder wenn die Anforderungen von Artikel 222 für ihre Zulässigkeit nicht erfüllt wurden."*

439 Horvitz Lennon / López Masle, Derecho procesal penal, S. 172 ff.; 219 ff.

Horvitz sowie in den Monographien von *Hernández*[440] und *Zapata*[441] über den Ausschluss von Beweisen im neuen chilenischen Strafverfahren. Außerdem hat die Rechtsprechung der *Corte Suprema* das US-amerikanische Modell als ein Vorbild für die Begründung ihrer Entscheidungen hinsichtlich der Beweisverbote und ihrer Fernwirkung verwendet.[442] Eine nicht mindere Rolle in der Entwicklung der Beweisverbotslehre haben auch die deutsche Rechtsprechung und Lehre gespielt. Wichtige Aspekte wurden von einigen chilenischen Autoren[443] und sogar in einer Entscheidung der *Corte Suprema*[444] übernommen. Beide Rechtssysteme bereichern somit eine Diskussion, die noch lange nicht abgeschlossen ist.

C. Begriffsbestimmungen

Im Vergleich zum deutschen Recht, wo sich die wichtigsten Begriffe im Rahmen der Beweisverbotslehre auf den Inhalt des Verbots (einen Beweis zu erheben oder zu verwerten) beziehen,[445] geht die chilenische Literatur und Rechtsprechung vor allem von der Art der verletzten Norm aus.

In diesem Sinne unterscheidet man in Chile zwischen einem „unzulässigen Beweis" (*„prueba ilícita"*) einerseits und einem „unrechtmäßigen, bzw. rechtwidrigen Beweis" (*„prueba irregular, ilegal oder ilegítima"*) andererseits. Unter einem „unzulässigen Beweis" versteht man den Beweis, der in einer Ermittlungsphase durch Verletzung von „grundrechtlichen Garantien" erlangt wurde,[446] die in der chilenischen Verfassung sowie in internationalen Menschenrechtenverträgen verankert sind.[447] Im Gegensatz dazu bezeichnet der Begriff des „unrechtmäßigen,

---

440 Hernández Basualto, Exclusión de la prueba ilícita, S. 10 ff.

441 Zapata García, La prueba ilícita, S. 27 ff.

442 S. *Corte Suprema* Urteile Nr. 1741–10 (Cons. 17°, ss.); 2095–11 (Cons. 35); 14.781–15 (Cons. 7° ff.).

443 Vgl. Bofill Genzsch, Revista de derecho y jurisprudencia 1994, 17 (27 ff.); Hernández Basualto, Exclusión de la prueba ilícita, S. 27 ff.; Horvitz Lennon / López Masle, Derecho procesal penal, S. 175 ff. Wichtig für die Rezeption der deutschen Lehre der Beweisverwertungsverbote in Chile ist die Veröffentlichung in spanischer Sprache der Werke von Dannecker, Los límites en la utilización de la prueba en el proceso penal alemán, S. 185 ff. und Ambos, Las prohibiciones de utilización de pruebas en el proceso penal alemán – fundamentación teórica y sistematización, S. 1 ff. in Política Criminal 2009, die eine gute Darstellung des Diskussionsstandes über die Beweisverwertungsverbote in Deutschland bieten.

444 *Corte Suprema* Urteil Nr. 1741–10 (Cons. 21°).

445 S. Kap. 1. A.

446 S. Kap. 2. G. I.

447 *Corte Suprema*, Urteil Nr. 9171–10 (Cons. 6°) und 1741–10 (Con. 18°). Vgl. Armenta Deu, REJ 2009, 81 (88); ders., Ius et Praxis 2007, 345 (353); Carocca Pérez, Ius et Praxis 1998, 301 (308); Chahuan Sarras, procedimiento penal, S. 260; Donoso Boassi, Revista Derecho Mayor 2008, 35 (35); Horvitz Lennon / López Masle, Derecho procesal penal, S. 169; Tavolari Oliveros, Instituciones del nuevo proceso penal, S. 138.

bzw. rechtwidrigen Beweises" das Beweismittel, das in Verstoß gegen gesetzliche Normen, ohne Verletzung von grundrechtlichen Garantien, gewonnen wurde.[448]

Die Unterscheidung zwischen beiden Kategorien hat ihren Ursprung in Art. 276 Abs. 3 CPP, der ganz klar eine Beweisausschlussregel für das chilenische Recht formuliert. Wie später ausführlich beschrieben wird,[449] sind für solche Ausschlussregeln die Folgen eines Normverstoßes angesichts der Art der verletzten Norm zu unterscheiden: Während die Verwertung von illegalen Beweismitteln – im Prinzip – nicht untersagt ist, ist die Verwertung eines Beweises, der mittels eines Verstoßes gegen verfassungsrechtliche Normen erlangt wurde, gemäß der zweiten Beweisausschlusshypothese in Art. 276 Abs. 3 CPP nicht erlaubt.

Unabhängig von diesen Kategorien sind die Begriffe, die die deutsche Lehre und Rechtsprechung verwenden,[450] auch für die Untersuchung der Beweisverbote im chilenischen Recht von Bedeutung. Ihr Gebrauch ist in bestimmten Situationen, die die oben genannten Begriffe nicht erfassen, besonders wichtig und wird daher auch Gegenstand dieser Untersuchung sein.

D. Die in Art. 276 CPP gesetzlich normierte Ausschlussregel

In Art. 276 CPP[451] heißt es:

> *„Ausschluss von Beweisen für die Hauptverhandlung.*
> *Der Untersuchungsrichter ordnet nach Prüfung der vorgelegten Beweise und nach Anhörung der zu diesem Zweck erschienenen Beteiligten in einer zu begründenden*

Ausführlich zur Bedeutung des Begriffs *„prueba ilícita"* in der Lehre, s. Carocca Pérez, Ius et Praxis 1998, 301 (306 ff.).

448 Vgl. Armenta Deu, REJ 2009, 81 (88); ders., Ius et Praxis 2007, 345 (353); Carocca Pérez, Ius et Praxis 1998, 301 (309); Echeverria Donoso, Derechos Fundamentales, S. 49; Maturana Miquel / Montero López, Derecho Procesal Penal, S. 924; Tavolari Oliveros, Instituciones del nuevo proceso penal, S. 138; Zapata García, La prueba ilícita, S. 23.

449 S. Kap. 2. G.

450 S. Kap. 1. A.

451 Artículo 276 CPP.- "*Exclusión de pruebas para el juicio oral. El juez de garantía, luego de examinar las pruebas ofrecidas y escuchar a los intervinientes que hubieren comparecido a la audiencia, ordenará fundadamente que se excluyan de ser rendidas en el juicio oral aquellas que fueren manifiestamente impertinentes y las que tuvieren por objeto acreditar hechos públicos y notorios. Si estimare que la aprobación en los mismos términos en que hubieren sido ofrecidas las pruebas testimonial y documental produciría efectos puramente dilatorios en el juicio oral, dispondrá también que el respectivo interviniente reduzca el número de testigos o de documentos, cuando mediante ellos deseare acreditar unos mismos hechos o circunstancias que no guardaren pertinencia sustancial con la materia que se someterá a conocimiento del tribunal de juicio oral en lo penal.*

Entscheidung den Ausschluss derjenigen Beweise von der Hauptverhandlung an, die offenkundig nichts mit dem Fall zu tun haben oder die allgemein und gerichtsbekannte Tatsachen belegen sollen
Wenn (der Richter) *der Auffassung ist, dass die Zulassung der angebotenen Zeugen- und Urkundenbeweise in der vorgelegten Form die Hauptverhandlung lediglich verzögern würde, fordert er die jeweiligen Beteiligten darüber hinaus auf, die Anzahl der Zeugen oder Dokumente zu reduzieren, wenn damit Tatsachen oder Tatumstände bewiesen werden sollen, die keinen substanziellen Zusammenhang mit dem Sachverhalt aufweisen, der dem für die Hauptverhandlung zuständigen Gericht vorgelegt wird*(TOP).
Ebenso weist der Richter die Beweise zurück, die aus Handlungen oder Ermittlungen stammen, die für nichtig erklärt wurden, sowie diejenigen, die durch eine Verletzung von grundrechtlichen Garantien erlangt wurden.
Die übrigen vorgelegten Beweise werden vom Untersuchungsrichter mit dem Erlass des amtlichen Beschlusses zur Eröffnung der Hauptverhandlung (AAJO) *zugelassen.*"

Die hier zitierte Norm regelt verschiedene Situationen, in denen der Untersuchungsrichter in der APJO den Ausschluss von bestimmten Beweiselementen für die Beweisaufnahme in der Hauptverhandlung anordnen muss. Während der erste Absatz den Ausschluss von Beweisen, die allgemein bekannt und offenkundig sind, betrifft, regelt Abs. 2 des Art. 276 CPP den Ausschluss des sog. Verzögerungsbeweises, eine Regelung, die aus ökonomisch-prozessualen Gründen (eine übermäßige Dauer des Verfahrens wegen zu vieler Beweise ist zu vermeiden) gerechtfertigt sein kann. Zuletzt umfasst der Abs. 3 zwei Fälle, in denen ein Beweismittel für die Hauptverhandlung aufgrund seines Ursprungs ausgeschlossen werden muss. So müssen die Beweiselemente, die „*aus Handlungen oder Ermittlungen, die als nichtig erklärt wurden, stammen*" sowie die Beweiselemente, die „*unter Verstoß gegen grundrechtlichen Garantien erlangt worden sind*", ausgeschlossen werden.

Die Entstehungsgeschichte des Art. 276 CPP gibt weder einen Hinweis darauf, welche Quellen oder Ursachen dieser Regel zugrunde liegen, noch welche konkrete Reichweite sie umfasst. Die aktuelle Norm ist ihrem Inhalt nach fast identisch mit Art. 358 des Vorentwurfs des CPP, welcher noch mit einer anderen Formulierung all die in Art. 276 CPP geregelten Beweisausschlussgründe beinhaltete. Diese Regel wurde ohne Debatte in allen parlamentarischen Diskussionsinstanzen (*Camara de Diputados, Senado* sowie *Comisión Mixta*) genehmigt. Die heutige Fassung wurde vom Senat aufgesetzt.[452]

Del mismo modo, el juez excluirá las pruebas que provinieren de actuaciones o diligencias que hubieren sido declaradas nulas y aquellas que hubieren sido obtenidas con inobservancia de garantías fundamentales.
Las demás pruebas que se hubieren ofrecido serán admitidas por el juez de garantía al dictar el auto de apertura del juicio oral."

452 Vgl. Londoño Martínez / Praetorius Batalla / Ramirez Berenguer, Reforma procesal penal, S. 442 ff.

Als logische Folge der in Art. 276 CPP festgeschriebenen Ausschlussregel muss der Richter – gemäß Art. 277 e) CPP – in dem AAJO nur solche Beweise berücksichtigen, die aufgrund der Anwendung der Ausschlussregel nicht ausgeschlossen wurden; im Gegensatz dazu dürfen folglich diejenigen Beweismittel, die wegen eines oder mehrerer Beweisausschlussgründen gemäß Art. 276 CPP ausgeschlossen wurden, nicht Bestandteil des AAJO sein.

Die Folgen aller in Art. 276 CPP geregelten Ausschlusshypothesen sind – unabhängig von ihrer Begründung – identisch: Die vom Untersuchungsrichter ausgeschlossenen Beweiselemente dürfen nicht Gegenstand der Beweisaufnahme in der Hauptverhandlung sein. Daraus folgt, dass eine mögliche Erhebung solcher Beweismittel in der Hauptverhandlung ausgeschlossen ist.[453]

Für die vorliegende Untersuchung haben die in Art. 276 Abs. 3 CPP geregelten Beweisausschlussfälle die höchste Relevanz und werden deswegen in den folgenden Kapiteln ausführlich analysiert. Die Funktion, der konkrete Anwendungsbereich und die verschiedenen Beweisausschlussgründe, die durch Art. 276 Abs. 3 CPP abgedeckt sind, werden in den folgenden Kapiteln analysiert.

E. Die Funktion der Beweisverbote im chilenischen Recht

Nach Inkrafttreten des CPP hat die Diskussion rund um die Funktion der Beweisverbote zu einem fruchtbaren Meinungsaustausch in der chilenischen Lehre geführt. Die verschiedenen Standpunkte können in drei Gruppen eingeordnet werden. Zunächst sind diejenigen zu nennen, die die Beachtung der gerichtlichen Integrität bzw. die Gewährleistung einer ethischen Funktion der staatlichen Handlung als Zweck der Beweisverbote im chilenischen Recht bekräftigen. Eine andere Gruppe sieht die Disziplinierung der Ermittlungsorgane als Funktion der Beweisverbote. Die letzte Gruppe umfasst den Teil der Lehre, der – allerdings mit verschiedenen Argumenten und Begründungen – die Achtung der Menschenrechte bzw. der strafprozessualen Garantien im Strafverfahren als den bedeutendsten Zweck der Beweisverbote im chilenischen Recht benennt.

Im Folgenden werden die verschiedenen Positionen der Lehre genauer beschrieben sowie die wenigen Entscheidungen der Rechtsprechung zur Funktion der Beweisverbote untersucht.

I. Die Achtung der Integrität der Rechtsordnung bzw. die Gewährleistung der ethischen Funktion der staatlichen Handlung als Zweck der Beweisverbote

In Anlehnung an die US-amerikanische Rechtsprechung argumentiert *López*, dass die Beweisverbote im chilenischen Recht zwei Funktionen erfüllen.[454] Zuerst sei

453 Ausführlich Kap. 2. F; 2. G.

454 Horvitz Lennon / López Masle, Derecho procesal penal, S. 183 ff.

es Aufgabe der Beweisverbote, die Integrität der Rechtsordnung zu gewährleisten. Bei der Strafverfolgung „*dürfen keine Methoden Anwendung finden, die den Grundsatz des fairen Verfahrens oder den Anstand verletzen.*“[455] Die Berufung auf die Integrität der Rechtsordnung stützt sich Lopez zufolge auf die „*Zweck-Mittel-Relation, und zwar auf die Vorstellung, dass ein zulässiger Zweck – wie die Strafverfolgung – nicht durch jedes beliebige Mittel erreicht werden darf.*“[456]

In seiner Monographie über den Beweisausschluss im neuen chilenischen Strafverfahren schreibt *Hernández* ebenso in diesem Sinne, dass die Ausschlussregel eine ethische Funktion erfüllt, die sich auf die Legitimierung der staatlichen Handlung bezieht.[457] Da die Ausübung der staatlichen Strafgewalt nur durch eine strikte Achtung der strafrechtlichen und strafprozessualen Garantien legitimiert werden könne, sei die Verhängung einer Strafe ohne diese Voraussetzungen lediglich eine despotische, nicht gerechtfertigte Machtausübung.[458] Durch den Ausschluss von Beweismitteln, die durch Verletzung von Garantien erlangt wurden, sichere also der Staat zu, dass eine gesetzwidrige Handlung nicht zur Verhängung einer Strafe beitragen wird – eine Strafe, die ohnehin illegitim wäre.[459]

II. Die Disziplinierung der Strafverfolgungsorgane als Funktion der Beweisverbote

Als weitere Begründung der Ausschlussregel nennt *López* die Disziplinierung der Strafverfolgungsorgane, die er als präventive Funktion bezeichnet.[460] Diese Funktion zielt darauf ab – so der Autor –, die Strafverfolgungsbeamten abzuschrecken bzw. davon abzuhalten, die Grundrechte zu verletzen.[461] In diesem Sinne wirke sich die Ausschlussregel direkt auf die Polizei sowie andere Ermittlungsbeamte aus.[462]

Auch *Donoso* sieht in der Disziplinierung der Ermittlungsorgane die Begründung für die Beweisverbote im chilenischen Recht.[463] Da in der Praxis – nach Ansicht dieses Autors – eine Sanktionierung der Polizei durch das Straf-, Disziplinierungs- oder Zivilrecht eine rein theoretische Lösung mit wenig praktischer Bedeutung oder gar Anwendung darstellt, sei die Anerkennung einer Ausschlussregel die beste Option, um dieses rechtswidrige Verhalten zu unterbinden.[464]

---

455 ders., Derecho procesal penal, S. 183. Dieser Satz ist ein Zitat des US-amerikanischen Richters Frankfurter in *Rochin v. California*, 342 U.S. 165 (1952).
456 Horvitz Lennon / López Masle, Derecho procesal penal, S. 185.
457 Hernández Basualto, Exclusión de la prueba ilícita, S. 60 f.
458 ders., Exclusión de la prueba ilícita, S. 61.
459 ders., Exclusión de la prueba ilícita, S. 61.
460 Horvitz Lennon / López Masle, Derecho procesal penal, S. 186 ff.
461 ders., Derecho procesal penal, S. 186.
462 ders., Derecho procesal penal, S. 186.
463 Donoso Boassi, Revista Derecho Mayor 2008, 35 (36).
464 ders., Revista Derecho Mayor 2008, 35 (36).

III. Die Achtung der Menschenrechte bzw. der strafprozessualen Garantien im Strafverfahren als Funktion der Beweisverbote

Zapata begründet die Existenz von Beweisverboten im chilenischen Recht mit zwei Argumenten, die miteinander verbunden sind.[465] Als erste Funktion nennt die Autorin – unter Berufung auf Art. 5 Abs. 2[466] und Art. 6 Abs. 1 und 2[467] CPR – die Gewährleistung des Verfassungsvorrangs. Da gemäß solcher Normen die Achtung der Menschenrechte – als Einschränkung der staatlichen Macht – für die Staatsorgane obligatorisch sei, müsse der Richter bei Beweisen, die durch Menschenrechtsverletzungen erlangt wurden, solche Beweise vom Verfahren ausschließen. Der Beweisausschluss sei insofern eine Folge der Pflicht, die Grundrechte zu respektieren und zu fördern.[468] Eine ähnliche Meinung vertritt auch *Echeverría*, wenn sie die Begründung für den Ausschluss des unzulässigen Beweismittels in der Unterordnung der Ermittlungsorgane und Privaten unter die Grundrechte sucht.[469]

Der zweiter Zweck der Beweisverbote im chilenischen Recht ist laut *Zapata* die Beachtung der in Art. 19 Nr. 3 CPR geregelten Garantie des ordentlichen Verfahrens.[470] Als Bestandteil dieser Garantie erkennt die Autorin das Recht eines jeden Angeklagten an, das Urteil nur auf legal erlangte Beweismittel zu stützten. Als Folge dieses Rechts müssten alle Beweismittel, die aufgrund eines Verstoßes gegen grundrechtliche Garantien gewonnen wurden, für die Hauptverhandlung ausgeschlossen werden.[471]

Eine dazwischen liegende Position hat *Cerda* eingenommen,[472] der eine Vielzahl von Funktionen anerkennt. Im Ausschluss von bestimmten Beweisen sieht er die Pflicht der Staatsorgane, die Grundrechte zu schützen und zu fördern, die

465 Zapata García, La prueba ilícita, S. 46 ff.

466 Nach Art. 5° Abs. 2 CPR haben die Garantien, die in internationalen Verträgen anerkannt werden, einen Verfassungsrang: *„Die Ausübung der Souveränität wird durch die Achtung der Grundrechte eingeschränkt, die der menschlichen Natur eigen sind. Es ist die Pflicht der Staatsorgane, diese in der Verfassung und in den von Chile ratifizierten oder bereits in Kraft getretenen internationalen Verträgen garantierten Rechte zu achten und zu fördern.*"

467 Art. 6 Abs. 1 und 2 CPR: *„Die staatlichen Organe haben ihre Handlungen der Verfassung und den verfassungskonformen Vorschriften unterzuordnen und die institutionelle Ordnung der Republik zu garantieren.*

Die Bestimmungen dieser Verfassung sind sowohl für die Amtsträger oder die Mitarbeiter dieser Organe als auch für jede Person, Institution oder Gruppe verbindlich."

468 Vgl. Díaz García, Derechos Fundamentales, S. 38 f.; Zapata García, La prueba ilícita, S. 50.

469 Echeverria Donoso, Derechos Fundamentales, S. 27.

470 Zapata García, La prueba ilícita, S. 50 ff.

471 ders., La prueba ilícita, S. 55.

472 Cerda San Martin, Revista de la justicia penal 2010, 99 (132 f.).

Disziplinierung der Ermittlungsorgane, den Schutz der Integrität der Rechtsordnung und schließlich den Schutz der Zuverlässigkeit des Beweises durch den Ausschluss von Beweisen, deren Verwertung eine zuverlässige Aufklärung des Sachverhalts nicht ermöglicht.[473]

IV. Die Funktion der Beweisverbote nach der Rechtsprechung

Die Rechtsprechung hat bis heute keine eindeutige Stellung zur Funktion der Beweisverbote eingenommen. Nur indirekt hat die *Corte Suprema* im Urteil Nr. 2095–11 (Cons. 35) den Disziplinierungszweck anerkannt. Nach Ansicht des Obersten Gerichts ist die Anerkennung eines abgeschwächten Zusammenhangs als Ausnahme des Ausschlusses von rechtswidrig erlangten Beweismitteln gerechtfertigt, da z.B. eine freiwillige Handlung solche Fehler reinigt und somit *„der präventive oder abschreckende Zweck der Ausschlussregel"* überflüssig wird.

Derselben Ansicht ist Richter *Pozo* in seinem Sondervotum zum Urteil Nr. 7193–10. In seiner Begründung vom 06. Dezember 2010 schreibt er (Sondervotum, Cons. 4°), dass die Ausschlussregel versucht, *„in unserem Strafprozessrecht die Polizei von Exzessen abzubringen (...). Es ist eine Botschaft an die Polizei und die anderen Strafverfolgungsbehörden, um diese davon abzuhalten, gegen Grundrechte zu verstoßen, indem die Verwertbarkeit des Ergebnisses ihrer Taten verhindert wird."*

V. Stellungnahme

Die Akzeptanz der Funktion der Disziplinierung der Strafverfolgungsorgane als Grund für Beweisverbote im chilenischen Recht leidet an denselben Problemen, die bereits in Bezug auf ihre Anerkennung im deutschen Recht im Kapitel 1. B. II ausführlich behandelt wurden. Wie das deutsche Rechtssystem ist das chilenische Strafverfahren – im Gegensatz zum US-amerikanischen Recht – kein Parteiverfahren. Im chilenischen Recht ist der Staatsanwalt gemäß Art. 77 CPP zur Objektivität verpflichtet. Außerdem ist, wie bereits erwähnt,[474] die Disziplinierung der Strafverfolgungsorgane durch Beweisverbote kein geeignetes Mittel, um eine rechtswidrige Handlung der Ermittlungsorgane zu sanktionieren. Dieser Zweck muss im Grunde genommen mit dem Disziplinierungs- bzw. Amtsstrafrecht erreicht werden. Das Argument der Schwierigkeit bei der praktischen Anwendung des Disziplinierungsrechts kann nicht – wie *Donoso* behauptet – durch den Ausschluss von Beweiselementen ersetzt werden. Die Disziplinierung der Strafverfolgungsorgane ist also auch im chilenischen Recht nur eine mögliche Neben- bzw. Reflexwirkung eines Beweisausschlusses, nicht aber sein direkter Zweck.[475]

---

473 ders., Revista de la justicia penal 2010, 99(100).
474 S. Kap. 1. B. II.
475 Im deutschen recht S. Kap. 1. B. II.

Der Schutz der Zuverlässigkeit eines Beweises kann auch keine Funktion des Beweisausschlusses im chilenischen Recht sein. Die in Art. 276 Abs. 3 CPP geregelte Ausschlussregel wirkt unabhängig davon, ob die erhaltenen Beweismittel der Wahrheit entsprechen oder nicht.

Die Funktion der Beweisverbote im chilenischen Recht sollte nur unter strikter Beachtung der in Art. 276 Abs. 3 CPP geregelten Beweisausschlussregeln untersucht werden. Die wichtigste Funktion dieser Norm ist der Schutz der Grundrechte vor rechtswidrigen Handlungen der Ermittlungsorgane bei der Ausübung ihrer Tätigkeiten im Strafverfahren. In diesem Sinne treffen diejenigen Autoren den richtigen Punkt, die die Funktion der Beweisverbote im chilenischen Recht in der Beachtung der Menschenrechte bzw. der strafprozessualen Garantien im Strafverfahren sehen. Das bedeutet aber nicht, dass durch die Ausschlussregel lediglich ein konkretes Recht – wie z. B. das in Art. 19 Nr. 3 CPR anerkannte Recht auf ein faires Verfahren – geschützt wird; die Ausschlussregel umfasst vielmehr alle in der Verfassung sowie in internationalen Verträgen anerkannten Garantien, die eine strafprozessuale Dimension enthalten.

Durch den Ausschluss von rechtswidrig erlangten Beweiselementen hat der chilenische Gesetzgeber demnach die Stabilisierung von Grundrechten beabsichtigt. Durch den Ausschluss macht der Richter deutlich, dass die verletzte Norm als Orientierungsmuster dient (*präventive* Wirkung) und gleichzeitig den Schutz verfassungsrechtlicher Normen vor zukünftigen Eingriffen garantiert (*prospektive Wirkung*).[476]

Der Ausschluss von Beweismitteln hat keine moralische Begründung – wie *Hernández* behauptet[477] – und stellt auch keinen Schutz der Integrität der Rechtsordnung – wie *López*[478] meint – dar. Das aus Art. 6 i.V.m Art. 5 Abs. 2 CPR abgeleitete Gebot, die Menschenrechte zu respektieren und zu fördern, verpflichtet den Richter (abgesehen von der in Art. 276 Abs. 3 CPP geregelten Ausschlussregel[479]), den kontaminierten Beweis nicht zum Gegenstand der Beweiswürdigung und Entscheidungsfindung zu machen. Beweisverwertungsverbote sind daher im chilenischen Recht eine Äußerung der unverzichtbaren Pflicht der Staatsorgane, die Garantien zu gewährleisten und der rechtswidrigen Handlung der Ermittlungsorgane bei der Beweiserlangung zu widersprechen. Nur so genießt die staatliche Strafrechtspflege eine Legitimation.

476 S. Kap. 1. B. VI.
477 S. Kap. 2. E. I.
478 S. Kap. 2. E. I.
479 Zapata García, La prueba ilícita, S. 49.

F. Der erste Beweisausschlussgrund von Art. 276 Abs. 3 CPP: Ausschluss von Beweiselementen, die aus nichtig erklärten Handlungen oder Ermittlungen stammen

Der erste Beweisausschlussgrund umfasst laut Art. 276 Abs. 3 CPP diejenigen Beweiselemente, die aus nichtig erklärten Handlungen oder Ermittlungen stammen und bezieht sich direkt auf die sog. „prozessuale Nichtigkeit" – eine strafprozessuale Sanktion, die in Art. 159 ff. CPP geregelt ist.[480] Diesbezüglich besagt Art. 159 S. 1 CPP, dass Verfahrensverstöße oder Ermittlungen, die den Beteiligten einen Schaden verursacht haben, der allein durch die Nichtigkeit wieder gut zu machen ist, für nichtig erklärt werden können. Voraussetzung des ersten Beweisausschlussgrundes nach Art. 276 Abs. 3 ist folglich das Vorliegen einer vorherigen Gerichtsentscheidung, die eine konkrete richterliche Handlung oder Ermittlung für nichtig erklärt.

Eine notwendige Voraussetzung für die Erklärung der prozessualen Nichtigkeit ist gemäß Art. 159 CPP die Existenz eines Schadens bei einem der Beteiligten, der nur mit der Nichtigkeitserklärung behoben werden kann. Die Verletzung von Verfahrensnormen, die einem Beteiligten an sich keinen Schaden verursachen, dürfen folglich nicht aufgrund einer prozessualen Nichtigkeit angefochten werden. Diesbezüglich sagt der Art. 159 S. 3 CPP, dass *„ein Schaden vorliegt, wenn die Nichtbeachtung der Prozessvorschriften die Handlungsmöglichkeiten eines Beteiligten im Verfahren beeinträchtigt"* Rechtlich relevant für das Vorliegen eines Schadens ist Art. 160 CPP, der die gesetzliche Vermutung eines Schadens regelt: *„wenn der Verstoß die volle Ausübung der in der Verfassung und anderen Gesetzen der Republik anerkannten Garantien und Rechte verhindert"*.

Dieser Beweisausschlussgrund sieht also nicht unbedingt die Verletzung von Garantien mit Verfassungsrang vor[481] (anders als es beim zweiten Beweisausschlussgrund der Fall ist[482]), sondern umfasst auch Verstöße gegen einfachgesetzliche Normen, wenn dies – gemäß Art. 159 S. 3 CPP – die Handlungsmöglichkeiten eines Beteiligten im Verfahren einschränkt. Allerdings sind aufgrund des in der Verfassung und internationalen Menschenrechtsverträgen enthaltenen Katalogs von Garantien[483] die Fälle, in denen die Normverletzung keinen Verstoß gegen Garantien mit Verfassungsrang darstellen, eher selten. Da in der Praxis – aufgrund der in Art. 160 CPP enthaltenen Vermutung– der Schaden eines Beteiligten mit einer Verletzung der in der Verfassung und anderen Gesetzen anerkannten Garantien und Rechte gleichgesetzt wird, sind die meisten Situationen, in denen ein Beweisausschluss aufgrund einer Nichtigkeitserklärung erfolgt, gleichzeitig über den zweiten Beweisausschlussgrund[484] abgedeckt.

480 Darüber: Díaz García, Derechos Fundamentales, S. 146 f.
481 Vgl. Hernández Basualto, Exclusión de la prueba ilícita, S. 44.
482 S. Kap. 2. G.
483 S. Kap. 2. G. I.
484 S. Kap. 2. G.

Das Vorliegen eines Schadens als notwendige Voraussetzung für die Nichtigkeitserklärung – gemäß Art. 159 CPP – ist eine bedeutsame Beschränkung des Anwendungsbereichs dieses Beweisausschlussgrundes. Infolgedessen führt nicht jede Normverletzung dazu, ein dadurch erlangtes Beweismittel für die Hauptverhandlung nicht zuzulassen, sondern nur diejenigen, die zu einer Minderung der Handlungsmöglichkeiten eines Beteiligten führen. Mit dieser prozessualen Sanktion verfolgt der Gesetzgeber also nicht das Ziel, die Prozessformen durch eine strikte Beachtung aller Normen des CPP, die die Tätigkeiten der Ermittlungsorgane und Gerichte regeln, zu wahren, sondern er will dadurch vielmehr eine gravierende Rechtsschutzlosigkeit des Beteiligten im Strafverfahren vermeiden.[485]

Die prozessuale Nichtigkeit darf in der Regel nicht von Amts wegen, sondern nur auf Antrag des zu Schaden gekommenen Beteiligten (Art. 162 CPP) innerhalb der in Art. 161 CPP genannten Frist erklärt werden.[486] Allerdings darf das Gericht – gemäß Art. 163 CPP – von Amts wegen die Nichtigkeit einer konkreten Handlung oder Ermittlung in den in Art. 160 CPP festgelegten Situationen erklären, wenn der Verstoß die totale Ausübung der in der Verfassung und anderen Gesetzen anerkannten Garantien und Rechte verhindert.

I. Anwendungsbereich des ersten Beweisausschlussgrunds von Art. 276 Abs. 3 CPP

Der Anwendungsbereich des ersten Beweisausschlussgrunds von Art. 276 Abs. 3 CPP ist stark eingeschränkt: Er bezieht sich – gemäß Art. 159 S. 1 CPP – nur auf Beweismittel, die infolge einer fehlerhaften *richterlichen* Handlung oder Ermittlung während des Ermittlungsverfahrens erlangt wurden.[487] Die Handlungen der Polizei oder der Staatsanwaltschaft – die Hauptakteure im Ermittlungsverfahren – sind somit vom Anwendungsbereich dieser prozessualen Sanktion ausgeschlossen.[488]

Es fallen demnach nur die wenigen Situationen in den Anwendungsbereich, in denen die Beweisaufnahme während der Ermittlungsphase vom Untersuchungsrichter vorgenommen wurde.[489] Das ist bei der Verhandlung über sog. „antizipierte

485 Vgl. Hernández Basualto, Exclusión de la prueba ilícita, S. 49.

486 Die Nicht-Beachtung dieser Frist hat die Präklusion des Rechts und folglich die Sanierung des Fehlers gem. Art. 164 CPP zur Folge.

487 Vgl. Echeverria Donoso, Derechos Fundamentales, S. 62; Hernández Basualto, Exclusión de la prueba ilícita, S. 45; Horvitz Lennon / López Masle, Derecho procesal penal, S. 209.

488 Im Entwurf des CPP kam Art. 159 CPP ein größerer Anwendungsbereich zu, weil er die Erklärung der Nichtigkeit von „Handlungen oder Ermittlungen des Verfahrens“ ohne Rücksicht auf ihren Ursprung ermöglichte. Die vom Parlament verabschiedete Version, die die Nichtigkeit nur auf *richterliche* Handlungen oder Ermittlungen beschränkt, wurde vom Senat eingebracht. Vgl. Horvitz Lennon / López Masle, Derecho procesal penal, S. 297.

489 Vgl. Echeverria Donoso, Derechos Fundamentales, S. 63 ff.

Zeugenbeweise" von Art. 191 ff. CPP[490] sowie bei Aussagen des Beschuldigten vor dem Untersuchungsrichter gemäß Art. 98 CPP[491] der Fall. Die Nichtigkeit der Beweisaufnahme kann u.a. in folgenden Fällen beantragt werden: bei Abwesenheit eines Beteiligten während der Beweisaufnahme (Art. 191 Abs. 3 CPP); bei Verletzung des Zeugnisverweigerungsrechts (Art. 302 ff. CPP); bei Anwendung von verbotenen Vernehmungsmethoden (Art. 195 CPP); und generell bei Verletzungen von Normen, die die Aufnahme eines Beweismittels durch den Untersuchungsrichter regeln, wenn einem Beteiligten dadurch ein Schaden entsteht.[492]

Umstritten ist die Anwendung des ersten Ausschlussgrundes von Art. 276 Abs. 3 CPP bei richterlichen Beschlüssen, die eine Ermittlungshandlung der Strafverfolgungsorgane erlauben. Wenn man diese Fälle mit einschließen würde, dann wäre der Anwendungsbereich des ersten Ausschlussgrundes bedeutsam erweitert, und würde sich auch auf diejenigen Beweismittel erstrecken, die infolge einer fehlerhaften richterlichen Genehmigung für die Durchführung einer Ermittlungshandlung (z. B. weil die materiellen Voraussetzungen der richterlichen Genehmigung nicht vorliegen oder weil die Entscheidung des Gerichts aufgrund falscher Informationen gefällt wurde[493]) durch die Polizei erlangt wurden.[494] Somit würde sich der Anwendungsbereich des ersten Beweisausschlussgrunds – ferner der oben genannten beschränkten Beweisaufnahme in der Ermittlungsphase durch den Untersuchungsrichter – auf zwei Situationen beziehen: erstens, auf die richterliche Genehmigung, die laut Gesetz für die Durchführung bzw. Anordnung einiger Ermittlungsmaßnahmen erforderlich ist,[495] sowie zweitens auf diejenigen Fälle, in denen – gemäß Art. 9 Abs. 1 und 2 CPP[496] – eine richterliche Genehmigung für die Durchführung einer Verfahrenshandlung erforderlich ist, die dem Angeklagten

490 Wenn die Anwesenheit des Zeugen in der Hauptverhandlung aufgrund einer geplanten Reise, Krankheit oder Lebensgefahr zweifelhaft ist, kann der Staatsanwalt die Vernehmung des Zeugen beim JG beantragen (Art. 191 CPP).

491 Der Beschuldigte kann jederzeit die Aufnahme seiner Aussage bei einem Gericht beantragen (Art. 98 Abs. 1 CPP), die in Anwesenheit aller Beteiligten zu Protokoll genommen wird (Art. 98 Abs. 2 CPP).

492 Vgl. Hernández Basualto, Exclusión de la prueba ilícita, S. 46.

493 ders., Exclusión de la prueba ilícita, S. 46.

494 In diesem Sinne: ders., Exclusión de la prueba ilícita, S. 46.

495 z. B. für medizinische Untersuchungen (Art. 197 Abs. 3 CPP); kaligrafische Tests (Art. 203 CPP); Zutritt und Durchsuchung geschlossener Räume (Art. 205 Abs. 3 CPP); Zurückhaltung und Beschlagnahme von Post (Art. 218 CPP).

496 Art. 9 Abs. 1 und 2 CPP bestimmt wie folgt: „*Jede Verfahrenshandlung, die dem Angeklagten oder einem Dritten die Ausübung seiner verfassungsmäßigen Rechte entzieht, ihn darin beschränkt oder beeinträchtigt bedarf einer vorherigen richterlichen Genehmigung.*

Wenn folglich eine Untersuchungshandlung derartige Wirkungen hervorrufen könnte, ist durch die Staatsanwaltschaft zuvor ein Antrag auf Genehmigung des Untersuchungsrichter zu stellen."

oder einem Dritten die Ausübung seiner Verfassungsrechte entzieht, beschränkt oder beeinträchtigt.

Diese Ansicht ist nicht zu teilen. Wie *López* zutreffend anmerkt, ist es durch die prozessuale Nichtigkeit nicht möglich, eine fehlerhafte richterliche Genehmigung oder einen Beschluss, der eine polizeiliche Ermittlungshandlung erlaubt, anzufechten. Diese prozessuale Sanktion richtet sich nur gegen richterliche *Handlungen* oder *Ermittlungen*, nicht aber gegen richterliche Beschlüsse: sie dürfen nur durch die im dritten Buch des CPP (Art. 352 ff.) geregelten Rechtsmittel angefochten werden.[497]

II. Die prozessuale Nichtigkeit in der Hauptverhandlung

Bislang wurde von der Lehre[498] die Anwendung der prozessualen Nichtigkeit bezüglich des Beweisausschlusses in der Hauptverhandlung (Art. 298 ff. CPP) kaum diskutiert. Wenn eine fehlerhafte richterliche Handlung erst in der Hauptverhandlung erfolgt, können diese Fälle aus Zeitgründen nicht in der APJO (Verhandlung zur Vorbereitung der Hauptverhandlung) diskutiert werden; die dadurch erlangten Beweiselemente können folglich nicht Gegenstand des in Art. 276 Abs. 3 CPP geregelten Beweisausschlussgrunds sein.

Dass die Möglichkeit besteht, in der Hauptverhandlung die Nichtigkeit einer konkreten richterlichen Handlung vorzubringen, ist nicht umstritten. Sie lässt sich problemlos aus Art. 165 Abs. 3 S. 3 CPP herleiten, der die Wirkung der prozessualen Nichtigkeit in der Hauptverhandlung regelt. Diese Norm besagt, dass „*Nichtigkeiten, die im Verlauf der Hauptverhandlung festgestellt wurden, das Verfahren nicht auf den Stand der Ermittlungsphase oder Vorbereitung der Hauptverhandlung zurückbringen werden*".

Ein Ausschluss von Beweiselementen erst während der Hauptverhandlung ist als Folge einer Nichtigkeitserklärung durchaus möglich. Die Begründung dafür findet sich vor allem im Wortlaut des Art. 165 Abs. 3 S. 1 CPP: „*die Erklärung der Nichtigkeit einer Handlung umfasst die daraus folgenden Handlungen die aus ihr hervorgehen oder von ihr abhängen.*" Wenn also die Erhebung eines Beweismittels in der Hauptverhandlung als eine Folge einer für nichtig erklärten richterlichen Handlung betrachtet werden kann, ist ein Beweisausschluss denkbar.

Da – wie bereits erwähnt[499] – gemäß Art. 159 S. 1 CPP nur *richterliche* Handlungen oder Ermittlungen für nichtig erklärt werden dürfen, ist ein Ausschluss von Beweisen aufgrund einer prozessualen Nichtigkeit in der Hauptverhandlung nur in wenigen Fällen erlaubt, und zwar nur dort, wo ein gerichtliches Vorgehen des TOP zu einer fehlerhaften Beweisaufnahme in der Hauptverhandlung geführt hat. Das trifft z. B. dann zu, wenn das TOP einen Zeugen gemäß Art. 306 CPP

497 Horvitz Lennon / López Masle, Derecho procesal penal, S. 209.
498 Vgl. nur Echeverria Donoso, Derechos Fundamentales, S. 63 ff.
499 S. Kap. 2. F. I.

nicht vereidigt hat; wenn das Gericht den Zeugen zwingt, eine Antwort zu geben, obwohl er aufgrund der in Art. 305 CPP geregelten Situationen vom Zeugnisverweigerungsrecht Gebrauch machen dürfte, oder wenn das TOP – im Verstoß gegen Art. 334 CPP – das Vorlesen von Dokumenten erlaubt, die von der Polizei oder Staatsanwaltschaft durchgeführte Maßnahmen oder Aktionen offenlegen. Unter solchen Umständen darf der Strafverteidiger die prozessuale Nichtigkeit in der Hauptverhandlung beantragen und kann demzufolge den Ausschluss des angefochtenen Beweises erlangen.[500]

G. Zweiter Beweisausschlussgrund von Art. 276 Abs. 3 CPP: Beweiselemente, die unter Verstoß gegen grundrechtliche Garantien erlangt wurden

Der bedeutendste Beweisausschlussgrund von Art. 276 Abs. 3 CPP ist der zweite. Er umfasst den Ausschluss von Beweiselementen für die Hauptverhandlung, die aufgrund von Ermittlungshandlungen erlangt wurden, die gegen eine der grundrechtlichen Garantien verstoßen. Im Vergleich zum ersten Beweisausschlussgrund ist der Anwendungsbereich des zweiten nicht auf richterliche Vorgehen oder Ermittlungen beschränkt, sondern erstreckt sich auch auf die Ermittlungstätigkeit der Polizei oder der Staatsanwaltschaft, wenn diese zu einer Beweiserlangung geführt hat.[501]

Bei diesem Beweisausschlussgrund ist eine mehrstufige Prüfung erforderlich:

1) Normverletzung: Zunächst muss der Richter die Verletzung einer Norm im Strafverfahren prüfen. Wie bereits erwähnt, geschieht das in den meisten Fällen bei fehlerhaften Ermittlungen der Polizei bzw. Staatsanwaltschaft, deren direkter Zweck es ist, Beweismaterial zu sammeln.
2) Ursächlicher Zusammenhang: Diese Prüfungsstufe ist direkt mit der ersten verbunden. Man muss durch Anwendung der *condictio-sine-qua-non-Formel* prüfen, ob die (bereits bestätigte) Normverletzung zu einer Ermittlungshandlung gehört, die in einem ursächlichen Zusammenhang mit der Erlangung eines Beweiselements steht.[502]
3) Funktion der Norm: Schließlich muss man prüfen, ob die verletzte Norm dem Schutz der grundrechtlichen Garantien dient. Dabei muss unbedingt beachtet werden, dass die Verletzung einer Norm nur in den Fällen zum Beweisausschluss

---

500 Vgl. Echeverría Donoso, Derechos Fundamentales, S. 63 ff. Gegen: Horvitz Lennon / López Masle, Derecho procesal penal, S. 209.

501 In diesem Sinne umfasst der zweite Ausschlussgrund auch die Beweismittel, die durch die erste Hypothese von Art. 276 Abs. 3 (S. Kap. 2. F.) ausgeschlossen werden können. Vgl. Hernández Basualto, Exclusión de la prueba ilícita, S. 51.

502 S. Kap. 6 und 7.

führt, in denen ein solcher Gesetzesverstoß als Verletzung einer grundrechtlichen Garantie betrachtet werden kann.[503]

Wenn all diese Voraussetzungen vorliegen, muss der Richter in der APJO die Aufnahme dieser Beweismittel für die Hauptverhandlung ausschließen.

I. Der Begriff der „grundrechtlichen Garantien" und seine Bedeutung für das Strafverfahren

Unter den Begriff der „grundrechtlichen Garantien" im Sinne des Art. 276 Abs. 3 CPP fallen alle die Grundrechte, die in der chilenischen Verfassung sowie gemäß Art. 5 Abs. 2 CPR in internationalen Menschenrechtsverträgen, die von Chile unterschrieben wurden, anerkannt sind.[504] Für die Bestimmung dieser Rechte, die zu den „grundrechtlichen Garantien" gezählt werden können, sind vor allem der in Art. 19 der CPR geregelte Grundrechtskatalog sowie der „*Pacto internacional de derechos civiles y políticos*" (PIDCP)[505] und die „*Convención americana sobre derechos humanos*" – auch *San José de Costa Rica Vertrag* genannt[506] – (CIDH) von großer Bedeutung. Der PIDCP und die CIDH gehören zu den von Chile unterschriebenen internationalen Menschenrechtsverträgen, die einen ausführlichen Katalog von Garantien (viele davon strafprozessualer Natur) enthalten.

Für die Handlungen der Ermittlungsorgane haben diejenigen Garantien eine besondere Bedeutung, die eine strafprozessuale Dimension beinhalten. Diese können nämlich bei der Wahrheitsfindung im Strafverfahren am häufigsten verletzt werden.[507] Hierbei sind vor allem das Recht auf ein faires Verfahren (Art. 19 Nr. 3 CPR); das Recht auf körperliche und psychische Unversehrtheit (Art. 19 Nr. 1 CPR); das Aussageverweigerungsrecht (Art. 8 g) CADH);[508] das Verbot, bei einigen Taten unter Eid auszusagen (Art. 19 Nr. 7 f CPR); das Zeugnisverweigerungsrecht der Angehörigen des Beschuldigten (Art. 19 Nr. 7 f CPR); das Aussageverweigerungsrecht gegenüber sich selbst (Art. 8.2. g) CADH, 14.3 g) PIDCP); die Unverletzlichkeit der Wohnung (Art. 19 Nr. 5 CPR); die Unverletzlichkeit aller Formen privater

---

503 Vgl. Carocca Pérez, Ius et Praxis 1998, 301 (306); Hernández Basualto, Exclusión de la prueba ilícita, S. 51 f.

504 Auch in diesem Sinne: Echeverria Donoso, Derechos Fundamentales, S. 65; Hernández Basualto, Exclusión de la prueba ilícita, S. 52; Horvitz Lennon / López Masle, Derecho procesal penal, S. 188; Zapata García, La prueba ilícita, S. 39 f. S. Arts. 10, 160 und 373 a) CPP, die einen direkten Bezug zu Garantien der Verfassung und internationaler Menschenrechtsverträge haben.

505 Unterschrieben von Chile am 16. Dezember 1966 und ratifiziert am 10. Februar 1972.

506 Unterschrieben von Chile am 22. September 1969 und ratifiziert am 21. August 1990.

507 Ausführlich: Cerda San Martin, Revista de la justicia penal 2010, 99 (141 ff.); Hernández Basualto, Exclusión de la prueba ilícita, S. 52 ff.; Zapata García, La prueba ilícita, S. 57 ff. S. auch: Bofill Genzsch, Gaceta Jurídica 1992, 7 (11 ff.).

508 S. auch: Art. 93 g) CPP.

Kommunikation (Art. 19 Nr. 5 CPR); der Schutz der Privatsphäre und der Ehre der Person sowie ihrer Familie (Art. 19 Nr. 4 CPR); das Recht des Beschuldigten auf Hinzuziehung eines Verteidigers (Art. 19 Nr. 3 Abs. 2 CPR, Art. 14.3 d) PIDCP, Art. 8 d) CADH) sowie das Eigentumsrecht (Art. 19 Nr. 24 CPR) zu nennen. Die Konkretisierung der Inhalte dieser Garantien (vor allem des Rechts auf ein faires Verfahren) ist Aufgabe der Lehre und der Rechtsprechung.

Jedes Strafverfahren eines demokratischen Staats umfasst ein Spannungsverhältnis zwischen der Ermittlung der prozessualen Wahrheit und der Beachtung der Individualrechte; das chilenische Strafverfahrensrecht bildet da keine Ausnahme.[509] Vor diesem Hintergrund besteht – wie bereits in Kapitel 2. E. V erwähnt – die Aufgabe des Strafverfahrens nicht nur darin, die verfassungsrechtlichen Normen, die die Position des Beschuldigten im Prozess sichern, zu schützen, sondern auch darin, eine wirksame, funktionstüchtige Strafverfolgung und Verbrechensbekämpfung sowie eine möglichst vollständige Wahrheitsfindung zu gewährleisten.

Um diese Funktion zu erfüllen, hat selbst der Verfassungsgeber anerkannt, dass die Grundrechte nicht absolut und unbegrenzt sein können, sondern vielmehr in bestimmten Situationen und unter bestimmten Voraussetzungen eingeschränkt werden können müssen.[510] In diesem Sinne bestimmt die CPR z. B. gerade im Hinblick auf die Anerkennung der Garantie der Unverletzlichkeit der Wohnung und der Unverletzlichkeit aller Formen privater Kommunikation (Art. 19 Nr. 5 S. 2), dass *„nur in den durch das Gesetz bestimmten Fällen und Formen eine Wohnung durchsucht und private Kommunikationen und Dokumente abgefangen, geöffnet oder aufgezeichnet werden dürfen."*

Die Möglichkeit, dass die Ermittlungsbeamten individuelle Garantien während der Ermittlungsphase einschränken können, ist aufgrund der Anerkennung des Richtervorbehalts in Art. 83 Abs. 2 CPR[511] und Art. 9° Abs. 1 und 2 CPP[512] implizit gegeben. Nach diesen Normen ist für jede Verfahrenshandlung, die dem Angeklagten oder einem Dritten die Ausübung seiner verfassungsmäßigen Rechte entzieht, ihn darin beeinträchtigt oder stört, eine vorherige richterliche Genehmigung erforderlich. Durch die Akzeptanz einer erforderlichen richterlichen Genehmigung zur Durchführung von Ermittlungshandlungen, die gegen die Garantien des Angeklagten oder eines Dritten verstoßen, hat der Gesetzgeber den Schutz der verfassungsrechtlichen Garantien im Strafverfahren ernst genommen und die Position des Beschuldigten im Strafverfahren gegen willkürliche Angriffe der Strafverfolgungsorgane gesichert.[513]

---

509 Vgl. Tavolari Oliveros, Instituciones del nuevo proceso penal, S. 134.

510 Vgl. Cerda San Martin, Revista de la justicia penal 2010, 99(114).

511 Art. 83 Abs. 3 CPR: *„Jede Handlung, die den Angeklagten oder Dritte seine in dieser Verfassung zugesicherten Rechte entzieht, einschränkt oder stört, benötigt eine vorherige richterliche Genehmigung(...)"*

512 S. Fn. 496.

513 S. auch in diesem Sinne Art. 9 Abs. 1 CPP. Vgl. Díaz García, Derechos Fundamentales, S. 141 ff.

Die spezifischen Voraussetzungen, wonach die oben genannte sowie andere Einschränkungen von Garantien im Strafverfahren zugelassen sind, um eine wirksame Strafverfolgung zu gewährleisten, sind vor allem im ersten Abschnitt des zweiten Buchs des CPP – Ermittlungsverfahren – geregelt. Diesbezüglich legt der CPP in seinem Art. 166 ff. fest, wie die Ermittlungsorgane ihre Ermittlungshandlungen durchzuführen haben und definiert die Grenzen ihrer Tätigkeiten sowie die Beweiserlangung in der Ermittlungsphase. In diesem Sinne enthalten diese Normen all die Voraussetzungen, die der Gesetzgeber für eine rechtmäßige Beweiserlangung als notwendig erachtet. Für die Ermittlungsorgane sind sie als Gebot anzusehen, wonach sie nur unter strikter Wahrung dieser Normen ihre Tätigkeit ausüben dürfen. In dem oben genannten Titel sind wichtige Ermittlungsmaßnahmen ausführlich festgeschrieben wie u.a. die Vernehmung des Beschuldigten im Ermittlungsverfahren (Art. 194 CPP); die verbotenen Vernehmungsmethoden (Art. 195 CPP); die medizinische Untersuchung des Beschuldigten (Art. 197 ff. CPP); die Wohnungsdurchsuchung (Art. 205 ff. CPP); die Sicherstellung und Beschlagnahme von Gegenständen (Art. 217 ff. CPP) sowie die Telekommunikationsüberwachung (Art. 222 ff. CPP).

Bei der Ermittlung von Beweisverboten im chilenischen Recht lautet die Frage folglich nicht, ob eine oder mehrere grundrechtliche Garantien im Strafverfahren beeinträchtigt wurden, sondern ob eine solche Beeinträchtigung auf der Grundlage der im Gesetz angeordneten Mechanismen erfolgte. Ist dies nicht der Fall, kann man von einer Verletzung einer grundrechtlichen Garantie sprechen.

II. Die Art der verletzten Norm als entscheidendes Kriterium für die Feststellung eines unzulässigen Beweises

Bei der Bestimmung der Normen, deren Verletzung einen Beweisausschluss zur Folge hat, spielt die Abstufung der Verfahrensnormen nach ihrer Funktion im Strafverfahren eine wesentliche Rolle.

Wie bereits in Bezug auf das deutsche Recht erwähnt wurde,[514] lässt sich auch im chilenischen Recht deutlich erkennen, dass es einige Normen gibt, die die Rechte der Verfahrensbeteiligten garantieren und andere, die (nur) das Verfahrensprozedere festlegen und dessen Verletzung kein Verstoß gegen bestimmte Garantien zur Folge hat.[515] Ein entscheidendes Kriterium für die Anwendung der zweiten Hypothese der in Art. 276 Abs. 3 beschriebenen Ausschlussregel ist demnach die Art der verletzten Norm in Bezug auf die Bedeutung des Verfahrensverstoßes für das rechtlich geschützte Interesse.[516] Andere normative Parameter – die vor allem für die Bestimmung von Beweisverwertungsverboten im deutschen Recht relevant sind (wie die Fehlerschwere und Strafbedürftigkeit[517]) – spielen folglich im

514 S. Kap. 1. C. I.
515 Vgl. Hernández Basualto, Exclusión de la prueba ilícita, S. 68.
516 Vgl. Armenta Deu, REJ 2009, 81 (88).
517 S. Kap. 1. F. X.

chilenischen Recht beim Ausschluss von primären Beweiselementen keine besondere Rolle.

Diesbezüglich gibt es bei der Regulierung des Ermittlungsverfahrens im CPP einige Normen, die zum Schutz gegen willkürliche Eingriffe des Ermittlungsbeamten in die Rechte des Beschuldigten bei der Erhebung von Beweiselementen und infolgedessen zur Konkretisierung bzw. als Schutzmechanismus einer in der Verfassung oder in internationalen Verträgen geregelten Garantie, dienen. Wegen ihrer Schutzfunktion hinsichtlich grundrechtlicher Garantien kann man bei Verstößen gegen solche Normen von einer Verletzung einer grundrechtlichen Garantie sprechen bzw. von einer Verletzung, die die Anwendung der Ausschlussegel rechtfertigt.[518] Dabei handelt es sich um den Ausschluss von unzulässigen Beweisen.

Wenn die Ermittlungsorgane bei der Beweiserlangung eine Norm verletzt haben, deren Verstoß keine besondere Bedeutung für den Schutz der grundrechtlichen Garantien des Beschuldigten hat, folgt aus dieser Verletzung allerdings kein Beweisausschluss.[519] Solche Verfahrensfehler beschränken sich auf eine eventuelle Anwendung anderer Sanktionen (z. B. im Rahmen des Straf- bzw. Disziplinierungsrechts). In solchen Fällen spricht man lediglich von einem *„illegalem bzw. illegitimem Beweis"*, dessen Folgen andere sind als die der unzulässigen Beweise.[520]

Die präzise Bestimmung der Normen, die dem Schutz von grundrechtlichen Garantien im Strafverfahren dienen, ist eine unvermeidbare Aufgabe der Lehre und Rechtsprechung.

Angesichts des oben dargelegten Unterschieds zwischen Normen anhand ihrer Funktion im Strafverfahren muss man konsequenterweise zu dem Schluss kommen, dass – wie es die h.M. im deutschen Recht bestätigt[521] – nicht jede Verletzung einer Beweiserhebungsregel des CPP und anderer Gesetze zu einer Verletzung

518 Vgl. Zapata García, La prueba ilícita, S. 40. Wie die *Corte de Apelaciones de Santiago* in ihrem Urteil 925–2013, Cons. 2° verkündet hat: *„Die Vorschriften über den Beweisausschluss bewegen sich letztendlich innerhalb der Grenzen, die ein Rechtsstaat für die Ermittlung der Wahrheit zulässt. Da die Beweisverbote in einem Spannungsverhältnis zwischen sich widerstreitenden Prinzipien und Interessen stehen, entscheidet man sich in erster Linie für eine Einzelfalllösung, was dahingehend eine Abwägung erfordert, dass ein einfacher Gesetzesverstoß nicht für einen Ausschluss genügt, sondern hierfür eine nicht hinnehmbare Verletzung der Grundrechte erforderlich ist.* (...)" S. auch *Corte de Apelaciones de Concepción* Urteil Nr. 504504–2004 (Cons. 6°).

519 Das ist z. B. bei Verstößen gegen Art. 216 CPP der Fall: wenn die Polizisten nach einer Durchsuchung keinen schriftlichen Bericht darüber verfassen, was sie während der Durchsuchung getan haben. Solche Unterlassungen können lediglich zu einem Disziplinierungsverfahren führen, nicht aber zum Ausschluss der durch die Durchsuchung erlangten Beweiselemente. Vgl. Zapata García, La prueba ilícita, S. 71.

520 S. Kap. 2. C.

521 S. Kap. 1. C. II.

grundrechtlicher Garantien (und folglich zum Beweisausschluss) führt,[522] sondern dies nur dann der Fall ist, wenn die verletzte Norm als Schutzmechanismus einer grundrechtlichen Garantie des Beschuldigten gegenüber den Strafverfolgungsorganen wirkt.[523]

Der oben genannte Unterschied bezüglich der Art der verletzten Norm wurde von der *Corte Suprema* akzeptiert. In einem Fall von Drogenhandel (Urteil Nr. 3657–10) wurde die beschlagnahmte Droge erst nach 37 Tagen zum *„Servicio de Salud“* zur Analyse geschickt, was gegen Art. 41 und 42 des Drogengesetzes (Gesetz Nr. 20.000) verstieß. Diese beiden Artikel ordnen die Übergabe der beschlagnahmten Betäubungsmittel an den *„Servicio de Salud“* innerhalb von 24 (ausnahmsweise innerhalb von 48) Stunden nach Beschlagnahme an. Der Verteidiger behauptete in seiner Revision, dass diese Verzögerung eine Verwertung der Droge sowie der sekundär erlangten Beweismittel verhindert hätte, was das TOP in seinem Urteil nicht so sah. Die *Corte Suprema* verkündete diesbezüglich(Cons. 9°): *„Die Verletzung von Grundrechten erfordert mehr als allein die einfache Nichtbeachtung von Gesetzen, wonach ein Gesetzesverstoß allein bei der Beweiserlangung nicht ausreichend sein kann, sondern darüber hinaus ist erforderlich, dass diese Verletzung auf eine Art und Weise mit einem Grundrecht so zusammenhängt, dass dieses selbst betroffen ist.“*[524]

Vor diesem Hintergrund schlussfolgert das Gericht (Cons. 10°), dass die Verletzung der in Art. 41 Gesetz 20.000 geregelten Frist lediglich eine Gesetzesverletzung ist, der eine reine Verwaltungsbedeutung zukommt. Da Adressaten dieser Norm Beamte seien, erfülle sie keine Schutzfunktion grundrechtlicher Garantien. Daher handele es sich um eine Regel, deren Verletzung nicht gegen verfassungsrechtliche Garantien verstoße und somit komme ein Ausschluss des in Frage stehenden Beweismittels nicht in Betracht.

Die Berufung auf die Art der verletzten Norm muss aber nicht dahingehend interpretiert werden, dass das chilenische Modell eine Übertragung des Schutzzwecks der Norm im Sinne des von einem Teil der deutschen Lehre vorgeschlagenen Lösungsmodells zur Feststellung von unselbständigen Beweisverwertungsverboten bedeutet. Zwischen der in Kapitel 1. F. IV kritisierten Schutzzwecklehre und

---

522 Irreführend ist in diesem Sinne die Auffassung der *Corte Suprema*, (Urteil Nr. 1741–10 vom 25. Mai 2010, Cons. 17° und Urteil Nr. 9171–10, vom 24. Januar 2011, Cons. 6°) wenn sie – unter ausdrücklicher Berufung auf Carocca Pérez, Ius et Praxis 1998, 301 (316) – die Ansicht vertritt, dass *„daher (...)nur die rechtmäßig und unter absoluter Beachtung der gesetzlichen Vorschriften erlangten Beweiselemente im Prozess zugelassen und verwertet werden dürfen, so dass die Beweise, die bei strikter Beachtung des Gesetzes erhalten wurden, die einzigen sind, die der Richter berücksichtigen kann, um seine Meinung im Prozess zu bilden.“*

523 Vgl. Echeverria Donoso, Derechos Fundamentales, S. 55; Zapata García, La prueba ilícita, S. 41 f.

524 Auch in diesem Sinne: *Corte de Apelaciones de Santiago* im Urteil Nr. 1169–15 (Cons. 4°).

der chilenischen Ausschlussregel gibt es einen wesentlichen Unterschied: Da im deutschen Recht keine Norm existiert, die bestimmt, wann ein Beweiserhebungsverbot ein Beweisverwertungsverbot zur Folge hat, lässt sich aus dem Schutzzweck der Norm keine eindeutige Antwort auf die Frage nach der Verwertbarkeit des rechtswidrig erlangten Beweismittels ableiten. Im Vergleich dazu kennt der CPP in Art. 276 Abs. 3 in seinem zweiten Ausschlussgrund eine solche „Verbindungsregel" bei der Verletzung von Normen, deren Missachtung ein Verstoß gegen grundrechtliche Garantien ist und hat dies ganz klar bestimmt. Wenn also die Polizei eine Norm verletzt, die grundrechtliche Garantien des Angeklagten schützt, folgt aus dieser Verletzung ein Ausschluss des Beweises nicht *direkt* aus dem Schutzzweck der verletzten Norm heraus, sondern eigentlich *indirekt* aufgrund des in Art. 276 Abs. 3 CPP geregelten Auftrags des Gesetzgebers.

III. Eventuelle Relativierungen der Ausschlussregel durch Abwägungen im Einzelfall

Die Entscheidung des Gesetzgebers, eine Ausschlussregel in Art. 276 Abs. 3 CPP als Schutzinstrument der grundrechtlichen Garantien zu inkludieren, war kriminal-politisch keine neutrale Entscheidung. Im Gegensatz zum deutschen Recht, wo bei der Bestimmung von unselbstständigen Beweisverwertungsverboten – nach der hier vertretenen Auffassung – verschiedene normative Parameter (Fehlerschwere, Erfolgsunrecht und Strafbedürftigkeit) bedacht werden müssen[525] -, ist im chilenischen Recht beim Ausschluss von unmittelbar erlangten Beweismitteln die Art der verletzten Norm in Bezug auf die Bedeutung des Verfahrensverstoßes für das rechtlich geschützte Interesse das einzige Kriterium, das der Gesetzgeber bei der Formulierung von Art. 276 Abs. 3 bei seinem zweiten Ausschlussgrund berücksichtigt hat.

Die hier analysierte Ausschlussregel im chilenischen Recht ist demnach objektiv zu betrachten: wenn die Voraussetzungen vorliegen, muss der Richter in jedem Fall und – im Vergleich zum deutschen Recht[526] – ohne Rücksicht auf andere Interessen – wie z. B. Fehlerschwere, Strafbedürftigkeit und Erfolgsunrecht – das unmittelbar erlangte Beweismittel ausschließen. Gleichzeitig enthält der zweite Grund des Art. 276 Abs. 2 CPP einen zwingenden Befehl für den Richter, die Annahme der betroffenen Beweiselemente für den AAJO auszuschließen.[527] Die Anwendung der Ausschlussregel ist also für den Richter obligatorisch und darf unter keinen Umständen unterlassen werden.

Eine Relativierung der Ausschlussregel – u.a. durch eine Abwägung im konkreten Fall zugunsten der Strafverfolgungsinteressen – ist im chilenischen Recht nicht

525 S. Kap. 1. F. X.
526 S. Kap. 1. F. X.
527 Vgl. Echeverria Donoso, Derechos Fundamentales, S. 41 ff.

zulässig.[528] Wenn eine solche Möglichkeit zulässig wäre, würde man die Geltung der verletzten Norm und daher die Wirksamkeit der Ausschlussregel in Zweifel ziehen.

Diesbezüglich hat die *Corte Suprema* (Urteil Nr. 11.482–13, Cons. 6°) zutreffend festgestellt, dass die Berufung auf die Schwere der verfolgten Straftat *„nicht geeignet ist, um einen Beweis, bei dessen Findung Grundrechte verletzt wurden, zu akzeptieren. (...) Es ist nicht angemessen, der Intensität der Verletzung einer verfassungsrechtlichen Garantie einem geschützten Rechtsgut eines Tatbestandes entgegenzusetzen.“*

Diese Schlussfolgerung darf allerdings nicht so verstanden werden, als ob andere normative Parameter überhaupt keine Rolle bei der Beweisverbotslehre im chilenischen Recht spielten. Da – wie ausführlich in Kapitel 5. A. IV dargelegt wird – die gesetzlich normierte Ausschlussregel durch den zweiten Grund des Art. 276 Abs. 3 CPP nur den Ausschluss von unmittelbar erlangten Beweismitteln bestimmt, ist es in den nicht geregelten Fällen möglich– paradigmatisch beim Ausschluss von sekundär erlangten Beweiselementen – andere normative Parameter, vor allem hinsichtlich der Stabilisierung strafrechtlicher Normen, hinzuzuziehen.

IV. Aktiv- und Passivlegitimation beim Beweisausschluss gemäß der zweiten Hypothese des Art. 276 Abs. 3 CPP

Wie im deutschen Recht[529] ist die angemessene Erfüllung der hier vertretenen normstabilisierenden Funktion der Beweisverbote eine Aufgabe der Gerichte. Nach dem CPP kann der Ausschluss von Beweiselementen nicht nur auf Initiative des Angeklagten bzw. seines Verteidigers beantragt werden, sondern auch von Amts wegen durch den Richter erfolgen.[530] Der Wortlaut des Art. 276 Abs. 3 CPP ist diesbezüglich eindeutig: das Gesetz ordnet dem Richter an („*el juez excluirá*“), die Beweiselemente, die von einem der in dieser Norm geregelten Beweisausschlussgründe betroffen sind, ohne Notwendigkeit eines Antrags der Beteiligten zu verwerfen. Somit hat der Richter eine absolute Pflicht, die nicht durch einen Antrag einer Partei relativiert werden darf.[531] Eine solche Schlussfolgerung steht auch im

528 Vgl. ders., Derechos Fundamentales, S. 40 ff. Gegen: Díaz García, Derechos Fundamentales, S. 156. Der Autor rechtfertigt Ausnahmen durch das Verhältnismäßigkeitsprinzip bei der Anwendung der Ausschlussregel.

529 S. Kap. 1. E.

530 In diesem Sinne: Cerda San Martin, Revista de la justicia penal 2010, 99 (151 f.); Hernández Basualto, Exclusión de la prueba ilícita, S. 72 f.; Horvitz Lennon / López Masle, Derecho procesal penal, S. 213. Dagegen: Armenta Deu, Ius et Praxis 2007, 345 (371), die den Ausschluss von Beweisen nur auf die Eigeninitiative der Teilnehmer beschränkt.

531 Daher kann die Forderung nach einer Widerspruchslösung, so wie die deutsche Rechtsprechung sie vorsieht (S. Kap. 1. C. III.), für das chilenische Recht nicht in Betracht kommen.

Einklang zum bereits erwähnten Art. 14 a) COT, der ausdrücklich die „*Gewährleistung und Sicherstellung der Rechte des Angeklagten und anderer Beteiligter des Strafverfahrens*" als Aufgabe des Untersuchungsrichters festlegt.[532]

Die in Art. 276 Abs. 3 CPP geregelte Ausschlussregel beschränkt sich nicht nur auf Verletzungen von grundrechtlichen Garantien des Beschuldigten: der Richter muss auch solche Beweiselemente ausschließen, bei deren Erlangung Garantien eines Dritten verletzt wurden.[533] Das kann man zunächst aus dem Wortlaut des Art. 276 Abs. 3 CPP schlussfolgern, der rein objektiv von einem Verstoß gegen grundrechtliche Garantien bei der Erlangung eines Beweismittels spricht, ohne Spezifizierung eines bestimmten Rechtsträgers.

Wie im deutschen Recht[534] sind auch in der chilenischen Rechtsordnung diejenigen Beweiselemente, die dem Betroffenen eine Entlastungsmöglichkeit bieten, vom Anwendungsbereich der Ausschlussregel ausgeschlossen.[535] In den seltenen Fällen, in denen die Verteidigung ein Beweismittel aufgrund einer Verletzung von Grundrechten eines Dritten erlangt hat, darf der Staatsanwalt bzw. der private Kläger den Ausschluss dieses Beweises nicht beantragen:[536] Beweisverbote sind auch im chilenischen Recht als Belastungsverbote zu verstehen.

V. Einheitskonzeption der Beweisverbote in Chile

Wie auch im deutschen Strafverfahren,[537] gilt in Chile die sog. *Einheitskonzeption* der Beweisverbote: Die Beweisverbote sind im chilenischen Strafprozess in jedem Verfahrensstadium – Ermittlungsverfahren, Zwischenverfahren und Hauptverfahren – zu beachten. Die in Art. 276 Abs. 3 CPP festgelegte Regel muss demzufolge als ein allgemeines Verbot der Verwertung von Beweiselementen verstanden werden, die durch Verstoß gegen grundrechtliche Garantien erlangt wurden.[538]

1. Zwischenverfahren

Die wichtigste Phase des chilenischen Strafverfahrens, um die Rechtmäßigkeit des Beweises zu prüfen, ist die APJO (Verhandlung zur Vorbereitung der Hauptverhandlung).[539] Während dieser Verhandlung muss der Richter – nach Anwendung

---

532 Vgl. Horvitz Lennon / López Masle, Derecho procesal penal, S. 213.

533 Auch in diesem Sinne: ders., Derecho procesal penal, S. 213 ff.

534 S. Kap. 1. F. X.

535 In diesem Sinne: Díaz García, Derechos Fundamentales, S. 148 ff; Horvitz Lennon / López Masle, Derecho procesal penal, S. 215 ff. A.a.: Echeverria Donoso, Derechos Fundamentales, S. 110 ff.

536 Auch in diesem Sinne: Horvitz Lennon / López Masle, Derecho procesal penal, S. 215 ff. A.a.: Echeverria Donoso, Derechos Fundamentales, S. 110 ff.

537 S. Kap. 1. E.

538 Zutreffend: Hernández Basualto, Exclusión de la prueba ilícita, S. 90.

539 Vgl. Horvitz Lennon / López Masle, Derecho procesal penal, S. 193.

der in Art. 276 CPP gesetzlich geregelten Ausschlussregel – u.a. diejenigen Beweiselemente ausschließen, die aus nichtig erklärten Handlungen oder Ermittlungen stammen sowie diejenigen, die unter Verstoß gegen grundrechtliche Garantien erlangt worden sind.

Die Ausschlussregel bewirkt in einer späteren Phase des Verfahrens, dass die ausgeschlossenen Beweiselemente nicht Gegenstand der Hauptverhandlung sein werden. Sie wirkt also im Zwischenverfahren im Sinne einer Zulässigkeitsregel, die die Aufnahme von bestimmten Beweismitteln zu einem späteren Zeitpunkt des Verfahrens erlaubt oder verbietet.

Am Ende des APJO muss der Richter den AAJO (Beschluss zur Eröffnung der Hauptverhandlung) verkünden, eine Entscheidung, die das Ende des Zwischenverfahrens bedeutet und gleichzeitig – laut Art. 277 Abs. 1 CPP – die wichtigsten Elemente der kommenden Hauptverhandlung bestimmt. Besonders relevant für die vorliegende Untersuchung ist hierbei Art. 277 e) CPP, wonach der AAJO *„die Feststellung derjenigen Beweismittel, die in der Hauptverhandlung vorgebracht werden dürfen"*, beinhalten muss. Gegenstand der AAJO (und folglich der Hauptverhandlung) sind logischerweise nur diejenigen Beweismittel, die nicht aufgrund einer Beweisausschlusshypothese gemäß Art. 276 CPP ausgeschlossen wurden.

Das Gericht sowie die Beteiligten müssen in der Hauptverhandlung jeden Bezug zu den unrechtmäßig erlangten Beweiselementen, die in der APJO ausgeschlossen wurden, vermeiden.[540] Die Haltung der *Corte Suprema* dazu ist eindeutig:[541] Wenn das TOP in der Hauptverhandlung die Erhebung von Beweismitteln, die ausdrücklich in der APJO ausgeschlossen wurden (und folglich nicht Gegenstand der AAJO sind), zulässt und trotzdem als Beweismittel in seinem Urteil verwertet, überschreitet es seine Kompetenzen und verletzt damit die Garantien eines fairen Verfahrens.

2. *Anfechtungsmöglichkeiten des AAJO*

Art. 277 Abs. 2 CPP definiert die Rechtsmittel, die gegen den *„auto de apertura del juicio oral"* eingelegt werden dürfen. Einzig zulässiges Rechtsmittel gegen solche Verfügungen ist eine Berufung. Diesbezüglich besagt die Norm, dass die Berufung gegen den AAJO nur zulässig ist, wenn sie von der Staatsanwaltschaft aufgrund des Ausschlusses von Beweismitteln gemäß Art. 276 Abs. 3 CPP eingelegt wird.[542]

---

540 Vgl. ders., Derecho procesal penal, S. 193.

541 *Corte Suprema* Urteil Nr. 1618–10 (Cons. 14°).

542 Umstritten ist im chilenischen Recht die Möglichkeit, ob der Angeklagte bzw. sein Verteidiger bei einem – m.E. unzulässigen – Ausschluss von Beweismitteln, die vom Verteidiger als Verteidigungsmittel vorgelegt werden, eine Berufung einlegen kann. Diesbezüglich hat das chilenische Verfassungsgericht in Fall Nr. 1502–09 (sowie im Sondervotum des Urteils Nr. 2323–12; 2330–12; 2354–12 und 2615–14) entschieden, dass im konkreten Fall der Satz des Art. 277 CPP „*wenn* (die Berufung) *(...) von der Staatsanwaltschaft eingelegt wird*" nicht anwendbar ist. Dazu sagt das Gericht, dass der Ausschluss des Verteidigers von der Berufung eine „*unbegründete willkürliche*

Die aktuelle Rechtslage verbietet es also dem Angeklagten bzw. seinem Verteidiger, Berufung gegen den AAJO einzulegen, wenn diese sich auf die Ablehnung des Untersuchungsrichters in der APJO bezieht, bestimmte Beweismittel auszuschließen. Wenn allerdings der Richter einen solchen Antrag auf Ausschluss eines Beweismittels zulässt oder von Amts wegen bestimmte Beweiselemente ausschließt, ist der Staatsanwalt berechtigt, in Berufung zu gehen.

Art. 277 Abs. 2 CPP schafft in diesem Sinne eine ungerechtfertigte Ungleichheit zwischen den Akteuren des Prozesses und stellt die Staatsanwaltschaft ohne erkennbare Begründung in eine günstigere Position als den Verteidiger. Dadurch werden die Garantie eines fairen Verfahrens (Art. 19 Nr. 3 CPR) sowie die Garantie der Gleichheit vor dem Gesetz (Art. 19 Nr. 2 CPR) verletzt.

Hierzu muss man deutlich sagen, dass die Position des Angeklagten bei einer unbegründeten Ablehnung des Richters, unrechtmäßig erlangte Beweise auszuschließen, im selben Maße wie umgekehrt die des Staatsanwalts bei einem unbegründeten Ausschluss von Beweiselementen, geschwächt wird.

De lege ferenda wäre es vernünftig, die Position des Angeklagten mit der des Staatsanwaltes durch die Erweiterung der Anfechtungsmöglichkeiten des AAJO gleichzusetzen.

Der letzte Satz des Art. 277 Abs. 2 CPP besagt, dass die vorangegangenen Absätze der Norm ungeachtet der Zulassung der Revision eines Endurteilgelten. Wenn also der Untersuchungsrichter in der APJO irrtümlicherweise Beweiselemente, die innerhalb des Anwendungsbereichs der Beweisausschlussgründe von Art. 276 Abs. 3 CPP liegen, nicht für die Hauptverhandlung ausgeschlossen hat, oder umgekehrt, wenn der Untersuchungsrichter ein gesetzmäßig erlangtes Beweismittel fälschlicherweise ausschließt, kann diese Entscheidung – wenn auch die weiteren gesetzlichen Voraussetzungen vorliegen – in einer späteren Phase des Verfahrens eine Revision gemäß Art. 373 a) CPP[543] begründen.

Diskriminierung" darstellt (Cons. 13°), die die Garantie des ordnungsgemäßen Verfahrens sowie die Gleichheit vor dem Gesetz verletzt. Andererseits hat dasselbe Gericht in anderen Entscheidungen (Urteile Nr. 2323–12; 2330–12; 2354–12 und 2615–14) diese Norm für verfassungsmäßig erklärt. Diesbezüglich argumentiert das Gericht in allen Entscheidungen äußerst knapp, dass „*die Gleichheit vor dem Gesetz nicht verletzt wird, weil die Rollenverteilung im Strafprozess die Berufung des Staatanwalts beim Beweisausschluss ermöglicht*".

543 Artikel 373 CPP. „*Begründung der Revision. Die Nichtigkeit der Hauptverhandlung und des Schlussurteils werden erklärt, wenn:*
a) in irgendeinem Stadium des Verfahrens oder während der Urteilsverkündung die Rechte oder Garantien, die durch die Verfassung oder in von Chile ratifizierten internationalen Verträgen anerkannt sind, wesentlich verletzt wurden(...)."

3. Ermittlungsverfahren

Obwohl Art. 276 Abs. 3 CPP den Ausschluss von Beweisen im Zwischenverfahren regelt,[544] sind Beweisverbote im chilenischen Recht – wie die h.M.[545] betont – auch im Ermittlungsverfahren zu beachten. Diese Schlussfolgerung ist unvermeidlich, wenn man die Auswirkungen von Verfahrensfehlern in späteren Verfahrensstadien vermeiden will. Das gilt im Ermittlungsverfahren vor allem bei einigen Entscheidungen des Untersuchungsrichters, die sich auf eine Verwertung von Beweismaterial stützen.

Hinsichtlich des Beweisausschlusses im Ermittlungsverfahren gibt es keine ausdrückliche Norm. Die Anerkennung von Beweisverboten im Ermittlungsverfahren beruht vor allem auf der notwendigen Stabilisierung von verletzten Garantien des Beschuldigten als Funktion der Beweisverbotslehre im chilenischen Recht. Die in Art. 5° Abs. 2° und Art. 6° der Verfassung sowie in Art. 14 a) COT geregelte Pflicht, Grundrechte zu respektieren, veranlasst den Richter in allen Verhandlungsphasen – auch ohne ausdrückliche Regel – die durch eine Verletzung von grundrechtlichen Garantien erlangten Beweise nicht zu verwerten.[546]

Wie *López* zutreffend anmerkt[547], würde es zu unerträglichen Inkohärenzen innerhalb des Strafverfahrens führen, wenn die Verwertung von Beweismaterial, das durch Verletzung von grundrechtlichen Garantien erlangt wurde, im Ermittlungsverfahren zulässig wäre.

Die erste Frage, die sich diesbezüglich stellt, betrifft die Form, nach der der Ausschluss von Beweismitteln im Ermittlungsverfahren zu erfolgen hat. Das ergibt sich aus der Unverwertbarkeit im Ermittlungsverfahren derjenigen Beweiselemente, die aufgrund einer Verletzung von grundrechtlichen Garantien des Beschuldigten erlangt wurden.[548]

Da die Unverwertbarkeit von Beweiselementen in der Ermittlungsphase nicht ausdrücklich im Gesetz definiert ist, kann man sich fragen, welches Kriterium der Richter hier berücksichtigen muss, um ein Beweismittel nicht zu verwerten. Die Antwort ergibt sich aus der allgemeinen Norm, die den Ausschluss von Beweiselementen im chilenischen Strafverfahren regelt: Art. 276 Abs. 3 zweiter Ausschlussgrund CPP. Bei der Bestimmung von Beweisverwertungsverboten im Ermittlungsverfahren muss man konsequent das entscheidende Kriterium dieser Regel durch Analogie anwenden und folglich die Unverwertbarkeit von

---

544 S. Kap. 2. G. V. 1.

545 In diesem Sinne auch: Cerda San Martin, Revista de la justicia penal 2010, 99 (145 f.); Hernández Basualto, Exclusión de la prueba ilícita, S. 89; Horvitz Lennon / López Masle, Derecho procesal penal, S. 205 f.

546 Auch in diesem Sinne: Echeverria Donoso, Derechos Fundamentales, S. 77 ff.; Jara Bustos, Derecho y Humanidades 2012, 273 (287); Zapata García, La prueba ilícita, S. 49.

547 Horvitz Lennon / López Masle, Derecho procesal penal, S. 205 f.

548 Vgl. ders., Derecho procesal penal, S. 201 ff.

Beweismitteln, die unter Verstoß gegen grundrechtliche Garantien erlangt worden sind in dieser Phase bejahen.

Andere Argumente, die ein Beweisverwertungsverbot im Ermittlungsverfahren zu begründen versuchen (wie z. B. eine Abwägung zwischen zwei sich widerstreitenden Interessen) würden – durch die Anwendung unterschiedlicher Kriterien je nach Verfahrensstadium – zu inakzeptablen Inkonsistenzen in der Bestimmung von Beweisverboten in den verschiedenen Phasen des Verfahrens führen.

Die oben erwähnte Schlussfolgerung sollte nicht dahingehend interpretiert werden, dass der Untersuchungsrichter bereits im Ermittlungsverfahren bestimmte Beweiselemente für ihre Verwertung in späteren Instanzen des Verfahrens (im Sinne des Art. 276 CPP) ausschließen dürfe. Ein Ausschluss von Beweiselementen für eine spätere Phase des Verfahrens ist gemäß Art. 276 CPP nur in der APJO möglich und lässt sich deswegen nicht in anderen Situationen anwenden. Der Untersuchungsrichter darf im Ermittlungsverfahren rechtmäßig lediglich ein konkretes Beweisverwertungsverbot bezüglich bestimmter Beweiselemente anerkennen, deren Wirkung nur auf eine konkrete richterliche Entscheidung im Ermittlungsverfahren beschränkt ist.

Eine andere wichtige Frage bezüglich des Ausschlusses von Beweismitteln in der Ermittlungsphase bezieht sich auf die Bestimmung der richterlichen Entscheidungen, in denen der Untersuchungsrichter Beweismittel nicht verwerten darf. Während *Hernández*[549] die Unverwertbarkeit von Beweiselementen lediglich auf die Anordnung von Zwangsmaßnahmen, aber nicht auf den Richtervorbehalt beschränkt, erweitert *López* die Wirkung von unrechtmäßigen Beweisen im Ermittlungsverfahren auch auf andere richterliche Entscheidungen, nämlich auf alle richterlichen Anordnungen, die die Durchführung einer Ermittlungstätigkeit bestimmen.[550]

Die Auffassung von *López* scheint die richtige, denn das Spektrum des Beweisausschlusses im Ermittlungsverfahren beinhaltet alle richterlichen Entscheidungen des Untersuchungsrichters, die sich auf eine Verwertung von Beweiselementen stützen. Um im Strafverfahren eine umfassende Stabilisierung von grundrechtlichen Garantien in allen Verfahrensstadien zu gewährleisten, darf die Wirkung der Beweisverwertungsverbote sich im Ermittlungsverfahren nicht auf eine konkrete Entscheidung reduzieren.

Dieser Auffassung folgend, dürfen sich Eingriffe in Rechtsgüter des Beschuldigten oder Dritten, die gemäß Art. 9 CPP von einer richterlichen Anordnung oder Genehmigung abhängen, nur auf rechtmäßig erlangte Beweismittel stützen. In diesen Fällen lässt sich durch die Anerkennung eines Verwertungsverbots nicht nur die Rechtmäßigkeit des Richtervorbehalts bestätigen, sondern auch die Erlangung von kontaminierten sekundären Beweiselementen vermeiden.

---

549 Hernández Basualto, Exclusión de la prueba ilícita, S. 89.
550 Horvitz Lennon / López Masle, Derecho procesal penal, S. 205.

4. Hauptverhandlung

Als logische Folge der Struktur des CPP, wonach die Frage der Zulässigkeit bzw. des Ausschlusses von Beweismitteln vor allem im Zwischenverfahren entschieden werden muss,[551] hat der Gesetzgeber die Behandlung von widerrechtlich erlangten Beweismitteln in der Hauptverhandlung nur in ganz spezifischen und seltenen Situationen ausdrücklich geregelt. In diesem Sinne darf lediglich ausnahmsweise das TOP über den eventuellen Ausschluss von Beweismitteln entscheiden, und zwar wenn die Zulässigkeit bzw. der Ausschluss von Beweiselementen beim Untersuchungsrichter in der APJO nicht geprüft wurde. Das ist paradigmatisch der in Art. 336 CPP geregelte Fall des sog. „nicht rechtzeitig beantragten Beweises". Dies betrifft Beweiselemente, deren Existenz in früheren Instanzen des Prozesses nicht bekannt war und die erst in der Hauptverhandlung aufgetaucht sind. Eine zweite Situation, in der das TOP über die Verwertbarkeit eines Beweismittels zu entscheiden hat, bezieht sich auf den spezifischen Fall des Art. 334 Abs. 2 CPP bezüglich des Verbots, Aufzeichnungen und Unterlagen in der Hauptverhandlung zu verlesen.[552]

Das bedeutet allerdings nicht, dass in der Hauptverhandlung alle Schwierigkeiten und Probleme hinsichtlich des Ausschlusses von Beweismitteln gelöst sind und die Beweiserhebung im Hauptverfahren stets problemlos erfolgt.

Ein gutes Beispiel dafür ist die in der chilenischen Lehre immer wiederkehrende Frage,[553] ob das TOP in der Hauptverhandlung die Erhebung von Beweismitteln, die in der APJO vom Untersuchungsrichter nicht ausgeschlossen wurden, trotzdem – aufgrund ihres Ursprungs – verneinen darf. Somit wäre das TOP auch ermächtigt, die Zulässigkeit der in der AAJO aufgenommenen Beweiselemente zu prüfen, und demzufolge ihren eventuellen Ausschluss anzuordnen. Das hätte ebenso wie die Entscheidung des Untersuchungsrichters in der APJO bezüglich Art. 276 CPP zur Folge, dass diejenigen Beweismittel, die in der APJO irrtümlicherweise nicht ausgeschlossen wurden, in der Hauptverhandlung nicht aufgeführt werden dürften.

---

551 S. Kap. 2. G. V. 1.

552 Der Gesetzgeber hat in Art. 334 Abs. 2 CPP ausnahmsweise eine spezifische Beweisausschlussregel für die Hauptverhandlung vorgesehen. Der erste Absatz dieser Norm setzt ein allgemeines Verbot fest, in der Hauptverhandlung Aufzeichnungen und Unterlagen zu verlesen, die über von der Polizei oder Staatsanwaltschaft durchgeführte Ermittlungen oder Handlungen berichten. Ausnahmsweise ist eine Aufnahme solcher Beweiselemente dann zulässig, wenn es sich um einen der spezifischen Fälle des Art. 331 CPP „*Wiedergabe von früheren Aussagen in der Hauptverhandlung*" oder Art. 332 CPP „*Verlesen als Gedächtnisstütze in der Hauptverhandlung*" handelt. Aber auch in solchen Situationen – so Art. 334 Abs. 2 CPP – ist eine Aufnahme von solchen Beweismitteln unzulässig, wenn die Dokumente oder Akten Handlungen oder Ermittlungen erwähnen, die als nichtig erklärt wurden oder bei deren Erlangung gegen grundrechtliche Garantien verstoßen wurde.

553 Vgl. Cerda San Martin, Revista de la justicia penal 2010, 99 (148); Horvitz Lennon / López Masle, Derecho procesal penal, S. 197.

Dies ist nicht akzeptabel. Der CPP legt eindeutig fest, dass die APJO in der Regel die einzige Instanz für eine Diskussion hinsichtlich der Zulässigkeit bzw. des Ausschlusses der in Frage stehenden Beweiselemente für die Hauptverhandlung ist.[554] Aus diesem Grund impliziert die oben genannte Möglichkeit eigentlich ein Aufleben einer bereits abgeschlossenen Diskussion, die im Grunde genommen einer verdeckten Berufung ähnelt und letztendlich die Widerrufung der Entscheidung des Untersuchungsrichters zum Ziel hätte.

In dieser Hinsicht hält die *Corte Suprema*[555] in ständiger Rechtsprechung zutreffend daran fest, dass der Beweis, der bereits vom Untersuchungsrichter in der AAJO aufgenommen wurde, beim TOP nicht ausgeschlossen werden darf. Nach dem Erlass der AAJO spricht die Rechtsprechung von einer „Präklusion" des Rechts, einen Beweis für die Hauptverhandlung auszuschließen.[556]

Außerdem stellt sich die Frage, ob das TOP – unabhängig von der oben genannten Schlussfolgerung – die Beweiselemente, die aufgrund eines Verstoßes gegen grundrechtliche Garantien erlangt wurden, in jedem Falle in seinem Urteil zu verwerten hat oder nicht.

Laut *López*[557] muss das TOP – in allen Fällen – die in Frage stehenden Beweismittel verwerten. Als erstes Argument hierfür führt er auf, dass jede Diskussion über die Zulässigkeit eines in Frage stehenden Beweismittels in der Hauptverhandlung zur Folge hätte, dass die Systematik des CPP sowie die Rollenverteilung zwischen Untersuchungsrichter und TOP in Zweifel gezogen würden.[558] Als zweites Argument nennt *López* die Tatsache, dass es in dem CPP keine Norm gibt, die eine solche Möglichkeit erlaubt.[559] Allerdings kann seiner Ansicht nach ein Fehler des Untersuchungsrichters beim Ausschluss eines Beweises, der Gegenstand der Beweiswürdigung war, durch eine Revision behoben werden.[560]

Andere Autoren[561] sind der Meinung, dass das TOP auch diejenigen Beweiselemente, die irrtümlicherweise in der AAJO für zulässig erklärt worden sind, dann nicht verwerten darf, wenn diese Beweiselemente aufgrund eines Verstoßes gegen

---

554 Vgl. Cerda San Martin, Revista de la justicia penal 2010, 99 (148); Horvitz Lennon / López Masle, Derecho procesal penal, S. 197.

555 Corte Suprema Urteile Nr. 1496–03 (Cons. 14°); 5154–04 (Cons. 2°); 5869–04 (Cons. 4°); 3666–05 (Cons. 4°); 2521–08 (Cons. 13°); 3016–11 (Cons. 7°). In der Lehre S. Donoso Boassi, Revista Derecho Mayor 2008, 35 (39).

556 Corte Suprema, Urteile Nr. 5154–04 (Cons. 2°); 5869–04 (Cons. 4°). In allen Situationen bleibt allerdings – gemäß Art. 277 Abs. 2 – die Möglichkeit einer Anfechtung des Urteils mittels Revision unberührt.

557 Horvitz Lennon / López Masle, Derecho procesal penal, S. 200. ff. Ihm folgend: Echeverria Donoso, Derechos Fundamentales, S. 72 ff.

558 Horvitz Lennon / López Masle, Derecho procesal penal, S. 201

559 ders., Derecho procesal penal, S. 201 f.

560 ders., Derecho procesal penal, S. 203.

561 Donoso Boassi, Revista Derecho Mayor 2008, 35 (39 ff.); Hernández Basualto, GJ 2008, 60 (60, Fn. 3); ders., Exclusión de la prueba ilícita, S. 89 ff.

grundrechtliche Garantien erlangt wurden. Lediglich dann fußt die Entscheidung des Gerichts nicht auf einer Rechtsverletzung.

M.E. ist die von mehreren Autoren vertretene zweite Position korrekt. Um eine richtige Entscheidung zu treffen, muss man zwischen den Kompetenzen des Untersuchungsrichters in der APJO und des TOP in der Hauptverhandlung unterscheiden. Wie bereits erwähnt,[562] verbietet die gefällte Entscheidung des Untersuchungsrichters in der APJO hinsichtlich eines Beweisausschlusses die Erhebung dieses Beweismittels in der Hauptverhandlung. Somit handelt es sich bei abgeschlossener Beweiserhebung in der Praxis quasi um ein prozessual inexistentes Beweismittel, das in keinem Fall Gegenstand der Hauptverhandlung sein darf. Im Gegensatz dazu muss das TOP diejenigen Beweismittel, die in der AAJO zugelassen wurden, unbedingt auch bei seiner Entscheidung berücksichtigen.

Aus dieser Schlussfolgerung lässt sich allerdings nicht ableiten, dass das TOP sich überhaupt nicht zur Herkunft eines Beweismittels äußern darf. Wenn das TOP nach der Erhebung eines Beweismittels in der Hauptverhandlung feststellt, dass der Beweis unter Verletzung grundrechtlicher Garantien erlangt wurde, darf (und muss) das Gericht diese Beweismittel nicht verwerten. Obwohl über die Zulässigkeit eines Beweismittels für die Hauptverhandlung hauptsächlich der Untersuchungsrichter in der APJO zu entscheiden hat, handelt es sich bei der möglichen Unverwertbarkeit von Beweiselementen in der Hauptverhandlung um ein anderes Phänomen. In solchen Situationen – wie auch bereits im Ermittlungsverfahren[563] – handelt es sich nicht um die Zulässigkeit oder Unzulässigkeit der Erhebung bestimmter Beweiselemente für spätere Instanzen des Verfahrens, sondern um ein generelles Verbot, bestimmte Beweismittel zum Gegenstand der Beweiswürdigung zu machen und bei der Entscheidungsfindung heranzuziehen: Es handelt sich eben um ein Beweisverwertungsverbot. Es ist die Pflicht eines jeden Gerichtes – u.a. natürlich auch des TOP – ein Beweismittel, das durch einen Verstoß gegen grundrechtliche Garantien erlangt wurde, von der richterlichen Verwertung auszuschließen.[564] Die Bindung der Staatsorgane an die Menschenrechte sowie eine Gewährleistung der Garantien der Beteiligten verpflichten den Richter in allen Verhandlungsphasen, einen widerrechtlichen Beweis nicht zu verwerten. Wenn man die Möglichkeit einer späteren Exklusion nicht zulässt, stellt man die Legitimation der Entscheidung sowie die Gültigkeit und Wirksamkeit der strafprozessualen Garantien in Frage.

Wie bereits im Ermittlungsverfahren,[565] bestimmt der zweite Ausschlussgrund des Art. 276 Abs. 3 CPP analog den Inhalt solcher Beweisverwertungsverbote in der Hauptverhandlung.

---

562 S. Kap. 2. G. V. 1.
563 S. Kap. 2. G. V. 3.
564 S. Kap. 2. E. V.
565 S. Kap. 2. G. V. 3.

Die hier vertretene Auffassung steht mit der ständigen Rechtsprechung der *Corte Suprema* im Einklang, wonach das TOP bei seiner Beweisverwertung begründen kann, aus welchem Grund bestimmte Beweismittel nicht geeignet sind, den Richter in seiner Meinungsbildung zu überzeugen.[566] Darüber hat die *Corte Suprema* im Fall 1836–07 (Cons. 4°) zutreffend angemerkt,[567] dass das TOP das Gebot der Durchführung eines ordnungsgemäßen Verfahrens verletzt, wenn es in der Hauptverhandlung jede Diskussion über den Ursprung eines in Frage stehenden Beweismittels verneint.

H. Selbständige Beweisverwertungsverbote im chilenischen Recht

Die Frage, ob das chilenische Recht selbständige Verwertungsverbote[568] anerkennt, wurde in Chile seit dem Inkrafttreten des CPP bislang nicht diskutiert.[569]

Die in der Verfassung und in internationalen Verträgen anerkannten Garantien können auf verschiedene Weise im Ermittlungsverfahren verletzt werden. Insbesondere ist hier die Verletzung von Garantien bei der Erlangung eines Beweises, in besonderem Maße durch Ermittlungsbeamte, zu nennen. Solche Situationen sind durch den Wortlaut des Art. 276 Abs. 3 abgedeckt und wurden bereits genauer analysiert.[570] Gleichzeitig kann eine verfassungsrechtliche Garantie zum Schutze des Beschuldigten – obwohl das Beweismittel ohne Verstoß gegen eine grundrechtliche Garantie erlangt wurde – erst im Rahmen der Verwertung des Beweismittels verletzt werden. Solche Fälle, die im deutschen Rechtssystem als selbständige Beweisverwertungsverbote geprüft und anerkannt werden,[571] sind durchaus auch im chilenischen Recht vorstellbar.

Obwohl die in Art. 276 Abs. 3 CPP definierte Ausschlussregel nur die Beweiserlangung unter Verstoß gegen grundrechtliche Garantien beschreibt, gibt es eindringliche Gründe, warum selbständige Verwertungsverbote auch im chilenischen Recht anerkannt werden dürfen und sollten.

Der wichtigste Grund für eine solche Anerkennung scheint das bei der Verfassung des CPP verfolgte Ziel, die Grundrechte im Strafverfahren ernst zu nehmen. Durch die im Gesetz ausdrücklich normierte Ausschlussregel hat der Gesetzgeber nicht nur einen deutlichen Unterschied zu dem alten inquisitorischen Verfahren, bei dem regelmäßig Verletzungen von Garantien im Strafverfahren ohne Sanktion

566 *Corte Suprema,* Urteile Nr. 3666–05 (Cons. 4°); 3570–06 (Cons. 15°); 2521–08 (Cons. 13°); 4954–08 (Cons. 8°); 3016-11 (Cons. 7°).

567 Ausführlich zur Entscheidung: Donoso Boassi, Revista Derecho Mayor 2008, 35 (40).

568 S. Kap. 1. A.

569 Nur Bofill hat in seiner Dissertation (Bofill Genzsch, Beweisverbote, S. 144) dieses Problem bezüglich des alten Strafverfahrens behandelt.

570 S. Kap. 2. G.

571 S. Kap. 1. D.

blieben, des CdPP geschaffen, sondern er hat dadurch auch zum ersten Mal die Wahrung der Rechte des Angeklagten im Strafverfahren berücksichtigt. Ein globaler Schutz von Garantien im Strafverfahren muss konsequenterweise nicht nur bei fehlerhaften Ermittlungstätigkeiten der Strafverfolgungsorgane eine Sanktion zur Folge haben, sondern auch bei Verfassungswidrigkeiten, die erst im Rahmen der Verwertung des Beweisergebnisses zu Tage treten.

Ein wichtiger Ausgangspunkt für die Anerkennung von selbständigen Beweisverwertungsverboten im chilenischen Recht ist Art. 19 Nr. 4 CPR (Schutz des Privatlebens), der garantiert, dass jedem Menschen eine Privatsphäre zusteht. Diese Norm sollte in Chile als Grundlage für die Entwicklung einer Dreistufentheorie oder ähnlichen Modellen als Antwort auf die Frage nach verfassungsrechtlichen Verwertungsverboten gelten.[572] Die Grenzen und den Umfang einer solchen Theorie der selbständigen Beweisverwertungsverbote im chilenischen Recht näher zu erläutern und festzulegen, ist Aufgabe der Lehre und Rechtsprechung und ist nicht Gegenstand dieser Untersuchung.

I. Zwischenergebnis

Die in Art. 276 Abs. 3 CPP normierte Beweisausschlussregel macht deutlich, dass der Ausschluss von Beweisen nicht von der Rechtsprechung bzw. der Lehre in Chile entwickelt wurde (anders als im deutschen Recht bei den nicht geregelten unselbständigen sowie den selbständigen Beweisverwertungsverboten[573] sowie im US-amerikanischen Recht bei der *„exclusionary rule“*[574]), sondern erst durch den Gesetzgebers erfolgt ist.[575]

Das Vorhandensein einer eindeutigen Ausschlussregel stellt eine unüberwindbare Schranke für die Tätigkeit der Strafverfolgungsorgane dar. Sie können ihre Aufgaben nur unter strikter Beachtung der verfassungsrechtlichen Normen, die die Position des Beschuldigten im Prozess sichern, erfüllen. Dadurch hat der Gesetzgeber ein deutliches politisches Signal zugunsten der Beachtung der individuellen Garantien gesetzt und einen wichtigen Schritt im Hinblick auf die Konsolidierung der neuen chilenischen Demokratie gemacht. Dank der Entstehung des Art. 276 CPP haben die chilenische Rechtsprechung[576] und die Lehre[577] zum ersten Mal das im deutschen Recht unumstrittene Prinzip,[578] dass die Wahrheit nicht *„um jeden Preis erforscht werden darf“*, anerkannt.

---

572 Vgl. Bofill Genzsch, Beweisverbote, S. 144.
573 S. Kap. 1.D.
574 S. Kap. 3.A.
575 Vgl. Hernández Basualto, Exclusión de la prueba ilícita, S. 43.
576 *Corte Suprema*, Urteil Nr. 9171-10 (Cons. 6°) und 1741–10 (Con. 17°).
577 Horvitz Lennon / López Masle, Derecho procesal penal, S. 168 f.; Zapata García, La prueba ilícita, S. 18.
578 S. Kap. 1.C. II.

Wichtige rechtshistorische Gründe haben den chilenischen Gesetzgeber zu dieser vernünftigen Entscheidung bewegt, den Ausschluss von Beweiselementen durch eine ausdrückliche Norm zu regeln. Die ausdrückliche Ausschlussregel ist zunächst ein deutlicher Kontrastpunkt zur kritikwürdigen richterlichen Praxis der chilenischen Rechtsprechung während der Geltung des CdPP. Die *Corte Suprema* hat während eines Zeitraumes von ungefähr einhundert Jahren in keinem einzigen Urteil ein Beweisverwertungsverbot ausgesprochen oder einen anderen, ähnlichen Mechanismus zum Ausschluss von Beweiselementen, die durch Verletzung von Individual- bzw. Grundrechten erlangt wurden, anerkannt. Dadurch hat die chilenische Rechtsprechung nicht nur die in der Verfassung und in internationalen Menschenrechtsverträgen geregelten strafprozessualen Garantien[579] schlichtweg ignoriert, sondern gleichzeitig auch die wichtigen Entwicklungen, die in anderen Rechtssystemen zu diesem Thema erfolgten, außer Acht gelassen. Einen nicht unerheblichen Teil der Verantwortung hierfür trägt auch die Lehre. Sie hat nicht nur diese Rechtsprechung unkritisch hingenommen, sondern durch ihre Gleichgültigkeit diesem Thema gegenüber gebilligt. In diesem Sinne ist es nicht verwunderlich, dass die bereits erwähnten Untersuchungen von *Bofill*[580] in der Literatur keine Resonanz gefunden haben.[581]

Konsequenterweise hat demnach der Gesetzgeber – wenige Jahre nach dem Ende der Militärdiktatur – mit der Ausschlussregel dahingehend ein deutliches Signal gesetzt, dass die Achtung der Grundrechte einerseits ein wesentlicher Teil des Strafjustizsystems ist, zu dem die Ermittlungsorgane verpflichtet sind, und dass andererseits Verletzungen grundrechtlicher Garantien seitens des Strafrichters nicht mehr toleriert werden dürfen.

Eine ausdrückliche Ausschlussregel ist ferner deshalb eine vernünftige Entscheidung gewesen, weil die chilenischen Richter und Strafverfolgungsorgane, die ab dem Jahr 2000 ein neues Strafverfahren anwenden mussten, bis dahin überhaupt keine Erfahrung mit der Anwendung eines akkusatorischen Verfahrens hatten. Da sie zu einem rein inquisitorischen Verfahren ausgebildet waren, das keine Rücksicht auf die Wahrung der Garantien des Beschuldigten nahm, wäre es in der Praxis besonders schwierig gewesen, eine richterliche Anerkennung von nicht geregelten Beweisverwertungsverboten zu erwarten. Ein Verzicht auf die Feststellung der materiellen Wahrheit zugunsten der Rechte des Beschuldigten im Strafverfahren wäre – in der inquisitorischen Tradition des chilenischen Strafrichters – ohne ausdrückliche Norm unvorstellbar gewesen.

Diese Schlussfolgerung darf aber nicht dahingehend interpretiert werden, als ob die Gerichte ohne eine normierte Ausschlussregel nicht auch so die Pflicht hätten, Beweisverbote anzuerkennen. Ganz im Gegenteil: Da Art. 6 i.V.m. Art. 5 Abs. 2 CPR eine direkte Verbindung der Staatsorgane zu den Verfassungsnormen festlegt,

579 S. Kap. 2. G. I.
580 S. Kap. 2. A.
581 Vgl. Hernández Basualto, Exclusión de la prueba ilícita, S. 59 f.

wäre die Anerkennung von Beweisverwertungsverboten im chilenischen Recht – auch ohne ausdrückliche Ausschlussregel – unvermeidbar.[582]

Obwohl es sich bei der Ausschlussregel im US-amerikanischen Recht um eine richterliche Schöpfung handelt, weist das Modell des CPP offensichtliche Ähnlichkeiten mit der US-amerikanischen Ausschlussregel auf.[583] Beide Systeme leiten ein Beweisverbot aus den Garantien mit Verfassungsrang ab. In beiden Rechtssystemen handelt es sich daher um ein verfassungsrechtlich dominiertes Modell, in dem der Richter prüft, ob bei der Erhebung eines Beweismittels eine in der Verfassung anerkannte Garantie verletzt wurde. Während der Richter in den Vereinigten Staaten prüft, ob bei der Erlangung eines Beweismittels eine verfassungsrechtliche Garantie, die eine prozessuale Dimension hat, direkt verletzt wurde (vor allem die IV, V, VI und XVI *Amendments* der US-amerikanischen Verfassung), muss der Richter in Chile prüfen, ob bei der Erlangung eines Beweismittels eine grundrechtliche Garantie verletzt wurde. Eine solche Verletzung tritt vor allem bei Verstößen gegen gesetzliche Normen ein, die eine Schutzfunktion grundrechtlicher Garantien im Strafverfahren erfüllen.

Die Beweiselemente, die durch Verletzungen von grundrechtlichen Garantien erlangt wurden, müssen für ihre Erhebung in der Hauptverhandlung hauptsächlich im Zwischenverfahren (APJO) ausgeschlossen werden. Außerdem dürfen solche Beweiselemente auch im Ermittlungsverfahren[584] oder in der Hauptverhandlung[585] nicht Gegenstand der Beweiswürdigung sein und als Grundlage für die Entscheidungsfindung dienen. In diesen Situationen wirkt Art. 276 Abs. 3 CPP analog, und zwar – in diesem Fall in seinen Folgen genauso wie im deutschen Recht – als Begründung eines Beweisverwertungsverbots.

Im Vergleich zu einem *konzentrierten* System – wie z. B. im deutschen Rechtssystem[586] -, in dem das Gericht gleichzeitig über die Verwertbarkeit eines bestimmten Beweismittels zu entscheiden hat und das Urteil aufgrund von allen verwertbaren und unverwertbaren Beweisen verkünden muss, hat der chilenische Gesetzgeber ein *differenziertes* System eingeführt: Der Ausschluss von Beweiselementen, die u.a. durch Verletzungen von grundrechtlichen Garantien erlangt wurden, muss von einem anderen Richter entschieden werden als von demjenigen, das das Endurteil fällt.

Der Gesetzgeber hat mit diesem differenzierten System das Ziel verfolgt, zu verhindern, dass das TOP Kenntnis von unrechtmäßig erlangten Beweismitteln nimmt.[587] Dadurch kann sich dieses Gericht – in der Regel[588] – ausschließlich auf

582 Auch in diesem Sinne: Echeverria Donoso, Derechos Fundamentales, S. 77 ff.; Zapata García, La prueba ilícita, S. 46 ff.
583 Ausführlich Kap. 3. A.
584 S. Kap. 2. G. V. 3.
585 S. Kap. 2. G. V. 4.
586 Vgl. Wohlers, GS Weßlau, S. 432 ff.
587 Vgl. Horvitz Lennon / López Masle, Derecho procesal penal, S. 193.
588 S. Kap. 2. G. V. 4 für die Fälle, in denen das TOP ausnahmsweise ein Beweiselement ausschließen bzw. nicht verwerten darf.

die Würdigung der Beweisergebnisse konzentrieren, ohne sich gleichzeitig mit einer Analyse des Ursprungs bzw. der Verwertbarkeit der in der Verhandlung erhobenen Beweiselemente beschäftigen zu müssen. Wenn im Gegensatz dazu der Richter – wie im deutschen Recht – auch über die Verwertbarkeit des Beweises entscheiden müsste, wäre es für ihn besonders schwierig, sich nicht von unverwertbaren Beweismitteln in seiner Entscheidungsfindung beeinflussen zu lassen.

Diese Entscheidung des Gesetzgebers ist richtig.[589] Im Vergleich zum deutschen Recht, wo eine – zumindest unbewusste – Beeinflussung des Gerichts mit unverwertbarem Beweismaterial unvermeidbar ist,[590] hat das im CPP geregelte Modell den unbestreitbaren Vorteil, dass jeglicher Kontakt des TOP mit unverwertbaren Beweiselementen verhindert wird, wodurch schlussendlich das Risiko einer (bewussten oder unbewussten) psychologischen Beeinflussung des Richters durch rechtswidrige Beweiselemente effektiv vermieden werden kann.[591] Indem die Ausschlussregel die Erhebung und Verwertung von Beweismitteln in der Hauptverhandlung verbietet, garantiert sie, dass das TOP in der Hauptverhandlung keinen Kontakt bzw. keinerlei Wahrnehmung von solchen Elementen erhält; die ausgeschlossene Beweiselemente sind in einem strafprozessualen Sinne für das TOP inexistent.[592] Dadurch kann die Legitimität des Strafurteils – zumindest diesbezüglich – nicht in Frage gestellt werden.

589 Auch in diesem Sinne: Donoso Boassi, Revista Derecho Mayor 2008, 35 (38); Horvitz Lennon / López Masle, Derecho procesal penal, S. 193.
590 Vgl. Wohlers, GS Weßlau, S. 433.
591 Vgl. Maturana Miquel / Montero López, Derecho Procesal Penal, S. 950.
592 Vgl. Donoso Boassi, Revista Derecho Mayor 2008, 35 (38); Zapata García, La prueba ilícita, S. 22.

Kapitel 3. Die Beweisverbotslehre im US-amerikanischen Recht unter besonderer Berücksichtigung der Fernwirkungsproblematik

A. Die „exclusionary rule“

I. Inhalt

Die Grundrechte, die in den verschiedenen *Amendments* (Zusätzen) der US-amerikanischen Verfassung festgehalten sind, sind bereits seit 130 Jahren vor Verstößen geschützt.[593] Bereits im Jahr 1886 hat der US-amerikanische *Supreme Court* in *Boyd v. U.S.* ein Urteil mit der Begründung aufgehoben, dass der Angeklagte im Prozess gezwungen wurde, gegen seinen Willen eine Rechnung vorzulegen.[594] Der Gerichtshof entschied damals, dass ein solcher Pflichtbeitrag von Büchern und privaten Unterlagen als Beweismittel, wenn er gegen den Willen des Besitzers erhoben wird, die *Amendments* IV und V verletzt, die vor unangemessenen Durchsuchungen und unfreiwilliger Selbstbelastung schützen.[595] Fast 30 Jahre nach *Boyd v. U.S.* entschied der *Supreme Court* in *Weeks v. U.S.*[596] zum ersten Mal, dass ein Beweismittel, das durch eine Verletzung des IV *Amendment* erlangt wurde, an Bundesgerichten unzulässig ist. Seit *Weeks* spricht man deshalb auch von der Geburtsstunde der sog. *„exclusionary rule“* (Ausschlussregel) als Verfassungsschutzregel mit verbindlicher Geltung vor und in den Bundesorganen; eine Regel, die den Ausschluss eines rechtswidrig erlangten Beweismittels im Strafprozess ermöglicht und infolgedessen seine Verwendung im Hauptprozess verbietet.[597] Seit dem im Jahre 1961 (genauer gesagt, seit dem Fall *Mapp v. Ohio*) gilt die *exclusionary rule* nicht nur an Bundesgerichten, sondern auch an Gerichten der einzelnen Bundesstaaten.[598]

Der von dieser *„exclusionary rule“* vorgesehene Rechtsschutz betrifft insbesondere polizeiliche Verstöße gegen verfassungsrechtliche Garantien, die eine

---

593 Über die Geschichte der *exclusionary rule* s. Mueller, Verhandlungen des 46. Deutschen Juristentages, Band I, S. 40 ff; Ossenberg, Die Fernwirkung, S. 81 f.

594 *Boyd v. U.S.*, 116 U.S. 616 (1886). Vgl. Mueller, Verhandlungen des 46. Deutschen Juristentages, Band I, S. 40.

595 *Boyd v. U.S.*, 116 U.S. 616, 638 (1886).

596 *Weeks v. U.S.*, 232 U.S. 383, 398 (1914). Vgl. Oaks, U. Chi. L. Rev. 1970, 665 (667 f.); Rogall, Zur Theorie und Systematik, 123.

597 Killian, Idaho L.Rev. 1982, 151 (154); Rogall, Zur Theorie und Systematik, S. 121.

598 *Mapp v. Ohio*, 367 U.S. 643 (1961). Vgl. Oaks, U. Chi. L. Rev. 1970, 665 (668); Ossenberg, Die Fernwirkung, S. 82.

prozessuale Bedeutung aufweisen, wie vor allem des IV *Amendment* [599] (Schutz vor rechtswidriger Festnahme, Beschlagnahme und Durchsuchungen), aber auch des V *Amendment*[600] (Schutz vor Selbstbelastung und Doppelverfolgung), des VI *Amendment* [601] (faires Verfahren, insbesondere der Beistand eines Verteidigers) sowie Verstöße gegen das *Amendment* XVI Abs. 1[602] („*Due process of law*", Entziehung von Leben, Freiheit, Eigentum nur aufgrund fairer Verfahren).[603]

Mit dem Ausschluss der rechtswidrig erlangten Beweismittel sichert die „*exclusionary rule*" somit die verfassungsrechtlichen Garantien. Wäre ein verfassungswidrig erlangtes Beweismittel stattdessen verwertbar, wären die Garantien

---

599 „*The right of the people to be secure in their persons, houses, papers, and effects, against unreasonable searches and seizures, shall not be violated, and no warrants shall issue, but upon probable cause, supported by oath or affirmation, and particularly describing the place to be searched, and the persons or things to be seized.*" Vgl. *Weeks v. U.S.*, 232 U.S. 383 (1914); *Silverthorne Lumber Co. v. U.S.*, 251 U.S. 385 (1920); *Segura v. U.S.*, 468 U.S. 796 (1984).

600 „*No person shall be held to answer for a capital, or otherwise infamous crime, unless on a presentment or indictment of a grand jury, except in cases arising in the land or naval forces, or in the militia, when in actual service in time of war or public danger; nor shall any person be subject for the same offense to be twice put in jeopardy of life or limb; nor shall be compelled in any criminal case to be a witness against himself, nor be deprived of life, liberty, or property, without due process of law; nor shall private property be taken for public use, without just compensation.*" Vgl. *U.S. v. Wade*, 388 U.S. 218 (1967); *Malloy v. Hogan*, 378 U.S. 1 (1964).

601 „*In all criminal prosecutions, the accused shall enjoy the right to a speedy and public trial, by an impartial jury of the state and district wherein the crime shall have been committed, which district shall have been previously ascertained by law, and to be informed of the nature and cause of the accusation; to be confronted with the witnesses against him; to have compulsory process for obtaining witnesses in his favor, and to have the assistance of counsel for his defense.*" Vgl. *U.S. v. Wade*, 388 U.S. 218 (1967); *Nix v. Williams*, 467 U.S. 431, 442 (1984); *Brewer v. Williams*, 430 U.S. 387 (1977); *Massiah v. U.S.*, 377 U.S. 201 (1964).

602 „*All persons born or naturalized in the United States, and subject to the jurisdiction thereof, are citizens of the United States and of the State wherein they reside. No State shall make or enforce any law which shall abridge the privileges or immunities of citizens of the United States; nor shall any State deprive any person of life, liberty, or property, without due process of law; nor deny to any person within its jurisdiction the equal protection of the laws.*" Vgl. *Mapp v. Ohio*, 367 U.S. 643, 655 (1961); *Vergara v. State*, 657 SE 2d 863 – Ga: *Supreme Court* 2008.

603 Vgl. Ambos, Beweisverwertungsverbote, S. 129 f.; Bransdorfer, Ind.L.J. 1987, 1061 (1096); Golden, B.Y.U. Journal of public law 1998, 97 (97); Hessler, Mich.L.Rev. 2000, 238 (238, Fn. 3); Ossenberg, Die Fernwirkung, S. 99; Rogall, Zur Theorie und Systematik, S. 119 f.

bedeutungslos und lediglich *„a form of words“*, wertlos und unwürdig diese überhaupt zu erwähnen.[604]

Die Ausschlussregel wirkt grundsätzlich bei polizeilichen Verstößen gegen verfassungsmäßige Rechte, die in den genannten *Amendments* anerkannt werden.[605] Ausnahmsweise wirkt die Regel auch bei Verletzungen von einigen einfachen gesetzlichen Vorschriften (*„the law of the land“*) oder gerichtlichen Regeln (*„court-made rules“*).[606]

Eine umstrittene Frage ist die Rolle der *conditcio-sine-qua-non Formel* (*„but-for-test“*) hinsichtlich der Verbindung zwischen einer rechtswidrigen Handlung und dem erlangten Beweismittel. In seinen eigenen Entscheidungen neigt der *Supreme Court* dazu, dieses Kriterium als das Entscheidende für die Feststellung von Verstößen gegen verfassungsrechtliche Garantien zu akzeptieren.[607] In diesem Sinne hat das Oberste Gericht in *Mapp v. Ohio* den *„but-for-test“* als entscheidend angesehen, indem es darauf hinwies, dass *„all evidence obtained by searches and seizures in violation of the Constitution is (...) inadmissible in a state court“*.[608] Jahre später bejahte das Gericht in diesem Sinne auch in *Michigan v. Tucker* die Anwendung der *exclusionary rule „(b)y refusing to admit evidence gained as a result of such conduct“*.[609] Schließlich stellte der *Supreme Court* in *Segura v. United States* auch in dieser Richtung fest,[610] dass *„our case make clear that evidence will not be excluded as ‚fruit‘ unless the illegality is at least the ‚but-for‘ cause of the discovery of the evidence“*.

Allerdings ist diese Auffassung nach der jüngeren Rechtsprechung des *Supreme Court* zu relativieren. In *Hudson v. Michigan*[611] hat der *Supreme Court* die *sine-qua-non-Formel* als eine notwendige, aber nicht mehr als hinreichende Bedingung eines Verwertungsverbots[612] definiert: *„exclusion may not be premised on the mere fact*

---

604 *Weeks v. U.S.*, 232 U.S. 383, 393 (1914); *Silverthorne Lumber Co. v. U.S.*, 251 U.S. 385, 392 (1920); *Mapp v. Ohio*, 367 U.S. 643, 655 (1961). Vgl. Harris, StV 1991, 313(314).

605 Vgl. Ambos, Beweisverwertungsverbote, S. 129; Harris, StV 1991, 313(313).

606 U.a. *Nardone v. U.S.*, 308 U.S. 338 (1939). Dabei handelt es sich um einen Verstoß gegen die *Section 605* der *Communications Act* von 1934. Vgl. Ambos, Beweisverwertungsverbote, 130; Oaks, U. Chi. L. Rev. 1970, 665 (665); Ossenberg, Die Fernwirkung, S. 80; Pitler, Cal. L. Rev. 1968, 579 (591); Pitsch, Strafprozessuale Beweisverbote, S. 375; Rogall, Zur Theorie und Systematik, S. 122.

607 Vgl. Ambos, Beweisverwertungsverbote, S. 140.

608 *Mapp v. Ohio*, 367 U.S. 643, 655 (1961).

609 *Michigan v. Tucker*, 417 U.S. 433, 447 (1974). S. auch *U.S. v. Peltier*, 422 U.S. 531, 539 (1975); *Killough v. U.S.*, 315 F.2d 241 (D.C. Cir. 1962).

610 *Segura v. U.S.*, 468 U.S. 796, 815 (1984).

611 *Hudson v. Michigan*, 547 U.S. 583, 592 (2006). Vgl. Alschuler, Iowa L. Rev. 2008, 1741 (1743); Ambos, Beweisverwertungsverbote, S. 140 f. S. auch: Israel / Kamisar / Kerr / King / Lafave, Modern criminal procedure, S. 900 ff.

612 Vgl. Alschuler, Iowa L. Rev. 2008, 1741 (1803); Ambos, Beweisverwertungsverbote, S. 140 f. S. auch *Wong Sun v. U.S.*, 371 U.S. 471, 487, 488 (1963): *„(w)e need not hold that all evidence is ‚fruit of the poisonous tree‘ simply because it would not have come*

that a constitutional violation was a ‚but-for' cause of obtaining evidence. Our cases show that but-for causality is only a necessary, not a sufficient, condition for suppression".[613]

Diese Ansicht der Richter des *Supreme Court,* wonach ein geprüfter Kausalzusammenhang im Sinne einer *sine-qua-non-Form* nicht *mechanisch* bzw. *automatisch* zum Ausschluss vom Beweis führt, lässt sich mit der Entwicklung der *exclusionary rule* als eine Regel erklären, deren Konturen – wie später eingehend analysiert wird – aufgrund einer gemeinsamen Betrachtung der unterschiedlichen, beteiligten Interessen skizziert wurden.[614] Eine unbeschränkte Anerkennung des *„but-for-test"* als einziges, entscheidendes Kriterium für den Ausschluss von Beweismitteln wäre unverhältnismäßig.[615]

II. Materielle Begründung

Von Anfang an hat der *Supreme Court* die Disziplinierung der Strafverfolgungsbehörden und Polizisten (sog. *„deterrence"*) als primären Zweck der *„exclusionary rule"* markiert.[616] Durch den Ausschluss des rechtswidrig erlangten Beweismittels sollen zukünftige polizeiliche Verstöße gegen bestimmte verfassungsrechtliche

---

to light but for the illegal actions of the police." Vgl. Note/Comentar, U. Pa. L. Rev. 1967, 1136 (1143).

613 In diesem Fall handelt es sich um eine Unterlassung des erforderlichen Anklopfens (sog. *„knock and announce requirement"*) vor einer polizeilichen Durchsuchung. Diese führt – nach Ansicht des Richters -nicht zu einem Verwertungsverbot der erlangten Beweismittel, weil die Nichtankündigung im Sinne einer *„but-for-cause"* nicht kausal für die Erlangung des Beweismittels gewesen ist. Hätte sich die Polizei vor dem Eintritt angekündigt, hätten die Ermittlungsbehörden die Dokumente genauso erlangt.

614 Anstatt einer reinen formell-kausal-Formel hat Alschuler (Alschuler, Iowa L. Rev. 2008, 1741 (1745) den normativen Begriff *„contributory causation"* verwendet. Nach dieser Auffassung muss das Gericht nicht prüfen, ob der Verfassungsverstoß tatsächlich eine Beweismittelerlangung ermöglicht hat, sondern ob der Verfassungsverstoß die Entdeckung *erleichtert* hat. Im Fall *Hudson v. Michigan* z. B. – obgleich die Nicht-Beachtung der Ankündigungsregeln nicht kausal für die Erlangung des Beweismittels war – hat die konstitutionelle Verletzung die Entdeckung erleichtert und folglich wäre der Ausschluss des erlangten Beweismittels zu bejahen. S. auch: Ambos, Beweisverwertungsverbote, S. 141.

615 Der Ausschluss von Beweisen vereitelt u.a. das Interesse der Gesellschaft an der Verurteilung der Schuldigen. Vgl. Lafave / Israel / King, Criminal procedure, S. 510.

616 Vgl. Ossenberg, Die Fernwirkung, S. 75; Rogall, Zur Theorie und Systematik, S. 125; *Nix v. Williams,* 467 U.S. 431, 442–444 (1984); *Stone v. Powell,* 428 U.S. 465, 486 (1976); *U.S. v. Janis,* 428 U.S. 433, 446 (1976); *People v. Cahan,* 44 Cal. 2d 434, 282 P.2d 905 (1955). Die Disziplinierung der Ermittlungsorgane wird auch in Deutschland und Chile von einem Sektor der Lehre als Funktion der Beweisverwertungsverbote anerkannt. S. Kap. 1. B. II.

Garantien vermieden bzw. die Strafverfolgungsbehörden abgeschreckt werden, sich gesetzeswidrig zu verhalten.[617] Die Ermittlungsbehörden dürften von solchen illegalen Handlungen nicht profitieren, weshalb die Beweismittel nicht verwendet werden dürfen. Der *Supreme Court*[618] hat in diesem Sinne klargestellt, dass die Anwendung der *„exclusionary rule“* „notwendig und unvermeidbar“ ist, um die Polizei von Verletzungen der verfassungsrechtlichen und gesetzlichen Garantien abzuschrecken.

Durch die Anwendung der Ausschlussregel erhält der Angeklagte einen prozessualen Vorteil, was in einigen Fällen sogar seine Freisprechung bewirken kann. Aber der Ausschluss von Beweisen ist nicht *direkt* auf die Wiedergutmachung einer rechtswidrigen Handlung gegen den Angeklagten (durch einen eventuellen Freispruch) gerichtet. Vielmehr handelt sich bei dem eventuellen prozessualen Vorteil zugunsten des Angeklagten um (unerwünschte) Seiteneffekte einer Regel,[619] die eigentlich andere Ziele verfolgt[620]. Jeder eventuelle Vorteil für den Angeklagten ist infolgedessen nur eine Nebenwirkung der Regelanwendung, die nicht als direkte Folge der Ausschlussregel abgeleitet werden kann. Zusammenfassend lässt sich somit festhalten, dass der Grundgedanke der *exclusionary rule* prospektiv (um künftige Verstöße zu verhindern) ist und nicht darauf abzielt, vergangene polizeiliche Fehler zu bestrafen.[621]

Im Gegensatz zum allgemein verbreiteten Glauben wurde die sog. *„deterrence“* nicht immer als einziger Begründungsmaßstab der Ausschlussregel herangezogen.

---

617 *Elkins v. U.S.*, 364 U.S. 206, 225 (1960); *U.S. v. Leon*, 468 U.S. 897, 906 (1984); *U.S. v. Calandra*, 414 U.S. 338, 348 (1974). Vgl. Ambos, Beweisverwertungsverbote, 130; Golden, B.Y.U. Journal of public law 1998, 97 (97); Harris, StV 1991, 313 (313); Killian, Idaho L.Rev. 1982, 151 (158 f.); Mueller, Verhandlungen des 46. Deutschen Juristentages, Band I, S. 51; Note/Comentar, U. Pa. L. Rev. 1967, 1136 (1136); Oaks, U. Chi. L. Rev. 1970, 665 (668); Ossenberg, Die Fernwirkung, S. 76.

618 *Nix v. Williams,* 467 U.S. 431, 442–443 (1984); *Linkletter v. Walker*, 381 U.S. 618, 637 (1965): *exclusionary rule* als *„the only effective deterrence against lawless police action“*. Vgl. auch *People v. Cahan,* 44 Cal.2d 434, 448 (1955): *„Granted that the adoption of the exclusionary rule will not prevent all illegal searches and seizures, it will discourage them (...)“*.

619 Aus diesem Grund haben einige Autoren vorgeschlagen, dass die *„exclusionary rule“* bei schwerwiegenden Fällen wie Verrat, Spionage, Mord, bewaffneter Raub oder Entführung durch organisierte Gruppen nicht gelten muss (sog. *„serious cases exception“*); die politischen Kosten der Ausschlussregel, die Möglichkeit der Freilassung schwerer und gefährlicher Straftäter und das Missverhältnis zwischen dem Ausmaß einer konstitutionellen Verletzung und den Verbrechen, in denen das Beweismittel in Frage gestellt wird, wären – dieser Meinung nach – ausreichende Gründe, um die Regel zu ändern. Dazu s. Kaplan, Stan. L.Rev. 1974, 1027 (1046 ff.).

620 Vgl. Note/Comentar, U. Pa. L. Rev. 1967, 1136 (1137); *Nix v. Williams,* 467 U.S. 431, 443 (1984).

621 Vgl. Maguire, J Crim Law Criminal Police Sci 1964, 307 (312); Note/Comentar, U. Pa. L. Rev. 1967, 1136 (1148).

Bis in die 1960er Jahre hinein spielten auch andere Gründe – im Wesentlichen die Integrität des Strafverfahrens und der Schutz der Privatsphäre – eine grundlegende Rolle bei der Auslegung dieser Regel.[622] Zum einen war man der Ansicht, dass das Gericht sich an einem rechtswidrigen Verhalten der Ermittlungsorgane beteiligt, wenn es ein rechtswidriges erlangtes Beweismittel verwendet. Da die Integrität des Verfahrens somit in Gefahr gebracht würde, dürfe der Verstoß nicht toleriert werden.[623] Zum anderen verletze die Verwendung eines rechtswidrig erlangten Beweismittel das *„right to privacy"* des Angeklagten (den Schutzes der Privatsphäre), das in den *Bill of Rights* und den *Amendments* der Verfassung verankert ist.[624]

Heutzutage sind die Relevanz und Geltung der Integrität des Strafverfahrens und des Schutzes der Privatsphäre als Ziele der *„exclusionary rule"* schwierig zu begründen. Tatsächlich hat der *Supreme Court* im Jahre 1966 in *Tehan v. Shott* den Disziplinierungszweck als einzigen und eindeutigen Zweck (*„single and distinct purpose"*) der *„exclusionary rule"* bezeichnet.[625] Infolgedessen kann man daraus schließen, dass heute lediglich der Disziplinierungsgedanke als Basis für das Verwertungsverbot besteht[626] und dass die anderen Zwecke entweder irrelevant sind oder unter die *deterrence* subsumiert wurden.

III. Ausnahmen

Wenn das rechtswidrig erlangte Beweismittel *nur* gegen das Recht eines Dritten verstößt, ist das Beweismittel verwertbar: Verstöße gegen Rechte eines Dritten seien von der Ausschlussregel ausgenommen.[627] Infolgedessen beschränkt die Rechtsprechung der Vereinigten Staaten die Anwendung der *exclusionary rule* auf Verstöße gegen die Verfassungsrechte des Angeklagten.[628]

---

622 *Elkins v. U.S.*, 364 U.S. 206, 222 (1960): *„But there is another consideration: the imperative of judicial integrity"*; *Mapp v. Ohio*, 367 U.S. 643. 656 (1961): Die *exclusionary rule* als *„an essential part of the right to privacy"*; *Olmstead v. U.S.*, 277 U. S. 438, 470 (1928). Vgl. Harris, StV 1991, 313 (134); Herrmann, FS Jescheck, S. 1298 f.; Oaks, U. Chi. L. Rev. 1970, 665 (668); Ossenberg, Die Fernwirkung, S. 75; Rogall, Zur Theorie und Systematik, S. 125.

623 *Mapp v. Ohio*, 367 U.S. 643. 656 (1961); *Elkins v. U.S.*, 364 U.S. 206, 222 (1960). Vgl. Ossenberg, Die Fernwirkung, S. 78.

624 *Wolf v. Colorado*, 338 U.S. 25, 31 (1949); *Elkins v. U.S.*, 364 U.S. 206, 217 (1960); *Mapp v. Ohio*, 367 U.S. 643. 656 (1961). Vgl. Ossenberg, Die Fernwirkung, S. 79.

625 *Tehan v. Shott*, 382 U.S. 406, 413. In diesem Sinne auch: *U.S. v. Janis* 428 U.S. 433, 454, n. 35 (1976): *‚judicial integrity' is a relevant, albeit subordinate, factor"*. Vgl. Herrmann, FS Jescheck, S. 1300; Ossenberg, Die Fernwirkung, S. 76.

626 Vgl. Herrmann, FS Jescheck, S. 1300.

627 Vgl. *U.S. v. Payner*, 477 U.S. 727, 732 (1980).

628 *U.S. v. Payner*, 447 U.S. 727, 735 (1980). Vgl. Pitsch, Strafprozessuale Beweisverbote, S. 377.

Laut der sog. *„independent source exception"* ist das Beweismittel dann verwertbar, wenn es unabhängig von einer rechtswidrigen Handlung erlangt wurde. Gemäß der sog. *„good faith exception"* dürfe ein rechtswidrig erlangtes Beweismittel verwertet werden, wenn die Polizei zur Erlangung des Beweismittels im guten Glauben handelte, also wenn sie an die Rechtmäßigkeit des Erlangungsaktes glaubte.[629] Da beide Ausnahmen auch für die Erlangung von sekundären Beweismitteln gelten, werden sie in den folgenden Kapiteln als Ausnahmen der Fernwirkung der Beweisverbote ausführlich analysiert.[630]

B. Fernwirkung im US-amerikanischen Recht: *„fruit of the poisonous tree doctrine"*

I. Inhalt

Wenige Jahre nach der Verkündung der *exclusionary rule*[631] hat der *Supreme Court* im Jahre 1920 ihren Anwendungsbereich wesentlich erweitert, als er im berühmten Fall *Silverthorne Lumber v. United States*[632] erstmals die Auffassung vertrat, dass die Ausschlussregel nicht nur die direkten Beweismittel, sondern auch grundsätzlich die durch diese rechtswidrige Beweiserlangung mittelbar erlangten Beweismittel umfasst:[633] *„The essence of a provision forbidding the acquisition of evidence in a certain way is that not merely evidence so acquired shall not be used before the Court, but that it shall not be used at all."*

Mit diesen Worten wurde die fast 20 Jahre später von Richter *Frankfurter* als solche bezeichnete[634] *„fruit of the poisonous tree doctrine"* geboren. Eine Doktrin, die nicht nur die Form und Konturen des US-amerikanischen Rechtssystems geprägt hat, sondern auch seinen Einfluss über die Grenzen des *Common Law* hinaus erweitert hat.[635]

629 Vgl. Ossenberg, Die Fernwirkung, S. 94 f.

630 Teilweise aber nicht ständig haben einige *Federal Courts of appeal* die sog. *„inevitable discovery exception"* (ausführlich S. Kap. 3. B. II. 2) als Ausnahme der *exclusionary rule* anerkannt. Vgl. Israel / Kamisar / Kerr / King / Lafave, Modern criminal procedure, S. 899.

631 *Weeks v. U.S.*, 232 U.S. 383, 398 (1914).

632 *Silverthorne Lumber Co. v. U.S.*, 251 U.S. 385, 392 (1920). Obwohl sich der Fall auf einen Verstoß gegen das IV. *Amendment* bezieht, beschränkt sich der Anwendungsbereich der *exclusionary rule* nicht nur auf diese Garantie, sondern umfasst auch die o.g. Verfassungsgarantien (S. Kap. 3. A. I). Vgl. dazu: Rogall, Zur Theorie und Systematik, S. 132.

633 Vgl. Ambos, Beweisverwertungsverbote, S. 130; Rogall, Zur Theorie und Systematik, S. 132.

634 In *Nardone v. U.S.*, 308 U.S. 338 (1939).

635 S. Kap. 4. C. II. 5 und Kap. 4. C. V. 4.

Im Wesentlichen wirkt diese Doktrin als eine Erweiterung des Umfangs der *exclusionary rule* dahingehend, dass nicht nur die unmittelbaren, primären Beweismittel (sog. *„primary evidence“*) nicht verwertet werden dürfen, sondern auch deren *„Früchte“*; die mittelbaren, sekundären Beweismittel (sog. *„derivated evidence“*), die sich auf den Verstoß, durch den das ursprüngliche Beweismittel erlangt wurde, zurückführen lassen.[636] Aufgrund der erwähnten Doktrin erstreckt sich die Wirkung der Ausschlussregel auch auf die Erlangung mittelbarer Beweise, die infolge verfassungswidriger polizeilicher Ermittlungshandlungen erlangt wurden.[637]

Die Ausdehnung der *„exclusionary rule“* auf sekundäre Beweismittel erklärt sich aus einer logischen Folge des Zwecks der Ausschlussregel heraus. Ohne sie wäre die Umgehungsgefahr seitens der Polizei hoch und eine effektive Disziplinierung der Ermittlungsorgane schwierig einzuhalten.

Die Frage nach dem Umfang der *„exclusionary rule“* kann mit einer zweistufigen Prüfung beantwortet werden. Zunächst muss untersucht werden, ob ein primäres Beweismittel aufgrund einer Verletzung von verfassungsrechtlichen Garantien gewonnen wurde. Nach diesem ersten Schritt muss festgestellt werden, ob die Erlangung des sekundären Beweismittels in einem kausalen Zusammenhang zu dem primären, rechtswidrig erlangten Beweismittel steht. Die Beweislast für die Prüfung der faktischen Voraussetzungen der *„fruits of the poisonous tree“* Doktrin trägt der Angeklagte.[638] Er muss dementsprechend sowohl den Kausalzusammenhang als auch den Verfassungsverstoß beweisen.

Wie im deutschen[639] und chilenischen[640] Recht scheint der Ausschluss der mittelbar erlangten Beweisen im US-amerikanischen Recht – im Prinzip – logisch und gerechtfertigt, es sei denn, besondere Umstände kommen in Betracht, die eine Einschränkung der Reichweite der Ausschlussregel ausnahmsweise rechtfertigen.[641] Thema der nächsten Kapitel ist die Analyse dieser möglichen Einschränkungen der *„fruits of the poisonous tree“* Doktrin.

II. Einschränkungen der Fernwirkung

Besonders relevant für die vorliegende Untersuchung ist die Frage des Umfangs bzw. der Reichweite der Beweisverbote. Selbst nach einer oberflächlichen Analyse der Lehre und Rechtsprechung zu den Beweisverboten im US-amerikanischen Recht lässt sich feststellen, dass auch wenn eine Ermittlungsmaßnahme

---

636 *Segura v. U.S.*, 468 U.S. 796, 804 (1984). Vgl. Ambos, Beweisverwertungsverbote, S. 130; Killian, Idaho L.Rev. 1982, 151 (153).

637 *Nardone v. U.S.*, 308 U.S. 338 (1939); *Wong Sun v. U.S.*, 371 U.S. 471, 484 (1963); *Segura v. U.S.*, 468 U.S. 796, 804 (1984); *Walder v. U.S.*, 347 U.S. 62, 64, 65 (1954). Vgl. Pitsch, Strafprozessuale Beweisverbote, S. 374.

638 Vgl. ders., Strafprozessuale Beweisverbote, S. 393.

639 S. Kap. 4. C. V.

640 S. Kap. 5. B. III.

641 Vgl. Pitler, Cal. L. Rev. 1968, 579 (586).

unrechtmäßig war, dieser Umstand *per se* nicht alle dadurch erlangten Beweismittel bzw. Beweisermittlungen unzulässig macht.[642] Heute wird allgemein anerkannt, dass, die Fernwirkung im US-amerikanischen Recht keineswegs unbeschränkt und ausnahmslos gilt.[643] Vielmehr bezieht sich die *„fruits of the poisonous tree"* Doktrin – trotz des verbreiteten Irrglaubens[644] – auf eine Regel mit eingeschränkter Auswirkung.[645]

Bestimmte kausale und normative Erwägungen können in einem konkreten Fall die Fernwirkung von Beweisverboten entweder ausschließen (mit anderen Worten *„the fruit unpoisoned"*) oder einfach aufzeigen, dass die „Frucht" tatsächlich nicht von dem „vergifteten Baum" stammt. Wie später im Kapitel 4. C. V. 4 und im Kapitel 5. B. III aufgezeigt, entsprechen diese Ausnahmen dem Ausgangspunkt für die Entwicklung kausaler und normativer Korrekturen des Fernwirkungsgrundsatzes sowohl in Deutschland als auch in Chile.[646]

Nach mehr als einhundert Jahren richterlicher Anwendung der *„fruits"* Doktrin, hat die Rechtsprechung drei große Ausnahmen zum Fernwirkungsgrundsatz entwickelt,[647] deren Beweislast die Anklage trägt.[648] Die folgenden Abgrenzungskriterien, die hauptsächlich vom *Supreme Court* während des letzten Jahrhunderts entwickelt wurden, sind extrem relevant für die Untersuchung der Fernwirkung nicht nur in den USA, sondern auch in Deutschland und Chile. Diese Kriterien werden in den folgenden Kapiteln näher beschrieben.

1. *Die* „independent source exception"

Bereits direkt nach der Geburtsstunde der *„fruits"* Doktrin im Prozess *Silverthorne Lumber Co. v. United States* hat Richter *Holmes* ihre Wirkung durch die sog. *„independent source exception"* (Ausnahme der unabhängigen Quelle) mit den folgenden Worten eingeschränkt: *„Of course, this* (die *„fruits"* Doktrin) *does not mean that the*

642 Vgl. Maguire, J Crim Law Criminal Police Sci 1964, 307 (309). *„A criminal prosecution is more than a game in which the government may be checkmated and the game lost merely because its officers have not played according to rule."* McGuire *v. U.S.*, 273 U.S. 95, 99 (1927).

643 Vgl. Ambos, Beweisverwertungsverbote, S. 131.

644 In diesem Sinne: Magnus, ZStW (2014), 695 (712); Mueller, Verhandlungen des 46. Deutschen Juristentages, Band I, S. 37 f.

645 Als Verfahrensbeschränkung wirkt der Fernwirkungsgrundsatzes nur während der Hauptverhandlung.

646 Vgl. Wohlers, FS Wolter, S. 1190 f.

647 *U.S. v. Ramirez-Sandoval*, 872 F.2d 1392, 1396 (9th Cir. 1989); *Gibson v. State*, 771 A.2d 536 Md. Ct. Spec. App. (2001); *Cox v. State*, 421 Md. 630, 652, 28 A.3d 687 (2011). Vgl. Hessler, Mich.L.Rev. 2000, 238 (241).

648 Vgl. Pitsch, Strafprozessuale Beweisverbote, S. 393; *U.S. v. De Luca*, 269 F. 3d 1128, 1132 (10th Cir. 2001).

facts thus obtained become sacred and inaccessible. If knowledge of them is gained from an independent source they may be proved like any others (...)".[649]

Diese Ausnahme ermöglicht die Verwertung von einem fraglichen Beweismaterial in einer strafrechtlichen Verfolgung, wenn man nachweist, dass der erlangte Beweis auf Grundlage einer „*independent source*", d.h. entweder *unabhängig* von oder *neben* den rechtswidrigen Quellen durch rechtmäßige Aktivitäten erhalten wurde.[650]

Im ersten Fall wurde das Beweismittel nicht aufgrund einer rechtswidrigen Ermittlungshandlung erlangt: das Beweismittel ist also nicht „vergiftet", sondern vollkommen verwendbar. Wenn solche „*independent source*" in Betracht kommt, fehlt der für den Ausschluss des Beweismittels notwendige Kausalzusammenhang zwischen der Rechtsverletzung und der Erlangung des Beweismittels.[651]

Der zweite Anwendungsfall der „*independent source*" ist die sog. „alternative Kausalität". Bei diesen Fällen wurde neben der rechtswidrigen Beweiserlangung ein anderer, gesetzmäßiger Kausalverlauf gleichzeitig kausal für die Beweiserlangung.[652] In solchen Situationen ist das in Frage stehende Beweismittel verwendbar.

Als Argument für die Begründung dieser Ausnahme führt die Rechtsprechung an, es gebe keinen hinreichenden Grund, den Angeklagten nicht zu verurteilen, wenn die Tat durch einen aus einer legalen Quelle erlangten Beweis bewiesen werden kann.[653] Gleichwohl muss sich die Polizei in dieselbe – aber nicht schlechtere – Lage versetzen, in der sie gewesen wäre, wenn sie keine Fehler gemacht hätte oder kein Fehlverhalten aufgetreten wäre: „*the interest of society in deterring unlawful*

---

649 *Silverthorne Lumber Co. v. U.S.*, 251 U.S. 385, 392 (1920). S. auch: *Sutton v. U.S.*, 267 F. 2d 271 (4th Cir. 1959); *Burke v. U.S.*, 328 F. 2d 399 (1st Cir. 1964); *Segura v. U.S.*, 468 U.S. 796 (1984); *U.S. v. Crews*, 445 U.S. 463 (1980); *U.S. v. Wade*, 388 U.S. 218, 388 U. S. 242 (1967); *Costello v. U.S.*, 365 U.S. 265, 278–280 (1961); *Bynum v. U.S.*, 274 F. 2d 767 (D.C. Cir. 1960); *Lawn v. U.S.*, 355 U.S. 339, 355 (1958).

650 „*The exclusionary rule has no application* (where) *the Government learned of the evidence from an independent source*" *Wong Sun v. U.S.*, 371 U.S. 471, 487 (1963); *U.S. v. Houltin*, 566 F.2d 1027 (5th Cir.1978). Vgl. Golden, B.Y.U. Journal of public law 1998, 97 (98); Jones, S Tex. L. J. 1967, 17 (18, Fn. 7); Killian, Idaho L.Rev. 1982, 151 (155); Ossenberg, Die Fernwirkung, S. 106; SK-*Rogall* §136 a, Rdn. 116.

651 S. Kap. 6. In *Bynum v. U.S.* z. B. wurden die nach der illegalen Verhaftung des Angeklagten erhaltenen Fingerabdrücke als unzulässig erklärt. An dem zweiten Prozess erhob die Regierung eine Reihe von Fingerabdrücken des Angeklagten als Beweis, die aus FBI-Akten stammen. Das Gericht hielt diese Fingerabdrücken als zulässig, weil sie aus einer unabhängigen Quelle erhalten wurden, und nicht als ein Ergebnis der Auswertung der primären Illegalität. *Bynum v. U.S. 2*62 F. 2d 465, 468, 469 (D.C. Cir. 1958). Vgl. *Commonwealth v. Nicholls*, 207 Pa. Super. 410, 217 A.2d 768 (1966); Ossenberg, Die Fernwirkung, S. 106 f.; Pitler, Cal. L. Rev. 1968, 579 (625); Pitsch, Strafprozessuale Beweisverbote, S. 378.

652 S. Kap. 6. B. Vgl. ders., S. 398; SK-*Rogall* § 136 a, Rdn. 116.

653 *Sutton v. U.S.*, 267 F. 2d 271, 272 (4th Circuit 1959).

police conduct and the public interest in having juries receive all probative evidence of a crime are properly balanced by putting the police in the same, not a worse, position that they would have been in if no police error or misconduct had occurred (...). When the challenged evidence has an independent source, exclusion of such evidence would put the police in a worse position than they would have been in absent any error or violation".[654]

Folglich sei in diesen Fällen eine Abschreckung der Polizei nicht nötig, da das Beweismittel tatsächlich ordnungsgemäß erlangt wurde.[655]

Umstritten sind die materiellen Voraussetzungen, die für die Anwendung dieser Regel notwendig sind. Bei der Bestimmung des Kausalzusammenhangs zwischen unrechtmäßiger Beweiserlangung und sekundärem Beweismittel ergeben sich vor allem beweisrechtliche Probleme und Probleme hinsichtlich des Zeitpunkts der Erlangung des Beweismittels.

Eine Möglichkeit ist, dass das Beweismittel *vor* der rechtswidrigen Ermittlungshandlung erlangt wurde.[656] Hier lässt sich ohne große Schwierigkeiten feststellen, dass das Beweismittel nicht als „*vergiftet*" zu betrachten ist.[657] Da das Beweismittel schon vor der illegalen Handlung entdeckt wurde, handelt es sich hier um eine Beweiserlangung mittels einer „echten unabhängigen Quelle",[658] die keineswegs durch die primäre, rechtswidrige Handlung veranlasst wurde bzw. durch Illegalität beeinflusst werden konnte.[659]

Wenn aber die Ermittlungsbehörde andererseits das fragliche Beweismittel erst *nach* der rechtswidrigen Ermittlungshandlung erhalten hat, ist die Lösung des Problems bedeutend schwieriger.[660] In diesen Fällen muss das Gericht sorgfältig prüfen, ob das sekundäre Beweismittel unabhängig von der rechtswidrigen Ermittlungshandlung erlangt wurde. Ein wichtiger Faktor dabei ist die Analyse der Tatsachen, die ein Polizist im Gegensatz zu einem anderem in Bezug auf die Beweiserlangung kennt. Wenn z. B. der Polizist, der das Beweismittel aufgespürt hat, keine Kenntnis von einer rechtswidrigen Handlung eines anderen Polizisten hatte, könne man nicht von einer rechtswidrigen Beweiserlangung sprechen und der Beweis wäre folglich verwertbar.[661]

---

654 *Nix v. Williams*, 467 U.S. 431, 443 (1984). Vgl. *Murray v. U.S.*, 487 U.S. 533, 537 (1988).

655 Vgl. Harris, StV 1991, 313 (316); Ossenberg, Die Fernwirkung, S. 106.

656 Vgl. Ambos, Beweisverwertungsverbote, S. 132; Pitler, Cal. L. Rev. 1968, 579 (626).

657 Vgl. Ambos, Beweisverwertungsverbote, S. 132; Harris, StV 1991, 313 (316); Pitsch, Strafprozessuale Beweisverbote, S. 400 f. Vgl. *Burke v. U.S.*, 328 F. 2d 399 (1st Cir. 1964); *U.S. v. Lee*, 274 U.S. 559, 563 (1927).

658 Das geschieht z. B. in *Bynum v. U.S.*, 262 F. 2d 465, 468, 469 (D.C. Cir. 1958) und *Commonwealth v. Nicholls*, 207 Pa. Super. 410, 217 A.2d 768 (1966).

659 Vgl. Ambos, Beweisverwertungsverbote, S. 133; Harris, StV 1991, 313 (316).

660 Vgl. Ambos, Beweisverwertungsverbote, S. 132.

661 ders., Beweisverwertungsverbote, S. 132; Harris, StV 1991, 313 (316); *U.S. v. Bacall*, 443 F. 2d 1050, 1057 (9th Cir. 1971); *Segura v. U.S.*, 468 U.S. 796 (1984).

Der *Supreme Court* ist in zwei Entscheidungen auf diese Problematik eingegangen. In *Segura v. United States*[662] ist die Polizei ohne eine erkennbare Gefahr, das Beweismittel zu verlieren und ohne die Erteilung der Durchsuchungsanordnung, der bereits von anderen Polizisten beantragt wurde, abzuwarten, in eine Wohnung eingedrungen. Nach einer flüchtigen Durchsuchung der Wohnung blieben zwei Agenten dort und warteten auf den Durchsuchungsbefehl. Wegen administrativer Verzögerungen wurde der Durchsuchungsbefehl allerdings erst rund 19 Stunden nach dem ersten Eindringen in die Wohnung erteilt. Erst bei der erneuten Inspektion der Wohnung – nach der Erlangung des Durchsuchungsbeschlusses – haben die Agenten unter anderem Kokain und Aufzeichnungen von Drogengeschäften beschlagnahmt. Gemäß dem *Supreme Court* hatte die Entdeckung und Beschlagnahme der Beweismittel ihren Ursprung im richterlichen Durchsuchungsbeschluss, und nicht im ersten, rechtswidrigen Eintritt in die Wohnung, der folglich keinen Einfluss auf die Legitimität der Erlangung des Beweismaterials hatte.[663]

In *United States v. Murray*[664] wurde aufgrund von Informanten erhaltenen Informationen der Angeklagte *Murray* von den Ermittlungsbehörden überwacht. Die Spuren führten zu einem LKW, der rechtmäßig beschlagnahmt wurde und in dem die Agenten Marihuana fanden. Nachdem diese Informationen bekannt geworden waren, wurden die Agenten auf ein Lagerhaus aufmerksam, in das die Polizei dann gewaltsam eintrat. Sie fanden niemanden in dem Lager, sahen aber zahlreiche Ballen, die – wie sie später entdeckten – Marihuana enthielten. Sie verließen das Lagerhaus, ohne die Ballen anzupacken, hielten den Ort unter Beobachtung und traten nicht wieder in das Lager ein, bis sie einen Durchsuchungsbeschluss hatten. Bei der Beantragung des Befehls hatten die Agenten weder das vorherige Eintreten noch die Entdeckungen der Ballen – die aufgrund des unrechtmäßigen Eintritts möglich wurde – erwähnt. Als der Befehl etwa acht Stunden nach dem ersten Eintreten ausgestellt wurde, betraten die Agenten sofort wieder das Lager und beschlagnahmten u.a. 270 Ballen Marihuana.

In diesem Fall wurde der Durchsuchungsbefehl nicht *vor* der rechtswidrigen Durchsuchung beantragt. Trotzdem hat die Polizei anschließend in der Tat auch einen Befehl erhalten, nur eben basierend auf zuvor erworbenen Informationen. Der *Supreme Court* hat diesbezüglich festgestellt, dass die *„independent source exception"* nicht nur für Beweismittel, die *zum ersten Mal* während einer unabhängigen, rechtmäßigen Durchsuchung entdeckt werden, sondern auch für Beweise, die *während* oder *infolge* einer rechtswidrigen Durchsuchung entdeckt werden, gilt, wenn diese später – unabhängig von der anfänglichen Rechtswidrigkeit – aufgrund nicht fehlerbehafteter Aktivitäten ermittelt wurden.[665] Ein Beweismittel sei dann verwertbar, wenn die richterliche Entscheidung nicht von

---

662 *Segura v. U.S.*, 468 U.S. 796 (1984).
663 Vgl. Harris, StV 1991, 313(316).
664 *Murray v. U.S.*, 487 U.S. 533, 539 (1988).
665 *Murray v. U.S.*, 487 U.S. 533, 539 (1988).

der unrechtmäßigen Ermittlungshandlung beeinflusst werde. Wenn allerdings, so der *Supreme Court*, die gefundenen Beweismittel, die mittels eines Durchsuchungsbefehls entdeckt wurden, tatsächlich nicht aus einer *echten unabhängigen Quelle* stammen, z. B. weil sich die richterliche Anordnung auf Informationen stützt, die während einer ersten, rechtswidrigen Durchsuchung erhalten wurden, dann sind die Beweismittel nicht verwertbar.[666]

Wie die hier aufgeführten Fälle zeigen, hängt die Verwertbarkeit des Beweismittels von der Existenz eines ausschließlichen Kausalzusammenhanges zwischen einer illegalen Handlung und der Erlangung des Beweismittels ab. Da sich in vielen Fällen kaum mit Sicherheit feststellen lässt, ob die vermeintlich unabhängige Quelle wirklich eigenständig von einem rechtswidrigen Ermittlungsverlauf erlangt wurde,[667] gibt es bei der Anwendung der *„independent source exception"* in der Praxis bedeutende Beweisprobleme.

2. *Die* „inevitable discovery exception"

Wenn man sich aus dem rein kausalen Feld heraus bewegt und versucht, mittels normativer Kriterien die Position der Parteien im Prozess genauer zu bestimmen, kommt die zweite Ausnahme der *„fruits"* Doktrin in Betracht.[668] Die *„inevitable discovery exception"* (Berücksichtigung hypothetischer Ermittlungsverläufe), vgl. dazu weiter unten Kapitel 10, basiert auf einer Prognoseentscheidung, die unter Heranziehung einer historischen Rekonstruktion des Falls sowie durch die Betrachtung von Erfahrungsregeln[669] die Verwertbarkeit sekundärer Beweismittel – trotz eines geprüften Kausalzusammenhangs zwischen illegaler Handlung und der Erlangung des Beweismittels – erlaubt.[670]

---

666 *„The ultimate question, therefore, is whether the search pursuant to warrant was, in fact, a genuinely independent source of the information and tangible evidence at issue here. This would not have been the case if the agent's decision to seek the warrant was prompted by what they had seen during the initial entry, or if information obtained during that entry was presented to the Magistrate and affected his decision to issue the warrant." Murray v. U.S.*, 487 U.S. 533, 542 (1988). Vgl. *U.S. v. Moscatiello*, 771 F. 2d, 603, 604 (1st. Cir. 1985).

667 Vgl. Ambos, Beweisverwertungsverbote, S. 133.

668 Vgl. Hessler, Mich.L.Rev. 2000, 238 (241 ff.).

669 Vgl. Ambos, Beweisverwertungsverbote, S. 134.

670 Über die Berücksichtigung hypothetischer Ermittlungsverläufe im deutschen und chilenischen Recht S. Kap. 10 und Kap. 11. Umstritten ist im US-amerikanischen Recht die Erweiterung der *„inevitable discovery exception"* zur hypothetischen Erlangung primärer Beweismittel. Zugunsten der Anwendung der Regel für primäre und sekundäre Beweismittels: *U.S. v. Woody*, 55 F. 3d 1257 (7th Cir. 1995); *U.S. v. Martin*, 982 F. 2d 1236 (8th Cir. 1993); *U.S. v. Seals*, 987 F. 2d 1102 (5th Cir. 1993). *U.S. v. Zapata*, 18 F. 3d 971 (1st Cir. 1994). Gegen: *U.S. v. $639.558 in U.S. Currency*, 955 F. 2d 712 (D.C. Cir. 1992); *U.S. v. Polanco*, 93 F. 3d 555 (9th Cir. 1996). Vgl. Golden, B.Y.U. Journal of public law 1998, 97 (102 ff.).

Diese Ausnahme kommt dann in Betracht, wenn die durch eine illegale Handlung erlangten Beweismittel, unter Berücksichtigung eines hypothetischen Ermittlungsverlaufs, auch ordnungsgemäß hätten erlangt werden können.[671] Wenn dies der Fall ist, so sollen diese Beweismittel nicht der „*fruit of the poisonous tree doctrine*“ unterliegen.[672]

Wie bei der „*independent source exception*“, hat der *Supreme Court* die Anwendung der „*inevitable discovery*“ Ausnahme mit dem Argument der materiellen Gerechtigkeit begründet: Weder die Ermittlungsbehörden noch der Angeklagte dürften einen Vorteil daraus ziehen, dass ein Gesetzesverstoßes vorliegt. Viel mehr müssten sie sich in die selbe oder zumindest nicht schlechtere Lage versetzen, in der sie gewesen wären, wenn keine illegale Handlung vorgefallen wäre.[673]

Diese Ausnahme bejahte der *Supreme Court*[674] zum ersten Mal im Jahre 1984 im berühmten Fall *Nix v. Williams.*[675] Der Angeklagte wurde nach dem Verschwinden eines 10-jährigen Mädchens in Des Moines, Davenport, Iowa, verhaftet und angeklagt. Die Polizei informierte den Verteidiger, dass der Angeklagte zurück nach Des Moines geführt werden solle, ohne dass man ihn befragen würde. Während der Fahrt begann einer der Beamten ein Gespräch mit dem Angeklagten, das letztlich zu belastenden Aussagen zu Ungunsten des Angeklagten führte und später sogar die Beamten auf die Spur der Leiche des Mädchens führte. Gleichzeitig wurde mit Hilfe von 200 Freiwilligen eine systematische Suche nach der Leiche in einem bestimmten Gelände durchgeführt. Die Suche war bereits vor den belastenden Aussagen des Angeklagten eingeleitet worden, wurde allerdings dann beendet, als der Angeklagte die Polizei zur Leiche führte. Das Gericht hielt es für möglich, dass die Suche ohne die Hinweise des Angeklagten innerhalb eines Zeitraums von ca. 3 bis 5 Stunden auch erfolgreich gewesen wäre und die Leiche im selben Zustand entdeckt worden wäre, wie sie dann tatsächlich gefunden wurde.

---

671 *Nix v. Williams*, 467 U.S. 431, 444 (1984); *Brewer v. Williams*, 430 U.S. 387 (1977); *Wayne v. U.S.*, 318 F. 2d 205 (D.C. Cr. 1963). Vgl. Ambos, Beweisverwertungsverbote, S. 134; Harris, StV 1991, 313 (315, 317); Ossenberg, Die Fernwirkung, S. 107; Pitsch, Strafprozessuale Beweisverbote, S. 409.

672 Vgl. Ossenberg, Die Fernwirkung, S. 107.

673 „(E)*xclusion of evidence that would inevitably have been discovered would also put the government in a worse position, because the police would have obtained that evidence if no misconduct had taken place (...). Fairness can be assured by placing the State and the accused in the same positions they would have been in had the impermissible conduct not taken place*“ *Nix v. Williams*, 467 U.S. 431, 444, 447 (1984). Vgl. Harris, StV 1991, 313 (317); Pitsch, Strafprozessuale Beweisverbote, S. 409.

674 Vor dieser Entscheidung haben aber einige *District Courts* die Doktrin angewendet. Siehe u. a. *Wayne v. U.S.*, 318 F. 2d 205 (D.C. Cir. 1963); *U.S. v. Griffin*, 502 F.2d 959, 960 (6th Cir. 1974); *U.S. v. Brooking*, 614 F.2d 1037, 1042 n.2 (5th Cir. 1980).

675 *Nix v. Williams*, 467 U.S. 431 (1984). Die Ursprünge der Doktrin lassen sich auf die Fußnote Nr. 12 von *Brewer v. Williams*, 430 U.S. 387, 407 (1977) zurückverfolgen. Vgl. Golden, B.Y.U. Journal of public law 1998, 97 (100).

Aufgrund solcher hypothetischen Entdeckung hat der *Supreme Court* die Verwertbarkeit der Beweiselemente bestätigt und infolgedessen ihren Ausschluss gemäß der *„fruits"* Doktrin verneint.

Der Unterschied zwischen dieser Ausnahme und der *„independent source"* ist subtil. Während sich die *„independent source exception"* mit einer etablierten, historischen Tatsache befasst – also mit einer Aktion, die tatsächlich stattgefunden hat – bezieht sich die *„inevitable discovery"* auf ein hypothetisches Ereignis: die Möglichkeit, dass etwas geschehen wäre.[676] Beide berufen sich auf eine rechtmäßige Ermittlungsmaßnahme, aber während sich die *„independent source"* auf tatsächliche, rechtmäßige Ermittlungsverläufe (ein bestehender „sauberer Weg") bezieht, betrachtet die *„inevitable discovery exception"* ein hypothetisches, rechtmäßiges Geschehen, also einen sog. *„hypothetic clean path"* (hypothetischen „sauberen Weg").[677] Aus diesem Grund hat man in der Rechtsprechung von einer funktionellen Ähnlichkeit zwischen beiden Instrumenten gesprochen.[678]

Ein Teil der Rechtsprechung[679] hat argumentiert, dass im Fall einer hypothetischen rechtmäßigen Ermittlungshandlung der Kausalzusammenhang zwischen dem rechtswidrigen tatsächlichen Geschehensablauf und der sekundären Beweiserlangung fehlt. So betrachtet, wären die *„inevitable discovery exception"* und die *sine-qua-non* Regel „die gleichen Seiten derselben Medaille". Dieser Meinung ist aber nicht zu folgen. Im Vergleich zur *„independent source exception"* versucht die *„inevitable discovery exception"* nicht den Kausalzusammenhang zu verneinen. Vielmehr handelt es sich bei der hypothetisch rechtmäßigen Ermittlungshandlung um ein normatives Kriterium, das die Folgen eines schon existierenden Zusammenhangs ausschließt.[680]

Wie bei der *„independent source exception"* kommen zur Prüfung der tatsächlichen Voraussetzungen (die sog. *„demostrated historical facts"*) des hypothetisch rechtmäßigen Kausalverlaufs zunächst temporäre Überlegungen in Betracht. Auf

---

676 *„The inevitable discovery exception necessarily implicates a hypothetical finding thats differs in kind from the factual finding that precedes application of the independent source rule."* *Nix v. Williams*, 467 U.S. 431, 459 (1984) *Justice Marshall, dissenting.*

677 Vgl. Ambos, Beweisverwertungsverbote, S. 135; Golden, B.Y.U. Journal of public law 1998, 97 (112); Israel / Kamisar / Kerr / King / Lafave, Modern criminal procedure, S. 888; Ossenberg, Die Fernwirkung, S. 107 f.

678 *Nix v. Williams*, 467 U.S. 431, 443 f. (1984). Der *Supreme Court* hat in *Murray v. U.S.*, 487 U.S. 533, 539 (1988) die *„inevitable discovery exception"* als eine Extrapolation zur *„independent source"* beschrieben.

679 Vgl. Ambos, Beweisverwertungsverbote, S. 135; *People v. Fitzpatrick*, 32 N.Y.2d 499, 346 N.Y.S.2d 793, 300 N.E.2d 139, cert. denied, 414 U.S. 1050, 94 S.Ct. 554, 38 L.Ed.2d 338 (1973): *„The inevitable discovery factor 'permits the government to remove the taint from otherwise poisoned fruit by establishing that the unlawful act from which it resulted was not a sine qua non of its discovery"*. Vgl. *U.S. v. Griffin*, 502 F.2d 959, 960 (6th Cir. 1974).

680 Ausführlich dazu: S. Kap. 10. E. III.

diese Weise ist diese Ausnahme leichter zu begründen und zu beweisen (und wurde deshalb auch am häufigsten angewendet), wenn sie sich auf hypothetische Kausalverläufe stützte, die ihren Ursprung in Aktionen haben, die *vor* dem Gesetzesverstoß begannen.[681] So wie z. B. in *Nix v. Williams*: die Freiwilligen hatten ihre Suche schon *vor* dem rechtswidrigen Verhalten der Polizei begonnen. In diesem Fall haben die polizeilichen Rechtsverstöße nur eine Beschleunigung der – bereits angefangenen – unvermeidbaren Entdeckung bewirkt.[682]

Die Berücksichtigung der *„inevitable discovery exception"* birgt aber das Risiko einer Umgehung der richterlichen Anordnung in den Fällen, in denen die Polizei eine zukünftige Erlangung eines Beschlusses voraussieht. Wie der *6th District Court* erläuterte,[683] darf die Polizei den Eintritt in ein Heim ohne Durchsuchungsbefehl nicht erzwingen, nur weil die Ermittlungsorgane davon ausgehen, dass sie eine *„probable cause"* bzw. Argumente für einen solchen Durchsuchungsbefehl hätten.[684] Nach dieser Ansicht sollte die Regel nicht angewendet werden, wenn die Polizei in bösem Glauben gehandelt hat, sozusagen nur um die Entdeckung der Beweise zu beschleunigen.[685]

Diese Überlegungen haben einige Gerichte[686] dazu veranlasst, bestimmte Voraussetzungen zu verlangen, um das hohe Umgehungsrisiko der richterliche Anordnung aufgrund einer übermäßigen Anwendung der *„inevitable discovery exception"* zu vermeiden: Wie z. B. das besondere Erfordernis alternativer und völlig von der illegalen Handlung unabhängiger Ermittlungen zum Zeitpunkt der Rechtsverletzung (sog. *„active pursuit rule"*). Diese Regel besagt: *„the prosecution must demostrate that the lawful means which made discovery inevitable (...) where being actively pursued prior to the occurrence of the illegal conduct"*.[687]

Der Einsatz dieser Regel als notwendige Voraussetzung, um die *„inevitable discovery exception"* anwenden zu können, ist aber besonders umstritten.[688] Bisher hat

681 Vgl. Ambos, Beweisverwertungsverbote, S. 135 f.; Harris, StV 1991, 313 (317); Israel / Kamisar / Kerr / King / Lafave, Modern criminal procedure, S. 888. Vgl. *U.S. v. Owens*, 782 F. 2d 146, 152 (10th Cir. 1986); *U.S. v. Finucan*, 708 F. 2d 838, 843 (1st Cir. 1983).

682 Vgl. Israel / Kamisar / Kerr / King / Lafave, Modern criminal procedure, S. 888.

683 *U.S. v. Griffin* 502 F. 2d 959, 961 (6th Cir 1974).

684 S. auch Kap. 10. E. I. f.

685 Vgl. Lafave / Israel / King, Criminal Procedure, S. 513.

686 Insbesondere der 11th und 5th Circuit. Vgl. *U.S. v. Satterfield*, 743 F.2d 827, 845 (11th Cir 1984); *U.S. v. Brooking*, 614 F.2d 1037, 1042 n.2 (5th Cir. 1980).

687 *U.S. v. Brooking*, 614 F.2d 1037, 1042 (5th Cir. 1980); s. auch *U.S. v. Cherry*, 759 F. 2d 1196, 1205 Nr. 10 (5th Cir. 1985); *U.S. v. Satterfield* 743 F. 2d 827 (11th Cir. 1984). Vgl. Golden, B.Y.U. Journal of public law 1998, 97 (119).

688 Vgl. Ambos, Beweisverwertungsverbote, S. 136. Über die Rechtsprechung für und gegen die *active pursuit requirement* s. Hessler, Mich.L.Rev. 2000, 238 (245, Fn. 38, 39). Gegen das Erfordernis einer *active pursuit* s. *U.S. v. Kennedy*, 61 F. 3d 494 (6th Cir. 1995); *U.S. v. Ford* 22 F 3d. 374 (1st Cir. 1994).

sich der *Supreme Court* ausdrücklich weder für noch gegen die Anwendung dieser Regel ausgesprochen.[689]

Die Forderung nach einer alternativen und völligen unabhängigen Untersuchungslinie zum Zeitpunkt der richterlichen Verletzung als notwendige Voraussetzung der *„independent discovery exception“* führt zu einer exzessiven Beschränkung dieser Ausnahme. In diesem Sinne spielt die *„active pursuit“* Doktrin die Rolle einer ausreichenden, aber nicht notwendigen Anforderung, um einen „sauberen“ Weg zu beweisen.[690]

Als alternativen Weg, um die Probleme der *„active pursuit rule“* zu vermeiden, haben einige Gerichte den sog. *„independence circumstances standard“* entwickelt. Danach müssen die Elemente, die eine zukünftige Entdeckung des Beweismittels unvermeidlich machen, aus anderen Umständen abgeleitet werden, als aus denjenigen die aus der illegalen Suche selbst stammen.[691] Indem dieser Standard als Begründung des hypothetischen Verlaufs keinen völlig unabhängigen Ermittlungsweg fordert, ermöglicht dies in der Prüfung eines hypothetischen Kausalverlaufs ein großes Handlungsfeld und eine flexible und nutzbare Anwendung der alternativen Hypothesen als die viel zu enge *„active pursuit rule“*.

Ein anderes, wichtiges Problem im Rahmen der Berücksichtigung von hypothetischen Kausalverläufen ist die Bestimmung des erforderlichen, quantitativen Beweismaßes, das nötig ist, um einen Verstoß wiedergutzumachen.[692] Wegen des Umgehungsrisikos einer richterlichen Anordnung reicht ein *„could, should or might have“*[693] Standard (die Polizei hätte die Beweise rechtmäßig erlangen *können*) nicht aus.[694] Dieser findet auch nur in wenigen Entscheidungen Berücksichtigung. Vielmehr ist – dem größten Teil der Rechtsprechung folgend – ein *„would have discovered“* Standard[695] nötig, und zwar in Form einer *„imminent but in fact*

---

689 Vgl. Golden, B.Y.U. Journal of public law 1998, 97 (119).

690 In diesem Sinne: Hessler, Mich.L.Rev. 2000, 238 (256).

691 *„(...) (T)he fact or likelihood which makes discovery inevitable arise from circumstances other than those disclosed by the illegal search itself.“* *U.S. v. Thomas*, 955 F. 2d 207, 211 (4th Cir. 1992). Vgl. *U.S. v. Boatwright*, 822 F.2d 862, 864 f. (9th Cir 1987). Vgl. ders., Mich.L.Rev. 2000, 238 (246).

692 S. Kap. 10. G. II.

693 In dieser Hinsicht: *U.S. v. Buchanan*, 910 F. 2d 1571 (7th Cir. 1990); *U.S. v. Ford*, 22 F. 3d 374 (1st Cir. 1994); *U.S. v. O´Brien*, 174 F. 2d 341 (7th Cir. 1949); *Parts Manufacturing Co. V. Lynch*, 129 F. 2d 841 (2d Cir. 1942).

694 Vgl. Ambos, Beweisverwertungsverbote, S. 136 f.; Golden, B.Y.U. Journal of public law 1998, 97 (113); Hessler, Mich.L.Rev. 2000, 238 (262); Pitler, Cal. L. Rev. 1968, 579 (628); *Nix v. Williams*, 466 U.S. 438, 444.

695 *U.S. v. Mejia*, 69 F. 3d 309 (9th Cir. 1995); *U.S. v. Cabassa*, 62 F. 3d 470 (2d Cir. 1995). *„The prosecution must establish by a preponderance of the evidence that the information ultimately or inevitably would have been discovered by lawful means“*. Vgl. Israel / Kamisar / Kerr / King / Lafave, Modern criminal procedure, S. 900; Lafave / Israel / King, Criminal procedure, S. 515. Vgl. *Nix v. Williams*, 467 U.S. 431, 444 (1984);

unrealized source of evidence".[696] Die hypothetische Beweiserlangung muss folglich gemäß dieser Ansicht mehr als nur spekulativ sein:[697] dieser Standard verlangt höhere Anforderungen im Sinne einer Unvermeidbarkeit („*inevitability*") der alternativen Beweisentdeckung, die sich von einem nur spekulativen hypothetischen Ermittlungsweg differenziert.[698] Um den Standard konkret zu fassen, hat der *Supreme Court* einen Wahrscheinlichkeitsmaßstab als notwendigen Beweismaßstab eingefordert: den sog. „*preponderance of evidence*"; die größte Wahrscheinlichkeit des Auftretens des hypothetischen Kausalverlaufes.[699] Ein höherer Beweismaßstab ist deshalb nicht erforderlich.[700]

3. *Die* „purged taint exception" *oder* „attenuated connection"

Die dritte allgemein anerkannte Ausnahme der „*fruits of the poisonous tree doctrine*", die *sog.* „*purged taint exception*" oder „*attenuated connection*", hat ihren Ausgangspunkt im Fall *Nardone v. U.S.* und wurde in *Wong Sung v. U.S.* in ihrem Umfang und Konturen weiter präzisiert.[701] In *Wong* hat der *Supreme Court* diese Ausnahme mit folgenden Worten beschrieben: „*The (fruits of the poisonous tree)*

Maguire, J Crim Law Criminal Police Sci 1964, 307 (315). Undifferenziert: Golden, B.Y.U. Journal of public law 1998, 97 (116 ff.); Killian, Idaho L.Rev. 1982, 151 (156).

696 Anschaulich ist das Urteil des 2d Cir. im Fall *Somer v. U.S.*, 138 F. 2d 790 (2d Cir. 1943) „*(...) we must reverse the order; but it does not follow that the seizure was inevitably invalid. Possibly, further inquiry will show that, quite independently of what Somer's wife told them, the officers would have gone to the street, have waited for Somer and have arrested him, exactly as they did. If they can satisfy the court of this, so that it appears that they did not need the information, the seizure may have been lawful*".

697 Vgl. Harris, StV 1991, 313 (317).

698 U. a. Alschuler, Iowa L. Rev. 2008, 1741 (1808); Harris, StV 1991, 313 (317); Maguire, J Crim Law Criminal Police Sci 1964, 307 (317). Das ist z. B. was Richter *Brennan* in *Nix v. Williams*, 467 U.S., 459 fordert, wenn er sagt: „*The inevitable discovery exception necessarily implicates a hypothetical finding that differs in kind from the factual finding that precedes application of the independent source rule. To ensure that this hypothetical finding is narrowly confined to circumstances that are functionally equivalent to an independent source, and to protect fully the fundamental rights served by the exclusionary rule, I would require clear and convincing evidence before concluding that the government had met its burden of proof on this issue.*" Vgl. Ambos, Beweisverwertungsverbote, S. 138.

699 Vgl. Ambos, Beweisverwertungsverbote, S. 138; Ossenberg, Die Fernwirkung, S. 108. Vgl. *U.S. v. Finucan*, 708 F. 2d 838, 843 (1st Cir. 1983); *U.S. v. Griffin* 502 F. 2d 959, 961 (6th Cir 1974); *U.S. v. Allard*, 634 F.2d 1182, 1186 (9th Cir. 1980); *U.S. v. Hayes*, 518 F.2d 675 (6th Cir. 1975); *U.S. v. Coplon*, 185 F. 2d 629, 640 (2d Cir. 1950); *Sullivan v. U.S.*, 219 F. 2d 760 (D.C. Cir. 1955); *Somer v. U.S.*, 138 F. 2d 790 (2d Cir. 1943).

700 Vgl. Lafave / Israel / King, Criminal procedure, S. 515.

701 *Nardone v. U.S.*, 308 U.S. 341 (1939); *Wong Sun v. U.S.*, 371 U. S. 471 (1963). Vgl. Killian, Idaho L.Rev. 1982, 151 (155).

rule has no application when the connection between the lawless conduct of the police and the discovery of the challenged evidence has become so attenuated as to dissipate the taint".[702]

Diese Ausnahme besagt also, dass die „*fruits*" Doktrin unanwendbar ist, wenn die Verbindung zwischen der rechtswidrigen Ermittlung und dem dadurch erlangten Beweismittel dank eines dazwischentretenden Ereignisses so abgeschwächt wird, dass man nicht mehr von einem direkten Zusammenhang zwischen einer Grundrechtsverletzung und Beweiserlangung sprechen kann. In solchen Fällen wurde das Beweismittel von seinem Makel gereinigt und infolgedessen wird das Beweismaterial nicht mehr als unverwertbar angesehen.[703]

Eine solche Wirkung wird mittels normativer Erwägungen erreicht, die die rechtliche Relevanz des Makels abschwächen; so wie ein Tropfen Tinte sich auflöst, wenn er in ein Glas Wasser gegeben wird. Die Doktrin, die, wie oben erwähnt, zum ersten Mal im Jahre 1939 in *Nardone v. U.S.* angewandt wurde, zeigt wie die „*fruits*" Doktrin nicht automatisch bei einer Verletzung der geschützten „*Amendments*" anwendbar ist, sondern eine Abwägung zwischen verschiedenen Interessen stattgefunden haben muss:[704] „*(t)wo opposing concerns must be harmonized: on the one hand, the stern enforcement of the criminal law; on the other, protection of that realm of privacy left free by Constitution and laws but capable of infringement either through zeal or design*".[705]

Die normativen Kriterien, durch die der Makel abgeschwächt werden kann, wurden erst 1963 in *Wong Sung v. U.S.*[706] weiter konkretisiert: „*(w)e need not hold that all evidence is 'fruit of the poisonous tree' simply because it would not have come to light but for the illegal actions of the police. Rather, the more apt question in such a case is "whether, granting establishment of the primary illegality, the evidence to which instant objection is made has been come at by exploitation of that illegality, or instead by means sufficiently distinguishable to be purged of the primary taint*"[707]

In *Wong Sun* hat der *Supreme Court* die Fernwirkung abgelehnt, wenn die rechtswidrige Erlangung – aufgrund besonderer Umstände – für ausreichend gereinigt erschien, um den primären Makel zu beheben. Im konkreten Fall wurde der Angeklagte *Wong Sung* nach einer rechtswidrigen Wohnungsdurchsuchung unrechtmäßig verhaftet und ein unverwertbares Geständnis abgelegt. Nach seiner Freilassung ist er einige Tage später freiwillig bei der Polizei erschienen, um

---

702 *Wong Sun v. U.S.*, 371 U.S. 471, 487 (1963). Vgl. *Nardone v. U.S.*, 308 U.S. 338, 341 (1939).

703 Vgl. Golden, B.Y.U. Journal of public law 1998, 97 (98); Ossenberg, Die Fernwirkung, S. 110; SK-*Rogall* §136 a, Rdn. 116; Rogall, Zur Theorie und Systematik, S. 133.

704 Vgl. Bransdorfer, Ind.L.J. 1987, 1061 (1069); Ransiek, FS Beulke, S. 949, Fn. 2.

705 *Nardone v. U.S.*, 308 U.S. 338, 340 (1939). S. auch *U.S. v. Ceccolini* 435 U.S. 268 (1978); *Herring v. U.S.* 555 U.S. 135 (2009).

706 *Wong Sun v. U.S.*, 371 U. S. 471 (1963).

707 *Wong Sun v. U.S.*, 371 U. S. 471, 487 f. (1963).

ein neues Geständnis abzulegen. Vor dieser Aussage wurden ihm seine Rechte verlesen. Obwohl der *Supreme Court* die Wohnungsdurchsuchung sowie die Verhaftung des Angeklagten und sein erstes Geständnis (das er direkt nach seiner unrechtmäßigen Festnahme abgelegt hatte) als illegal erklärt hat, wurde das neue Geständnis für verwertbar erklärt. Gemäß des Obersten Gerichts hat die Freiwilligkeit der Aussage die kausale Verbindung so abgeschwächt, dass der Makel als geringfügig anzusehen sei. Die neue Aussage sei freiwillig, von der rechtswidrigen Handlung unterscheidbar und infolgedessen verwertbar gewesen.[708]

Im Vergleich zur *„independent source exception"* kann im Rahmen einer *„attenuated connection"* von einer fehlenden Kausalität zwischen der ursprünglichen Rechtswidrigkeit und dem mittelbaren Beweis nicht die Rede sein. Die besonderen Umstände beseitigen aber diese Verbindung nicht vollkommen, sondern verwässern sie nur. Die *„attenuated connection"* Ausnahme stützt sich – wie ihr Name schon sagt – folglich nicht auf einen fehlenden Kausalzusammenhang zwischen der rechtswidrigen Ermittlungsmaßnahme und dem dadurch erlangten Beweismittel, wie es bei der *„independent source exception"* geschieht, sondern berücksichtigt den *Grad* dieses Zusammenhangs.[709] Dieser Zusammenhang wird nach der Anwendung der *„attenuated connection"* Ausnahme gemäß besonderer Umstände des konkreten Falls abgeschwächt, mit dem Ergebnis, dass das Beweismittel nicht mehr als ein rechtswidrig erlangtes angesehen werden kann.

Man kann infolgedessen von einer normativen Zerschlagung des Zusammenhangs zwischen Verfahrensfehler und mittelbarem Beweismittel sprechen, der zur Folge hat, dass kein *direkter* bzw. *normativer* Zusammenhang mehr zwischen Rechtsverletzung und Beweiserlangung besteht[710] und folglich ausnahmsweise eine sekundäre Beweiserlangung verwertbar sein kann. Die Wirkung dieser Ausnahme ist somit mit der Wirkung der *„inevitable discovery exception"* vergleichbar.[711]

Die Frage, ob ein sekundäres Beweismittel nicht mehr als Folge eines Verfassungsverstoßes betrachtet werden kann, wird von der Rechtsprechung unter Würdigung aller Umstände des Einzelfalls konkret beantwortet.[712] Große

---

708 „(The confession was) *sufficiently an act of free will to purge the primary taint of the unlawfull invasion (…). The fact that the statement was unsigned, whatever bearing this may have upon its weight and credibility, does not render it inadmissible; Wong Sun understood and adopted its substance, though he could not comprehend the English words. The petitioner has never suggested any impropriety in the interrogation itself which would require the exclusion of this statement.*" *Wong Sun v. U.S.*, 371 U.S. 471, 486, 491 (1963).

709 Vgl. Ambos, Beweisverwertungsverbote, S. 140.

710 Vgl. Ossenberg, Die Fernwirkung, S. 110; SK-*Rogall* §136 a, Rdn. 116; Rogall, Zur Theorie und Systematik, S. 133.

711 Vgl. Ossenberg, Die Fernwirkung, S. 110 f.; Rogall, Zur Theorie und Systematik, S. 132.

712 Vgl. Pitsch, Strafprozessuale Beweisverbote, S. 380; 407.

Schwierigkeiten bereitet die Frage der Bestimmung der normativen Kriterien, die einen Kausalzusammenhang abschwächen können bzw. nach dem nötigen Maßstab, um das erlangte Beweismittel nicht mehr als „*poisonous*" zu betrachten.

Obwohl bis heute die Kriterien für die Anwendung der Regel nicht völlig klar sind,[713] hat der *Supreme Court* im Fall *Brown v. Illinois*[714] versucht, durch die Festlegung der folgenden, normativen Faktoren entscheidende Kriterien für die praktische Anwendung der Ausnahme zu benennen: 1) der Zeitunterschied zwischen der rechtswidrigen Ermittlungshandlung und dem erlangten Beweismittel,[715] 2) das Vorhandensein von Einflussfaktoren, die einen Kausalzusammenhang abschwächen können,[716] und 3) der von der Polizei mit dem rechtswidrigen Verhalten verfolgte Zweck, wobei auch entscheidend ist, ob der Verstoß vorsätzlich oder fahrlässig ist. Eine Gesamtbetrachtung dieser Faktoren ermöglicht unter Berücksichtigung der besonderen Umstände des Einzelfalls eine angemessene Lösung.

Bei der Untersuchung, ob die Aussage eines Zeugen, der aufgrund einer illegalen Ermittlung aufgespürt wurde, verwertbar ist, spielt die Freiwilligkeit der Zeugenaussage eine wichtige Rolle. Wenn der Zeuge z. B. aus freien Stücken zur Polizei kommt, kann seine Aussage als verwertbar betrachtet werden.[717] Ein abgeschwächter Kausalzusammenhang liegt des Weiteren nahe, wenn ein Zeuge, der aufgrund einer unrechtmäßigen Suche gefunden wurde, zunächst völlig unkooperativ war, später aber seine Haltung ändert, um die nötigen Informationen freiwillig zu liefern: seine Aussage ist dann verwertbar.[718] Darüber hinaus können bestimmte Umstände zwischen der illegalen Ermittlungshandlung und der Vernehmung eine Abschwächung des Kausalzusammenhangs indizieren,[719] wie z. B. wenn die Aussage des Angeklagten oder seine Mitwirkung an der Durchführung einer

---

713 „*(T)he historical fruit of the poisonous tree doctrine (...) is not a bright-line doctrine*" Bransdorfer, Ind.L.J. 1987, 1061 (1081).

714 *Brown v. Illinois*, 422 U.S. 590, 603 f. (1975). S. auch: *Miles v. State*, 781 A.2d 787. 806 (Md. 2001); *U.S. v. Najjar*, 300 F. 3d 466, 477 (4th Cir. 2002). Vgl. Ossenberg, Die Fernwirkung, S. 112; Pitsch, Strafprozessuale Beweisverbote, S. 391.

715 *U.S. v. Ceccolini*, 435 U.S. 268, 269 (1978); *Brown v. Illinois*, 422 U.S. 590, 603–604 (1975). Dieser Faktor spielt aber keine entscheidende Rolle. In *U.S. v. Parker* 722 F. 2d 179 (1983) hat der *5th Circuit Court* entschieden, dass obwohl der Beschuldigte 5 Monate nach einer rechtswidrigen Durchsuchung gestanden hat, eine Fernwirkung zu bejahen ist. Für eine angemessene Entscheidung muss der Richter alle Fakten berücksichtigen.

716 *U.S. v. Ceccolini*, 435 U.S. 268, 276 f. (1978); *Hamilton v. Nix*, 781 F.2d 619 (8th Cir. 1985); *Dunaway v. New York*, 422 U.S. 200 (1979).

717 Vgl. Harris, StV 1991, 313 (316); *Wilkerson v. U.S.*, 432 A. 2d 730 (D.C. Court of Appeals 1981).

718 U.S. *v. Marder*, 474 F.2d 1192, 1196 (5th Cir.1973); *U.S. v. Parker*, 722 F. 2d 179 (5th Cir. 1983).

719 Vgl. Harris, StV 1991, 313 (316).

Hausdurchsuchung oder einer freiwilligen körperlichen Untersuchung auf eigene Initiative (sog. „*act of free will*") zurückgeführt werden kann.[720]

4. Weitere Einschränkungen

Der „*Supreme Court*" hat eine Unterscheidung hinsichtlich der Art der verletzten Regel vorgenommen; er unterscheidet zwischen Verfassungsrechten und sog. „*prophylactic rules*". Prophylaktische Regeln sind richterlich gestaltete Regeln, die ein verfassungsmäßiges Recht schützen, oder Verstöße gegen dieses Recht verhindern sollen.[721] Aufgrund solches Unterschiedes kann die Missachtung einer prophylaktischen Regel nicht *direkt* zu einer Verletzung eines verfassungsmäßigen Rechts führen.[722] Im Vergleich zu einem Verstoß gegen Verfassungsrechte führt die Verletzung einer „*prophylactic rule*" – die nur eine technische Verfahrensvorschrift ist – nur zum Ausschluss der primären Beweismittel, nicht aber der sekundären Beweiselemente.

Einer der wichtigsten (aber auch umstrittensten) Fälle eines Verstoßes gegen eine prophylaktische Regel ist die Verletzung von Belehrungspflichten (sog. „*Miranda warnings*"), die die Garantien des V *Amendment* gewährleisten.[723] Seit *Michigan v. Tucker*[724] hat der *Supreme Court* die Missachtung der „*Miranda warnings*" als einen „*technischen Verfahrensfehler*" bezeichnet, der relevante Folgen im Bereich der Verwendung der dadurch erlangten Beweismittel hat.

---

720 Vgl. Ossenberg, Die Fernwirkung, S. 113; Pitsch, Strafprozessuale Beweisverbote, S. 405. *Brown v. Illinois*, 422 U.S. 590, 603 (1975); *People v. Somersall*, 89 Cal. Rptr. 2d 449 – Cal: Court of Appeal, 1st Appellate Dist., 4th Div. (1999).

721 „*We will therefore first consider whether the police conduct complained of directly infringed upon respondent's right against compulsory self-incrimination or whether it instead violated only the prophylactic rules developed to protect that right.*" *Michigan v. Tucker*, 417 U.S. 433, 439 (1974). Vgl. Rogall, Zur Theorie und Systematik, S. 134.

722 *Oregon v. Elstad*, 470 U.S. 298, 309 (1985): „*If errors are made by law enforcement officers in administering the prophylactic Miranda procedures, they should not breed the same irremediable consequences as police infringement of the Fifth Amendment itself*"; *Brown v. Illinois*, 422 U.S. 590, 610 (1975): „*Those most readily identifiable are on the extremes: the flagrantly abusive violation of Fourth Amendment rights, on the one hand, and ‚technical' Fourth Amendment violations, on the other. In my view, these extremes call for significantly different judicial responses*".

723 „*Prior to any question, the person must be warned that he has a right to remain silent, that any statement he does make may be used as evidence against him, and that he has a right to the presence of an attorney, either retained or appointed.*" *Miranda v. Arizona*, 348 U.S. 436, 444 (1966); *U.S. v. Patane*, 542 U.S. 630, 636, 637. Vgl. *Oregon v. Elstad*, 470 U.S. 298, 307 (1985); Pitsch, Strafprozessuale Beweisverbote, S. 382. Ausführlich dazu: Salditt, GA 1992, 51 (59 ff.).

724 *Michigan v. Tucker*, 417 U.S. 433, 439 (1974). Vgl. Bransdorfer, Ind.L.J. 1987, 1061 (1079); Pitsch, Strafprozessuale Beweisverbote, S. 388.

Die Folgen einer solchen Verletzung müssen, auf die Verwendung von direkten und indirekten Beweismitteln bezogen, aufgrund ihres Rechtscharakters differenziert betrachtet werden. Bei den Verletzungen solcher Belehrungspflichten ist das Geständnis (primäres Beweismittel) im Prinzip nicht verwertbar.[725] Im Vergleich dazu verursache ihre Verletzung grundsätzlich keine Fernwirkung,[726] es sei denn, der *Miranda* Verstoß wurde von den Polizisten absichtlich herbeigeführt. Das wäre dann der Fall, wenn z. B. die Belehrungspflicht absichtlich unterlassen wurde, um ein zulässiges, zweites Geständnis zu erwirken.[727] Obgleich in einer relativ neuen Entscheidung[728] der *Supreme Court* die *„Miranda warnings"* nicht lediglich als *„prophylactic rule"*, sondern als *echtes* Verfassungsgebot bezeichnet hat, hat diese Bezeichnung die dargelegten eingeschränkten Folgen ihrer Verletzung bis heute nicht verändert.[729]

Laut der umstrittenen, im Fall *United States v. Leon*[730] zum ersten Mal vom *Supreme Court* anerkannten, *„good faith exception"* führt ein unabsichtlicher verfassungsrechtlicher Verstoß nicht zu einem Beweisverbot. Gemäß dieser Ausnahme darf ein von den Ermittlungsbehörden erlangtes primäres und sekundäres Beweismittel nicht ausgeschlossen werden, wenn die Polizeibeamten ehrlich, angemessen und in gutem Glauben handelten[731]. Konkret hat das Oberste Gericht diese Regel u.a. bei der Erlangung eines Beweismittels mit Hilfe eines richterlich angeordneten

725 Es sei denn es handelt sich um eine Spontanäußerung oder sonstige Mitteilungen ohne Vernehmungscharakter. Vgl. *Miranda v. Arizona*, 348 U.S. 436, 478 (1966); Pitler, Cal. L. Rev. 1968, 579 (585, 611 ff.); Pitsch, Strafprozessuale Beweisverbote, S. 383; Salditt, GA 1992, 51 (55 ff.).

726 *Wong Sun v. United States* 371 U.S. 471, 486 ff. (1963); *Brown v. Illinois*, 422 U.S. 590, 603 f. (1975); *New York v. Quarles* 467 U.S. 649 (1984); *Dunaway v. New York* 442 U.S. 200, 218 f. (1979). Vgl. ders., GA 1992, 51 (59 ff.). Kritisch dazu ders., GA 1992, 51 (72 f.).

727 Vgl. Alschuler, Iowa L. Rev. 2008, 1741 (1803); Ossenberg, Die Fernwirkung, S. 99. In diesem Sinne: *U.S. v. Cassell*, 452 F. 2d 533 (1971); *U.S. v. Cannon*, 529 F. 2d 890 (1976); *Massachusetts v. White*, 436 U.S. 925 (1978); *Michigan v. Tucker*, 417 U.S. 433, 449–451 (1974); *Oregon v. Elstad*, 470 U.S. 298, 307 (1985); *Missouri v. Seibert*, 542 U.S. 600, 622 (2004); *New Jersey v. Portash*, 440 U.S. 450, 458–459 (1979); *U.S. v. Patane*, 542 U.S. 630, 642 (2004).

728 *Dickerson v. U.S.*, 530 U.S. 428, 446 (2000).

729 Nach einer Unterlassung der *Miranda warnings „there is therefore no reason to apply the ‚fruit of the poisonous tree'* doctrine" *U.S. v. Patane*, 542 U.S. 630, 642 (2004). Über die negativen Folgen dieser Argumentation vgl. *U.S. v. Downing*, 665 F. 2d 404, 409 n.5. (1st Cir. 1981) „(t)*he possibility of obtaining admissible derivative evidence would seem to remove much of the incentive for police to follow the dictates of Miranda*".

730 468 U.S. 897 (1984).

731 *U.S. v. Leon*, 468 U.S. 897 (1984); *People v. Gorg*, 45 Cal.2d 776, 783 (1955); *U.S. v. O´Brien*, 174 F. 2d 371 (7th Cir. 1949); *Massachusetts v. Sheppard*, 468 U.S. 981 (1984). Vgl. Bradley, GA 1999, 99 (101); Ossenberg, Die Fernwirkung, S. 94.

Durchsuchungsbeschluss, der trotz mangelhaften Tatverdachts bewilligt wurde,[732] sowie bei Tippfehlern in einem Dursuchungsbefehl, angewendet.[733]

Als Argument für das Vorhandensein der bereits genannten Ausnahme hat der *Supreme Court* in verschiedenen Entscheidungen festgehalten, dass die Disziplinierung der Ermittlungsorgane als Zweck der *„exclusionary rule"* im Falle eines unabsichtlichen Verfahrensverstoßes nicht nötig wäre.[734]

Die *„good faith exception"* ist ein klares Beispiel, um zu zeigen, dass die Gerichte nicht mechanisch die *„exclusionary rule"* bzw. die *„fruits of the poisonous tree doctrine"* verwenden. Vielmehr werden diese Regeln in einem Kontext betrachtet, in dem die verschiedenen Güter und Interessen gegeneinander abgewogen werden.[735] Der gute Glaube der Polizisten indiziert ein gemindertes Handlungsunrecht seitens der Polizei. Die Betrachtung und Würdigung dieses Umstandes spiegelt sich in einem Mangel an Disziplinierungsbedürfnis wider, der eine Ablehnung des Verwertungsverbots herbeiführen kann.[736]

C. Zwischenergebnis

Trotz des offensichtlichen Unterschieds zwischen der dogmatisch-orientierten kontinental-europäischen Tradition und dem von richterlichen Entscheidungen dominierten Common Law-Modell stellt das US-amerikanische Recht ein wichtiges

---

732 *U.S. v. Leon*, 468 U.S. 897, 924 (1984). Vgl. Pitsch, Strafprozessuale Beweisverbote, S. 381; Rogall, Zur Theorie und Systematik, S. 124 f.

733 *Massachusetts v. Sheppard*, 468 U.S. 981 (1984). Problematisch ist allerdings die grenzenlose Annahme dieser Ausnahme. Solche Art von Heilung richterlicher Fehler kann dazu führen, dass die Anordnungsurkunden nicht so sorgfältig überprüft werden können, wie es notwendig wäre. Dazu: *Nix v. Williams*, 467 U.S. 431, 445 f. (1984); Golden, B.Y.U. Journal of public law 1998, 97 (101); Harris, StV 1991, 313 (314).

734 *„The deterrent purpose of the exclusionary rule necessarily assumes that the police have engaged in willful, or at the very least negligent, conduct which has deprived the defendant of some right. By refusing to admit evidence gained as a result of such conduct, the courts hope to instill in those particular investigating officers, or in their future counterparts, a greater degree of care toward the rights of an accused. Where the official action was pursued in complete good faith, however, the deterrence rationale loses much of its force." Michigan v. Tucker,* 417 U.S. 433, 447 (1974)*; U.S. v. Peltier,* 422 U.S. 531, 539. Vgl. *U.S. v. Leon,* 468 U.S. 897, 926 (1984); *Massachusetts v. Sheppard,* 498 U.S. 981 (1984). Vgl. Harris, StV 1991, 313 (314); Pitsch, Strafprozessuale Beweisverbote, S. 381.

735 *„Our cases have consistently recognized that unbending application of the exclusionary sanction to enforce ideals of governmental rectitude would impede unacceptably the truth-finding functions of judge and jury" U.S. v. Leon,* 468 U.S. 897, 907 f. (1984).

736 *U.S. v. Leon,* 468 U.S. 897, 908 (1984): *„Particularly when law enforcement officers have acted in objective good faith or their transgressions have been minor, the magnitude of the benefit conferred on such guilty defendants offends basic concepts of the criminal justice system."* Vgl. *Stone v. Powell,* 428 US 465, 490 (1976).

Kernstück für die Entwicklung der Beweisverbotslehre und insbesondere für die Fernwirkungsproblematik im chilenischen und deutschen Recht dar.[737]

Im US-amerikanischen Strafverfahren wurden die Verwertungsverbote in Form einer Ausschlussregel vor allem durch die Rechtsprechung des *Supreme Courts* geschaffen. Beim Ausschlussregelsystem handelt es sich um ein verfassungsrechtlich dominiertes Modell, bei dem der Richter rein formal prüft, ob eine Verfassungsgarantie verletzt wurde.[738] Die entscheidenden Kriterien für die Bestimmung eines Verwertungsverbots leiten sich also aus den Verfassungsgarantien ab, ihr Inhalt wird demnach *direkt* von der Verfassung bestimmt. Einen Unterschied zwischen selbständigen und unselbständigen Verwertungsverboten[739] kennt das US-amerikanischen Recht nicht: dort sind folglich alle Verwertungsverbote unselbständig.[740]

Die seit mehr als einem Jahrhundert durchgehend stattfindende Anwendung einer Ausschlussregel im US-amerikanischen Recht hat bewiesen, dass durch den Ausschluss von unmittelbaren und mittelbaren Beweismitteln, die durch Verletzung der *Amendments* IV, V, VI oder XIV erlangt wurden, keine Gefahr einer Lahmlegung des Strafverfahrens ausgeht.[741] In der Hinsicht zeigen statistische Analysen, dass es durch die Wirkung der Ausschlussregel in der Praxis bei nur ca. 1% bis maximal 7% der Fälle, in denen solche Regel angewendet wurde, zu einer Einstellung des Strafverfahrens kommt.[742]

In einem Anklageprozess wie das des US-amerikanischen Systems, indem sich die Beschuldigten und die Ermittlungsbeamten als Parteien gegenüberstehen und die Polizisten nicht zur Objektivität verpflichtet sind, lässt sich die Disziplinierung der Ermittlungsorgane durch den Ausschluss von verfassungswidrig erlangten Beweismitteln als Funktion der *„exclusionary rule“* erklären. Der Disziplinierungszweck ist heutzutage der wichtigste, wenn nicht sogar der einzige Zweck der Ausschlussregel im US-amerikanischen Recht.

Diese Funktion führt – theoretisch – zu einem generalpräventiven Zweck, der direkt über die Strafverfolgungsbehörden wirkt.[743] Da die Regel allerdings keine

737 Der Ursprung dieser Beziehung im Rahmen der deutschen Beweisverbotslehre kann möglicherweise in der Dissertation von Sendler, Die Verwertung rechtswidrig erlangter Beweismittel im Strafprozeß mit Berücksichtigung des anglo-amerikanischen und des französischen Rechts, sowie im Gutachten von Mueller, (Mueller, Verhandlungen des 46. Deutschen Juristentages, Band I, S. 35 ff.) für den 46. Deutschen Juristentag Verhandlungen aus dem Jahr 1966 gefunden werden. Im chilenischen Recht spielt die Betrachtung des US-amerikanischen Rechts für die Feststellung der Fernwirkung von Beweisverboten seitens der Lehre und Rechtsprechung seit dem Inkrafttreten des CPP eine wesentliche Rolle. S. Kap. 5.

738 Vgl. Rogall, Zur Theorie und Systematik, S. 136.

739 S. Kap. 1. A.

740 Zutreffend: Rogall, Zur Theorie und Systematik, S. 136 f.

741 S. Kap. 4. B. Vgl. Pitsch, Strafprozessuale Beweisverbote, S. 373; 414.

742 Vgl. Harris, StV 1991, 313 (314 fn. 12); Israel / Kamisar / Kerr / King / Lafave, Modern criminal procedure, S. 226, Fn. 6; Ossenberg, Die Fernwirkung, S. 89.

743 S. Kap. 1. B. II.

direkte Sanktion gegen den einzelnen Beamten aufgrund seines rechtswidrigen Verhaltens zur Folge hat,[744] sondern zum Ausschluss des Beweismittels in einem Strafverfahren führt, ist nicht sicher nachzuweisen, ob ein Beweisverbot wirklich einen nachprüfbaren Disziplinierungseffekt in den Strafverfolgungsbeamten hat.[745] Aufgrund der fehlenden unmittelbaren Wirkung der Regel auf die Ermittlungsorgane erscheint es schwierig, festzustellen, ob der Ausschluss von rechtswidrig erlangten Beweismitteln überhaupt einen Einfluss auf die Polizei haben könnte bzw. ob die Disziplinierung der Polizisten als Ziel eigentlich erreicht werden kann.[746] Laut der Untersuchungen von *Oaks*, mehr als ein Jahrhundert nach der Einführung der *„exclusionary rule"*, gibt es keine überzeugenden Anhaltspunkte, um die sachliche Prämisse der *„deterrence"* Wirkung zu bestätigen.[747]

Die Wirkung der Ausschlussregel im US-amerikanischen Recht umfasst aber nicht nur eine negative Dimension im Sinne der dargestellten Abschreckung der Polizisten, neue rechtswidrige Handlungen zu begehen, sondern schließt auch gleichzeitig eine normstabilisierende Funktion mit ein. Ein Ausschluss von verfassungswidrig erlangten Beweismitteln wirkt auch als eine erneute Bekräftigung der Geltung der Norm, die durch den polizeilichen Verstoß in Frage gestellt wird. Indem die verfassungsrechtlichen Garantien, die durch die rechtswidrige Handlung der Ermittlungsorgane gefährdet sind, durch die Ausschlussregel stabilisiert und geschützt werden, wird das Vertrauen der Gesellschaft in die Geltung der Rechtsordnung gestärkt.[748]

Der *Supreme Court* hat in der Gestaltung des Systems verdeutlicht, dass die *„exclusionary rule"* nicht wahllos angewendet werden kann.[749] Vielmehr kommt

---

744 Chief Justice *Burger, dissenting* in *Bivens v. Six Unknown Named Agents*, 403 U.S. 388, 416 (1971).

745 Auch in diesem Sinne: Herrmann, FS Jescheck, S. 1301; Oaks, U. Chi. L. Rev. 1970, 665 (665). Sogar der *Supreme Court* teilt diese Zweifel an der empirischen Existenz eines Disziplinierungszwecks: *„(n)o empirical researcher, proponent or opponent of the rule, has yet been able to establish with any assurance whether the rule has a deterrent effect."* *U.S. v. Leon*, 468 U.S. 897, 918 (1984). Vgl. *U.S. v. Janis*, 428 U.S. 433, 453 (1976); *Elkins v. U.S.*, 364 U.S. 206, 218 (1960).

746 Vgl. Harris, StV 1991, 313 (314); Ossenberg, Die Fernwirkung, S. 78.

747 Vgl. Oaks, U. Chi. L. Rev. 1970, 665 (672, 755). Daher hat z. B. Posner, Wash.L.Rev. 1982, 635 (635 ff.) nach einer ökonomischen Analyse des Rechts vorgeschlagen, die uneffektive *„exclusionary rule"* durch einen Schadensersatzanspruch zugunsten der Opfer der Grundrechtsverletzung zu ersetzen.

748 S. Kap. 1. B. VI. Vgl. Rogall, Zur Theorie und Systematik, S. 136.

749 *„Despite its broad deterrent purpose, the exclusionary rule has never been interpreted to proscribe the use of illegally seized evidence in all proceedings or against all persons. As with any remedial device, the application of the rule has been restricted to those areas where its remedial objectives are thought most efficaciously served."* *U.S. v. Calandra*, 414 U.S. 338, 348 (1974). Vgl. *U.S. v. Leon*, 468 U.S. 897, 908 (1984); *U.S. v. Janis*, 428 U.S. 433, 447 (1976); *Stone v. Powell*, 428 U.S. 465, 486 f. (1976).

ihre Anwendung dann in Betracht, wenn es notwendiger erscheint, die Strafverfolgungsbeamten abzuschrecken, als das Beweismittel im Prozess zu verwenden. Wie Richter *Stone* in *Maguire v. United States* festhielt: „*(a) criminal prosecution is more than a game in which the Government may be checkmated and the game lost merely because its officers have not played according to the rule*".[750]

Die historische Entwicklung sowie die komplexe Regulierung der „*fruits*" Doktrin zeigen, dass die Lösung des Problems nicht in einer absoluten und überall gültigen Regel zu finden ist; vielmehr müssen die verschiedenen, gegenläufigen Interessen für eine angemessene Entscheidung berücksichtigt werden.[751] Bei der richterlichen Anwendung der „*exclusionary rule*" kommen folglich neben dem Schutz von Verfassungsgarantien andere soziale Betrachtungen, wie die Interessen der Gesellschaft an einer Verurteilung des Schuldigen[752] und die Funktionstüchtigkeit der Strafrechtspflege,[753] die im konkreten Fall berücksichtigt werden müssen, in Betracht. In diesem Sinne hat der *Supreme Court* in seiner Rechtsprechung mittels des schon dargestellten Systems versucht, eine angemessene Lösung bezüglich der Fernwirkungsproblematik zu finden: eine Lösung, die einerseits einen wirksamen Schutz der Grundrechte sichert, und gleichzeitig das Interesse der Gesellschaft an einer effektiven Verbrechensbekämpfung aufrechterhält.[754]

Eine uneingeschränkte Fernwirkung wäre daher nicht in der Lage, die Stabilisierung von Normen als staatliche Pflicht zu bewirken: das geschieht lediglich durch die oben genannten Korrekturen des Fernwirkungsgrundsatzes, die eine funktionstüchtige Strafverfolgung gewährleisten und daher einer Funktion außerhalb des Disziplinierungszecks dienen.

Die Betrachtung der Fernwirkung im US-amerikanischen Recht durch die „*fruit of the poisonous tree*" Doktrin kann, wie *Ambos* zurecht betont hat, als eine Vermutung von Unverwertbarkeit angesehen werden: eine Vermutung, die durch die schon genannten Ausnahmen widerlegbar ist.[755]

---

750 *McGuire v. U.S.*, 273 U.S. 95, 99 (1927).

751 Vgl. Pitsch, Strafprozessuale Beweisverbote, S. 391.

752 Vgl. Pitler, Cal. L. Rev. 1968, 579 (586).

753 In Worten von Richter *Wright*: „*(...) we cannot ignore the public safety in our attempt to correct police wrongdoing. (...) Doubtless, (the exclusionary rule) would be a most effective deterrent to illegal interrogations, but the cost to the public is too great.*" *Killough v. U.S.*, 315 F. 2d 241, 249 (D.C. Cir. 1962) concurring position.

754 „*Any claim for the exclusion of evidence logically relevant in criminal prosecutions is heavily handicapped. It must be justified by an overriding public policy expressed in the Constitution or the law of the land. In a problem such as that before us now, two opposing concerns must be harmonized: on the one hand, the stern enforcement of the criminal law; on the other, protection of that realm of privacy left free by Constitution and laws but capable of infringement either through zeal or design.*" *Nardone v. U.S.*, 308 U.S. 338, 340 (1939). Vgl. Harris, StV 1991, 313 (313).

755 Vgl. Ambos, Beweisverwertungsverbote, S. 146.

Die bereits erwähnten Ausnahmen der *„fruits"* Doktrin beruhen nicht nur auf der Prüfung des Kausalzusammenhangs zwischen einer rechtswidrigen Ermittlungshandlung und dem mittelbar erlangten Beweismittel, sondern auch auf normativen Einschränkungen, die auf einen doch bestehenden Zusammenhang wirken.[756] Die Berücksichtigung normativer Kriterien führt zu einer Optimierung der richterlichen Entscheidungen, indem die unterschiedlichen Interessen in Betracht gezogen werden.[757]

Solche normativen Komponenten, die die Ausnahmen der Fernwirkung bilden, zeigen nicht nur eine Entfernung von einer rein kausalnaturalistischen Denkweise sondern offenbaren auch eine unvermeidbare Rücksichtnahme bei der Entscheidung über den Ausschluss von sekundären Beweiselementen auf an sich gegenläufige Interessen, die auch in Deutschland und Chile zu berücksichtigen sind: das Interesse der Gesellschaft an einer effizienten Strafverfolgung und die Interessen des Beschuldigten an der Wahrung seiner Rechtssphäre.[758]

---

756 Zutreffend: Wohlers, FS Wolter, S. 1190 f. S. Kap. 4. C. V. 1.

757 Vgl. Rogall, Zur Theorie und Systematik, S. 137.

758 S. Kap. 1. B. VI.

Kapitel 4. Die Fernwirkung der Beweisverbote im deutschen Strafprozessrecht

A. Abgrenzung des Problems und Grundlagen für die Feststellung von Fernwirkungsfällen

Im Rahmen der Beweisverbotslehre werden nicht nur Kriterien zur Feststellung eines durch einen Verfahrensfehler direkt ausgelösten Verwertungsverbots, sondern auch verschiedene damit zusammenhängende Probleme, die vor allem die Reichweite und die zeitliche Dimension der Verwertungsverbote betreffen, intensiv diskutiert. Insofern ist die Untersuchung einer möglichen Fern-, Fort- und Frühwirkung von Beweisverwertungsverboten für eine ausführliche Erforschung einer Beweisverbotslehre, die alle ihre Aspekte umfasst, von großer Wichtigkeit.

Aufgrund der Komplexität, die die Untersuchung der Reichweite und der zeitlichen Dimension der Beweisverbote aufweist, ist es erforderlich, die verschiedenen Fragen voneinander zu trennen, um den Forschungsgegenstand konkret zu bestimmen und zu beschränken. Nur so kann eine adäquate Lösung für jedes spezifische Problem gefunden werden.[759] Zunächst müssen demnach die Bedeutung und Abgrenzung der verschiedenen Begriffe analysiert werden, die sich auf die Reichweite und die zeitliche Dimension der Verwertungsverbote beziehen.[760]

I. Die Fernwirkung der Beweisverwertungsverbote im engen und weiten Sinne

Bezüglich der Definition des Fernwirkungsbegriffs herrscht in der deutschen Literatur keine Übereinstimmung. Man unterscheidet diesbezüglich zwei Gruppen von Autoren: diejenigen, die einen engen Fernwirkungsbegriff vorschlagen und diejenigen, die diesen Begriff in einem weiten Sinne auslegen.

Wenn man die Fernwirkung von Beweisverwertungsverboten eng auslegt, dann geht es um die Frage, ob die Beweismittel, die aufgrund eines unverwertbaren

---

759 Zutreffend: Hengstenberg, Frühwirkung, S. 17; Kelnhofer, Hypothetische Ermittlungsverläufe, S. 263.

760 Ausführlich zur Terminologie bezüglich der Fern-, Fort-, und Frühwirkung der Beweisverwertungsverbote s. LR-*Gössel* Einl. Abschn. L, Rdn. 171 ff.; Hengstenberg, Frühwirkung, S. 12 ff.; Jahn, Gutachten, C 90 f; Pitsch, Strafprozessuale Beweisverbote, S. 85 ff.; 94 f.; 104 f.

Beweises erlangt wurden, ebenfalls einem Verwertungsverbot unterliegen oder nicht.[761, 762] Es geht somit um Reichweite der Beweisverwertungsverbote.[763]

Ein klassisches Beispiel für ein enges Verständnis des Fernwirkungsbegriffs liegt vor, wenn der Beschuldigte als Folge von verbotenen Vernehmungsmethoden (gemäß § 136 a Abs. 1 StPO) der Polizei Auskunft über Zeugen der Straftat preisgibt. Obwohl nicht umstritten ist, dass die Aussage selbst gemäß § 136 a Abs. 1 S. 2 StPO unverwertbar ist, ist fraglich, ob die aufgrund der Anwendung von verbotenen Vernehmungsmethoden gefundenen Beweismittel (Zeugenbeweis) folglich ebenso unverwertbar sind.

Ein kleinerer Teil der Lehre schlägt einen weiter gefassten Fernwirkungsbegriff vor. Ihrer Ansicht nach behandelt der Begriff die Frage, ob ein unverwertbares Beweismittel zur Bildung eines Anfangsverdachts führen und damit einen Ausgangspunkt für weitere Ermittlungen begründen kann.[764]

Wenn man die Fernwirkungsproblematik genau untersuchen möchte, sind diese beiden unterschiedlichen Auffassungen des Fernwirkungsbegriffs sicher nicht von Vorteil. Da der Begriff „Fernwirkung“ der wichtigste Gegenstand dieser Arbeit ist, ist die präzise Bestimmung seiner Bedeutung und seines Umfangs von höchster Relevanz.

Ein enger Fernwirkungsbegriff steht im Einklang mit der allgemeinen sprachlichen Bedeutung des Begriffs: Es handelt sich um ein Verwertungsverbot, das „in die Ferne wirkt“. In diesen Situationen geht die Wirkung des Verwertungsverbots über seinen unmittelbaren Anwendungsbereich hinaus und umfasst auch die nachstehenden, dadurch gewonnenen Beweiselemente.[765]

Beim Fernwirkungsbegriff im weiteren Sinne geht es hingegen um ein darüberhinausgehendes Phänomen. Gemeint ist die Frage der Tauglichkeit eines spezifischen Beweismittels, um einen Anfangsverdacht zu begründen

---

761 In diesem Sinne: LR-*Gössel* Einl. Abschn. L, Rdn. 172; Gössel, GA 1991, 483 (510); Hengstenberg, Frühwirkung, S. 13; 21; Jahn, Gutachten, C 91 f.; Kelnhofer, Hypothetische Ermittlungsverläufe, S. 263; Lesch, FS Volk, S. 319; Pitsch, Strafprozessuale Beweisverbote, S. 89; Rogall, JZ 2008, 818 (826); Wohlers, FS Wolter, S. 1183.

762 Als Vertreter eines weiten Fernwirkungsbegriffs hat Hefendehl, wistra 2003, 1 (3) für die Bezeichnung dieses Problems den Ausdruck „Nachwirkung“ verwendet.

763 In diesem Sinne: Hofmann, JuS 1992, 587 (593); Kindhäuser, Strafprozessrecht, § 23 Rdn. 38; Lesch, FS Volk, S. 319; Pitsch, Strafprozessuale Beweisverbote, S. 88; Reinecke, Die Fernwirkung, S. 44; SK-*Rogall* § 136 a, Rdn. 109; Rogall, JZ 2008, 818 (827); ders., JZ 1996, 944 (948); ders., Zur Theorie und Systematik, S. 157; Störmer, Dogmatische Grundlagen, S. 236; Wohlers, FS Wolter, S. 1198; Wolter, NStZ 1984, 276 (276). Auch: Jäger, GA 2008, 473 (496), der allerdings diese Situationen als „Fernwirkung in eigentlichem Sinne“ bezeichnet.

764 In diesem Sinne: Amelung, NJW 1991, 2533 (2539); LR-*Beulke* § 152 Rdn. 27; Hefendehl, wistra 2003, 1 (3); Lohberger, FS Hanack, S. 274.

765 Vgl. Ambos, Beweisverwertungsverbote, S. 128; Hengstenberg, Frühwirkung, S. 17 f.; Pitsch, Strafprozessuale Beweisverbote, S. 89; Reinecke, Die Fernwirkung, S. 44.

(Stichwort: „Spurenansatz"), was im Konkreten ausschließlich die Reichweite des direkt durch den Verfahrensfehler betroffenen Beweismittels umfasst.[766] Von einer „Wirkung in die Ferne", die die Grenzen der unmittelbaren Beweismittel überschreitet, kann nicht die Rede sein.

Lediglich der enge Fernwirkungsbegriff ermöglicht eine genaue Abgrenzung der Problemstellung und bringt eine größere Rechtssicherheit mit sich. Im Gegensatz dazu gehört die Frage, ob ein unverwertbares Beweismittel einen Anfangsverdacht begründen kann, im Grunde genommen nicht zur Fernwirkungsproblematik, sondern vielmehr zu einem anderen Problembereich: Nämlich zu dem der Frühwirkung von Beweisverboten.[767]

Gegenstand dieser Arbeit kann somit nur die Untersuchung der Fernwirkung von Beweisverboten im engen Sinne sein. Wo immer der Begriff der Fernwirkung von Beweisverwertungsverboten in dieser Dissertation auftaucht, ist nur die ganz spezifische Fragestellung der Verwertbarkeit oder Unverwertbarkeit von Beweismitteln gemeint, die aufgrund eines unverwertbaren Beweismittels erlangt wurden. Andere, ähnliche Begriffe – wie vor allem die der „Fortwirkung" und „Frühwirkung" – sind nicht direkter Gegenstand dieser Arbeit und werden nur analysiert, soweit sie für die vorliegende Untersuchung nützlich sind.[768]

II. „Unmittelbare/primäre" und „mittelbare/sekundäre" Beweismittel

Eng verbunden mit dem oben dargestellten engen Fernwirkungsbegriff sind die Unterscheidungen der „unmittelbaren/primären" und „mittelbaren/sekundären" Beweismittel.

Zunächst muss man klarstellen, dass die Begriffspaare „unmittelbare/primäre" bzw. „mittelbare/sekundäre" jeweils Synonyme sind und in der vorliegenden Arbeit ohne Unterschied benutzt werden. Als unmittelbares oder primäres Beweismittel bezeichnet man ein Beweiselement, das zum einen – innerhalb der unselbständigen Beweisverwertungsverbote [769] – eine direkte Folge einer unzulässigen Beweisgewinnung ist, oder das zum anderen – bei den selbständigen Beweisverwertungsverboten[770] – aus anderen Gründen unabhängig von einem vorherigen Verstoß gegen ein Beweiserhebungsverbot unverwertbar ist. Als mittelbarer oder

766 Vgl. Hengstenberg, Frühwirkung, S. 18; Kelnhofer, Hypothetische Ermittlungsverläufe, S. 263.
767 S. Kap. 4. A. IV.
768 Z. B. ist die Frage nach der Heilung von Verfahrensfehlern, sowohl für die Untersuchung der Fernwirkung als auch für die Untersuchung der Fortwirkung von Beweisverboten, von großer Bedeutung. S. ausführlich Kap. 8.
769 S. Kap. 1. A.
770 S. Kap. 1. A.

sekundärer Beweis bezeichnet man hingegen die Beweiselemente, die erst aufgrund eines unverwertbaren Beweisergebnisses gewonnen wurden.[771]

Wenn man eine Fernwirkung von Verwertungsverboten ablehnt, ist das sekundäre Beweismittel – trotz der Unverwertbarkeit des primären Beweismittels – verwertbar. Wenn im Gegensatz dazu eine Fernwirkung bejaht wird, ist sowohl der sekundäre als auch der primäre Beweis – unverwertbar.

Die Begriffe „unmittelbarer/mittelbarer" bzw. „primärer/sekundärer" Beweis weisen auf die Existenz eines Zusammenhangs zwischen beiden Beweiselementen hin, wonach sich die Erlangung eines mittelbaren Beweismittels kausal aus einem (unverwertbaren) unmittelbaren Beweiselement ableitet. Die Kriterien, die für die Bestimmung dieses Zusammenhangs herangezogen werden, werden ausführlich in Kapitel 6 dargestellt.

III. Die Fortwirkung von Beweisverwertungsverboten

Von der Fernwirkung im engen Sinne ist die Fortwirkung von Beweisverwertungsverboten zu unterscheiden. Dieser Begriff bezieht sich auf die Verwertbarkeit eines Beweismittels, das bei einer früheren Beweisgewinnung aufgrund eines begangenen Verfahrensfehlers erlangt wurde und sich auf eine neue, rechtmäßige Beweisgewinnung auswirkt.[772]

Bei der Fortwirkung von Beweisverboten handelt es sich um ein Problem, das die zeitliche Dimension der Beweisverbotslehre betrifft.[773] Die Fortwirkung ist im Wesentlichen bei der Erhebung von persönlichen Beweismitteln zu untersuchen.[774]

Im Rahmen der Fortwirkungsfrage lässt sich als Beispiel der Fall anführen, wonach eine gegen § 136 a Abs. 1 StPO verstoßende, erfolgte Aussage, rechtmäßig (also ohne Anwendung von verbotenen Vernehmungsmethoden) wiederholt wird. Fraglich ist hier, ob die erneute Vernehmung eines Beschuldigten, bei der keine verbotene Vernehmungsmethode mehr vorliegt, das Verhalten des Beschuldigten aber noch beeinflusst, verwertbar ist oder nicht.

---

771 Vgl. Lesch, FS Volk, S. 319; Pitsch, Strafprozessuale Beweisverbote, S. 85 ff.; Reinecke, Die Fernwirkung, S. 44 f.; Rogall, JZ 2008, 818 (826); ders., JZ 1996, 944 (948).

772 Vgl. Alsberg / Nüse / Dallmeyer, Beweisantrag, Rdn. 911; Hengstenberg, Frühwirkung, S. 21; Jahn, Gutachten, C 90; Meyer-Goßner / Schmitt, Strafprozessordnung, Einl. Rdn. 57 a; Murmann, Strafprozessrecht, Rdn. 251; Weigend, StV 2003, 436 (436). Zur Fortwirkung der Beweisverbote, S. Kap. 4. A. III.

773 Vgl. Rogall, JZ 2008, 818 (826).

774 Vgl. BGHSt 37, 54; 35, 328 (331); 27, 358 f.; 17, 367 f.; BGH NJW 1995, 2047; LG Frankfurt StV 2003, 325 (326); LG Dortmund NStZ 1997, 356; LG Bad Kreuznach StV 94, 293 (294); AG München StV 2001, 501.

IV. Die Frühwirkung von Beweisverwertungsverboten

Wenig Klarheit gibt es auch bei der Bestimmung des Begriffs „Frühwirkung“ von Beweisverwertungsverboten, einer neuen Kategorie, die von der Lehre bisher kaum diskutiert wird.[775]

Unter diesem Begriff behandeln einige Autoren[776] die Frage, ob ein Beweisverwertungsverbot bereits abwendet, dass das betroffene Beweismittel einer Verdachtsbeurteilung zugrunde gelegt werden darf. Danach umfasst die Frühwirkung von Beweisverboten zunächst Entscheidungen, die in anderen Verfahrensstadien des bereits anhängigen Verfahrens getroffen werden müssen, sowie diejenigen, die einen Anfangsverdacht zur Ermittlung einer anderen Tat begründen.

Die Frühwirkung von Beweisverwertungsverboten betrifft in diesem weiteren Sinne somit u.a. ein allgemeines Problem des zeitlichen Umfangs der Beweisverbotslehre und zwar die Rechtzeitigkeit des Ausschlusses von Beweisverwertungsverboten, ein Thema, das bereits ausführlich in Kapitel 1. E dargestellt wurde.

Unter „Frühwirkung von Beweisverboten im engen Sinne“ (auch „Vorauswirkung von Beweisverwertungsverboten“[777] oder „Fernwirkung bezogen auf neu einzuleitende Strafverfahren“[778]) versteht man die spezifische Frage, ob Tatsachen, die einem Verwertungsverbot im bereits anhängigen Verfahren unterliegen, zur Begründung eines Anfangsverdachts herangezogen werden dürfen.[779] In diesem Sinne hat der Begriff „Frühwirkung“ denselben Inhalt wie der der Fernwirkung im weiteren Sinne.

Im Rahmen des eng gefassten Frühwirkungsbegriffs wird hingegen ausschließlich die Wirkung eines Verwertungsverbots in anderen als dem vorliegenden Verfahren analysiert. Andere Fragen – wie diejenige nach der Rechtzeitigkeit des Beweisausschlusses -, die im Grunde genommen zu einem anderen Problembereich gehören, sind somit von der spezifischen Frage der Frühwirkung der Beweisverbote ausgeschlossen. Das spricht für die Verwendung eines engen anstatt eines weiteren Frühwirkungsbegriffs.

B. Die Fernwirkung der Beweisverwertungsverbote in der deutschen Rechtsprechung

Dieses Kapitel widmet sich der Rechtsprechung bezüglich der Fernwirkung von Beweisverwertungsverboten in der Bundesrepublik Deutschland. Gegenstand

775 Ausführlich dazu nur Hengstenberg, Frühwirkung, passim.

776 Vgl. ders., Frühwirkung, S. 21; 29 ff.; 135 ff. Ähnlich: Meyer-Goßner / Schmitt, Strafprozessordnung, Einl. Rdn. 57 e.

777 Hefendehl, wistra 2003, 1 (3); SSW-*Beulke*, Einl. Rdn. 268. Kritisch dazu: Hengstenberg, Frühwirkung, S. 19 f.

778 Jahn, Gutachten, C 95.

779 ders., Gutachten, C 95.

dieses Kapitels sind ausschließlich Entscheidungen, die sich auf Fernwirkungsfälle im engeren Sinne beziehen. Folglich sind Entscheidungen, die sich auf eine Fernwirkung im weiten Sinne erstrecken,[780] von der hiesigen Analyse ausgeschlossen. Die Untersuchung befasst sich anfangs mit den (wenigen) Urteilen des BGH, die sich mit der Fernwirkung im engeren Sinne beschäftigen. Anschließend werden die Urteile der Instanzgerichte und des BVerfG zum selben Thema behandelt.

In diesem Zusammenhang ist interessant festzustellen, dass die erste Entscheidung des obersten Gerichts der Bundesrepublik Deutschland auf dem Gebiet der ordentlichen Gerichtsbarkeit dieser Art erst 1980 verkündet wurde, also mehr als 60 Jahre nach der Entwicklung der „*fruit of the poisonous tree doctrine*" des US-amerikanischen *Supreme Court*[781] und als die dogmatische Entwicklung des Themas in der deutschen Literatur bereits ein beachtliches Niveau erreicht hatte. Obwohl in den 1980er Jahren der BGH insgesamt drei Entscheidungen zu diesem Thema gefällt hat, wurden in den darauffolgenden 25 Jahren lediglich zwei Urteile zur Fernwirkung verkündet, was allerdings das wissenschaftliche Interesse an dem Thema nicht gemindert hat.[782]

Obwohl es zu diesem Thema mehr Entscheidungen der Instanzgerichte als des BGH gibt, enthalten die meisten von ihnen keine Begründung für eine Bejahung[783] oder Verneinung[784] einer Verwertung von mittelbaren Beweisergebnissen, die aufgrund eines Rechtsverstoß erlangt wurden, bzw. reproduzieren lediglich die Stellungnahme des BGH, ohne Berücksichtigung der erheblichen Kritik, die dem BGH von der vorherrschenden Meinung[785] entgegengebracht wird.

---

780 Es handelt sich bei BGHSt 35, 32 ff. und 22, 129 ff. – wie Dörig, NStZ 1988, 143 (143) unzutreffend behauptet – sowie BGHSt 55, 314 ff. – nicht um Fälle zur Fernwirkung von Beweisverwertungsverboten im engen Sinne, sondern um ihre Fortwirkung bzw. um die Korrektur von Verfahrensfehlern. Des Weiteren geht es in BGHSt 27, 353 ff. nicht um die Fernwirkung von Beweisverboten (wie etwa Esser, NStZ 2008, 657 (662, Fn. 30); Knoll, Die Fernwirkungen, S. 41; Wohlers, FS Wolter, S. 1184 f. behaupten), sondern um die Frage nach der Nutzung von Beweisergebnissen als Spurenansatz. Zutreffend: Fezer, JZ 1987, 937 (938).

781 S. Kap. 3. B.

782 S. Kap. 4. C.

783 U.a. AG Freiburg, Urteil vom 23. Oktober 2009 – 27 Cs 540 Js 18733/09 – AK 2279/09, BeckRS 2009, 86594.

784 U.a. LG Stuttgart, Beschluss vom 20. Oktober 2014 – 7 Qs 52/14 –, juris, Rdn. 15; LG Osnabrück, Urteil vom 02. November 2011 – 3 KLs 10/11 –, juris, Rdn. 80; AG München, Urteil vom 23. März 2010 – M 1 K 09.5978, BeckRS 2010, 35679; AAG Berlin-Tiergarten, Urteil vom 19. Februar 2007 – 240 Ds 120 PLs 2396/03; OLG München, Beschluss vom 21. August 2006 – 4St RR 148/06, BeckRS 2006, 10196; LG Bonn, Beschluss vom 22. Juli 2004 – 37 Qs 22 /04; OLG Hamburg, Beschluss vom 19. Juni 2002 – 3 Ws 70/02, BeckRS 2002, 30266665; HansOLG Hamburg MDR 1976, 601.

785 S. Kap. 4. B. IV.

In den folgenden Kapiteln werden zunächst die Entscheidungen des BGH und anschließend die Entscheidungen der Instanzgerichte und BVerfG in chronologischer Reihenfolge dargestellt und kritisch analysiert.

I. Die Rechtsprechung des BGH

BGHSt 29, 244 ff.: In seiner Entscheidung vom 18. April 1980[786] hat der BGH zum ersten Mal zu der Fernwirkungsproblematik Stellung genommen. Der sog. Dirnhofer-Fall handelt von der Verwertbarkeit von Beweismitteln, die unmittelbar sowie mittelbar als Folge einer gegen § 7 Abs. 3 (aF) Gesetz zur Beschränkung des Brief-, Post-, und Fernmeldegeheimnisses (G 10) verstoßenden angeordneten Telekommunikationsüberwachung (TKÜ) erlangt wurden.

Nach einer interessanten Darstellung des damaligen Diskussionstandes in der Literatur und Rechtsprechung zur Fernwirkung von Beweisverwertungsverboten hat der 2. Strafsenat in BGHSt 29, 244 bezüglich der Verwertung von mittelbaren Beweismitteln festgestellt, dass sich „(e)*ine allgemeingültige Regel, wann ein Beweisverwertungsverbot über das unmittelbar gewonnene Beweisergebnis hinausreicht und wo seine Grenzen zu ziehen* (sind), (…) *sich nicht aufstellen* (lässt). *Die Grenzen richten sich jeweils nach der Sachlage und der Art des Verbots*“.[787]

Im konkreten Fall ließ das Gericht verkünden, dass das aus einem Verstoß gegen § 7 Abs. 3 G 10 (aF) stammende Verwertungsverbot nicht nur solche Beweismittel, die unmittelbar aus der rechtswidrigen TKÜ erlangt werden, erfasst, sondern auch diejenigen, die aufgrund weiterer, außerhalb der TKÜ durchgeführten Ermittlungen, gefunden werden. In diesem Sinne entspricht § 7 Abs. 3 G 10 (aF) – laut BGH – einer Einschränkung von Art. 10 Abs. 1 GG, der die Unverletzbarkeit des Briefgeheimnisses sowie des Post- und Fernmeldegeheimnisses regelt. Solche Einschränkung scheine nur zur Abwehr von Staats- und Verfassungsfeinden sowie zur Bekämpfung der Schwerkriminalität unerlässlich. Der Richter dürfe bei der Auslegung des § 7 Abs. 3 G 10 (aF) den grundgesetzlich gewährten Schutz des Fernmeldegeheimnisses nicht weiter einschränken als dies zur Erreichung des oben genannten gesetzgeberischen Zwecks unbedingt notwendig sei.[788] Deswegen ist eine Einschränkung des oben genannten Grundrechts nur bei der Erforschung und Verfolgung der im § 2 G 10 Katalog genannten Handlungen gestattet. Da es sich beim Dirnhofer-Fall tatsächlich nicht um solche Katalogtaten handelte,[789] hat der BGH ein Beweisverwertungsverbot mit Fernwirkung bejaht.

---

786 Anm. Dünnebier, DuR 1980, 383; Riegel, JZ 1980, 757. S. auch ausführlich dazu: Lohberger, FS Hanack, S. 262 ff.

787 BGHSt 29, 244 (249). S. auch BGHSt 27, 355 (357).

788 BGHSt 29, 244 (251).

789 Der Angeklagte wurde lediglich wegen Verletzung des Dienstgeheimnisses (§ 353 b StGB) und Verwahrungsbruches (§ 133 StGB) angeklagt, nicht aber wegen verfassungsfeindlicher Sabotage (§ 88 StGB) und geheimdienstlicher Agententätigkeit

Zur Feststellung einer Fernwirkung hat der BGH in dieser Entscheidung einen ursächlichen Zusammenhang zwischen den unmittelbaren Beweismitteln und der Erlangung weiterer, sekundärer Beweismittel angefordert. Im Dirnhofer-Fall hat der BGH das Vorliegen eines solchen notwendigen Kausalzusammenhanges als unproblematisch beurteilt.[790] Als Folge dieses geprüften ursächlichen Zusammenhanges zählen als Beweismittel, die durch gesetzwidrige Abhörmaßnahmen erlangt werden, nicht nur solche, die unmittelbar bei der Überwachung des Fernmeldeverkehrs gewonnen werden, *„sondern auch diejenigen, zu denen die überwachten Gespräche erst den Weg weisen, die also auf Grund weiterer, außerhalb der Telefonüberwachung durchgeführter Ermittlungen gefunden werden"*.[791] Das hat relevante Folgen für die Zulässigkeit von mittelbar erlangten Beweismitteln, denn „(i)*m Lichte der Verfassung macht es keinen wesentlichen Unterschied, ob derjenige, der von einer Telefonüberwachung betroffen und dadurch in seinem Grundrecht aus Artikel 10 Abs. 1 GG beeinträchtigt ist, auf Grund der unmittelbar oder nur der mittelbar erlangten Beweismittel strafrechtlicher Verfolgung ausgesetzt wird"*.[792]

BGHSt 32, 68 ff.: Nur drei Jahre nach dem oben analysierten Urteil hat der 3. Strafsenat eine neue Entscheidung verkündet, die mit der Fernwirkung von Beweisverboten zu tun hat.[793] Im Zuge einer Ermittlung zur Beschaffung gefälschter Sozialversicherungsmarken wurde bei einer GmbH eine Überwachung und Aufnahme des Fernmeldeverkehrs angeordnet. Im Laufe dieser TKÜ wurden relevante Informationen über ein Treffen eines Beschuldigten mit zwei Zeugen an einer Autobahnraststätte bekannt, welches später observiert wurde. Anschließend wurden auf Grundlage dieser Informationen alle drei Personen festgenommen. Die Aussagen beider Zeugen führten wenige Tage darauf zur Festnahme des Beschuldigten und ebenso zu seiner Verurteilung nach § 148 StGB. Da dieser Tatbestand nicht zu den im § 100 a StPO geführten Katalogtaten gehört, war die Anordnung einer TKÜ unzulässig. Als Folge dieser gesetzwidrigen Anordnung musste der BGH die wesentliche Frage beantworten, ob dadurch gewonnene sekundäre Beweismittel (Geständnisse und Zeugenbekundungen), die im Zusammenhang mit der rechtswidrigen TKÜ stehen, verwertbar sind oder nicht.

Der BGH hat in diesem Fall die Verfahrensrüge der Angeklagten bezüglich der Unverwertbarkeit von Zeugenaussagen und ihrer eigenen Geständnisse als unbegründet erklärt und infolgedessen eine Fernwirkung von Beweisverwertungsverboten verneint. Diesbezüglich argumentierte der BGH, dass „(e)*ine so weitgehende Fernwirkung des Verfahrensfehlers (...) – auch bei Berücksichtigung des Grundsatzes des fairen Verfahrens – jedoch nicht anerkannt werden* (kann)".[794]

(§ 99 StGB), welche die Anordnung der Überwachung des Fernsprechverkehrs in diesem Fall begründeten.

790 BGHSt 29, 244 (252).

791 BGHSt 29, 244 (251).

792 BGHSt 29, 244 (251).

793 BGHSt 32, 68. Anm. Schlüchter, JR 1984, 517; Wolter, NStZ 1984, 276.

794 BGHSt 32, 68 (71).

Um eine solche Schlussfolgerung zu begründen, liefert der Strafsenat im Wesentlichen zwei Argumente. Erstens wurde unter ausdrücklicher Berufung auf BGHSt 27, 355 (358) aufgezeigt, dass, „(w)*ie der Bundesgerichtshof schon mehrfach ausgeführt hat, ein Verfahrensfehler, der ein Verwertungsverbot für ein Beweismittel herbeiführt, nicht ohne weiteres dazu führen* (darf), *daß das gesamte Strafverfahren lahmgelegt wird*".[795] Außerdem ließ der 3. Senat in diesem Fall die Verwertung von mittelbar erlangten Beweismitteln auch unter Berücksichtigung eines zusätzlichen Arguments zu, wonach „(e)*ine solche Begrenzung der Auswirkung von Verfahrensfehlern (...) schon deshalb erforderlich* (ist), *weil sich ein ursächlicher Zusammenhang zwischen solchen Fehlern und der schließlichen Überführung des Beschuldigten im Sinne einer condictio sine qua non kaum einmal sicher feststellen lassen*".[796]

Trotz der unbestreitbaren Ähnlichkeiten zwischen BGHSt 29, 244 ff. und BGHSt 32, 68 ff[797]. hat der 3. Senat in seiner Entscheidung die entgegengesetzte Schlussfolgerung des oben genannten Urteils des 2. Senats mit dem Argument ignoriert, dass diese Entscheidung allein das in § 7 Abs. 3 G 10 (aF) aufgestellte Verwertungsverbot betrifft und folglich nicht dem in BGHSt 32, 68 ff. geführten Ergebnis entgegensteht.[798]

BGHSt 34, 362 ff.: In einem Urteil vom 28. April 1987[799] hat der 5. Strafsenat des BGH zum einen über die Verwertbarkeit der Angaben eines Beschuldigten entschieden, welche dieser einem Mitgefangenen gegenüber getätigt hat, der auf Veranlassung der Polizei auf dessen Zelle verlegt wurde, sowie über die Verwertbarkeit einer Aussage eines in der Hauptverhandlung vernommenen Zeugen, den die Polizei aufgrund von Angaben des Beschuldigten gegenüber dem Mitgefangenen ermittelt hat.

Bezüglich der unmittelbaren Beweismittel entschied der BGH, dass diese gem. §§ 136 a, 163 a Abs. 4 S. 2 StPO nicht verwertet werden dürfen, da die Strafverfolgungsorgane die Freiheit der Willensentschließung des Angeklagten durch unzulässigen Zwang beeinträchtigt haben.[800] Dagegen war, laut BGH, das sekundäre Beweismittel – die Aussage des Zeugen in der Hauptverhandlung – vollständig verwertbar. Diesbezüglich erläutert der 5. Strafsenat, dass „(a)*uch wenn der Zeuge P. erst durch die – unverwertbaren – Angaben, die der Angeklagte dem Y. in der Haftanstalt machte, gefunden worden ist, besteht für seine Aussage kein*

795 BGHSt 32, 68 (71). S. auch in diesem Sinne: BGHSt 27, 355 (358); 22, 129 (135).

796 BGHSt 32, 68 (71). S. auch in diesem Sinne: BVerfG Entscheidung vom 8. Dezember 2005, 2BvR 1686/04, Rdn. 10.

797 Wie Wolter, NStZ 1984, 276 (276) zutreffend herausstellt, sind die Katalogtaten in § 100 a StPO und § 2 G 10 „*zumindest teilidentisch*".

798 Kritisch ders., NStZ 1984, 276 (276).

799 Anm. Fezer, JZ 1987, 937; Grünwald, StV 1987, 470; Neuhaus, NJW 1990, 1221; Reichert-Hammer, JuS 1989, 446; Seebode, JR 1988, 427; Wagner, NStZ 1989, 34. Kritisch: Wolter, GS Meyer, S. 509 f.

800 BGHSt 34, 362 (363).

Verwertungsverbot. Eine so weitreichende Fernwirkung eines Verfahrensverstoßes wird nicht anerkannt."

Zur Begründung gegen eine Erstreckung von Beweisverboten hat der 5. Strafsenat keine neuen Argumente geliefert. Er stützt sich zunächst auf die bereits im BGHSt 32, 68 ff. dargestellten kriminalpolitischen Erwägungen, wonach, „(w)*ie der Bundesgerichtshof schon mehrfach ausgesprochen hat,* (...) *ein Verfahrensfehler, der ein Verwertungsverbot für ein Beweismittel herbeiführt, nicht ohne weiteres dazu führen* (darf), *daß das gesamte Strafverfahren lahmgelegt wird* (...)".[801] Auf derselben Linie, stellte der BGH fest, dass eine solche Einschränkung der Wirkung von Verfahrensfehlern *"zu einer wirksamen Verbrechensbekämpfung"* erforderlich sei.[802]

Als zusätzliches Argument hat der BGH angefügt, dass eine Begrenzung der Fernwirkungsfälle durch hypothetisch rechtmäßige Ermittlungsverläufe scheitert, weil sich kaum jemals feststellen lässt, ob die Polizei das mittelbare Beweismittel (den Zeugen) ohne Verstoß nicht auch gefunden hätte.[803]

Schließlich vertrat der BGH in dem vorliegenden Fall (auch nach BGHSt 32, 68 ff.) die Auffassung, dass BGHSt 29, 244 diesen Feststellungen nicht entgegensteht, da lediglich das in § 7 Abs. 3 aF G 10 aufgestellte Verwertungsverbot diesen Fall betrifft.[804]

BGH NStZ 1996, 200, ff.: In einem Beschluss des 5. Strafsenats vom 20. Dezember 1995 hat dieser ohne ausdrückliche Begründung eine Fernwirkung von Beweisverwertungsverboten verneint. Die Frage, die der BGH in diesem Fall beantworten musste, bezog sich auf die Verwertbarkeit einer auf Veranlassung der Ermittlungsbehörde durchgeführten, gezielten Befragung des Beschuldigten durch eine V-Person zu einer abgeschlossenen Straftat. Nach Ansicht des Senats ist die Anhörung eines Beschuldigten durch eine von der Polizei eingesetzte V-Person unverwertbar.[805] Trotz dieser Feststellung betrifft dieses Verwertungsverbot „*nur den Inhalt des auf Veranlassung der Ermittlungsbehörden geführten vernehmungsähnlichen Gespräches selbst. Die so gewonnenen Erkenntnisse können dagegen, wie bei anderen Verwertungsverboten auch (...) Anhaltspunkte für weitere Ermittlungen bieten*".[806] In diesem Sinn unterlagen „(d)*ie im Wege dieser weiteren Ermittlungen gesammelten Beweismittel* (...) *keiner Verwertungsbeschränkung*". Der BGH schließt im vorliegenden Fall eine Fernwirkung kategorisch aus, welche „*hier – wie auch sonst – nicht in Betracht* (kommt). *Damit können die durch den Einsatz von V-Leuten gewonnenen Erkenntnisse zur Erlangung zulässiger Beweismittel mit hohem Beweiswert* (geführt werden)".[807]

---

801 BGHSt 34, 362 (364).
802 BGHSt 34, 362 (365).
803 BGHSt 34, 362 (365).
804 BGHSt 34, 362 (365).
805 BGH NStZ 1996, 201.
806 BGH NStZ 1996, 201.
807 BGH NStZ 1996, 201.

BGHSt 51, 1 ff.: Der Beschluss des 1. Strafsenats vom 7. März 2006 ist eine neuere Entscheidung des BGH zur Fernwirkung von Beweisverwertungsverboten.[808] Der Fall behandelt eine unzulässige Überwachung und Aufzeichnung der Telekommunikation nach §§ 100 a und 100 b StPO, die wegen des Verdachts des gewerbsmäßigen, mehrfachen unerlaubten Handeltreibens mit Betäubungsmitteln in nicht geringer Menge angeordnet wurde. Eine der Fragen, die der BGH in dieser Entscheidung zu beantworten hatte, bezieht sich auf die Fernwirkungsproblematik: Sind Erkenntnisse, die aufgrund einer gesetzeswidrig angeordneten Überwachungsmaßnahme erlangt wurden, ebenfalls unverwertbar?

Obwohl der 1. Strafsenat in diesem Fall festgestellt hat, dass nach der bisherigen Rechtsprechung des BGH eine Fernwirkung von Beweisverwertungsverboten grundsätzlich abgelehnt werden muss, kann eine solche Wirkung ausnahmsweise *„nach der Sachlage und der Art des Verwertungsverbots“* anzunehmen sein.[809] Im Widerspruch zu dieser Feststellung wurde anschließend eine solche Fernwirkung allerdings wieder kategorisch verneint, indem für den konkreten Fall „(a)*n dem allgemeinen Grundsatz, daß Beweisverwertungsverboten keine Fernwirkung zukommt,* (...) *festzuhalten* (ist)“.[810]

808 Irreführend ist in diesem Sinne der Beschluss des 3. Strafsenats vom 14. September 2010 in BGHSt 55, 314 ff. (Anm. Norouzi, NJW 2011, 1525). Im sog. *„Al Qaida* Fall“ musste der BGH entscheiden, ob die Misshandlungen des Angeklagten bei den Vernehmungen durch den pakistanischen Geheimdienst ISI einen Einfluss auf seine Angaben gegenüber dem Zeugen M. hatten und infolgedessen, ob die Aussage des Zeugens M. verwertbar ist, oder hier auch das Verwertungsverbot aus § 136 a Abs. 3 StPO greift. Der Zeuge M. war damals Leiter der Rechts- und Konsularabteilung der Deutschen Botschaft in Islamabad, der den Angeklagte besuchte, um abzuklären, ob der Angeklagte die Vermittlung eines Rechtsanwalts durch die deutsche Auslandsvertretung wünschte, und welchem der Angeklagte von sich aus belastende Tatsachen insb. über seine Tätigkeit bei *Al Qaida* preisgab. Obwohl der Beschluss des BGH sich mit der eventuellen Fernwirkung von Beweisverwertungsverboten auseinandergesetzt hat (*„es besteht kein Anlass, den Anwendungsbereich von § 136 a Abs. 3 Satz 2 StPO weiter auszudehnen und eine Fernwirkung der vom Angeklagten erlittenen Misshandlungen in der Form anzunehmen, alles, was er während seiner Inhaftierung durch den ISI auch Dritten gegenüber geäußert hat, mit einem Verwertungsverbot zu belegen“* sowie *„eine Fernwirkung des Verwertungsverbots der unter Einsatz unzulässiger Vernehmungsmethoden erlangten Aussage nicht als elementares rechtsstaatliches Gebot des deutschen Strafverfahrensrecht angesehen werden kann“*) stellt BGHSt 55, 314 ff. kein Problem bezüglich der Fernwirkung von Beweisverwertungsverboten fest, sondern die Fortwirkung unerlaubter Vernehmungsmethoden. Der Hinweis auf eine evtl. Fernwirkung wurde in diesem Fall im weiteren Sinne verwendet. Bezüglich des Unterschieds zwischen Fern- und Fortwirkung von Beweisverwertungsverboten S. Kap. 4. A.

809 BGHSt 51, 1 (7).

810 BGHSt 51, 1 (7).

Als einziges Argument für die Verneinung einer solchen Fernwirkung stützt sich der BGH abermals auf die Gefahr einer Lahmlegung des gesamten Strafverfahrens. Diese kriminalpolitische Begründung ergänzt der BGH mit der folgenden, zusätzlichen Argumentation: „*(d)ies* (die Lahmlegung des gesamten Strafverfahrens) *hat der Bundesgerichtshof schon mehrfach mit Blick auf das Interesse an einer wirksamen Strafverfolgung ausgeführt* (...). *Bei einer Kette von aufeinander beruhenden Telekommunikations-Überwachungsmaßnahmen, welche gerade bei Ermittlungsverfahren wegen Straftaten nach dem BtMG nicht selten vorkommt, würde die Fernwirkung des Beweisverwertungsverbots infolge einer rechtswidrigen Telekommunikations-Überwachungsmaßnahme zu einem Dominoeffekt führen (...). Vor diesem Hintergrund verbietet bereits das Interesse an der Aufklärung des wahren Sachverhalts die Annahme einer Fernwirkung*“.[811]

II. Instanzgerichte

OLG Stuttgart NJW 1973, 1941 f.: In einem Fall bezüglich der Folgen einer Verletzung des § 243 Abs. 4 StPO war das OLG Stuttgart in einem Urteil vom 25. Juli 1973 der Auffassung, dass ein Verwertungsverbot für mittelbar erlangte Beweismittel bei „*Verstößen gegen Verfahrensvorschriften ohne verfassungsrechtliche Relevanz*“ nicht besteht. Das OLG stützt seinen Beschluss äußerst knapp auf die „*kriminalpolitischen unerträglichen Ergebnisse*“, die eine Bejahung hervorruft, sowie auf die mangelnde Praktikabilität einer Berücksichtigung von hypothetischen Ermittlungsverläufen.[812]

OLG Köln NJW 1979, 1216 ff.: In einer Vorentscheidung zum oben dargestellten Dirnhofer-Fall[813] hat das OLG Köln die Verwertbarkeit von mittelbar erlangten Beweisergebnissen verneint und damit – wie es später in BGHSt 29, 244 ff. bestätigt wird – eine Fernwirkung von Verstößen gegen § 7 Abs. 3 G 10 (aF) bejaht. Um eben jene Schlussfolgerung zu erreichen, betont das OLG – wie später der BGH in seiner Rechtsprechung bezüglich der Fernwirkung der Beweisverwertungsverbote erläutert,[814]- dass die Grenzen eines Verwertungsverbotes „*sich jeweils nach der Sachlage und der Art des Verbots*“ richten.[815] Im Falle einer Verletzung des § 7 Abs. 3 G 10 (aF) werde man nur mittels einer weiten Ausdehnung des in diesem Gesetz enthaltenen Beweisverwertungsverbotes der Bedeutung des Grundrechts auf Wahrung des Fernmeldegeheimnisses gerecht.[816] Das OLG verneint außerdem

811 BGHSt 51, 1 (8 f.).
812 OLG Stuttgart, NJW 1973, 1942.
813 BGHSt 29, 244 ff.
814 BGHSt 29, 244 ff.; 51, 1 ff.
815 OLG Köln NJW 1979, 1217.
816 OLG Köln NJW 1979, 1217.

eine Betrachtung hypothetischer Kausalverläufe im vorliegenden Fall, weil sich aus den Akten keine Anhaltspunkte für eine solche Hypothese ergeben.[817]

LG Hannover StV 86, 521, f.: Diese Entscheidung vom 18. September 1986 bezieht sich auf die Vorentscheidung der bereits dargestellten Beschlüsse des 5. Senats des BGH (BGHSt 34, 362 ff.).[818] Im Vergleich zu BGHSt 34, 362 ff., hat das LG eine Fernwirkung von Beweisverwertungsverboten anerkannt und damit die Verwertbarkeit der Aussage des aufgrund von Angaben des Beschuldigten gegenüber dem Mitgefangenen ermittelten Zeugen bejaht. In seinem Urteil folgt die StrK ausdrücklich der Ansicht des 2. Strafsenats in BGHSt 29, 244, ff. und dem OLG Köln in NJW 1979, 1216 ff., wonach sich die Grenzen des Verwertungsverbotes jeweils nach der „*Sachlage und der Art des Verbots*" richten.[819] In diesem Sinne betont das LG die vorherrschende Rolle, die § 136 a StPO für die Vernehmung von Personen spielt, da diese Norm elementare Grundsätze aufstelle, die sich unabdingbar aus dem Wesen und der Würde des Rechtsstaats ableiten. Infolgedessen habe eine solche Vorschrift allgemeine Bedeutung, „*weil ihr der Grundsatz zu entnehmen ist, daß die Wahrheit nicht um jeden Preis erforscht werden darf*".[820] Da im konkreten Fall der Angeklagte „*in massiver Weise in seiner Willensentscheidung und Willensbetätigung beeinflußt worden ist*",[821] war nach der Sachlage und der Art des Verbots die Aussage des Zeugen als mittelbares Beweismittel, das durch eine Verletzung von § 136 a StPO bekannt geworden war, unverwertbar.

OLG Oldenburg NStZ 1995, 412: Der Angeklagte war im vorliegenden Fall nicht nur Zeuge, sondern bereits Beschuldigter und erhielt dennoch vor seiner Vernehmung im laufenden Verfahren nur eine Belehrung als Zeuge. Das OLG urteilte daraufhin, dass die bei der Verletzung der Belehrungspflicht aufgenommenen Aussagen eines Beschuldigten nach § 136 Abs. 1 S. 2 i.V. mit § 163 a Abs. 4 S. 2 StPO nicht nur hinsichtlich der Aussage des Angeklagten, sondern auch auf die dadurch erlangten weiteren Erkenntnisse, als Verwertungsverbot auswirke.[822] Im Einklang mit BGHSt 29, 244 (249) bejahte das OLG eine Fernwirkung im konkreten Fall mit dem Argument, dass „*(e)ine allgemeingültige Regel, wann ein Beweisverwertungsverbot über das unmittelbar gewonnene Beweisergebnis hinausreicht und wo seine Grenzen zu ziehen sind, (…) sich danach nicht aufstellen* (läßt).[823] Die Grenzen eines Beweisverwertungsverbotes „*richten sich nicht nur nach der Sachlage und Art und Schwere des Verstoßes, sondern auch nach der Kausalität der unzulässig erlangten Erkenntnisse für die weiteren Ermittlungen und die schließliche Überführung des*

---

817 OLG Köln NJW 1979, 1217. Über die Wirkung solcher hypothetischen Kausalverläufe in der Fernwirkungsproblematik S. Kap. 10.

818 S. Kap. 4. B. I.

819 LG Hannover StV 86, 522.

820 LG Hannover StV 86, 522.

821 LG Hannover StV 86, 522.

822 LG Hannover StV 86, 522.

823 OLG Oldenburg NJW 1995, 412.

Beschuldigten".[824] Wesentlich für die Entscheidung war für das OLG die Berücksichtigung hypothetischer Erwägungen, wonach *„der Angeklagte (...) vor seiner Vernehmung im Ermittlungsverfahren als Beschuldigter belehrt worden* (wäre) *und hätte er, wovon zu seinen Gunsten auszugehen ist, geschwiegen,* (wäre) *es angesichts der Art und des nicht erheblichen Gewichts der Tat zu keinen weiteren Ermittlungen gegen ihn gekommen (...)"*.[825]

LG Frankfurt StV 2003, 325, ff.: Im spektakulären Fall *Metzler*[826] wurde dem Beschuldigten anlässlich einer polizeilichen Vernehmung das Zufügen von Schmerzen angedroht, wenn er den Aufenthaltsort des nach Ansicht der Polizei von ihm entführten (aber tatsächlich ermordeten) Kindes nicht preisgäbe. Aufgrund der Gewaltandrohung machte der Beschuldigte daraufhin zutreffende Angaben, sodass die Polizei letztendlich die Leiche des Entführungsopfers gefunden hat. In seinem Beschluss vom 9. April 2003 begründete das LG zunächst ausführlich den Verstoß gegen § 136 a StPO, wonach nicht nur die durch Folter erlangte Aussage unverwertbar ist, sondern auch alle weiteren bis dahin durchgeführten Befragungen und Vernehmungen.[827]

Bezüglich der Frage, ob solche Verwertungsverbote auch eine Fernwirkung mit sich bringen, welche die Unverwertbarkeit aller Beweismittel (insbesondere die Leiche des toten Kindes mit etwaigen Spuren), die aufgrund einer rechtswidrig erlangten Aussage bekannt geworden sind, zur Folge hätte, argumentiert das LG, dass *„eine Abwägung im Einzelfall vorzunehmen und insbes. zu berücksichtigen ist, ob in besonders grober Weise gegen die Rechtsordnung, namentlich gegen Grundrechtsnormen verstoßen wurde, und dabei auch auf die Schwere der aufzuklärenden Tat abzustellen ist"*.[828] Nach dieser Prämisse hat das Gericht die Schwere des Eingriffs in die Grundrechte des Angeklagten durch die Androhung von körperlicher Gewalt und die Schwere der Tat (vollendete Tötung eines Kindes) gegeneinander abgewogen. Die Kammer kam zu dem Schluss, dass im vorliegenden Fall eine solche Abwägung zugunsten des Allgemeininteresses hin zu einer Aufklärung der Tat ausfallen muss und somit die verletzten Individualrechte des Angeklagten beschränkt werden können. Die Richter des LG hielten demnach die Unverwertbarkeit des mittelbar erlangten Beweismittels für unverhältnismäßig und verneinten infolgedessen eine Fernwirkung des Verstoßes gegen § 136 a StPO.[829]

LG Dresden, Urteil vom 17. Januar 2011 – 14 KLs 201 Js 33570/09: In einem Urteil aus 2011 hat das LG Dresden die Verwertung von mittelbar erlangten

824 OLG Oldenburg NJW 1995, 412.

825 OLG Oldenburg NJW 1995, 412.

826 Anm. Weigend, StV 2003, 436. S. auch BVerfG NJW 2006, 656 f.

827 LG Frankfurt StV 2003, 326 f.

828 LG Frankfurt StV 2003, 327.

829 LG Frankfurt StV 2003, 327. Im Urteil der Großen Kammer des EGMR v. 01. Juni 2010 (ECMR NJW 2010, 3145 ff.) in diesem Fall wurde keine Stellung zur Frage nach der Verwertung der „Früchte des vergifteten Baumes" genommen.

Beweismitteln, die aufgrund einer ohne rechtliche Grundlage vorgenommenen Durchsuchung eines Pkws erlangt wurden, verneint. Das einzige vom LG Dresden aufgeführte Argument ist das altbekannte kriminalpolitische Argument des BGH: auch im vorliegenden Fall gingen die Richter davon aus, dass eine Fernwirkung von Verwertungsverboten *„nicht ohne weiteres bewirkt, dass das gesamte Strafverfahren lahmgelegt wird"*.[830]

III. Die Rechtsprechung des BVerfG

Das BVerfG hat bezüglich der Fernwirkung von Beweisverwertungsverboten bislang kaum Stellung genommen. Im Einklang mit seiner Rechtsprechung über unmittelbare Beweisverwertungsverbote, wonach ein Beweisverwertungsverbot nicht zwangsläufig lediglich aus der Verletzung einer Beweiserhebungsnorm abgeleitet werden kann,[831] hat das BVerfG auch bezüglich der Fernwirkungsproblematik festgehalten, dass „(e)*ine Fernwirkung des Verwertungsverbots, der unter Einsatz unzulässiger Vernehmungsmethoden erlangten Aussage* (...) *nicht als elementares rechtsstaatliches Gebot des deutschen Strafverfahrensrechts angesehen werden* (kann)".[832] In einer Entscheidung von 2010 hat das BVerfG ähnlich lautend erklärt, dass *„Verfahrensfehlern, die ein Verwertungsverbot für ein Beweismittel zur Folge haben, nicht ohne weiteres Fernwirkung für das gesamte Strafverfahren zukommt"*.[833] Das BVerfG verneint in seiner Rechtsprechung einen automatischen Eintritt der Fernwirkung bei jedem Beweisverwertungsverbot und öffnet infolgedessen den Weg für die Verwertung von sekundären Beweismitteln.

IV. Stellungnahme

Die vorangegangene Analyse der Rechtsprechung des BGH sowie der Instanzgerichte zeigt eine deutliche und bis heute unveränderte Tendenz, eine Fernwirkung von Beweisverwertungsverboten zu verneinen. Die Entscheidungen der Rechtsprechung, in denen eine solche Wirkung verneint wird, zeigen eines Mangels an zureichenden Begründungen, die zu diesem Entschluss führen.[834] Die meisten Entscheidungen beruhen im Grunde genommen auf nur äußerst knappen und manchmal missverständlichen Überlegungen zu diesem relevanten Problem, was die Erwartungen, die man an das höchste Bundesgericht stellen könnte, enttäuscht. In seinen Urteilen (mit Ausnahme von BGHSt 29, 244) versteht der BGH die Ablehnung einer Fernwirkung quasi als Selbstverständlichkeit: fast so, als handele es

830 LG Dresden, Urteil vom 17. Januar 2011 – 14 KLs 201 Js 33570/09, BeckRS 2012, 00400.
831 S. Kap. 1, C, II. Vgl. BVerfGE 130, 1 (28); BVerfG NJW 2010, 2937 (2938). S. auch BGHSt 42, 372 (377).
832 BVerfG StV 1997, 361. Auch in diesem Sinne: BGHSt 55, 314 (319).
833 BVerfG Entscheidung vom 9. November 2010, 2 BvR 2101/09, Rdn. 42; BVerfGK 7, 61 (63). Vgl. Wohlers, FS Wolter, S. 1186.
834 Vgl. Knoll, Die Fernwirkungen, S. 43 f.

sich um eine Frage, deren Antwort keiner näheren Begründung bedürfe. Die meisten Entscheidungen des BGH enthalten nur knappe und lapidare Gründe für eine solche Verneinung, womit die Rechtsprechung die Augen vor einer der fruchtbarsten Diskussionen der Strafverfahrensrechtswissenschaft der letzten 50 Jahre[835] verschließt und dieses äußerst bedeutende Thema ganz uninteressiert und lakonisch behandelt, als ob es sich um etwas ganz Offensichtliches handele, dessen Anwendung keine große Mühe erfordere. Ein deutliches Anzeichen für eine solche Haltung ist die Tatsache, dass die notwendige und zu erwartende Argumentation des BGH zu diesem Thema üblicherweise durch den einfachen Hinweis auf eine vermeintlich vorhandene „ständige Rechtsprechung"[836] ersetzt wird, was dem Gesagten eine solche Autorität verleiht, die scheinbar von einer weiteren Begründung befreit.[837] Diese Schlussfolgerungen lassen sich auch auf die Instanzgerichte übertragen, deren Entscheidungen sich in diesem Thema im Wesentlichen nicht von der des BGH unterscheiden.

Für eine grundsätzliche Ablehnung einer Fernwirkung von Beweisverwertungsverboten liefert der BGH im Wesentlichen vier Argumente: Die Gefahr einer Lahmlegung des gesamten Strafverfahrens; das Erfordernis einer wirksamen Verbrechensbekämpfung; der mangelnde Zusammenhang zwischen Verfahrensfehlern und der Überführung des Angeklagten im Sinne einer *condictio-sine-qua-non* sowie die nicht feststellbare Tatsache, dass das mittelbare Beweismittel ohne den Verstoß nicht auch gefunden worden wäre. Bei den ersten beiden Argumenten handelt es sich um kriminalpolitische Aspekte, während die letzten beiden strafprozessuale, dogmatische Erwägungen darstellen, die sich mit der Struktur des mittelbaren Beweises verbinden lassen.[838] Im Folgenden sollen diese Argumente näher betrachtet werden.

1. *Kriminalpolitische Argumente: Die Lahmlegung des gesamten Strafverfahrens und die Notwendigkeit einer wirksamen Verbrechensbekämpfung*

Die deutsche Rechtsprechung sieht in der Gefahr der Lahmlegung des gesamten Strafverfahrens das bedeutendste und immer wieder auftauchende Argument für die Ablehnung einer Fernwirkung von Beweisverwertungsverboten. Dieses Argument, dessen Ursprung im bekannten Beitrag von *Baumann „Sperrkraft der mit*

835 Ausführlich dazu Kap. 4. C.

836 Z. B. Bezüglich der Gefahr einer Lahmlegung des gesamten Strafverfahren: „*Wie der Bundesgerichtshof schon mehrfach ausgeführt hat (...)*" BGHSt 32, 68 (71); „*Wie der Bundesgerichtshof schon mehrfach ausgesprochen hat (...)*" BGHSt 34, 362 (364); „*Dies hat der Bundesgerichtshof schon mehrfach mit Blick auf das Interesse an einer wirksamen Strafverfolgung ausgeführt.*" BGHSt 34, 362 (365); 51, 1 (8).

837 Vgl. Reichert-Hammer, JuS 1989, 446 (449).

838 S. Kap. 4. C. V. 1.

unzulässigen Mitteln herbeigeführten Aussage" aus dem Jahr 1959 zu finden ist,[839] wird – wie bereits erwähnt[840] – seit der ersten Entscheidung des BGH, in der eine Fernwirkung von Beweisverboten abgelehnt wurde (BGHSt 32, 68 ff.), immer wieder angeführt. Bereits in diesem ersten Urteil behandelt der BGH die Lahmlegung des Strafverfahrens als ein unbestreitbares Fundament, das immer wieder so zitiert wurde, als hätte der BGH die Fernwirkung von Beweisverwertungsverboten bereits mehrmals unter Betonnung desselben Arguments abgelehnt.[841] Dies entspricht einem argumentativen Trugschluss, der irreführend ist und zudem ein methodologisches Problem enthält. Obwohl der BGH dieses Argument tatsächlich bereits in BGHSt 32, 68 ff. als eine bereits existierende Begründung seiner Rechtsprechung unter ausdrücklicher Berufung auf BGHSt 22, 129 (135) und 27, 355 (358) zitiert, handelt es sich bei diesen Entscheidungen nicht um die Fernwirkung von Beweisverwertungsverboten, sondern um die Korrektur von Verfahrensfehlern bzw. die Fortwirkung von Beweisverboten.[842] Infolgedessen behandeln die zitierten Entscheidungen – ungeachtet der Zweifel an der empirischen Echtheit und Nachprüfbarkeit dieses Argumentes – andere Probleme der Beweisverbotslehre, deren Argumente automatisch und unreflektiert auf den Bereich der Fernwirkung übertragen wurden und die ohne jegliche Erklärung oder Begründung als die bedeutendsten Gründe für eine Verneinung der Fernwirkung angeführt wurden.

Man kann richtigerweise argumentieren, dass es sich lediglich um eine formale Kritik handelt, die die Gültigkeit dieses Arguments nicht bestreitet. Allerdings gibt es ebenso wenig materielle Gründe, um diese Behauptung einer Lahmlegung des Systems als richtig zu erachten.

Die Behauptung, dass eine Anerkennung der Fernwirkung von Beweisverwertungsverboten die Gefahr einer Lahmlegung des gesamten Strafverfahrens bedeutet, verschließt automatisch die Tür für andere Erwägungen, die eventuell zu einer Fernwirkung führen könnten:[843] Das Argument der Lahmlegung des Strafverfahrens berücksichtigt nur das öffentliche Interesse an einer wirksamen Strafverfolgung – außer Frage ein relevantes Element für die Feststellung von Beweisverboten – aber ohne Rücksichtnahme auf das Gewicht des Verfahrensverstoßes sowie die Bedeutung des Verfahrensverstoßes für das rechtlich geschützte Interesse;[844] somit bleiben wesentliche Aspekte für die Bestimmung eines Beweisverwertungsverbotes und deren Fernwirkung unberücksichtigt.

---

839 Baumann, GA 1959, 33 (40).

840 S. Kap. 4. A. I.

841 Neulich: LG Dresden, Urteil vom 17. Januar 2011 – 14 KLs 201 Js 33570/09, BeckRS 2012, 00400.

842 Zutreffend: Fezer, JZ 1987, 937 (938). Auch BGHSt 35, 32 (34), der die „Lahmlegung des gesamten Strafverfahrens" als Argument zitiert, betrifft eigentlich ein Problem der Fortwirkung von Beweisverwertungsverboten.

843 Vgl. Mergner, Fernwirkung, S. 43 f.

844 S. Kap. 1. F. X ff.

Man kann also nicht gleichzeitig argumentieren – wie es der BGH in BGHSt 51, 1 (7) versuch hat –, dass eine Fernwirkung *„nach der Sachlage und der Art des Verwertungsverbots“* angenommen werden kann und dann im selben Atemzug das Lahmlegungsargument für die Verneinung der Fernwirkung vorbringen. Wer eine derart große Lahmlegungsgefahr durch mittelbare Beweismittel sieht, darf konsequenterweise keine Ausnahme akzeptieren und muss eine Fernwirkung in allen Situationen und ohne weitere Begründung verneinen. Mit dem Argument der Lahmlegungsgefahr des gesamten Strafverfahrens hat der BGH mit der Prämisse, dass *„der Zweck die Mittel heilen könnte“*, die Tür für eine unbeschränkte Rechtfertigung von Rechtsverstoßen geöffnet; eine Schlussfolgerung, die in einem Rechtsstaat nicht akzeptabel ist.[845]

Die bedeutendste Kritik am kriminalpolitischen Argument ist die Tatsache, dass dieses Argument im Grunde genommen eine unbegründete und nicht bestätigte Bekräftigung der Rechtsprechung darstellt. Der vom BGH aufgeführte Ausgangspunkt, dass die Anerkennung einer Fernwirkung von Beweisverboten zu einer Lahmlegung des gesamten Verfahrens führen würde, basiert eigentlich auf einer falschen Prämisse: Die prozessualen Folgen einer Fernwirkung fallen nicht unbedingt auf den gesamten Prozess zurück, sondern umfassen ausschließlich einen Ausschluss – unter bestimmten Bedingungen – von lediglich den Beweismitteln, die mittelbar durch eine Rechtsverletzung erlangt wurden.[846] Neben den sekundären, nicht verwertbaren Beweismitteln bleibt den Strafverfolgungsorganen – trotz Eintritts eines Verwertungsverbotes mit Fernwirkung – in jedem Fall die Möglichkeit, auf anderen Wegen makellose Beweismittel zu ermitteln[847] bzw. den Beschuldigten mit anderen Beweismitteln zu überführen. In diesem Sinne kann sogar nach Ausschluss (aufgrund einer Rechtsverletzung) eines oder mehrerer, unmittelbarer bzw. mittelbarer Beweismittel selbstverständlich das Strafverfahren – mit makellosem Beweismaterial – fortgesetzt werden. Die Überführung eines Beschuldigten ist auch bei einer Bejahung einer Fernwirkung im konkreten Fall daher keinesfalls ausgeschlossen: Es bleibt immer der Weg, andere Beweise zu erheben, die unabhängig von einem Verstoß erlangt werden,[848] sowie die Möglichkeit, einige fehlerhafte Beweisaufnahmen unter bestimmten Voraussetzungen zu wiederholen bzw. zu heilen.[849]

Zwischen der Anerkennung einer Fernwirkung von Beweisverwertungsverboten und einem dadurch notwendigerweise resultierenden Freispruch des

845 Vgl. Wagner, NStZ 1989, 34 (35).

846 S. auch in diesem Sinne: Grünwald, Beweisrecht, S. 158; ders., StV 1987, 470 (472); Jahn, Gutachten, C 93; Mehle, Wahrheitsfindung und ihre Schranken, S. 177; Pitsch, Strafprozessuale Beweisverbote, S. 313.

847 Richtig bemerkt von: Schröder, Beweisverwertungsverbote, S. 64.

848 GS-*Jäger* § 136 a, Rdn. 47; Roxin, 40 Jahre BGH, S. 96 f.

849 S. Kap. 8.

Angeklagten existiert demnach keine feste Verbindung.[850] Der Freispruch erfolgt deshalb nicht automatisch in allen Fällen, in denen ein Beweisverbot greift, sondern nur in den Fällen, in denen dem Gericht keine weiteren Beweismittel zur Verfügung stehen, um die Überführung des Beschuldigten zu begründen, nachdem bestimmten Beweismittel aufgrund eines Beweisverbotes ausgeschlossen wurden.

Statistiken, die sich auf das US-amerikanische Recht beziehen, zeigen,[851] dass es relativ unwahrscheinlich ist, dass es bei einer Entscheidung in einem Strafverfahren durch den Ausschluss von Beweismitteln aufgrund eines Verwertungsverbotes zu einem anderen Ergebnis kommt. Es ist sogar noch unwahrscheinlicher, dass der Ausschluss eine Prozessblockade bewirkt.[852] Allerdings, wie *Wohlers* zutreffend bemerkt, ist *„ein Freispruch mangels rechtsverwertbarer Beweise keine Niederlage des Rechtsstaats (...), sondern im Gegenteil die notwendige Konsequenz dessen, daß auch – oder gerade – im Strafprozeß rechtliche Grenzen gelten und zu akzeptieren sind“*.[853]

Außerdem muss festgehalten werden, dass die von der Rechtsprechung gefürchtete Gefahr einer Lahmlegung des gesamten Strafverfahrens durch den Beweisverlust nicht nur die Fernwirkungsproblematik, sondern eigentlich die gesamte Beweisverbotslehre betrifft: Die Betroffenheit der Strafrechtspflege durch den Ausschluss von Beweismitteln aufgrund eines Verwertungsverbotes findet allerdings nicht exklusiv in der Verwertung des mittelbaren Beweismittels eine Erklärung, sondern bereits in der Anerkennung von Beweisverboten selbst.[854] Aus diesem Grund sollte dieses kriminalpolitische Argument konsequenterweise auf jedes Beweisverbot[855] – vor allem im Hinblick auf die Beurteilung der statistisch bedeutsamen unmittelbaren Beweisverwertungsverbote – anwendbar sein. In diesem Sinn impliziert das kriminalpolitische Argument des BGH nicht nur unerträgliche Folgen für die zukünftige Entwicklung der Fernwirkungsproblematik, sondern auch der Beweisverbotslehre selbst, denn – wie *Jahn* richtig hervorhebt – *„wollte man die Reichweite von BVV* (Beweisverwertungsverboten) *nach dem jeweiligen Maß des Beweismittelverlustes bestimmen, könnte man auf eine Dogmatik der BV* (Beweisverbote) *ganz verzichten“*.[856]

---

850 Das LG Hannover hat in seinem Urt. v. 18. September 1986, StV 86, 521 f., den Angeklagten wegen Beihilfe zum schweren Raub zu 5 Jahren und 6 Monaten Freiheitsstrafe verurteilt, trotz der Bejahung im konkreten Fall einer Fernwirkung des in § 136 a StPO geregelten Beweisverwertungsverbots. Erstaunlicherweise hat der BGH in seinem auf dem gleichen Fall bezogenen Urteil BGHSt 34, 362 ff. diesen Umstand unterlassen.

851 S. Kap. 3. C.

852 Vgl. Reichert-Hammer, JuS 1989, 446 (449); Mehle, Wahrheitsfindung und ihre Schranken, S. 176.

853 Wohlers, StV 2008, 434 (442).

854 Zutreffend: Roxin, 40 Jahre BGH, S. 96.

855 Vgl. Reichert-Hammer, JuS 1989, 446 (449).

856 Jahn, Gutachten, C 93.

Die Lahmlegung des gesamten Verfahrens ist auch nicht überzeugen, da sie sich auf keine empirische Basis,[857] sondern nur auf eine weitgehend inhaltsleere Rhetorik, stützt. Dafür spricht vor allem die Seltenheit der Fälle bei denen eine Fernwirkung von Beweisverwertungsverboten in Frage kommt.[858]

Angesichts der dargelegten Argumente erscheint die kategorische Aussage von *Herdegen*, die „Lahmlegung des gesamten Strafverfahrens" sei eine *„rhetorisch aufgeladene Redewendung"* nicht mehr als besonders übertrieben.[859]

In engem Zusammenhang mit dem ersten Argument begründete der BGH in BGHSt 34, 362 (365) sowie in 51, 1 (8) die Ablehnung einer Fernwirkung von Beweisverwertungsverboten mit der Behauptung, dass eine Abgrenzung der Auswirkung eines Verfahrensfehlers *„zu einer wirksamen Verbrechensbekämpfung"* erforderlich sei.[860] Obgleich dieses Argument eine Selbstverständlichkeit ist,[861] zeigt eine engere Betrachtung des Themas, dass die Berufung auf das staatliche Interesse an einer wirksamen Kriminalitätsbekämpfung als Argument zur Verneinung einer Fernwirkung einen wichtigen Aspekt der normstabilisierenden Funktion der Beweisverwertungsverbote und ihrer Rolle im Strafprozessrecht verkennt. Obwohl alle Beweisverwertungsverbote tatsächlich – je nach Fall mehr oder weniger – die Wahrheitsfindung im Strafverfahren beschränken, darf nicht vergessen werden, dass laut der hier vertretenen Auffassung die Strafrechtspflege nicht nur eine wirksame funktionstüchtige Strafverfolgung gewährleisten muss, sondern auch die Stabilisierung von verfassungsrechtlichen Normen, die die Positionen der Beschuldigten im Prozess sicherstellen.[862] Wie *Füllkrug* mit Recht anmerkt, „(darf) (d)*as Strafverfahrensrecht (...) sich nicht in ein kriminalpolitisches Korsett zwängen lassen. Maßstab muß ein an rechtsstaatlichen Grundsätzen orientiertes Verfahren sein und nicht, was aus kriminalpolitischer Sicht als opportun erscheinen mag*".[863]

Verwertungsverbote führen logischerweise zu einem Effektivitätsverlust bei der Verbrechensbekämpfung, was jedoch in Kauf genommen werden muss, wenn

857 Dencker, Verwertungsverbote, S. 79 f.; Neuhaus, NJW 1990, 1221 (1221); Pitsch, Strafprozessuale Beweisverbote, S. 313. Obwohl darüber keine Studie in der Bundesrepublik Deutschland durchgeführt wurde, zeigen die in Kap. 3. C dargestellten Statistiken des US-amerikanischen Rechtssystems, dass die Fälle in der die Anwendung der *„fruits of the poisonous tree doctrine"* zu einer Lahmlegung der Strafverfahren führte, statistisch insignifikant sind.

858 Dencker, Verwertungsverbote, S. 79 f. Gegen: Wolter, NStZ 1984, 276 (276).

859 Herdegen, Wahrheitsfindung und ihre Schranken, S. 105. Zustimmend: Jahn, Gutachten, C 93.

860 S. auch: OLG Stuttgart, NJW 1973, 1942 allerdings unter Berufung auf die *„kriminalpolitischen unerträglichen Ergebnisse"*.

861 Mehle, Wahrheitsfindung und ihre Schranken, S. 177. Vgl. dazu Dencker, Verwertungsverbote, S. 79; Muthorst, Das Beweisverbot, S. 207; Schlüchter, JR 1984, 517 (519).

862 S. Kap. 1. B. VI.

863 Vgl. Füllkrug, MDR 1989, 119 (122).

man generell das Konzept der Beweisverbote akzeptiert.[864] In diesem Sinne ist der Effektivitätsverlust bei der Verbrechensbekämpfung ein notwendiges Übel, das hingenommen werden muss, um die prozessualen Garantien im Strafverfahren zu gewährleisten, die im Einklang mit dem häufig zitierten Grundsatz des BGH, dass *„die Wahrheit nicht um jeden Preis erforscht werden müßte“*,[865] stehen.

Angesichts der hier vertretenen normstabilisierenden Funktion der Beweisverbote[866] wirkt die Anerkennung eines Beweisverwertungsverbots dahingehend, die Geltung der verletzenden Norm zu bestätigen und gleichzeitig die rechtswidrige Handlung der Ermittlungsbeamten nicht mehr als Orientierungsmuster zu erachten. Indem die Geltung der Norm durch rechtswidrige Beweiserhebung bzw. Beweisverwertung in Frage gestellt wird, könnte die kategorische Ablehnung einer Fernwirkung von Beweisverwertungsverboten tatsächlich zu erheblichen Problemen im Justizsystem führen.[867] Im Grunde genommen wird die Legitimität des Strafverfahrens bei einer grenzlosen und undifferenzierten Verkennung von Verfahrensfehlern mehr beschädigt, als durch den (statistisch gesehen seltenen) Freispruch eines Beschuldigten aufgrund des Verlusts eines oder mehrerer Beweismittel.

2. Dogmatische strafprozessuale Argumente: Der Kausalzusammenhang und die Hypothese rechtmäßiger Beweiserlangung

Der 3. Senat hat in BGHSt 32, 68 (71) – mit Zustimmung des BVerfG[868] – eine Fernwirkung von Beweisverboten mit dem Argument verneint, dass Verbindungen zwischen einem Fehler und der anschließenden Überführung des Beschuldigten sich im Sinne einer *condictio-sine-qua-non „kaum einmal sicher feststellen lassen“*.[869]

Diese Begründung lässt sich auf zwei Wegen auslegen: Wenn man die Worte des BGH als ein reines *Kausalitätsargument* verstehen will, sollte die Wirkung eines Beweisverwertungsverbotes bei einem unmittelbar erlangten Beweismittel enden und sich folglich nicht auf das sekundäre Beweismittel erstrecken, weil – gemäß der *condictio-sine-qua-non*-Formel – ein Kausalzusammenhang zwischen einem mittelbar erlangten Beweismittel und dem Verfahrensfehler, der ein Verwertungsverbot zur Folge hat, nicht sicher festgestellt werden kann. Im Gegensatz dazu kann man die Worte des BGH im Sinne einer Berücksichtigung hypothetischer

864 Vgl. Küpper, JZ 1990, 416 (423).
865 S. Kap. 1. C. II.
866 S. Kap. 1. B. VI.
867 Ähnlich *Roxin* (Roxin, 40 Jahre BGH, S. 96), der in der Fernwirkung keinen *„Bankrott der Strafrechtspflege“* sieht, sondern im Gegenteil *„den Triumph der (...) BGH-Sentenz, es sei ‚kein Grundsatz der Strafprozeßordnung, daß die Wahrheit um jeden Preis erforscht werden müßte.‘“*
868 BVerfG Entscheidung vom 8. Dezember 2005, 2BvR 1686/04, Rdn. 10.
869 Auch in diesem Sinne: Kleinknecht, NJW 1966, 1537 (1544).

Ermittlungsverläufe interpretieren, und zwar dahingehend, dass weitere hypothetische Ermittlungen der Polizei – auch ohne die rechtswidrige Handlung – auf die Spur des Angeklagten geführt hätten, was die Verbindung zwischen dem Rechtsfehler, der sekundären Beweiserlangung und der letztendlichen Überführung des Angeklagten auflöst.[870] Ob der BGH eine oder beide oben beschriebenen Auslegungsmöglichkeiten mit der Berufung auf eine fehlende Verbindung zwischen dem Fehler und der Überführung im Sinne einer *condictio-sine-qua-non* meinte, ist unklar und lässt sich aus dem Wortlaut des Urteils nicht eindeutig erschließen. Nichtdestotrotz führen beide Interpretationen – wenn auch auf unterschiedlichen Wegen – zum identischen Ergebnis: der Ablehnung einer Fernwirkung.

Mit der ersten, möglichen Auffassung verkennt der BGH – automatisch und ohne weitere Prüfung – jeden direkten ursächlichen Zusammenhang zwischen einem Verfahrensfehler und der Erlangung sekundärer Beweismittel, die eine Überführung des Angeklagten zur Folge hat. Eine solche Auffassung impliziert eine zweifelhafte, strenge Trennung zwischen Verfahrensfehlern und dem erlangten mittelbaren Beweismittel. Wie oben dargestellt, ging es im konkreten Fall (BGHSt 32, 68) um die Frage nach der Verwertbarkeit der Aussagen von zwei Zeugen, die als Folge einer unzulässigen TKÜ aufgespürt wurden. Indem der BGH *ipso facto* den kausalen Zusammenhang zwischen einem Fehler und der darauffolgenden Überführung des Beschuldigten verneint, wird automatisch und ohne Prüfung jegliche Verbindung zwischen einem Verfahrensfehler (unzulässige Einordnung einer TKÜ) und dem dadurch erlangten Beweismittel (Zeugenaussage) verkannt und behindert damit – ohne erkennbare Gründe – eine Prüfungsstufe bei der Feststellung einer Fernwirkung.[871]

Wie ausführlich in Kapitel 6. A dargestellt wird, kann zwischen einem Verfahrensfehler und der Erlangung von mittelbaren Beweismitteln – gerade mittels der Anwendung der *condictio-sine-qua-non*-Formel – tatsächlich ein unbestreitbarer kausaler Zusammenhang festgestellt werden,[872] welcher einen Aspekt bei der Prüfung der Fernwirkung der Beweisverwertungsverbote ausmacht, die nicht aufgrund von tatsächlichen Schwierigkeiten bei der Prüfung unterlassen werden kann. Obwohl die Anerkennung eines Kausalzusammenhangs zwischen einem Verfahrensfehler und der Erlangung von mittelbaren Beweismitteln nicht allein die Frage der Verwertbarkeit von mittelbar erlangten Beweismitteln beantworten kann, ist das Bestehen eines solchen Zusammenhangs eine unverzichtbare Voraussetzung für die Bestätigung des Vorhandenseins einer Fernwirkung.[873] Wenn im Gegensatz dazu ein solcher kausaler Zusammenhang nicht bestätigt werden kann, ist die Frage nach der Fernwirkung von Beweisverwertungsverboten – aufgrund fehlender Existenzvoraussetzungen – irrelevant.[874]

---

870 In diesem Sinne: Schröder, Beweisverwertungsverbote, S. 86 f.
871 S. Kap. 4. C. V. 5.
872 S. Kap. 6. A.
873 S. Kap. 6. A.
874 S. Kap. 6. A.

Wie das OLG Oldenburg (NJW 1995, 412) zutreffend festgestellt hat, ist die Analyse der Kausalität ein wichtiger Betrachtungspunkt, um die Grenzen eines Beweisverwertungsverbotes festzustellen.[875] Die Prüfung eines solchen Kausalzusammenhangs – der auch vom BGH in BGHSt 29, 244 (allerdings mit einer sehr knappen Argumentation diesbezüglich) bejaht wurde – ist eine zwingende Prüfungsstufe für jedes Gericht, wenn es sich mit der Frage nach der Reichweite eines Verwertungsverbotes konfrontiert sieht.

Das letzte Argument, das die Rechtsprechung anführt, um eine Fernwirkung von Beweisverwertungsverboten zu verneinen, gilt der Berücksichtigung hypothetischer Ermittlungsverläufe.[876] Der BGH hat in BGHSt 34, 362 (365) die These aufgestellt, dass eine Begrenzung der Fernwirkungsfälle mit Hilfe der hypothetisch rechtmäßigen Ermittlungsverläufe scheitert, weil sich kaum jemals feststellen lasse ob die Polizei das mittelbare Beweismittel ohne Verstoß nicht auch gefunden hätte. Außerdem lässt sich nach der oben aufgeführten zweiten möglichen Auffassung von BGHSt 32, 68 (71) ein ursächlicher Zusammenhang zwischen einem Verfahrensfehler und der Überführung des Angeklagten nicht feststellen, weil die Möglichkeit einer hypothetischen legalen Beweiserlangung nicht ausgeschlossen werden kann. In diesem Sinne erkennt der BGH in beiden Entscheidungen für jede abstrakte Hypothesenbildung eine nicht ausschließbare Möglichkeit an, einen solchen Zusammenhang zu beeinflussen. Umgekehrt (aber im Ergebnis identisch) hat das OLG Stuttgart NJW 1973, 1941 (1942) die Anwendung des hypothetisch legalen Weges als Begrenzungsmaßstab von Verfahrensfehlern aufgrund mangelnder Praktikabilität abgelehnt. Dem ist nicht zuzustimmen.

Die Behauptung der Richter in BGH 34, 362 (365), wonach sich kaum jemals feststellen lässt, ob die Polizei das mittelbare Beweismittel auch ohne Verstoß nicht gefunden hätte, überzeugt nicht.[877] Eine solche rein abstrakte Möglichkeit einer legalen Beweiserlangung führt z. B. undifferenzierten Beweisergebnissen. Entweder wird – wie es in der Entscheidung der OLG Oldenburg NStZ 1995, 412 der Fall ist – ein Beweisverwertungsverbot bzw. eine Fernwirkung von Beweisverwertungsverboten bei einer Verletzung der Rechte des Angeklagten, die ihn direkt betreffen und ihm gegenüber wirken (wie die Belehrungspflicht gemäß § 136 StPO oder das Verbot von verbotenen Vernehmungsmethoden gemäß § 136 a StPO), ausnahmslos anerkannt. In anderen Fällen – wie beispielhaft im Falle einer Missachtung von richterlichen Anordnungskompetenzen – kommt es zu einer Ablehnung jeder

875 Wenn also das OLG Oldenburg in NJW 1995, 412 die hypothetischen Folgen einer Belehrung des Angeklagten vor seiner Vernehmung im Ermittlungsverfahren als Beschuldigter analysiert, prüft richtigerweise die *condictio-sine-qua-non*-Formel die Kausalität zwischen einem Rechtsfehler und der Erlangung von mittelbaren Beweismitteln und nicht – wie Jahn / Dallmeyer, NStZ 2005, 297 (300) behaupten – die Hypothese einer rechtmäßigen Beweiserlangung.

876 Ausführlich dazu Kap. 10.

877 Ausführlich dazu Kap. 10. G. I.

Fernwirkung von Beweisverboten.[878] Diese letzte Gruppe ermöglicht eine inakzeptable Umgehung von Beweisverboten durch die Berufung auf hypothetische Ermittlungsverläufe und befreit im Ergebnis die Strafverfolgungsbehörden von allen tatsächlichen Schwierigkeiten des kriminalistischen Alltags.[879]

Eine Berücksichtigung hypothetischer Ermittlungsverläufe kann – trotz der Worte des BGH in BGHSt 32, 68 (71) – in keinem Fall den ursächlichen Zusammenhang zwischen einem Rechtsfehler und der Überführung des Beschuldigten beeinflussen. Wie später ausführlich dargelegt wird,[880] wirken sich solche Hypothesen nicht auf den Kausalzusammenhang zwischen Rechtsfehlern und Beweiserlangung, sondern auf den normativen Zusammenhang zwischen beiden Elementen aus.

Wie im Kapitel 10. E ausführlich dargelegt wird, ermöglicht die Berücksichtigung von hypothetischen Ermittlungsverläufen eine genaue Bestimmung der Bedeutung des Verfahrensverstoßes für das rechtlich geschützte Interesse (Erfolgsunrecht) und entspricht einer unvermeidlichen Prüfungsstufe bei der Feststellung der Fernwirkung der Beweisverwertungsverbote. Ihre Prüfung – so wie es auch bei der Untersuchung des Kausalzusammenhangs der Fall ist – ist vollkommen praktikabel. Bei einer solchen Prüfung muss eine hypothetisch rechtmäßige Beweiserlangung konkret (und nicht abstrakt) durchgeführt werden.[881] Richtig ist in diesem Sinne die konkrete Prüfung von hypothetischen Ermittlungsverläufen, die das OLG Köln NJW 1979, 1217 durchgeführt hat, um die Wirkung von hypothetischen Kausalverläufen im Fall zu verneinen: Mittels einer Analyse der Akten hat das OLG festgestellt, dass es keine Anhaltspunkte für eine solche Hypothese gibt und hat infolgedessen die Wirkung eines hypothetischen Ermittlungsverlaufes im konkreten Fall verneint.

3. *Die vermittelnde Auffassung*

Die in BGHSt 29, 244 (249); 51, 1 (7), OLG Oldenburg NStZ 1995, 412 und LG Hannover StV 86, 522 aufgeführte Prämisse, dass sich eine allgemeingültige Regel hinsichtlich der Grenzen von Beweisverwertungsverboten nicht aufstellen lässt, sondern sich diese jeweils nach der Sachlage und der Art des Verbots richten, ist ein Schritt in die richtige Richtung. Dies wurde vom BGH in BGHSt 29, 244 (249); OLG Oldenburg NStZ 1995, 412 und LG Hannover StV 86, 522 konsequent durchgeführt und eine Fernwirkung nach der jeweiligen Analyse des Sachverhalts sowie der verletzenden Norm bejaht. Im Gegensatz dazu hat der BGH in BGHSt 51, 1 (7) diese These nicht richtig befolgt. Obwohl eine Fernwirkung *„nach der Sachlage und der Art des Verwertungsverbots“* zu bestimmen sei, spricht der 1. Strafsenat hier von einem *„allgemeinen Grundsatz“*, dass Beweisverwertungsverboten keine

878 S. Kap. 10. G. I.
879 S. Kap. 10. G. I.
880 S. Kap. 10. E. III.
881 S. Kap. 10. G. I.

Fernwirkung zukommt – eine Stellungnahme, die keinen Raum für eine Fernwirkung zulässt.

In eine ähnliche Richtung weist auch die Entscheidung des LG Frankfurt StV 2003, 325, ff. Das Gericht versucht, die Frage nach einer Fernwirkung von Beweisverboten durch eine Abwägung von sich an sich widerstreitenden Interessen (die Schwere des Eingriffs in die Grundrechte des Angeklagten einerseits und die Schwere der Tat andererseits) zu lösen. Erstaunlicherweise hat die Kammer durch Einzelfallabwägung das mittelbare Beweismittel als verwertbar erklärt, obwohl es sich um eine deutliche Verletzung von § 136 a StPO (!) handelte. Dadurch setzt sich das Gericht jedoch den gleichen Problemen aus, die bereits bei der Abwägungslehre als Methode zur Feststellung von Beweisverwertungsverboten als Gegenargumente erwähnt wurden.[882] Auch für die Frage nach der Verwertbarkeit von mittelbar erlangten Beweismitteln ist ein solches Lösungsmodell methodologisch kritisierbar und führt zu ungewissen Ergebnissen: Die Abwägung der sich widerstreitenden Interessen bei der Frage nach der Verwertung von sekundären Beweismitteln kann nicht zu anderen Ergebnissen führen, als bei der Abwägung bezüglich des primären Beweismittels.[883] Mit anderen Worten: Wenn man ein Verwertungsverbot nach einer Interessensabwägung anerkennt, ist es im Grunde genommen nicht möglich, aufgrund einer (neuen) Interessenabwägung zu anderen Ergebnissen bei der Verwertung von sekundären Beweismitteln zu kommen.[884]

Eine klare und konsistente Stellungnahme der Rechtsprechung zur Frage nach der Fernwirkung von Beweisverboten bleibt bis heute offen. Das rückläufige, aber nach wie vor nicht plausible, Argument der Lahmlegungsgefahr wirkt in der Rechtsprechung wie ein argumentativer Pfropf, der einer richterlichen Berücksichtigung der zahlreichen Gesichtspunkte, die in der Literatur hinsichtlich der Fernwirkung von Beweisverboten entwickelt wurden, keinen Platz lässt. Die Rechtsprechung widersetzt sich der Mehrheit der Lehre, die mit guten Argumenten seit mehreren Jahrzehnten bezüglich der Fernwirkung deutlich Stellung bezogen hat.[885] Das Lahmlegungsargument dürfte in zukünftigen Entscheidungen keine Berücksichtigung mehr finden, weil es auf einer falschen Prämisse basiert und gleichzeitig die Tür für eine massive Umgehung der Beweisverwertungsverbote öffnet.

Im Vergleich zu der Tendenz der Rechtsprechung des BGH zeigen die knappe Worte des BVerfG zur Fernwirkungsproblematik, dass extreme Lösungen bei dieser Problematik nicht befolgt werden können. Wenn die Verfassungsrichter anmerken, dass bei Verwertungsverboten eine Fernwirkung *„nicht ohne weiteres"* zukommt, und dass eine Fernwirkung kein *„elementares rechtsstaatliches Gebot des deutschen Strafverfahrensrechts"*[886] ist, meinen sie nicht, dass eine Verwertung des

882 S. Kap. 1. F. IX.
883 S. Kap. 4. C. IV. 5.
884 S. Kap. 4. C. IV. 5.
885 S. Kap. 4. C.
886 BVerfG StV 1997, 361.

sekundär erlangten Beweismittels die allgemeingültige und allumfassende Lösung bei der Fernwirkungsfrage ist, sondern dass eine Fernwirkung von Verwertungsverboten in einigen Fällen auch anerkannt werden darf.

Ein Hoffnungsschimmer für die zukünftige Entwicklung der Rechtsprechung bezüglich der Fernwirkung der Beweisverwertungsverbote im deutschen Recht findet sich in einigen vereinzelten Entscheidungen, die unter Berufung auf *„die Sachlage und Art des Verwertungsverbots"* oder auf eine allumfassende Abwägung die Möglichkeit der Anerkennung einer Fernwirkung in Kauf nehmen. Dank dieser Entscheidungen könnte sich die strikte Position der bis heute mehrheitlichen Rechtsprechung etwas auflockern;[887] man kann diesbezüglich also gemäßigt optimistisch sein.

C. Die Fernwirkung der Beweisverwertungsverbote in der Literatur

Die deutsche StPO – sowie ihr chilenisches Pendent CPP[888] – enthalten keine ausdrückliche Norm, die das Problem der Verwertbarkeit von Beweismittel, die mittelbar aufgrund eines Rechtsverstoßes erlangt wurden, löst. Aus diesem Grund ist das Problem der Fernwirkung von Beweisverwertungsverboten eines der meistdiskutierten Probleme der Beweisverbotslehre. Im deutschen Recht findet diese Diskussion ihren Ursprung in § 136 a StPO[889] und in den Veröffentlichungen über seine Auslegung.[890] Die ersten Versuche, eine umfassende Systematisierung des Themas außerhalb des strikten Wirkungsbereichs dieser Norm vorzunehmen, können auf die Debatten des 46. Deutschen Juristentags und die aus diesem Anlass veröffentlichten Werke zurückdatiert werden.[891] Seitdem wird das Problem intensiv in der wissenschaftlichen Literatur behandelt, die allerdings bis zum heutigen Tag keine klare Lösung gefunden hat.

Ab Ende der 1970er und vor allem in den 1980er Jahren hat die Rechtsprechung des BGH mit der Veröffentlichung von vier wichtigen Entscheidungen über die Fernwirkung von Beweisverwertungsverboten (BGHSt 29, 244; 32, 68; 34, 362[892]) einen neuen Impuls für die wissenschaftliche Diskussion gegeben,[893] die in den

---

887 Vgl. Fahl, JuS 1996, 1013 (1018).

888 S. Kap. 5.B.

889 In Belings Werken wurde dieses Thema nicht behandelt.

890 U.a. Baumann, GA 1959, 33; Kleinknecht, NJW 1966, 1537 (1544).

891 Vor allem Grünwald, JZ 1966, 489; Kleinknecht, NJW 1966, 1537; Nüse, JR 1966, 281; Peters, Verhandlungen des 46. Deutschen Juristentages, Band I, S. 91 ff.; Sarstedt, Verhandlungen des 46. Deutschen Juristentages, Band II, F 8 ff.; Spendel, NJW 1966, 1102.

892 S. Kap. 4.B. I.

893 Vor allem die Anmerkungen von: Fezer, JZ 1987, 937; Grünwald, StV 1987, 470; Reichert-Hammer, JuS 1989, 446; Schlüchter, JR 1984, 517; Wolter, NStZ 1984, 276.

Jahren zuvor zu stagnieren schien. Diese Wiederaufnahme der Diskussion über die Fernwirkung erreichte einen ihrer Höhepunkte Anfang der 1990er Jahre mit der Veröffentlichung der ersten beiden Dissertationen zu diesem Problem in der Bundesrepublik Deutschland.[894]

Heutzutage erfreut sich das Thema höchster Relevanz in der strafprozessrechtlichen Debatte.[895] Die Diversifizierung des Standpunkts hat in den letzten 25 Jahren dank der Beiträge insbesondere von *Rogall,* mit seiner normativen Fehlerfolgenlehre,[896] und *Amelung,* mit seiner Lehre vom informationellen Folgenbeseitigungs- und Unterlassungsanspruch,[897] neue Instrumente für den Umgang mit diesem umstrittenen Thema hervorgebracht.

Die zahlreichen Stellungnahmen zur Fernwirkung können im Wesentlichen in drei Gruppen unterteilt werden (jede von ihnen wiederum mit verschiedenen Untergruppen), von denen keine als vorherrschend betrachtet werden kann.[898] Die ersten zwei Meinungsgruppen spiegeln die zwei extremen Positionen der Literatur wider: Auf der einen Seite die Stimmen, die eine Fernwirkung von Beweisverwertungsverboten kategorisch ablehnen und auf der anderen Seite die Stimmen, die sie annehmen. Allerdings muss man erwähnen, dass die meisten Autoren, die solche Positionen verteidigen, fast immer auch einige Ausnahmen in bestimmten Fällen billigen: Rein puristische Meinungen für oder gegen eine Fernwirkung ohne erkennbare Ausnahmen finden sich in der Literatur eher selten. Daher können beide Positionen als *tendenziell* für oder gegen eine Fernwirkung beschrieben werden. Zwischen diesen beiden Meinungen finden sich die Stimmen, die eine vermittelnde Auffassung vertreten und die eine differenzierte Betrachtung der Fernwirkung von Beweisverwertungsverboten vorschlagen und sich für eine Einzelfallabwägung aussprechen. In den folgenden Kapiteln werden diese drei Meinungstendenzen ausführlich analysiert.

---

894 Knoll, Die Fernwirkungen von Beweisverwertungsverboten; Reinecke, Die Fernwirkung von Beweisverwertungsverboten.

895 Ein Beweis dafür ist die Veröffentlichung von drei Dissertationen zu diesem Thema in den letzten Jahren: Mergner, Fernwirkung von Beweisverwertungsverboten; Ossenberg, Die Fernwirkung im deutsch-U.S.-amerikanischen Vergleich: unter besonderer Berücksichtigung der Funktionen der Beweisverwertungsverbote und Pitsch, Strafprozessuale Beweisverbote: eine systematische, praxisnahe und rechtsvergleichende Untersuchung unter besonderer Berücksichtigung des Steuerstrafverfahrens, der Zufallsfunde und der Fernwirkungsproblematik, sowie die vor Kurzem veröffentlichen Beiträge von Ransiek, FS Beulke, S. 949 ff. und Wohlers, FS Wolter, S. 1181 ff. zum Thema.

896 S. ausführlich Kap. 1.F. X.

897 S. ausführlich Kap. 1.F. VI.

898 Knoll, Die Fernwirkungen, 29; SK-*Rogall* §136, Rdn. 110.

I. Ablehnende Stellungnahmen

Ein großer Teil der älteren Literatur vertrat die Auffassung, dass Beweisverwertungsverbote keine Fernwirkung in sich tragen. Das war die überwiegende Meinung während der ersten Untersuchungen zu diesem Thema.[899]

Aus diesem Grund überrascht es nicht, dass eine deutliche Mehrheit der Teilnehmer des 46. Deutschen Juristentages eine Fernwirkung grundsätzlich verneinte; selbst in den Schlussfolgerungen dieses Juristentages wurde eine Erstreckung der Beweisverwertungsverbote auf die mittelbar erlangten Beweisergebnisse kategorisch abgelehnt.[900]

1. Der Wortlaut des § 136 a StPO als Ablehnungsgrund

Kleinknecht ist der Auffassung, dass die unter Verstoß von § 136 a StPO mittelbar erlangten Beweismittel verwertet werden dürfen. Hierzu verweist er zunächst auf den Wortlaut der Norm: § 136 a Abs. 3 S. 2 StPO verbiete lediglich die Verwertung von rechtswidrig erlangten *„Aussagen"*, sei nicht das sekundäre Beweismittel, das zu einem *„sachgerechten Ergebnis"* führe.[901] Die Ablehnung einer Fernwirkung beschränkt sich allerdings laut *Kleinknecht* nicht auf diesen Fall, sondern erstreckt sich auch auf andere Verwertungsverbote.

2. Die Auslegung des Verwertungsbegriffs als Ablehnungsgrund

Bezüglich des Umfangs des ausdrücklich geregelten Verwertungsverbotes des § 136 a Abs. 3 S. 2 StPO vertritt *Baumann* die Auffassung, dass das durch den Verstoß gegen diese Norm sekundär erlangte Beweismittel verwertbar ist.[902] Der Autor stützt seine Position zunächst auf eine enge Auslegung des Verwertungsbegriffs, der seiner Ansicht nach nur die „prozessförmige Verwertung" beinhaltet, also nur „im Prozess selbst" zu verstehen ist.[903] Obwohl nach dem Wortlaut dieser Norm die Verwertung einer Aussage ausgeschlossen sei, sei die Verwertung der dadurch erlangten Kenntnisse nicht ausgeschlossen.[904] Nach *Baumann* beschränkt sich die Sperrwirkung dieser Norm nur auf die direkt durch verbotene Mittel herbeigeführten Aussagen; mit der Folge, dass die bloße Wissensnutzung nicht auch Beweisnutzung und Verwertung ist, sodass *„die bei unzulässigen Vernehmungen in Erfahrung gebrachten Beweismittel* (...) *aufgesucht* (werden können) *und sodann die Beweise in zulässiger Form erhoben werden können."*[905]

---

899 U.a. Baumann, GA 1959, 33 (40 ff.); Kleinknecht, NJW 1966, 1537 (1544).

900 46. DJT. F 181.

901 Kleinknecht, NJW 1966, 1537 (1544). Ihm folgend: Wesemann / Müller, StraFo 1998, 113 (113). Zustimmend: OLG Stuttgart NJW 1973, 1942.

902 Baumann, GA 1959, 33 (44).

903 46. DJT. F 109.

904 46. DJT. F 111.

905 Baumann, GA 1959, 33 (44).

3. *Unerträgliche kriminalpolitische Folgen als Ablehnungsgrund*

Bereits im Jahr 1959 hat *Baumann* nicht nur aufgrund des oben genannten Verwertungsbegriffs,[906] sondern auch aus kriminalpolitischen Gründen eine Fernwirkung des in § 136 a Abs. 3 S. 2 StPO ausdrücklich geregelten Beweisverwertungsverbotes abgelehnt. *Baumann* stützt seine Ansicht auf die Gefahr, dass *„durch einen ungeschickten ersten Vernehmungsbeamten oder durch einen bestochenen Vernehmungsbeamten das ganze Verfahren lahmgelegt werden könnte"*.[907] Dieses kriminalpolitische Argument ist einer der wichtigsten Standpunkte, der bis heute in der Rechtsprechung als Begründung für eine grundsätzliche Verneinung der Fernwirkung von Beweisverwertungsverboten angeführt wird.[908] Ähnlich sind die Begründungen von *Finger*, der mehr als 50 Jahre später für eine Ablehnung einer Fernwirkung das Argument angeführt hat, dass ein einzelner Verfahrensverstoß nicht *„das gesamte Strafverfahren lahm legen dürfte."*[909]

In einer ähnlichen Richtung wirft *Kleinknecht* die kluge Frage auf, ob eine gefundene Leiche und Tatwaffe sowie die an ihnen feststellbaren Spuren, die aufgrund eines Verstoßes gegen § 136 a Abs. 3 S. 2 StPO gefunden wurden, als Beweismittel verwertbar sind, oder im Gegensatz dazu das Strafverfahren wegen Mordes unter der falschen Annahme geführt werden muss, dass die Leiche und Tatwaffe *„nie aufgefunden worden"* seien.[910] In diesem Sinne stützt *Kleinknecht* seine generelle Ablehnung einer Fernwirkung von Beweisverboten auf *„kriminalpolitisch unerträgliche Folgen"*.[911]

Den gleichen Beispielsfall verwendet *Krey*, um einen Freispruch des Täters – als Folge der Unverwertbarkeit der durch verbotene Vernehmungsmethoden gefundenen Leiche und des Tatwerkzeugs – zu verneinen. Ein Freispruch wäre in diesem Fall *„völlig unangemessen und rechtsstaatlich in keiner Weise geboten"*.[912] Allerdings erkennt *Krey* ausnahmsweise eine Fernwirkung von Beweisverwertungsverboten im Falle einer absichtlichen Gesetzesumgehung an.[913]

4. *Ablehnung aufgrund eines fehlenden Zusammenhangs zwischen dem Rechtsfehler und dem mittelbaren Beweismittel*

Als zusätzliches Argument, um eine Fernwirkung von Beweisverwertungsverboten abzulehnen, führt *Kleinknecht* die *„schwierigsten oder gar unmöglichen Kausalitätsprüfungen"* bei der Entstehung von mittelbaren Beweismitteln an.[914] Die

906 S. Kap. 4. C. I. 2.
907 Baumann, GA 1959, 33 (40).
908 S. Kap. 4. B. IV. 1.
909 Finger, JA 2006, 529 (539). S. Kap. 4. B. IV. 1.
910 Kleinknecht, NJW 1966, 1537 (1544).
911 ders., NJW 1966, 1537 (1544).
912 Krey, Strafverfahrensrecht, Rdn. 1122.
913 ders., Strafverfahrensrecht, Rdn. 1122.
914 Kleinknecht, NJW 1966, 1537 (1544).

Unmöglichkeit, zu überprüfen, ob die Erlangung solcher Beweismittel tatsächlich auf einen Hinweis zurückgeführt werden kann, der aus einer unzulässigen Beweiserhebung gewonnen wurde, habe eine Verwertbarkeit des mittelbar erlangten Beweismittels zur Folge.[915]

In einem ähnlichen Sinne lehnt *Kramer* eine Fernwirkung ab, weil die Nachprüfung der Fernwirkung von *„rein gedanklichen Kausalitäten abhängt"*.[916] Die Fälle, in denen sich die Ermittlung des weiteren Beweismittels exakt auf die zuvor erlangten unverwertbaren Beweise zurückführen lasse, seien relativ selten.[917] Die Praxis zeige vielmehr, dass das Beweismaterial nicht aus einem isolierten Beweismittel gewonnen werden kann, sondern vielmehr aus einem *„Geflecht von Ermittlungsideen und Fahndungsgedanken."*[918]

Seinerseits ist *Petry* gegen eine Fernwirkung von Beweisverwertungsverboten aufgrund eines fehlenden Zusammenhangs zwischen Fehler und mittelbarem Beweismittel, weil der neue mittelbare Beweis prozessuale Selbstständigkeit genieße.[919] Da die historischen Ableitungen einer unzulässigen Beweiserhebung nicht gegen das Prozessziel, ein gerechtes Urteil zu erlassen, wirken dürften, dürften mittelbare Beweismittel daher gemäß der im § 244 Abs. 2 StPO regulierten Aufklärungspflicht ohne Weiteres erhoben werden.[920]

Als Argument gegen eine Fernwirkung von Beweisverwertungsverboten verweist *Ranft* auf die totale Unabhängigkeit der im Ermittlungsverfahren fehlerhaft erlangten Beweismittel von der Beweisaufnahme im Hauptverfahren. Da im Hauptverfahren die Beweisaufnahme stets von neuem beginne, könnten *„Fehler der Ermittlungsbehörden nicht ohne weiteres so behandelt werden (...), als handele es sich um Fehler des Gerichts."*[921]

5. Humanitäre und öffentliche Interessen als Ablehnungsgrund

Ausgehend von dem in den letzten Absätzen dargestellten theoretischen Standpunkt bringt *Ranft* ein rein praktisches Argument hervor: Die Bejahung einer Fernwirkung könne zu unerträglichen Ergebnissen führen.[922] Zur Reichweite des § 136 a StPO nennt der Autor als Beispiel die Entdeckung einer Leiche dank eines durch Erpressung erlangten Geständnisses. In einer solchen Situation wäre es *„aus humanitären und aus öffentlichen Interessen und ggf. auch im Interesse anderer Tatverdächtiger grundsätzlich unerträglich, dem Hinweis nicht nachzugehen und die*

915 ders., NJW 1966, 1537 (1544). Dieses Argument wurde auch von der Rechtsprechung des BGH verwendet S. Kap. 4. B. IV. 2.
916 Kramer, JURA 1988, 520 (524).
917 ders., JURA 1988, 520 (524).
918 ders., JURA 1988, 520 (524).
919 Petry, Beweisverbote, S. 127.
920 ders., Beweisverbote, S. 127.
921 Ranft, FS Spendel, S. 734.
922 ders., Strafprozeßrecht, Rdn. 1617.

Suche nach dem Tatopfer abzubrechen."[923] Außerdem wäre es in diesem Fall bedenklich, nach der „Offenkundigkeit" der Tatsache den Täter freizusprechen, mit dem Argument, es sei nicht erwiesen, ob das Opfer überhaupt getötet und die Tat überhaupt begangen worden sei. Denn „*sobald eine Tatsache die Qualität der Offenkundigkeit erreicht hat, lässt sie sich nicht mehr, sei es aus rechtlichen oder tatsächlichen Gründen, als unbeweisbar behandeln*".[924]

Ranft erkennt eine Fernwirkung von Beweisverboten ausschließlich für den Fall an, dass eine „*zwingende Verfahrensnorm von einem Strafverfolgungsorgan bewusst mit der Zielsetzung verletzt wurde, weitere Beweismittel aufzuspüren*".[925]

6. *Die Fernwirkung als Fremdkörper im deutschen Recht*

Verbreitet wird die Fernwirkung als ein Fremdkörper im deutschen Strafprozess[926] angesehen, weil diese Theorie einem angloamerikanischen Gedanken („*fruits of the poisonous tree*" Doktrin[927]) entspreche, der nicht ohne Weiteres auf das deutsche Recht übertragen werden könne.

Kramers hält als Vertreter dieser Auffassung die Fernwirkung von Beweisverwertungsverboten der Situation der Verfahrensbeteiligten im amerikanischen Strafprozess, bei dem – im Vergleich zum deutschen Recht – Polizei und StA als Partei nicht zur Objektivität verpflichtet sind, für angemessen.[928] Allerdings erkennt *Kramer* ausnahmsweise und nach einer Interessenabwägung eine Fernwirkung in bestimmten Fällen an, so etwa bei gezielten Verfahrensverstößen (z. B. bei der Anwendung von Hypnose), um dadurch mittelbare Fahndungserkenntnisse zu gewinnen.[929] Mit ähnlichen Argumenten wie *Kramer* verneint *Finger* eine Fernwirkung von Beweisverwertungsverboten im deutschen Recht, weil die „*deutschen Verhältnisse* (insofern) *nicht mit den US-amerikanischen zu vergleichen*" seien, als die letzteren zur Disziplinierung der Strafverfolgungsbehörden dienen.[930]

In diesem Zusammenhang haben u.a. *Lesch* und neuerdings auch *Schünemann* in *Roxin/Schünemann* (27. Auflage)[931] die Anerkennung einer Fernwirkung von

923 ders., FS Spendel, S. 735. S. auch: ders., Strafprozeßrecht, Rdn. 1618.
924 ders., FS Spendel, S. 735.
925 ders., Strafprozeßrecht, Rdn. 1619.
926 Fahl, JuS 1996, 1013 (1016); Graf-StPO-*Monka* § 136 a, Rdn. 32; Kramer, JURA 1988, 520 (524); Lesch, Strafprozessrecht, Kap. 3, Rdn. 170; Magnus, ZStW (2014), 695 (712).
927 Ausführlich S. Kap. 3. B.
928 Kramer, JURA 1988, 520 (524).
929 ders., JURA 1988, 520 (525).
930 Finger, JA 2006, 529 (539).
931 Die Verneinung einer Fernwirkung in den letzten Auflagen des Lehrbuchs entspricht lediglich *Schünemanns* Ansicht. *Roxin* (Roxin, 40 Jahre BGH, S. 95) selbst hat an anderer Stelle nicht nur eine Fernwirkung wegen der Gefahr einer Gesetzesumgehung anerkannt, sondern sich selbst als jemand, „*der schon immer zu den Befürwortern der Fernwirkung gehört habe*", eingeordnet. S. Kap. 4. C. II. 8.

Beweisverwertungsverboten im deutschen Recht zwangsläufig mit der amerikanischen *„fruit of the poisonous tree“*-Doktrin und einer Disziplinierungsfunktion der Beweisverwertungsverbote verbunden.[932] Die Ablehnung einer Fernwirkung wäre – nach Ansicht dieser Autoren – eine logische Folge der Unmöglichkeit einer Übertragung des US-amerikanischen Strafprozesses – für den die Dispositionsmaxime gilt – auf das durch den Untersuchungsgrundsatz beherrschte und auf materielle Wahrheit gegründete deutsche Verfahrensrecht.[933] Im deutschen Rechtssystem habe die rechtsstaatliche Disziplinierung der Strafverfolgungsorgane nicht durch „Hemmung der Strafverfolgung“, sondern durch Bestrafung grober Verfahrensrechtsverletzungen zu erfolgen.[934] Allerdings hat *Lesch* in einem neueren Beitrag seine Meinung diesbezüglich vollkommen revidiert und erkennt nunmehr eine allgemeingültige Fernwirkung an.[935]

Ähnlich verweist *Kleinknecht* auf die Unanwendbarkeit der amerikanischen These der *„fruits of the poisoned tree“* im deutschen Rechtssystem, das mit dem Disziplinierungsgedanken, welcher wiederum der Ausgangspunkt dieser These ist, nicht kompatibel sei.[936]

Auch *Meyer-Goßner* stimmt grundsätzlich einer Fernwirkung von Beweisverboten nicht zu,[937] weil die unkritische Übernahme der *„fruits“*-Doktrin aus dem Grund verfehlt sei, dass im US-amerikanischen Recht die Beweisverbote vornehmlich der Disziplinierung der Polizei dienten.[938] *Fahl* argumentiert dahingehend, dass die Polizei in Deutschland *nur* die Rechtsstaatlichkeit des Verfahrens sichern solle. Da infolgedessen der Disziplinierungsgedanke den deutschen Gerichten fremd sei, gebe es im deutschen Strafprozess keine Fernwirkung von Beweisverboten.[939] Eine ähnliche Meinung hat *Sarstedt* in seinem Referat bezüglich des 46. Deutschen Juristentages vertreten, indem er behauptet, dass Verwertungsverbote im deutschen Recht kein geeignetes Mittel sind, um Rechtsverstöße zu verhindern. Aus diesem Grund sei die Ausdehnung eines schon bestehenden Verwertungsverbotes auf das mittelbar aufgefundene Beweismittel abzulehnen.[940]

---

932 Lesch, FS Volk, S. 319 f.; ders., Strafprozessrecht, Kap. 3, Rdn. 169; Roxin / Schünemann, Strafverfahrensrecht, § 24, Rdn. 60.

933 Lesch, Strafprozessrecht, Kap. 3, Rdn. 170; Roxin / Schünemann, Strafverfahrensrecht, § 24, Rdn. 60. Auch in diesem Sinne: Fahl, JuS 1996, 1013 (1016 f.); Hartmann / Schmidt, Strafprozessrecht, Rdn. 1134.

934 Roxin / Schünemann, Strafverfahrensrecht, § 24, Rdn. 60. Fern: Sarstedt, Verhandlungen des 46. Deutschen Juristentages, Band II, F 23.

935 Lesch, FS Volk, S. 320 f. S. Kap. 4. C. II. 5.

936 Kleinknecht, NJW 1966, 1537 (1544). Auch in diesem Sinne: Fahl, JuS 1996, 1013 (1016 f.). S. Kap. 1. B. II.

937 Allerdings richtet sich die Fernwirkung – laut dieser Auffassung – nach der Sachlage und der Art des Verbots. Meyer-Goßner / Schmitt, Strafprozessordnung, Einl. Rdn. 57.

938 ders., Strafprozessordnung, Einl. Rdn. 57.

939 Fahl, JuS 1996, 1013 (1017).

940 Sarstedt, Verhandlungen des 46. Deutschen Juristentages, Band II, F 23.

7. *Weitere ablehnende Meinung*

Abschließend muss noch die Auffassung von *Hellmann* erwähnt werden, der ohne erkennbare Begründung der Meinung ist, dass im Strafverfahren keine Fernwirkung von Beweisverwertungsverboten zu erkennen sei.[941] Allerdings, wenn es sich um „*eine besonders schwerwiegende Verletzung der strafprozessualen Schutzrechte oder der Grundrechte des Beschuldigten*" handelt oder wenn „*das Strafverfolgungsorgan sich bewusst über die Rechte des Beschuldigten hinweggesetzt hat, um auf diese Weise ein Beweismittel zu erlangen*", ist – nach *Hellmanns* Ansicht – ausnahmsweise eine Verwertung des mittelbaren Beweismittels nicht gestattet, es sei denn, die Strafverfolgungsbeamten hätten das Beweismittel auch auf legalem Wege gewinnen können.[942]

II. Befürwortende Stellungnahmen

1. *Fernwirkung als eine Folge des Wortlautes des § 136 a Abs. 3, S. 2 StPO*

Ausgehend von § 136 a Abs. 3 S. 2 StPO leiten viele Autoren eine Fernwirkung des gesetzlich normierten Beweisverwertungsverbotes ab.[943] Laut *Spendel* verbietet diese Norm eine Unterscheidung zwischen primär und sekundär erlangten Beweismitteln.[944] Infolgedessen wäre es „*rabulistisch, zwischen der angeblich zulässigen Benutzung des durch die Aussage erlangten Wissens und der zweifelsfrei unzulässigen Verwertung der das Wissen vermittelnden Aussage einen Unterschied zu konstruieren*".[945] In einem ähnlichen Sinne verweist *Peters* auf den Wortlaut von § 136 a StPO, wonach diese Vorschrift sowohl die Verwertung des Geständnisses als auch die sich daran anschließenden Maßnahmen in einem anhängigen Strafverfahren untersage.[946] Im Grunde genommen würde die Verwertung der durch eine Verletzung dieses Paragraphen gewonnenen Beweiselemente dem Beweisverbot seine Bedeutung rauben.[947]

Ähnlich leitet *Nüse* aus einer verfassungskonformen Auslegung des § 136 a Abs. 3 StPO ab, dass gemäß des geregelten Beweisverwertungsverbots sowohl

---

941 Hellmann, Strafprozessrecht, Rdn. 792.

942 ders., Strafprozessrecht, Rdn. 792.

943 u.a. Klug, Verhandlungen des 46. Deutschen Juristentages, Band II, F 46; Nüse, JR 1966, 281 (284); Otto, GA 1970, 289 (294); Peters, Verhandlungen des 46. Deutschen Juristentages, Band I, S. 160; Rüping, Strafverfahren, Rdn. 108; Spendel, NJW 1966, 1102 (1105); ders., JuS 1964, 465 (471).

944 ders., NJW 1966, 1102 (1105). Auch in diesem Sinne: Neuhaus, NJW 1990, 1221 (1222).

945 Spendel, NJW 1966, 1102 (1105).

946 Peters, Strafprozeß, S. 338.

947 Sendler, Die Verwertung rechtswidrig erlangter Beweismittel, S. 47; Spendel, JuS 1964, 465 (471). Ihm folgend: Neuhaus, NJW 1990, 1221 (1222); Peters, Verhandlungen des 46. Deutschen Juristentages, Band I, S. 160.

mittelbar als auch unmittelbar erlangte Beweismittel unverwertbar sind.[948] Unter Berufung auf den Wortlaut der oben genannten Norm lässt *Klug* keinen Raum für eine unterschiedliche Behandlung von unmittelbaren und mittelbaren Beweisergebnissen.[949] Da mittelbar erlangte Beweismittel ein Produkt der Ausnutzung einer durch verbotene Vernehmungsmethoden erlangten Aussage seien, sei eine Fernwirkung des Beweisverwertungsverbotes – auch unter Berufung auf die Integrität des Verfahrens – in diesem Fall einleuchtend.[950]

2. Fernwirkung gemäß dem Willen des Gesetzgebers

Aus historischen Gründen ist *Otto* der Ansicht, dass der Gesetzgeber in § 136 a StPO nicht nur bestimmte Methoden der Wahrheitsermittlung aus dem Verfahren ausschließen, sondern auch für die Zukunft solche Vernehmungsmethoden aus der Strafrechtspflege verbannen wollte.[951] Somit sollte nach Willen des Gesetzgebers kein Zweifel daran bestehen, dass eine Aussage weder unmittelbar noch mittelbar verwertbar ist.[952] *Otto* lässt allerdings die Frage offen, ob eine allgemeingültige Fernwirkung anerkannt werden kann.

Seinerseits greift *Osmer* auf das Ziel und den Willen des Gesetzgebers bei der Einführung des § 136 a StPO zurück[953]: Durch die Verwertung von mittelbaren Beweismitteln riskiere man, das vom Gesetzgeber bei der Erarbeitung dieser Norm erstrebte Ziel, unzulässige Vernehmungsmethoden aus dem Strafverfahren zu verbannen, nicht zu erfüllen.[954]

3. Fernwirkung als Folge des Begriffes „Verwertung"

Ausgehend vom allgemeinen sprachlichen Sinngehalt des Terminus „Verwertung" in Bezug auf § 136 a StPO schreibt *Osmer*, dass die Verwertung einer Aussage *„die Verwendung dieser (...) für die Zwecke des Strafverfahrens überhaupt"* bedeutet.[955] Wenn eine aufgrund eines Verstoßes gegen § 136 a StPO erlangte Aussage als Ausgangspunkt für weitere Ermittlungen benutzt wird, entspreche das einer besonders typischen Form der Aussageverwendung.[956] Lasse man also die Verwertung von Beweismitteln zu, die auf der Grundlage einer rechtswidrigen Aussage erlangt wurden, *„würde man also Teile der Aussage vom Verwertungsverbot wieder ausnehmen"*.[957]

---

948 Nüse, JR 1966, 281 (284).
949 Klug, Verhandlungen des 46. Deutschen Juristentages, Band II, F 46.
950 ders., Verhandlungen des 46. Deutschen Juristentages, Band II, F 46.
951 Otto, GA 1970, 289 (294).
952 ders., GA 1970, 289 (295).
953 Osmer, Der Umfang, S. 42 ff.
954 ders., Der Umfang, S. 49.
955 ders., Der Umfang, S. 35.
956 ders., Der Umfang, S. 36. Auch in diesem Sinne: Neuhaus, NJW 1990, 1221 (1221).
957 Osmer, Der Umfang, S. 38.

In seiner Dissertation über die Fernwirkung von Beweisverwertungsverboten[958] erkennt *Reinecke* diese Wirkung grundsätzlich an. Der Autor stützt seine Meinung auf zwei Aspekte: Einerseits sei für die Beantwortung der Frage nach der Reichweite von Beweisverwertungsverboten die Auslegung des Begriffs *„Verwertung"* wesentlich.[959] Nach einer Auseinandersetzung mit den verschiedenen – in der Literatur und Rechtsprechung – vertretenen Verwertungsauffassungen[960] kommt er zu dem Schluss, dass „(d)*ie Verwertung von Beweismitteln (...) das Nutzbarmachen von Beweiserhebungs- bzw. Beweisgewinnungsergebnissen in jeder denkbaren Form zu Verfahrenszwecken* (umschließt)(...)".[961] Aufgrund dieses einheitlich-extensiven Verwertungsverständnisses ist *„die anschließende Nutzbarmachung des durch die Beweismittel gewonnenen und verkörperten Verfahrenswissens in jedweder Form* (...) *Gegenstand der Verwertung* (...)".[962] Ein solcher Verwertungsbegriff versperrt deutlich den Weg hin zu einer Verwertung von mittelbar erlangten Beweismitteln, die mit einem unverwertbaren unmittelbaren Beweismittel verbunden sind.[963]

Andererseits versteht der Autor die Beweisverwertungsverbote als einen *„innerprozessualen Schadensersatz"* in Form einer Sanktion bei der Verletzung prozessrechtlicher Beweisgewinnungsvorschriften.[964] Dieser Schadensersatz müsse auch die Unverwertbarkeit von mittelbaren Beweisen – als Form einer verfahrensrelevanten Verwertung – umfassen, um die intendierte Sanktionswirkung nicht ins Leere laufen zu lassen.[965] Nur ausnahmsweise lässt *Reinecke* die Verwertung von mittelbaren Beweismitteln aufgrund hypothetisch legaler Alternativerlangungsmöglichkeiten[966] sowie im Falle einer entlastenden Beweiswirkung zu.[967]

In Übereinstimmung mit *Reinecke* und *Osmer* kommt *Eisenberg* bezüglich des Umfangs von § 136 a Abs. 3 S. 2 StPO zu dem Schluss, dass unter dem Begriff „Verwertung" von Beweismitteln „(...) *das verfahrensbezogene Nutzbarmachen von Beweiserhebungs- bzw Beweisgewinnungsergebnissen in jeder denkbaren Form, ggfs. unter Einbringung als Beweismittel in die HV* (Hauptverhandlung) *und damit als Anknüpfungspunkt für die freie richterliche Beweiswürdigung, zu verstehen ist (...)*".[968] Außerdem stützt *Eisenberg* eine Fernwirkung von § 136 a StPO auf historische und systematische Gründe sowie auf den Schutzzweck dieser Norm. Für die Annahme einer Fernwirkung des in § 136 a Abs. 3 StPO normierten Verwertungsverbots sei der Schutzzweck der Norm entscheidend: Nur durch die Bejahung einer

958 Reinecke, Die Fernwirkung von Beweisverwertungsverboten.
959 ders., Die Fernwirkung, S. 9 ff.
960 ders., Die Fernwirkung, S. 10 ff.
961 ders., Die Fernwirkung, S. 39.
962 ders., Die Fernwirkung, S. 41.
963 ders., Die Fernwirkung, S. 71; 137; 244.
964 ders., Die Fernwirkung, S. 181 ff.; 185.
965 ders., Die Fernwirkung, S. 191 f.
966 ders., Die Fernwirkung, S. 204 ff.
967 ders., Die Fernwirkung, S. 217 ff.
968 Eisenberg, Beweisrecht, Rdn. 715.

Fernwirkung werde die Funktion dieses Verbots als Kernvorschrift zum Schutz der Aussagefreiheit nicht unterhöhlt.[969]

4. *Fernwirkung aufgrund der Funktion des Verwertungsverbots*

Als letzten Grund für die Anerkennung einer Fernwirkung nennt *Osmer* die Funktionen der Beweisverbote. Demnach sei die Anerkennung einer Fernwirkung einerseits aufgrund einer generalpräventiven Perspektive notwendig, um das Ansehen der Rechtspflege und das Vertrauen in die Strafrechtspflege nicht zu verletzen,[970] und andererseits, um die „Reinheit des Verfahrens" sicherzustellen.[971]

Im Rahmen der Disziplinierung der Strafverfolgungsorgane argumentieren *Schroth* und *Reichert-Hammer*, dass bei Erfüllung dieser Funktion im Falle einer bewussten Verletzung der Beweiserhebungsverbote eine Fernwirkung zweifellos erforderlich ist.[972] Ähnlich beschreibt *Lesch* in einem jüngeren Beitrag – im Gegensatz zu der von ihm in seinem Lehrbuch vertretenen Meinung[973] – die Disziplinierungsfunktion der *„fruit of the poisonous tree doctrine"* als eine *„rechtsstaatliche Notwendigkeit"*.[974]

Weigend führt undifferenziert an,[975] dass eine grundsätzliche Fernwirkung von Verstößen anzuerkennen sei, weil andernfalls *„wesentliche Zwecke des primären Beweisverwertungsverbots konterkariert würden."*[976]

5. *Fernwirkung im Rahmen der Lehre vom informationellen Folgenbeseitigungs- und Unterlassungsanspruch*

Laut *Amelung* ist eine Fernwirkung von Verwertungsverboten grundsätzlich anzuerkennen, weil der *„Beschuldigte so zu stellen ist, wie er stünde, wenn nicht rechtswidrig in sein Informationsbeherrschungsrecht eingegriffen worden wäre"*.[977]Gleichzeitig erkennt er im Wesentlichen drei Einschränkungen dieses Grundsatzes an, welche die Tür für eine Verwertung von mittelbar erlangten Beweismitteln öffnen. Eine erste Einschränkung erfolgt bei solchen Beweisverwertungsverboten, die sich – laut *Amelung* – aus dem Prinzip der *„Sicherung der Wahrheitsfindung"* (eines der drei Prinzipien, aus denen *Amelung* die Funktion der Beweisverbote ableitet[978])

---

969 ders., Beweisrecht, Rdn. 718.
970 Osmer, Der Umfang, S. 52. S. Kap. 1. B. IV.
971 ders., Der Umfang, S. 56.
972 Reichert-Hammer, JuS 1989, 446 (449); Schroth, JuS 1998, 969 (970).
973 S. Kap. 4. C. I. 6.
974 Lesch, FS Volk, S. 321.
975 Weigend, StV 2003, 436 (440).
976 ders., StV 2003, 436 (440).
977 Vgl. Amelung, GS Schlüchter, S. 428; ders., FS Roxin, S. 1262; ders., NJW 1991, 2533 (2538); ders., Informationsbeherrschungsrechte, S. 50. Ihm folgend: Hüls, ZIS 2009, 160 (168).
978 S. Kap. 1. F. VI.

ergeben. Bei solchen Verwertungsverboten, anders als bei denen, die auf das Prinzip der „*Wahrung der Legitimation zum Strafen*" und das Prinzip des „*Schutzes von Informationsbeherrschungsrechten*" zurückzuführen sind[979] – ist eine Fernwirkung von Beweisverwertungsverboten abzulehnen.[980] Eine zweite Einschränkung betrifft die von *Amelung* als „*Verwendungsverbote neuen Typs*" bezeichneten. Diese verbieten lediglich, bestimmte Informationen in einem Urteil zu verwenden, nicht aber auch andere Beweismittel aufzuspüren.[981]Des Weiteren wird dieser Grundsatz durch die Berücksichtigung hypothetischer Kausalverläufe relativiert.[982]

Ebenso ist *Störmer* der Ansicht, dass eine Fernwirkung regelmäßig anzunehmen ist.[983] Der von ihm vertretene „öffentlich-rechtliche Unterlassungsanspruch"[984] wirkt sogar noch in den Fällen, in denen die Verwertung eine weitere Verletzung des geschützten, subjektiven Rechts darstellt.[985] Das geschieht demnach, wenn die Verwertung von mittelbar erlangten Beweismitteln eine „*Erweiterung und Vertiefung der rechtswidrigen Ausgangslage und damit eine weitere Beeinträchtigung des jeweils geschützten subjektiven Rechts*" bedeutet.[986] Solch eine Wirkung muss bei den Strafverfolgungsorganen vermieden werden.[987] Als einzige Ausnahme des Fernwirkungsgrundsatzes billigt der Autor hypothetische Ermittlungsverläufe.[988]

Ferner bejaht auch *Müssig* eine Fernwirkung von Beweisverwertungsverboten.[989] Wenn die Erlangung von mittelbaren Beweismitteln auf der Ausnutzung einer rechtswidrigen Informationslage beruhe, würden durch die prozessuale Verwertung des mittelbaren Beweismittels der prozessuale Status des Betroffenen – insbesondere seine Informationsverfügungsrechte – beeinträchtigt.[990] Aus diesem Grund erfasse – in Übereinstimmung mit *Amelung*[991] – der informationelle Folgenbeseitigungsanspruch auch diese Situation.[992]

979 S. Kap. 1.F. VI.
980 Amelung, GS Schlüchter, S. 428 f.
981 ders., GS Schlüchter, S. 429.
982 ders., GS Schlüchter, S. 429; ders., FS Roxin, S. 1262; ders., NJW 1991, 2533 (2539); ders., Informationsbeherrschungsrechte, S. 50 ff.
983 Störmer, Dogmatische Grundlagen, S. 240.
984 S. Kap. 1.F. VI.
985 Störmer, Dogmatische Grundlagen, S. 240.
986 ders., Dogmatische Grundlagen, S. 254.
987 ders., Dogmatische Grundlagen, S. 240.
988 ders., Dogmatische Grundlagen, S. 254.
989 Müssig, GA 1999, 119 (137).
990 ders., GA 1999, 119 (137).
991 Amelung, Informationsbeherrschungsrechte, S. 50.
992 Müssig, GA 1999, 119 (137).

6. *Fernwirkung als Bekräftigung der Effizienz von Beweisverwertungsverboten*

Für *Kühne* ist die generelle Bejahung einer Fernwirkung eine logische Schlussfolgerung, um die Effizienz von Beweisverwertungsverboten nicht zu unterhöhlen.[993] Als Beispiel nennt der Autor das in § 136 a Abs. 3 S. 2 StPO geregelte Beweisverwertungsverbot. Wegen der hohen Gefahr (bzw. Möglichkeit) einer gezielten Ausnutzung von verbotenen Vernehmungsmethoden „mit besonderem Nachdruck" seitens der Ermittlungsorgane, mit dem Ziel, prozessual einwandfrei verwertbare Beweisergebnisse zu gewinnen, wäre es unvereinbar, die Verwertung mittelbarer Beweisergebnisse zuzulassen und gleichzeitig die Effizienz der Verwertungsverbote nicht in Frage zu stellen.[994] Ähnlich sieht das auch *Haffke*, der für eine Fernwirkung ist, weil der Wille des Gesetzgebers, bestimmte Rechte zu schützen, durch die Zulassung der Verwertung des durch die Rechtsverletzung mittelbar erlangten Beweismittels in Frage gestellt würde.[995]

7. *Fernwirkung wegen der Umgehungsgefahr von Beweisverwertungsverboten*

In seinem „Handbuch Durchsuchung und Beschlagnahme" hat *Park* eine Fernwirkung von Beweisverwertungsverboten bejaht, weil *„ansonsten die Gefahr einer Umgehung der Beweisverwertungsverbote unabweisbar wäre"*.[996] Ohne eine solche Wirkung wäre die Effizienz der Verwertungsverbote wesentlich beeinträchtigt.[997] Allerdings relativiert der Autor die Gültigkeit dieses Grundsatzes, wonach eine Verwertung nach *„sorgfältiger Würdigung des konkreten Einzelfalls"* möglich sein kann.[998] Allenfalls stimmt der Autor einer uneingeschränkten Fernwirkung zu, wenn die Gewinnung des mittelbaren Beweismittels auf einer schweren Grundrechtsverletzung beruht.[999]

Eine ähnliche Auffassung vertritt *Rüping*, der eine Bekräftigung der Beweisverbote als Zweck einer ausnahmslosen Anerkennung einer Fernwirkung und folglich der Funktion, Umgehungen von Beweisverwertungsverboten zu verhindern, anerkennt.[1000] Auch *Roxin* bejaht eine Fernwirkung von Beweisverwertungsverboten, weil durch die Nutzung von mittelbar erlangten Beweismitteln zur Überführung des Angeklagten ein Beweisverbot umgangen wird.[1001]

---

993 Kühne, Strafprozessrecht, Rdn. 912.1; AK-*Kühne* § 48, Rdn. 53. Ihm folgend: Park, Handbuch Durchsuchung, Rdn. 384.
994 Kühne, Strafprozessrecht, Rdn. 912.1; Ransiek, FS Beulke, S. 950 f.
995 Haffke, GA 1973, 65 (80).
996 Park, Handbuch Durchsuchung, Rdn. 385.
997 ders., Handbuch Durchsuchung, Rdn. 385.
998 ders., Handbuch Durchsuchung, Rdn. 385.
999 ders., Handbuch Durchsuchung, Rdn. 385.
1000 Rüping, Strafverfahren, Rdn. 108.
1001 Roxin, 40 Jahre BGH, S. 95.

8. *Fernwirkung als notwendige Folge einer prozessual unzulässigen Primär-Erkenntnisquelle*

Als logische Folge seines Verständnisses von „Beweisverboten als Prozeßhandlungshindernisse" bejaht *Paulus* eine Fernwirkung von prozessual unverwertbaren Beweismitteln, weil ein rechtlich unverwertbares Beweisergebnis als prozessual nichtig gelte und folglich nicht Grundlage von weiteren Prozesshandlungen sein könne.[1002] Daraus ergebe sich eine Fernwirkung in allen Situationen und zwar ohne Berücksichtigung externer Faktoren, wie z. B. hypothetische Ermittlungsverläufe.[1003]

9. *Fernwirkung aufgrund der Entwicklung der polizeilichen Eingriffsbefugnisse im Ermittlungsverfahren*

In ihren Lehrbüchern vertreten *Volk/Engländer* und *Hartmann/Schmidt* die Auffassung, dass angesichts der steigenden Tendenz, die in den letzten Jahren bei Eingriffsdichte und -tiefe im Ermittlungsverfahren zu beobachten ist, eine Fernwirkung von Beweisverwertungsverboten *„prinzipiell und umfassend anzunehmen"* sei.[1004] Infolgedessen gebe es heutzutage *„kaum noch ein Mittel, das den Strafverfolgungsbehörden nicht zur Verfügung stünde"*, das viele bzw. umfassende Möglichkeiten bietet, Beweise legal zu verschaffen.[1005] Die einzige Ausnahme einer Fernwirkung sei die Berücksichtigung hypothetisch rechtmäßiger Ermittlungsverläufe, deren Eintrittsmöglichkeit – nach Ansicht der genannten Autoren – sicher sein muss.[1006]

10. *Fernwirkung zur Vermeidung einer Besserstellung der Strafverfolgungsorgane*

Eine Unverwertbarkeit der „Früchte des verbotenen Baums" erkennt *Schroth* dann an, wenn die Beweismittel nachweisbar kausal aus einem Verstoß gegen Beweiserhebungsverbote, die zu einem Verwertungsverbot führen, stammen.[1007] Durch eine Fernwirkung von Beweisverboten werde garantiert, dass Strafverfolgungsbehörden nicht von ihrem rechtswidrigen Verhalten profitieren.[1008] Trotzdem

---

1002 Paulus, JuS 1988, 873 (876).
1003 ders., GS Meyer, S. 328 f.
1004 Engländer / Volk, StPO, § 28, Rdn. 43; Hartmann / Schmidt, Strafprozessrecht, Rdn. 1134.
1005 Engländer / Volk, StPO, § 28, Rdn. 43; Hartmann / Schmidt, Strafprozessrecht, Rdn. 1134.
1006 Engländer / Volk, StPO, § 28, Rdn. 43; Hartmann / Schmidt, Strafprozessrecht, Rdn. 1134.
1007 Schroth, JuS 1998, 969 (970).
1008 ders., JuS 1998, 969 (970).

sei ausnahmsweise das mittelbare Beweismittel verwertbar, wenn es mit großer Wahrscheinlichkeit auch sonst hätte erlangt werden können.[1009] Eine Fernwirkung wird allerdings immer dann anerkannt, wenn die Strafverfolgungsorgane bewusst gegen Beweiserhebungsverbote verstoßen, um zu weiteren Beweismittel zu gelangen.[1010]

11. Fernwirkung als Folge der materiellen Funktion des Strafverfahrens

Nach einer radikalen Änderung seiner ursprünglichen Meinung[1011] akzeptiert *Lesch* nunmehr eine unbegrenzte Fernwirkung von Beweisverboten.[1012] Diese Meinung leitet sich aus seiner Auffassung der materiellen Funktion des Strafverfahrens ab, wenn letzteres denn an der materiellen Legitimation des Strafrechts teilhaben soll. In diesem Sinne kann die Geltung strafrechtlicher Normen nur unter Einhaltung sämtlicher Rechtsregeln des Strafverfahrens bestätigt werden. Weder ein unmittelbar noch ein mittelbar erlangtes Beweismittel, das durch einen Rechtsbruch der Strafverfolgungsorgane gewonnen wird, dürfe somit verwertet werden.[1013]

III. Die vermittelnden Auffassungen

Um die unerwünschten Konsequenzen der extremen Positionen abzumildern hat sich eine dritte – und heutzutage vorherrschende – Position im Sinne einer vermittelnden Auffassung gebildet. Unter den Vertretern der vermittelnden Auffassung ist die größte Gruppe die der Befürworter einer Abwägung im Einzelfall. Dazu gehören auch die Autoren, die eine Lösung im Schutzzweck der Norm suchen.

1. Der Schutzzweck der Norm in der Fernwirkungsproblematik

Grünwald sucht die Lösung der Fernwirkungsproblematik in einer Analyse der *Ratio* der jeweils verletzten Vorschrift. Seiner Ansicht nach leitet sich aus dem Schutzzweck des Verwertungsverbots und der Beachtung der generalpräventiven Funktion der Beweisverbote ihre Erstreckung auf das mittelbar erlangte Beweismittel bei unzulässigen Eingriffen in Rechtsgüter des Angeklagten (wie z. B. eine Verletzung von § 136 a StPO) ab.[1014] Würde man solche Beweismittel verwerten, würden der Schutzzweck des Verwertungsverbots sowie die generalpräventive Funktion der Verwertungsverbote vereitelt werden. Eine Fernwirkung kommt ausnahmsweise dann nicht in Betracht, wenn das Beweismittel auch legal hätte

1009 ders., JuS 1998, 969(970).
1010 ders., JuS 1998, 969(970).
1011 S. Kap. 4. C. I. 6.
1012 Lesch, FS Volk, S. 320 f.
1013 ders., FS Volk, S. 320.
1014 Grünwald, Beweisrecht, S. 159; ders., StV 1987, 470 (472); ders., JZ 1966, 489 (500). Ähnlich: 67. DJT. Referat von Rainer Griesbaum L 27 f.

gefunden werden können.[1015] Bei der Verletzung von Verwertungsverboten, die zur Unzuverlässigkeit der Beweismittel bzw. einer Gefährdung der Wahrheitsfindung führen könnten (wie z. B. eine Zeugenaussage, die ohne Belehrung über das Auskunftsverweigerungsrecht nach § 55 StPO aufgenommen wurde) sehe die Lösung anders aus: Es gibt keine Fernwirkung. Das sind die Fälle, in denen die mittelbar erlangten Beweismittel nicht von Fehlern betroffen sind[1016] und deren Verwertung infolgedessen die *Ratio* der Verwertungsverbote nicht verletzt.

Bezüglich der Frage nach der Fernwirkung von Beweisverwertungsverboten kommt *Dencker* zu dem Schluss, dass der Umfang eines Verwertungsverbots nur durch Rückgriff auf die *Ratio* des Verwertungsverbots ermittelt werden kann.[1017] Unter das Verwertungsverbot fallen demnach alle Beweismittel, für deren Erlangung der Beweisverbotsverstoß ursächlich ist.[1018] In einem ähnlichen Sinne muss laut *Lubig* die Frage der Fernwirkung nicht abstrakt für alle Beweisverwertungsverbote beantwortet werden, sondern für jedes einzelne Beweisverwertungsverbot gesondert, je nach Auslegung der einschlägigen Rechtsquelle.[1019]

Unter Berücksichtigung des Schutzzweckes des Verwertungsverbotes[1020] beantworten *Paulus* und *Schröder* die Frage, ob dem Verwertungsverbot auch eine Fernwirkung zukommt.[1021] Die Berufung auf den Schutzzweck der Norm als Lösungsmodell wirkt laut *Paulus* nicht nur in Fällen, in denen ein unmittelbares Verwertungsverbot in Betracht kommt, sondern mit Sicherheit auch bei der Verwertung von mittelbar erlangten Beweiselementen.[1022] Ebenso wie *Grünwald* in seiner Schutzzwecklehre erläutert,[1023] wird gemäß *Schröder* in der Regel der Schutzzweck einer verletzten Norm nicht nur ein Verwertungsverbot, sondern auch eine Fernwirkung nach sich ziehen, weil anderenfalls der Eingriff in das verletzte und zu schützende Interesse intensiviert werden würde.[1024] Eine generelle Fernwirkung bejaht *Schröder* auch bei den selbstständigen grundrechtlichen Verwertungsverboten, weil es für den Beschuldigten keinen Unterschied mache, ob er z. B. allein aufgrund eines Tagebuchs oder aufgrund darin enthaltener Hinweise überführt wird.[1025] Da in beiden Fällen ein Eingriff in das geschützte Persönlichkeitsrecht anzuerkennen sei, sei die indirekte Verwertung des Tagebuchs zur Überführung

1015 Grünwald, StV 1987, 470 (472, Fn. 9).
1016 ders., Beweisrecht, S. 159; ders., JZ 1966, 489 (500).
1017 Dencker, Verwertungsverbote, S. 78.
1018 ders., Verwertungsverbote, S. 80.
1019 Lubig, Beweisverwertungsverbote, S. 31.
1020 S. Kap. 1. F. IV.
1021 Paulus, JuS 1988, 873 (877); Schröder, Beweisverwertungsverbote, S. 69 f.
1022 Paulus, JuS 1988, 873 (877).
1023 S. Kap. 1. F. IV.
1024 Schröder, Beweisverwertungsverbote, S. 70.
1025 ders., Beweisverwertungsverbote, S. 69.

des Beschuldigten nicht weniger schützenswert als die Verwertung des Tagebuchs selbst.[1026]

Die Anerkennung einer Fernwirkung von Beweisverboten ist laut *Fezer* notwendig, um in jedem Einzelfall den Zweck der Beweiserhebungsverbote nicht zu vereiteln.[1027] Allerdings relativiert *Fezer* seine Ansicht, indem er keine Fernwirkung zulässt, wenn das mittelbare Beweismittel auch auf rechtmäßige Weise aufgespürt worden wäre.[1028] Interessant ist die Analyse der Rolle, die der Kausalzusammenhang in der Bestimmung der Fernwirkung laut *Fezer* spielt: Eine Fernwirkung sei nur in den Fällen, in denen das mittelbar gewonnene Beweismittel gerade mit Hilfe des (einem Beweisverbot unterliegenden) unmittelbaren Beweisergebnisses erlangt wurde, zu bejahen.[1029] Wenn im Gegensatz dazu ein solcher Kausalzusammenhang fehlt, sieht *Fezer* keinen Raum für eine Fernwirkung.[1030]

Auch *Beulke* leitet eine Fernwirkung aus dem Schutzzweck der verletzten Verfahrensnorm ab und nimmt eine solche in der Regel dann an, wenn sich aus der Analyse des Schutzzwecks der verletzten Norm eine Fernwirkung des abgeleiteten Beweisverwertungsverbots ergibt.[1031] Wenn durch die Heranziehung des mittelbaren Beweismittels der Verfahrensverstoß noch weiter intensiviert wird,[1032] spreche dies für eine Fernwirkung. Allerdings lässt *Beulke* zwei Ausnahmen seiner grundlegenden These zu: Zum einen ist er der Ansicht, dass sich bei Verwertungsverboten, die sich aus der Verfassung ableiten, die Frage nach der Fernwirkung nur anhand einer Gesamtabwägung beantworten lässt.[1033] Zum anderen erkennt *Beulke* bei Berücksichtigung hypothetischer rechtmäßiger Ersatzeingriffe eine Begrenzung der Fernwirkung von Verwertungsverboten an, wodurch die Beweismittel, die mittelbar aufgrund der verbotenen Beweiserlangung gefunden wurden, verwertbar werden.[1034]

Gössel vertritt die Auffassung, dass die Frage eines Fernwirkungsverbots keine selbstständige Problematik darstellt,[1035] sondern im Grunde genommen ein Problem des finalen Zusammenhangs zwischen der Gesetzesverletzung bzw. der verbotenen Beweiswürdigung und dem Urteil ist,[1036] das bei jedem einzelnen Beweisverbot

---

1026 ders., Beweisverwertungsverbote, S. 69.

1027 Fezer, JZ 1987, 937 (939).

1028 ders., Strafprozeßrecht, Fall 16, Rdn. 50.

1029 ders., Strafprozeßrecht, Fall 16, Rdn. 50.

1030 ders., Strafprozeßrecht, Fall 16, Rdn. 50.

1031 Beulke, Strafprozessrecht, Rdn. 482; ders., JURA 2008, 653 (661); ders., ZStW 103 (1991), 657 (669).

1032 ders., Strafprozessrecht, Rdn. 482; ders., ZStW 103 (1991), 657 (669); SSW-*Beulke*, Einl. Rdn. 267.

1033 Beulke, Strafprozessrecht, Rdn. 482; ders., ZStW 103 (1991), 657 (657 ff.).

1034 ders., Strafprozessrecht, Rdn. 483; ders., ZStW 103 (1991), 657 (669 f.).

1035 Gössel, NJW 1981, 2217 (2221).

1036 LR-*Gössel*, Einl. Abschn. L Rdn. 265; Gössel, NJW 1981, 2217 (2221); ders., FS Bockelmann, S. 817.

unter dem Aspekt des jeweils verfolgten Verfahrenszwecks von Bedeutung ist.[1037] Die Fernwirkung eines Normenverstoßes kommt – so *Gössel* – nur dann zum Tragen, *„wenn die verletzte Norm auch dem Schutz des Beschuldigten vor der Verwertung jener Erkenntnisse oder Beweismittel dient, zu der erst die Verbotswidrig gewonnen Erkenntnisse den Weg gewiesen haben."*[1038] Als Beispiel nennt *Gössel* § 136 a StPO. Obwohl diese Norm die Verwertung des unmittelbar erlangten Beweismaterials verbiete, umfasse dieses Verbot nicht *„die Berücksichtigung der weiteren Ergebnisse solcher Ermittlungen, die aufgrund des unzulässig ermittelten Sachverhalts nunmehr zulässig angestellt werden"*.[1039] In diesen und ähnlichen Fällen spricht der Autor bei der Verwertung von mittelbar erlangten Beweismitteln von einem fehlenden *finalen Schutzzweckzusammenhang* zwischen einer Gesetzesverletzung und dem Urteil. Dieser Gedankengang führt tendenziell zu einer generellen Ablehnung der Fernwirkung von Beweisverwertungsverboten. Im Vergleich dazu hält *Gössel* (allerdings ohne Begründung) die Entscheidung des BGH, der eine Fernwirkung im Fall einer Verletzung von § 7 Abs. 3 G 10 anerkennt, für richtig.[1040]

Jäger schlägt eine Lösung bezüglich der Frage nach der Reichweite von Beweisverwertungsverboten unter Berufung auf die von ihm entwickelte beweisgegenständliche Schutzzwecklehre vor:[1041] *„Wenn der verwertungsverbotsauslösende Schutzzweck der Erhebungsnorm darin besteht, dass die jeweilige Vorschrift den Beweisstoff in seiner unverwertbaren Existenz bzw. vor verwertbarer Existenz schützt, dann müssen hierunter grundsätzlich alle Beweisgegenstände fallen, die ihre verwertbare Existenz dem Erhebungsfehler verdanken"*.[1042] Die Abgrenzung der Fälle, in denen der mittelbare Beweis in den verletzten Schutzbereich der Norm fällt, muss unter Berufung auf normative Gesichtspunkte erfolgen, also wenn der *„Erhebungsfehler die Chance der Erlangung des mittelbaren Beweisgegenstandes in rechtlich relevanter Weise erhöht hat"*.[1043] Wenn solch ein normativer Zusammenhang besteht, muss man grundsätzlich eine Fernwirkung bejahen, weil *„sich unmittelbarer und mittelbarer Beweisgegenstand unter normativen Gesichtspunkten nicht voneinander trennen lassen"*.[1044] Allerdings schränkt *Jäger* den Fernwirkungsgrundsatz unter drei Gesichtspunkten ein, die den genannten Zusammenhang zwischen verbotenem Erhebungsakt und mittelbarem Beweis unter bestimmten Umständen zerschlagen:[1045] (1) ein Fehlen rechtlicher Relevanz des

1037 ders., NJW 1981, 2217 (2221).
1038 LR-*Gössel*, Einl. Abschn. L Rdn. 265.
1039 ders., FS Bockelmann, S. 817.
1040 LR-*Gössel*, Einl. Abschn. L Rdn. 265. S. Kap. 4. B. I.
1041 S. Kap. 4. F. IV.
1042 Jäger, Beweisverwertung und Beweisverwertungsverbote, S. 226. Ihm folgend: Swoboda, StV 2013, 461 (468).
1043 GS-*Jäger* § 136 a, Rdn. 47.
1044 GS-*Jäger* § 136 a, Rdn. 47; Jäger, GA 2008, 473 (494); ders., Beweisverwertung und Beweisverwertungsverbote, S. 226.
1045 ders., GA 2008, 473 (494).

Verfahrensverstoßes;[1046] (2) wenn von einer Unterbrechung des Zusammenhangs zwischen Verfahrensfehler und Erlangung des mittelbaren Beweisgegenstandes gesprochen werden kann;[1047] und schließlich (3), wenn das gleiche Ermittlungsergebnis mit einer an Sicherheit grenzenden Wahrscheinlichkeit durch rechtmäßige Ermittlungen zu erwarten gewesen wäre.[1048]

2. Die Fernwirkung der Beweisverwertungsverbote in der sog. Beweisbefugnislehre

Als Vertreter der Beweisbefugnislehre[1049] ist *Jahn* der Auffassung, dass die Frage der Beweisverwertung unter Berücksichtigung des verfassungsrechtlichen, rechtsstaatlichen Prinzips vom Vorbehalt des Gesetzes beantwortet werden muss.[1050] Unter diesem Prinzip versteht man, dass staatliches Handeln in bestimmten grundlegenden Bereichen nur durch ein Gesetz im formellen Sinne legitimiert werden kann.[1051] In diesem Sinne bildet § 244 Abs. 2 StPO eine notwendige Ermächtigungsgrundlage für die gerichtliche Beweisverwertung in der Hauptverhandlung in Form einer Beweisbefugnisnorm.[1052]

Allgemein betrachtet, muss die Fernwirkungsfrage nach der *„Erforderlichkeit und Angemessenheit der Verwertung"* beantwortet werden.[1053] Eine Verwertung mittelbarer Beweiselemente findet ihre Grenzen allerdings im höherrangigen Verfassungsrecht,[1054] was konkret bedeutet, dass sich Verstöße gegen die in Art. 1 Abs. 1 S. 1 GG garantierte Menschenwürde jeder Verhältnismäßigkeitsprüfung entziehen

---

1046 Fälle, in denen *„die Ermittlung des mittelbaren Beweismittels nach allgemeiner Lebenserfahrung im Zuge der üblichen Strafverfolgungstätigkeit als gesichert gelten kann"*. Vgl. GS-*Jäger* § 136 a, Rdn. 47; Jäger, GA 2008, 473 (495); ders., Beweisverwertung und Beweisverwertungsverbote, S. 227.

1047 GS-*Jäger* § 136 a, Rdn. 47; Jäger, GA 2008, 473 (494); ders., Beweisverwertung und Beweisverwertungsverbote, S. 227. Das wäre dann der Fall, wenn z. B. *„die Erlangung des mittelbaren Beweismittels auf einem dazwischentretenden frei verantwortlichen Handeln eines Zeugen beruht"* GS-*Jäger* § 136 a, Rdn. 47; Jäger, GA 2008, 473 (494).

1048 GS-*Jäger* § 136 a, Rdn. 47; Jäger, GA 2008, 473 (494); ders., Beweisverwertung und Beweisverwertungsverbote, S. 227 f.

1049 Grundlegend: Dallmeyer, Beweisführung, S. 32 ff.; Jahn, FS Stöckel, S. 270 f.; ders., 67. Gutachten, C 66 ff.; Jahn / Dallmeyer, NStZ 2005, 297 (303 f.); Sydow, Kritik der Lehre, S. 5 ff. Auch neuerdings: Dautert, Beweisverwertungsverbote, S. 89 ff. Kritisch vor allem: Ambos, Beweisverwertungsverbote, S. 47 f.; Rogall, JZ 2008, 818 (821).

1050 Jahn, FS Stöckel, S. 270; ders., Gutachten, C 66.

1051 ders., Gutachten, C 66 f.

1052 ders., FS Stöckel, S. 270; ders., Gutachten, C 68 ff. Im Ermittlungsverfahren § 152 Abs. 2 StPO sowie im Zwischenverfahren § 203 StPO.

1053 ders., Gutachten, C 94.

1054 ders., FS Stöckel, S. 270.

und infolgedessen stets eine Fernwirkung erzeugen.[1055] In Fällen, in denen es sich um einen Eingriff außerhalb des Kernbereichs handelt, muss man sich fragen, *„ob es der Verwertung des kontaminierten Beweismittels tatsächlich bedarf oder ob andere Ermittlungsansätze im anhängigen Verfahren existieren"*.[1056]

3. Fernwirkung nach der Einzelfallabwägung

a) Abwägung zwischen widerstreitenden Interessen

Ein großer Teil der Literatur[1057] schlägt als Lösung der Frage nach der Verwertung von mittelbaren Beweismitteln vor, in jedem Einzelfall eine Abwägung zwischen dem staatlichen Interesse an der Tataufklärung einerseits und dem Individualinteresse des Bürgers an der Bewahrung seiner Rechtsgüter andererseits vorzunehmen. Im Folgenden werden die wichtigsten Standpunkte in der Literatur, die eine Einzelfallabwägung als geeignetes Modell in der Fernwirkungsfrage vorstellen, analysiert.

In seinen Frühwerken ist *Rogall* der Ansicht, dass die Abwägung zwischen widerstreitenden Interessen auch für die Reichweite eines Verwertungsverbotes maßgebend ist.[1058] Aus diesem Grund spricht ein erhöhtes Strafverfolgungsinteresse (etwa bei schwerer Kriminalität) gegen eine Fernwirkung und andererseits ein (im Vergleich zum Strafverfolgungsinteresse) höheres Individualinteresse (z. B. bei schweren Eingriffen in die geschützten Individualrechte) für eine Fernwirkung.[1059] In einem ähnlichen Sinne muss laut *Maiwald* auch die Frage nach einer Fernwirkung von Beweisverboten mittels einer Abwägung zwischen dem Individualschutz durch Einhaltung eines justizförmigen Verfahrens und dem Schutz der Allgemeinheit durch eine effektive Strafverfolgung beantwortet werden.[1060] In Übereinstimmung mit dieser Prämisse soll die Wirkung von Beweisverboten dort aufhören, wo das mittelbar erlangte Beweismittel zur Aufklärung eines Delikts der Hochkriminalität führt.[1061] Ähnlich stützt *Joerden* seine Antwort hinsichtlich des Problems einer Fernwirkung von § 136 a Abs. 3 StPO auf eine Abwägungsentscheidung zwischen des Grades der ursprünglichen Verletzung der Rechte des Vernommenen

---

1055 ders., FS Stöckel, S. 285; ders., Gutachten, C 95.

1056 ders., FS Stöckel, S. 285; ders., Gutachten, C 95.

1057 U.a. Ambos, Beweisverwertungsverbote, S. 147 f.; Kelnhofer, Hypothetische Ermittlungsverläufe, S. 255; Knoll, Die Fernwirkungen, S. 58 ff.; 78 ff.; Koriath, Über Beweisverbote, S. 103; Maiwald, JuS 1978, 379 (385); Mehle, Wahrheitsfindung und ihre Schranken, S. 183; Mergner, Fernwirkung, S. 54; 115 ff.; 121 ff.; Ossenberg, Die Fernwirkung, S. 65 ff.; Rogall, NStZ 1988, 385 (392); ders., ZStW 91 (1979), 1 (40). Über die Abwägungslehre s. ausführlich Kap. 1. F. VIII.

1058 ders., NStZ 1988, 385 (392); ders., ZStW 91 (1979), 1 (40).

1059 ders., ZStW 91 (1979), 1 (40). Ihm folgend: Kelnhofer, Hypothetische Ermittlungsverläufe, S. 255; Mehle, Wahrheitsfindung und ihre Schranken, S. 183.

1060 Maiwald, JuS 1978, 379 (385).

1061 ders., JuS 1978, 379 (385).

einerseits und des Strafverfolgungsinteresses andererseits.[1062] Ähnlich argumentiert *Hoven*, die das Gewicht des Verfahrensverstoßes der Schwere der aufzuklärenden Tat gegenüberstellt.[1063] Zu dieser Gruppe kann man auch *Reichert-Hammer*, *Pauckstadt-Maihold* in KMR und *Gleß* in *Löwe-Rosenberg* zählen. Diese Autoren betonen, dass sich die Fernwirkung eines Verwertungsverbotes nicht einheitlich bestimmen lässt, sondern von der Art des Verstoßes und der übrigen Sachlage abhängt.[1064]

b) Moderne Auffassungen der Abwägungslehre

Zusätzliche Elemente für die Einzelfallabwägung jenseits einer reinen Analyse der sich widerstreitenden Interessen liefern die modernen Grundgedanken der Abwägungslehre bezüglich der Frage nach der Reichweite von Beweisverwertungsverboten. So schlägt *Walther* in AK „*eine Abwägung* (vor), *in die einerseits die verfassungsrechtliche Relevanz des Verstoßes und dessen Intensität einzustellen sind, bei der aber auch die Schwere der aufzuklärenden Straftat und der Rang des durch diese verletzten Rechtsguts angemessen berücksichtigt werden müssen*“.[1065] Einen Schritt weiter geht *Diemers* Auffassung, der die Lösung bei Verletzungen des § 136 a StPO darin findet, die Aufmerksamkeit auf die „*Intensität des Verstoßes, auf die Schwere der aufzuklärenden Straftat und auf den Rang des Rechtsgutes, das durch die Straftat und durch den Verstoß gegen § 136 a verletzt wurde*“, zu lenken.[1066] Seinerseits befürwortet *Füllkrug* im Rahmen der Fernwirkung eine Einzelfallabwägung, die auf der einen Seite die Schwere des Eingriffs sowie die Bedeutung der verletzten Rechtsnorm und auf der anderen Seite das Gewicht der aufzuklärenden Straftat als Abwägungsmerkmale berücksichtigt.[1067] *Krekeler* beantwortet die Frage differenziert und je nach Betrachtung verschiedener Elemente, wie z. B. dem Schutzzweck der verletzten Norm, der Schwere und Irreparabilität des Normverstoßes, dem Rang des verletzten Interesses und dem Grad seiner Beeinträchtigung, Formstrenge und Fairnessgebot.[1068] Laut *Murmann* ist die Frage der Reichweite des Verwertungsverbots ein „*komplexes Abwägungsproblem*“, das unter Berücksichtigung des Schutzzwecks der Norm, der grundrechtlichen Relevanz eines Verfahrensverstoßes, der Bedeutung der zu ermittelnden Straftat und der Möglichkeit einer rechtmäßigen Beweiserlangung beantwortet werden muss.[1069]

1062 Joerden, JuS 1993, 927 (931).
1063 Hoven, JA 2013, 368 (373).
1064 LR-*Gleß* § 136 a, Rdn. 76; KMR-*Pauckstadt-Maihold* § 136 a Rdn. 30; Reichert-Hammer, JuS 1989, 446 (450).
1065 AnwK-*Walther* § 136 a, Rdn. 52.
1066 KK-*Diemer* § 136 a, Rdn. 42.
1067 Füllkrug, MDR 1989, 119 (122).
1068 Krekeler, NStZ 1987, 199 (203).
1069 Murmann, Strafprozessrecht, Rdn. 254.

Auch *Knoll* beantwortet in seiner Dissertation die Frage einer eventuellen Fernwirkung von Verwertungsverboten mit Hilfe der Abwägungslehre.[1070] In Übereinstimmung mit seiner Auffassung des Beweisverwertungsverbotes als Instrument des Individualrechtsschutzes[1071] müssen im konkreten Fall verschiedene Abwägungskriterien berücksichtigt werden, um die Individualinteressenbeeinträchtigung im spezifischen Fall zu bestimmen und infolgedessen über die Verwertung von mittelbaren Beweismitteln zu entscheiden. Das erste Kriterium ist die Betrachtung alternativer Kausalverläufe.[1072] Dabei sei beim Vorhandensein einer aktuellen, alternativen Ermittlungslinie von einem *„fehlenden Kausalitäts- beziehungsweise Pflichtwidrigkeitszusammenhang“* im Sinne einer fehlenden *condictio-sine-qua-non* Verknüpfung zwischen einem Beweisverbotsverstoß und sekundärem Beweismittel zu sprechen, was eine Verwertung solcher Beweismittel zulasse.[1073] Ein zweites Kriterium ist die Berücksichtigung hypothetischer Kausalverläufe, welche eine angemessene Bewertung des Schutzinteresses des Verletzten erlaubten.[1074] Zusätzliche Kriterien sind insbesondere die Berücksichtigung *„an und für sich zulässiger“* primärer Beweismittel,[1075] die Art und Qualität des betroffenen Rechts,[1076] die Schwere des Verstoßes,[1077] die Drittinteressen und der Schutzzweck[1078] sowie das Ultima Ratio-Prinzip.[1079]

In seiner Dissertation folgt *Mergner* ausdrücklich dem Standpunkt des BGH, wonach sich die Grenzen eines Verwertungsverbotes nach der jeweiligen Sachlage und Art des Verbotes richten.[1080] Die Reichweite des Verbotes muss durch eine Abwägung bestimmt werden,[1081] deren Legitimation nach *Mergner* in § 393 Abs. 2 AO zu finden ist.[1082] Innerhalb der Abwägung befürwortet *Mergner* zur Bestimmung der Strafverfolgungsinteressen des Staates (erstes Abwägungskriterium) die Unterscheidung nach § 12 Abs. 1 StGB zwischen Verbrechen und Vergehen. Demzufolge sprechen das Vorliegen eines Verbrechens gegen eine Fernwirkung,

1070 Knoll, Die Fernwirkungen, S. 58 ff.; 78 ff.
1071 ders., Die Fernwirkungen, S. 111.
1072 ders., Die Fernwirkungen, S. 106 f.
1073 ders., Die Fernwirkungen, S. 107.
1074 ders., Die Fernwirkungen, S. 107 ff.
1075 ders., Die Fernwirkungen, S. 129 f. Diesem Kriterium nach *„wird im Regelfall bei bloßer formeller Illegalität der Primärmaßnahme nur eine leichte Individualinteressenbeeinträchtigung in Frage stehen“*, was zu einer Duldung dieser Maßnahme führt.
1076 ders., Die Fernwirkungen, S. 131 ff.
1077 ders., Die Fernwirkungen, S. 134 ff.
1078 ders., Die Fernwirkungen, S. 136 ff.
1079 ders., Die Fernwirkungen, S. 139 f. Nach diesem Kriterium steht die Verwertung eines Sekundärbeweismittels in Frage, wenn es sich um das einzig taugliche Beweismittel zur Überführung des Täters handelt.
1080 Mergner, Fernwirkung, S. 54.
1081 ders., Fernwirkung, S. 54.
1082 ders., Fernwirkung, S. 115 ff.; 121.

hingegen ein Vergehen für eine solche Wirkung.[1083] Zur Bestimmung der verfassungsrechtlich gewährleisteten Individualgüter (zweites Abwägungskriterium) wird eine Fernwirkung bejaht, wenn im Rahmen der primären Beweisgewinnung erheblich in ein Grundrecht oder ein grundrechtsgleiches Recht des Beschuldigten eingegriffen wurde. Ist das umgekehrt nicht der Fall, entspricht das einem Argument gegen eine Fernwirkung.[1084] Als drittes Abwägungskriterium weist *Mergner* auf den Schutzzweck der verletzten Verfahrensnorm hin, weil sie eine Wertung des Gesetzgebers widerspiegele. Wenn also der Schutzzweck der verletzten Norm dem Interesse des Beschuldigten dient, spricht das für eine Fernwirkung. Ist das nicht der Fall, spricht dieser Umstand gegen eine Fernwirkung.[1085] Um die Frage nach der Fernwirkung zu beantworten, muss laut *Mergner* lediglich *„eine Addition der Bewertungsfaktoren erfolgen"*(!).[1086] Wenn also nach einer solchen Berechnung im konkreten Fall eine Mehrheit der Kriterien (zwei oder alle drei) für eine Fernwirkung spricht, ist diese zu bejahen. Wenn allerdings mehrere davon gegen eine Fernwirkung sprechen, ist diese zu verneinen.

Ossenberg hat auch ein Modell innerhalb der Abwägungslehre vorgeschlagen.[1087] Diesen Ausgangspunkt nimmt sie aber nicht bedingungslos ein; vielmehr warnt sie vor der Subjektivität dieser Lehre, was in der Praxis tendenziell zugunsten einer Verwertbarkeit des umstrittenen Beweismittels führt. Aus diesem Grund empfiehlt sie eine notwendige Beschränkung der Abwägungskriterien, nämlich einerseits auf die Strafverfolgungsinteressen und die Schwere der verfolgten Tat und andererseits auf das Individualinteresse und das Gewicht des Verfahrensverstoßes.[1088] In diesem Sinne sei eine Fernwirkung bei Kernbereichsverletzungen seitens der Strafverfolgungsbehörden immer anzunehmen, während bei leichteren Verstößen – vor allem bei fahrlässigen – eine solche Wirkung eher zu verneinen sei. Bezüglich der Strafverfolgungsinteressen ist bei Schwerstkriminalität das Strafverfolgungsinteresse *enorm* und infolgedessen kann *„eine Fernwirkung (...) leichter abgelehnt werden"*.[1089] Außerhalb der Reichweite der erwähnten Abwägungsparameter misst *Ossenberg* trotz ihrer Prämisse auch dem Schutzzweck der Norm eine Bedeutung bei, aber nur, wenn solch ein Schutzzweck *„eindeutig bestimmbar ist"*.[1090] Eine Berücksichtigung hypothetischer Ermittlungsverläufe sei als zulässige Einschränkung der Fernwirkung anzuerkennen, es sei denn, es handelt sich um vorsätzliche und willkürliche Verstöße gegen verfassungsrechtliche Richtervorbehalte, Fälle, in denen eine Berufung auf hypothetische Ermittlungsverläufe ausgeschlossen sei.[1091]

1083 ders., Fernwirkung, S. 141 f.

1084 ders., Fernwirkung, S. 157 ff.

1085 ders., Fernwirkung, S. 164 f.

1086 ders., Fernwirkung, S. 174. Beispiele ab S. 179.

1087 Ossenberg, Die Fernwirkung, S. 65 ff.

1088 ders., Die Fernwirkung, S. 66.

1089 ders., Die Fernwirkung, S. 66.

1090 ders., Die Fernwirkung, S. 66.

1091 ders., Die Fernwirkung, S. 67 ff.

Ambos befürwortet in der Frage nach der Fernwirkung auch eine fallbezogene Abwägung.[1092] Konkret heißt das: Die Fernwirkung ist wesentlich von der Sachlage und der Art des Verstoßes abhängig, insbesondere hinsichtlich der Art der Beweiserhebung, der Schwere des Verstoßes und des Tatvorwurfs.[1093] In ausdrücklicher Übereinstimmung mit dem US-amerikanischen Recht bejaht *Ambos* eine Verwertbarkeit des mittelbar erlangten Beweismittels bei einer Berücksichtigung hypothetischer Ermittlungsverläufe, sowie bei einem fehlenden oder abgeschwächten Kausalzusammenhang zwischen dem ursprünglichen Rechtsverstoß und dem mittelbaren Beweismittel.[1094]

Eine einzelfallorientierte Handhabung der Fernwirkungsfrage schlägt auch *Eisenberg* vor, der dabei als Hauptabwägungskriterien die Schwere des Verstoßes einerseits und das staatliche Strafverfolgungsinteresse andererseits sieht. Außerdem müsse man in diese Gleichung den Schutzzweck der Norm einbeziehen.[1095] Eine Fernwirkung sei allenfalls anzunehmen, wenn die Beweisgewinnung ihren Ursprung in einem Verstoß gegen die Menschenwürde oder in einer schwerwiegenden Grundrechtsverletzung hat. Daher kommt nach *Eisenberg* dem Verwertungsverbot von § 136 a Abs. 3 StPO wohl stets eine uneingeschränkte Fernwirkung zu.[1096] Hinsichtlich der Berücksichtigung von hypothetischen Ermittlungsverläufen ist *Eisenberg* zuzustimmen, es sei denn, es geht um einen der oben genannten Fälle eines schwerwiegenden Verstoßes, in denen es sich um eine uneingeschränkte Fernwirkung handelt.

4. *Kausale und normative Merkmale*

Die Herangehensweise an die Fernwirkungsfrage von *Wolter*[1097] stellt ein sehr innovatives Modell dar, das die Basis für moderne Auffassungen von der Behandlung mittelbar erlangter Beweismittel ist.[1098] Nach Ansicht dieses Autors ist eine absolute Fernwirkung von Beweisverwertungsverboten bei Verletzungen des unantastbaren Kernbereichs der durch Art. 1 Abs. 1 GG geschützten Menschenwürde ausnahmslos anzuerkennen.[1099] In solchen Fällen komme ein Rückgriff auf hypothetische Erwägungen nicht in Betracht.[1100] In den Fällen, in denen der Kernbereich nicht betroffen ist, spricht *Wolter* von einem Abwägungsbereich, in dem anderen

1092 Ambos, Beweisverwertungsverbote, S. 147.
1093 ders., Beweisverwertungsverbote, S. 147 f.
1094 ders., Beweisverwertungsverbote, S. 148 f.
1095 Eisenberg, Beweisrecht, Rdn. 408.
1096 ders., Beweisrecht, Rdn. 408. Zur *Eisenbergs* Auffassung bezüglich der Fernwirkung von § 136 a StPO, S. Kap. 4. C. II. 3.
1097 SK-*Wolter* § 151 (Stand 1994), Rdn. 196 ff.; Wolter, NStZ 1984, 276 (277 f.). Vgl. dazu: Wohlers, FS Wolter, S. 1188 ff.
1098 Vgl. Wohlers, FS Wolter, S. 1189 ff.
1099 SK-*Wolter* § 151 (Stand 1994) Rdn. 205 ff.
1100 SK-*Wolter* § 151 (Stand 1994) Rdn. 205.

Regeln für die Bestimmung einer Fernwirkung zu berücksichtigen seien.[1101] Eine Verwertung von mittelbaren Beweismitteln komme dann in Betracht, wenn (1) zwischen den mittelbar gewonnenen Beweismitteln und den unmittelbar gefundenen Beweismitteln „*ein tatsächlicher Kausalzusammenhang nicht besteht*".[1102] Zudem sei (2) ein mittelbares Beweismittel unter Berücksichtigung hypothetischer Ermittlungsverläufe verwertbar, wenn die Strafverfolgungsbehörden den Täter auf ordnungsgemäßem Wege sicher oder höchstwahrscheinlich ebenso hätten überführen können.[1103] Eine Fernwirkung von Beweisverwertungsverboten sei schließlich (3) ausgeschlossen, wenn die tatsächliche Kausalkette durch freiwilliges, selbstverantwortliches Handeln des Beschuldigten unterbrochen wird[1104] sowie (4) wenn eine Straftat in den Bereich der schweren Kriminalität einzuordnen sei (was *Wolter* mit den Straftaten, die im Katalog von § 7 Abs. 3 G 10 stehen, in Zusammenhang bringt).[1105] Aber auch hier trete ein Beweisverwertungsverbot mit Fernwirkung ausnahmsweise ein, wenn die Verwertung des mittelbar erlangten Beweismittels – wegen eines vorrangigen milderen Mittels – nicht erforderlich ist (*ultima-Ratio*-Gedanke)[1106] sowie nach dem Verhältnismäßigkeitsprinzip, wenn ein „*grober Verstoß gegen Gesetz und Recht vorliegt*"; das seien Situationen, die nahe an einem bewussten Missbrauch von Eingriffsrechten liegen und bei denen ein „*konkretes besonderes Schutzbedürfnis des Betroffenen*" vorliege.[1107]

In seinen jüngsten Beiträgen umreißt *Rogall* die Frage der Fernwirkung von Beweisverwertungsverboten als ein Problem der Reichweite von Verwertungsverboten,[1108] das nicht abstrakt festgestellt werden könne, sondern für jedes Beweisverwertungsverbot gesondert beantwortet werden müsse.[1109] Bei gesetzlich geregelten Beweisverwertungsverboten handele es sich um ein Problem der Normauslegung; bei den ungeschriebenen Verwertungsverboten könne eine Entscheidung nur auf dem Wege ergänzender Gesetzesauslegung getroffen werden.[1110] Die Entscheidung über die Fernwirkung eines Verwertungsverbotes umfasse eine normative Betrachtung der jeweils auf dem Spiel stehenden Interessen.[1111] In diesem Sinne sei im Einklang mit der von ihm entwickelten normativen Fehlerfolgenlehre[1112]

1101 SK-*Wolter* § 151 (Stand 1994) Rdn. 205 ff.
1102 Wolter, NStZ 1984, 276 (277).
1103 ders., NStZ 1984, 276 (277).
1104 ders., NStZ 1984, 276 (277 f.). Das ist der Fall, wenn z. B. der Beschuldigte nach einer Belehrung über die Unverwertbarkeit durch eine freiwillige Handlung das Risiko abnimmt.
1105 ders., NStZ 1984, 276 (278).
1106 ders., NStZ 1984, 276 (278).
1107 ders., NStZ 1984, 276 (278).
1108 SK-*Rogall* § 136 a, Rdn. 109; Rogall, JZ 2008, 818 (827); ders., JZ 1996, 944 (948).
1109 SK-*Rogall* § 136 a, Rdn. 109; Rogall, JZ 2008, 818 (827).
1110 SK-*Rogall* § 136 a, Rdn. 109; Rogall, JZ 2008, 818 (827).
1111 SK-*Rogall* § 136 a, Rdn. 112; Rogall, JZ 1996, 944 (949).
1112 S. Kap. 1. F. X.

bei bewussten und schweren Rechtsverletzungen, die wichtige Schutzinteressen beeinträchtigen, eine Verbotsfernwirkung naheliegend.[1113] Folgt man dieser Meinung, hat ein Verwertungsverbot grundsätzlich eine Fernwirkung.[1114] Unter Berücksichtigung der im US-amerikanischen Recht anerkannten Ausnahme der *fruits of the poisonous tree* Doktrin[1115] komme eine Fernwirkung von Beweisverwertungsverboten nicht in Betracht, wenn (1) das sekundäre Beweisergebnis nicht auf einem Verfahrensfehler beruht,[1116] wenn (2) gemäß der hypothetischen Ermittlungsverläufe das verbotene Beweisergebnis auch ohne den Verfahrensverstoß beschafft worden wäre,[1117] und abschließend, wenn (3) der Verstoß seine Relevanz verloren hat.[1118]

Um die Unvorhersehbarkeit einer reinen Abwägung zu vermeiden und infolgedessen Rechtssicherheit zu gewinnen, schlägt *Pitsch* vor, die Frage des Vorliegens einer Fernwirkung von Beweisverwertungsverboten im Rahmen einer Fehlerfolgenlehre, losgelöst vom Einzelfall, zu beantworten. Nach einer Analyse von *„Struktur, Charakteristika und Betroffenheit des jeweiligen Interesses"* könne das Spannungsfeld zwischen den zwei widerstreitenden Interessen auf gerechte Art und Weise gelöst werden, was der BGH durch eine Abwägung nach Sachlage und Art des Verbots methodisch bereits durchgeführt habe.[1119] Genau genommen erkennt *Pitsch* eine Fernwirkung bei *„vorsätzlichen Verstößen gegen bestimmte, grundrechtlich geschützte Bereiche eines Beschuldigten"*[1120] an. In Anlehnung an das US-amerikanische Recht bejaht der Autor grundsätzlich auch in anderen Situationen eine Fernwirkung,[1121] es sei denn, es handelt sich um einen Fall von Durchbrechung der Kausalität, abgeschwächter Kausalverbindung, hypothetisch-rechtmäßiger Beweiserlangung oder nicht vorwerfbarer, gutgläubiger Beweiserlangung durch den Ermittlungsbeamten; alles Situationen, in denen ein Verwertungsverbot ausnahmsweise keine Fernwirkung in sich trägt.[1122]

IV. Stellungnahme

Die oben dargestellten, vielfältigen Modelle, die von der deutschen Lehre in den letzten 60 Jahren hervorgebracht wurden, umfassen das ganze Spektrum der

---

1113 Rogall, JZ 2008, 818 (827); ders., JZ 1996, 944 (949).

1114 ders., Beweisverbote in Ländern der EU, S. 148; ders., Zur Theorie und Systematik, S. 158.

1115 ders., JZ 2008, 818 (827); ders., Zur Theorie und Systematik, S. 158.

1116 SK-*Rogall* § 136 a, Rdn. 116 f.

1117 ders., SK/Rogall § 136 a, Rdn. 119 ff.; Rogall, JZ 1996, 944 (949); ders., NStZ 1988, 385 (389; 392).

1118 SK-*Rogall* § 136 a, Rdn. 116 ff.; Rogall, Beweisverbote in Ländern der EU, S. 148.

1119 Pitsch, Strafprozessuale Beweisverbote, S. 316.

1120 ders., Strafprozessuale Beweisverbote, S. 420.

1121 Vgl. die Tabelle von ders., Strafprozessuale Beweisverbote, S. 428 f.

1122 ders., Strafprozessuale Beweisverbote, S. 421 f.

theoretisch möglichen Lösungen: von einer ausnahmslosen Ablehnung einer Fernwirkung,[1123] bis hin zu ihrer unbeschränkten Anerkennung.[1124] Zwischen diesen beiden Positionen befinden sich die Ansichten der Autoren, die solch extreme Lösungen ablehnen und für eine angemessene Untersuchung des Einzelfalls (entweder *für* oder *gegen* eine Fernwirkung) gemäß der gegebenen Umstände plädieren. Dieses Panorama reicht aus, um die Komplexität und Relevanz des hier behandelten Problems zu erkennen. In den folgenden Kapiteln werden die in der Literatur erwähnten Meinungen über die Fernwirkung kritisch betrachtet, um schließlich ein geeignetes Modell für die Lösung dieses Problems vorzuschlagen.

1. Ablehnung extremer Positionen

Die extremen Positionen, die ausnahmslos und abstrakt *für* oder *gegen* eine Fernwirkung sprechen, sind nicht geeignet, dieses Problem im Kern zu lösen. Sie können die Komplexität des Themas mit all seinen Facetten und Merkmalen nicht richtig erfassen.

a) Die Gesetzesumgehungsgefahr als unerträgliche Folge der allumfassenden Verneinung einer Fernwirkung

Die wenigen Autoren, die eine Fernwirkung von Beweisverboten ausnahmslos verneinen,[1125] müssen mit dem unerträglichen Risiko einer Gesetzumgehungsgefahr rechnen.[1126] So könnte eine unbegrenzte Verwertung mittelbarer Beweismittel durch u.a. eine energische Anwendung von verbotenen Vernehmungsmethoden oder gar durch eine absichtliche Umgehung des Richtervorbehaltes gezielt intensive Verstöße gegen die Grundrechte des Beschuldigten mit sich bringen und zwar bis zu dem Punkt, an dem weitere Beweismittel erlangt werden.[1127] Im Grunde genommen hätten die Strafverfolgungsbeamten, wenn man eine ausnahmslose Verwertung sekundärer Beweismittel zulässt, einen Anreiz weitere Beweiselemente durch eine gezielte Ausnutzung von verbotenen Vernehmungsmethoden zu erlangen.[1128]

Die Gefahr einer Gesetzesumgehung durch eine grundsätzliche Verwertung mittelbarer Beweismittel führt also zu einer Verletzung von Funktion und Zweck der Beweisverwertungsverbote: Durch eine unbeschränkte Verwertung des mittelbar erlangten Beweismittels würde die Gültigkeit und Wirksamkeit der verletzten Norm in Frage gestellt werden,[1129] was letztlich zu einem Wirkungsverlust der

---

1123 S. Kap. 4. C. I.
1124 S. Kap. 4. C. II.
1125 S. Kap. 4. C. I.
1126 Zutreffend: AK- *Kühne* § 48, Rdn. 53; Park, Handbuch Durchsuchung, Rdn. 385; Roxin, 40 Jahre BGH, S. 95; Rüping, Strafverfahren, Rdn. 108.
1127 Dazu: Neuhaus, NJW 1990, 1221 (1222).
1128 Zutreffend: Kühne, Strafprozessrecht, Rdn. 912.1; Ransiek, FS Beulke, S. 950 f.
1129 S. Kap. I. B. VI.

strafprozessualen Garantien führen würde: das wäre nicht weniger als der Untergang der Beweisverwertungsverbote.[1130]

b) *Die „Offenkundigkeit" eines Beweismittels: ein irreführendes Argument*

Als bedeutsame Verfechter der Verneinung einer Fernwirkung haben *Ranft*[1131] und *Kleinknecht*[1132] eine Reihe wichtige Argumente geliefert, um ihre Positionen zu begründen. Als erstes Argument gegen eine Fernwirkung führt *Ranft* auf, dass es aus humanitären und öffentlichen Interessen sowie aus den Interessen anderer Tatverdächtiger nicht akzeptabel ist, einem Hinweis nicht nachzugehen und die Suche nach einem Tatopfer abzubrechen. Als zusätzliches Argument führt *Ranft* die „Offenkundigkeit" einer Tatsache (wie die gefundene Leiche) an, welche nicht mehr als unbeweisbar behandelt werden kann. Für die Verwertbarkeit von mittelbar erlangten Beweisergebnissen spricht laut *Kleinknecht* außerdem die Widersinnigkeit, ein Strafverfahren fiktiv zu führen, als ob solche Beweismittel nie aufgefunden worden wären.[1133]

Diesbezüglich muss man deutlich sagen, dass die Unverwertbarkeit eines bestimmten Beweismittels die Tür für die Verwertung des in Frage stehenden Beweismittels und für die Verurteilung des Beschuldigten überhaupt nicht schließt.[1134] Die Anerkennung einer Fernwirkung von Beweisverwertungsverboten verschließt zudem nicht die Möglichkeit für eine rechtmäßige Wiederholung bzw. Heilung einer fehlerhaften Beweisaufnahme unter bestimmten Voraussetzungen.[1135] Außerdem kann man gemäß der hier vertretenen Auffassung[1136] durch die Anwendung von kausalen sowie normativen Parametern das in Frage stehende sekundäre Beweismittel ebenfalls verwerten. Die grundsätzliche Anerkennung einer Fernwirkung der Beweisverwertungsverbote kann infolgedessen nicht mit einem ausnahmslosen und endgültigen Verlust eines Beweismittels gleichgesetzt werden.

Die Offenkundigkeit eines Beweismittels ist kein geeignetes Kriterium, um die Verwertbarkeit eines Beweismittels zu bestimmen. Wäre das der entscheidende Prüfungsmaßstab, wäre sie konsequenterweise auch bei unmittelbaren Beweisverwertungsverboten maßgebend und infolgedessen die Verwertbarkeit dieses Beweismittels – zumindest bei nicht geregelten Verwertungsverstößen – in allen Fällen zu bejahen. Das hätte die unerträgliche Folge, dass die meisten Verfahrensfehler

1130 AK-*Kühne* § 48, Rdn. 53.
1131 S. Kap. 4. C. I. 5.
1132 S. Kap. 4. C. I. 3.
1133 Kleinknecht, NJW 1966, 1537 (1544).
1134 S. Kap. 4. B. IV. 1.
1135 S. Kap. 8.
1136 S. Kap. 4. C. V.

irrelevant werden würden und ferner der Grundsatz, dass die Wahrheit nicht um jeden Preis erforscht werden kann, verletzt werden würde.[1137]

c) Die Kausalitätsprüfung als Entstehungsvoraussetzung eines Fernwirkungsfalls

Als zusätzliches Argument für die Verneinung einer Fernwirkung hat *Kleinknecht* auf die *„schwierigsten oder gar unmöglichen Kausalitätsprüfungen"* bei der Entstehung von mittelbaren Beweismitteln verwiesen; ein Argument, das auch von der Rechtsprechung in BGHSt 32, 68 (71) angeführt wurde.[1138] Die Frage des Kausalzusammenhangs ist ein wesentliches Problem nicht nur der Fernwirkung der Beweisverwertungsverbote (was ausführlich in Kapitel 6 dargestellt wird), sondern allgemein der Beweisverbotslehre.

Selbstverständlich kann man nur von einem unselbstständigen Beweisverwertungsverbot sprechen, wenn die Erlangung des in Frage stehenden Beweismittels in einem Kausalzusammenhang zu dem Verstoß einer Beweiserhebungsregel steht. Ähnlich kann man nur von einem echten Fernwirkungsfall ausgehen, wenn der Verstoß, der die Erlangung eines primären, unverwertbaren Beweismittels zur Folge hat, ausschlaggebend für die Erlangung des sekundären Beweismittels ist[1139]: Die notwendige Prüfung eines solchen kausalen Zusammenhanges darf nicht wegen der Schwierigkeit, selbigen festzustellen, vermieden werden.

d) Inkonsistenz bei der Behandlung von schwerwiegenden Rechtsverletzungen bei der Erlangung von mittelbaren Beweismitteln

Wenn *Ranft* ausnahmsweise eine Fernwirkung in den Fällen anerkennt, in denen eine zwingende Verfahrensnorm von einem Strafverfolgungsorgan bewusst mit der Zielsetzung verletzt wird, weitere Beweismittel aufzuspüren,[1140] widerspricht er damit seiner eigenen Prämisse. In der Regel sind gerade Fälle von schwerwiegenden Delikten diejenigen, in denen die Ermittlungsorgane dazu tendieren, bewusst die Rechte des Beschuldigten bei der Erlangung von mittelbaren Beweismitteln zu verletzen, um z. B. eine Leiche oder ein entführtes Kind zu finden.[1141] Das sind genau die extremen Situationen, in denen Beweismittel erlangt werden, die *Ranft* wegen seiner „Offenkundigkeit" an anderer Stelle als völlig verwertbar bezeichnet.

Solche Inkonsequenzen lassen sich auch bei anderen Autoren finden, die eine Fernwirkung grundsätzlich ablehnen, die allerdings auf dem Weg zu einer

---

1137 BGHSt 14, 358 (365); 31, 304 (309); 38, 214 (220); 38, 372 (374); 51, 285 (290); 58, 301 (309). BVerfG NJW 2011, 2783 (2784). S. Kap. 1. C. II.

1138 S. Kap. 4. B. I.

1139 Vgl. Fezer, Strafprozeßrecht, Fall 16, Rdn. 50; Reinecke, Die Fernwirkung, S. 52 ff.; Schröder, Beweisverwertungsverbote, S. 76.

1140 Ranft, Strafprozeßrecht, Rdn. 1619.

1141 U.a. Fall *v. Metzler* (LG Frankfurt StV 2003, 325 ff.).

gerechten Lösung auf ihre eigene Prämisse verzichten und eine solche Wirkung ausnahmsweise akzeptieren. Zu diesen Autoren gehören zunächst *Kramer*, der bei gezielten Verfahrensverstößen ausnahmsweise eine Fernwirkung anerkennt,[1142] sowie *Krey*, der in Ausnahmefällen eine Fernwirkung bei absichtlicher Gesetzesumgehung bejaht[1143] und *Hellmann*, der seinerseits eine Fernwirkung bei besonders schwerwiegenden Rechtsverletzungen oder bei bewussten Verstößen gegen die Rechte des Beschuldigten zulässt.[1144]

Diese Autoren widersprechen ihrer Ausgangsposition durch die Anerkennung solcher Ausnahmen und ziehen – durch besondere Entscheidungsfaktoren, die durch eine genauere Beurteilung der verletzten Interessen im konkreten Fall eine Fernwirkung ermöglichen – die Richtigkeit und Konsequenz ihrer eigenen Prämisse in Zweifel.

e) Die Kritik an der unbegrenzten Anerkennung einer Fernwirkung von Beweisverwertungsverboten

Auch die ausnahmslose und unbegrenzte Anerkennung einer Fernwirkung von Beweisverwertungsverboten ist als Lösung nicht akzeptabel. Sie verkennt die notwendige Stabilisierung strafrechtlicher Normen durch die Strafe als einen unvermeidbaren Betrachtungspunkt im Rahmen der Funktion und Bestimmung der Beweisverbote.[1145] Bei einer angemessenen Betrachtung der Fernwirkungsfrage darf man also nicht vergessen, dass der Staat auch die Geltung von strafrechtlichen Normen im Interesse einer effektiven verfassungsrechtlichen Strafverfolgungspflicht gewährleisten muss,[1146] was zu einer wirksamen, funktionstüchtigen Strafverfolgung, Verbrechensbekämpfung und einer möglichst vollständigen Wahrheitsfindung im Strafverfahren führen soll.[1147]

Die ausnahmslose Bejahung einer Fernwirkung verhindert im Einzelfall eine angemessene Lösung; sie lässt bestimmte Erwägungen kausaler Natur (wie die alternative Kausalität[1148]) sowie normativer Natur (wie die hypothetischen

1142 Kramer, JURA 1988, 520 (525).
1143 Krey, Strafverfahrensrecht, Rdn. 1122.
1144 Hellmann, Strafprozessrecht, Rdn. 792.
1145 S. Kap. 1. B. VI.
1146 S. Kap. 1. B. VI.
1147 S. Kap. 1. B. VI. SK-*Rogall* § 136 a, Rdn. 112. BGHSt; 47, 172 (179); 42, 170 (174); 38, 214 (220); 29, 23 (25). BVerfGE 122, 248 (272 f.); 107, 104 (118 f.); 80, 367 (375); 77, 65 (76); 74, 257 (262); 51, 324 (343 f.); 47, 239 (250); 46, 214 (222); 44, 353 (374); 41, 246 (250); 39, 156 (163); 38, 312 (321); 38, 105 (116); 36, 174 (186); 34, 238 (248); 33, 367 (383); 29, 183 (194); 20, 144 (147); 20, 45 (49); 19, 342 (347); BVerfG NJW 2009, 907 (909); BVerfG NStZ 1996, 45; BVerfG NJW 2012, 907 (909). Vgl. Herdegen, Wahrheitsfindung und ihre Schranken, S. 106.
1148 S. Kap. 6. D.

Kausalverläufe und den Verlust an Relevanz eines Verstoßes durch ein dazwischentretendes Ereignis[1149]) außer Acht.

f) Die Beschlüsse des 67. Deutschen Juristentages und die extremen Positionen

Im Einklang mit der oben dargestellten Meinung wurden in den Beschlüssen des 67. Deutschen Juristentages die extremen Positionen bei der Behandlung der Fernwirkungsproblematik zutreffend abgelehnt. Eine deutliche Mehrheit der Stimmen hat sich zunächst gegen eine allgemeine und allumfassende Entfaltung einer Fernwirkung von Beweisverwertungsverboten ausgesprochen.[1150] Ebenso wurde umgekehrt die Behauptung, dass sich ein Beweisverwertungsverbot nur auf das unmittelbar davon betroffene Beweismittel bezieht, deutlich abgelehnt.[1151]

Eine geeignete Lösung des Problems muss also – wie es in den folgenden Kapiteln dargestellt wird – die verschiedenen Varianten, die ein angemessenes Ergebnis für einen konkreten Fall bringen kann, berücksichtigen. Das ist durch eine allumfassende Ja-Nein-Antwort nicht möglich.

2. Fernwirkung und Funktion von Beweisverwertungsverboten

Die Behandlung der Fernwirkungsproblematik steht in einem engen Zusammenhang mit der Funktion der Beweisverwertungsverbote. Wie schon erwähnt, stützen sich daher einige Autoren in ihrer Stellungnahme bezüglich der Fernwirkung von Beweisverwertungsverboten auf die Erfüllung der von ihnen als richtig angesehenen Funktion der Beweisverwertungsverbote, und zwar u.a. auf ihre generalpräventive Funktion,[1152] den Schutz von Informationsbeherrschungsrechten,[1153] den Schutz der Wahrheitsfindung[1154] und natürlich – wie es im US-amerikanischen Recht überwiegend heißt – auf die Disziplinierung der Ermittlungsorgane.[1155]

Obwohl die meisten der in der Literatur erwähnten Funktionen konsequent zu einer Anerkennung der Fernwirkung führen, lässt sich ausnahmsweise von bestimmten Positionen auch eine grundsätzliche Ablehnung solcher Wirkung ableiten. So müssten diejenigen Autoren, die den „Schutz der Wahrheitsfindung'“ als Funktion der Verwertungsverbote anerkennen,[1156] eine Fernwirkung eigentlich verneinen.[1157] Gemäß dieser Funktion beschränkt sich der Ausschluss von

---

1149 S. Kap. 8.
1150 (Ja: 1; Nein 65; Enthaltungen 11) 67. DJT. L 177.
1151 (Ja 19; Nein 47; Enthaltungen 11) 67. DJT. L 177.
1152 S. Kap. 1. B. IV.
1153 S. Kap. 1. F. VI
1154 S. Kap. 1. B. I.
1155 S. Kap. 1. B. II.
1156 S. Kap. 1. B. I.
1157 Vgl. Alsberg / Nüse / Dallmeyer, Beweisantrag, Rdn. 909.

nicht zuverlässigen Beweismitteln bei einer richterlichen Entscheidung nur auf die dubiosen Beweismittel und betrifft infolgedessen nicht diejenigen Beweisergebnisse, die als mittelbare Folge einer Gesetzesverletzung ermittelt wurden und deren Glaubwürdigkeit außer Frage steht.[1158]

Die Richtigkeit einer bestimmten Funktion als Begründung einer Fernwirkung kann im Grunde genommen nur durch eine Prüfung ihrer Geeignetheit als Funktion der Beweisverwertungsverbote festgelegt werden, was ausführlich in Kapitel 1. B dargelegt wurde. Wenn sich also eine Bejahung bzw. Verneinung einer Fernwirkung auf eine nicht geeignete Funktion der Beweisverwertungsverbote stützt, werden diese Unzulänglichkeiten auch auf die Behandlung der mittelbar erlangten Beweismittel übertragen.

Wenn demzufolge die Anhänger der Lehre vom informationellen Folgenbeseitigungs- und Unterlassungsanspruch die Möglichkeit der Verwertung mittelbar erlangter Beweismittel durch die Nutzung von Kriterien – wie z. B. die Berufung auf hypothetische Kausalverläufe –, welche die Gültigkeit eines informationellen Abwehranspruchs in Frage stellen, einräumen, geben sie implizit denjenigen Autoren recht, welche die „innere Brücke“ dieser Theorie kritisieren.[1159] Die Existenz eines informationellen Abwehranspruchs, der es den Rechtsträgern ermöglicht, die Erhebung von Informationen zu verhindern, auf welche die Strafverfolgungsorgane keinen Anspruch haben, sollte zu einer allumfassenden Unverwertbarkeit der mittelbaren Beweismittel führen. Die beanspruchte Folgerichtigkeit dieser Theorien ist aus diesem Grund mit externen Betrachtungspunkten, die zur Verwertbarkeit von mittelbaren Beweisergebnissen führen, nicht kompatibel.

Auch die Disziplinierung von Ermittlungsbeamten als Grundsatz bei der Behandlung von sekundären Beweiselementen ist äußerst umstritten. Gemäß dieser Funktion sollten durch den Ausschluss von mittelbar erlangten Beweismitteln zukünftige Normverstöße vermieden bzw. die Strafverfolgungsbehörden von einem gesetzwidrigen Verhalten abgehalten werden. Eine konsequente Anwendung einer solchen Prämisse – wie es in der „*fruit of the poisonous tree*“ – Doktrin heißt – führt zu einer grundsätzlichen Bejahung einer Fernwirkung.[1160] Gegen eine solche These sprechen zunächst die bereits analysierten Kritiken, die eine Disziplinierung als Funktion der Beweisverwertungsverbote ablehnen, vor allem da die Beweisverwertungsverbote kein adäquates Mittel sein können, um eine rechtswidrige Aktion der Ermittlungsorgane zu sanktionieren.[1161]

Selbst wenn man die Geeignetheit einer solchen Funktion anerkennt, lassen sich mit dem Disziplinierungszweck nicht alle Konturen der „*fruits of the poisonous*

1158 In diesem Sinne argumentiert Amelung (Amelung, GS Schlüchter, S. 428 f.), wenn er bei solchen Beweisverwertungsverboten, die sich aus dem Prinzip der „Sicherung der Wahrheitsfindung“ ergeben, eine Fernwirkung verneint.

1159 Zutreffend: Rogall, FS Grünwald, S. 533; 539.

1160 Zutreffend: Knoll, Die Fernwirkungen, S. 58.

1161 S. Kap. 1. B. II.

tree"-Doktrin beschreiben. Die Entwicklung von normativen Korrekturen des Fernwirkungsgrundsatzes – wie die „*inevitable discovery exception*" sowie die „*purged taint exception*" – durch den *Supreme Court* zeigt, dass andere Interessen außerhalb der Disziplinierung der Ermittlungsbeamten bei der Feststellung einer Fernwirkung berücksichtigt werden müssen, wenn man keine ausnahmslose Anerkennung einer Fernwirkung hinnehmen will.[1162]

3. Die Kritik am Wortlaut der Norm

Bei der Fernwirkungsproblematik handelt es sich um eine Frage, deren Antwort nicht durch den Wortlaut der Norm gegeben werden kann.[1163] Die Berufung auf den Wortlaut einer bestimmten Norm kann im Grunde genommen kein einheitliches Ergebnis liefern, sondern bewirkt genau das Gegenteil: während z. B. für einige Autoren[1164] der Begriff „*Aussage*" nach § 136 a Abs. 3 S. 2 StPO die Verwertung von mittelbar erlangten Beweismitteln nicht miteinschließt, rechtfertigen andere Autoren[1165] gerade durch diesen Begriff ein Verbot der Verwertung der unmittelbar sowie mittelbar erlangten Beweismittel. Wie *Baumann* zutreffend feststellt, gibt der Terminus „Aussage" für die Beantwortung der Frage, ob Fernwirkungen bestehen oder nicht, nichts her.[1166] Selbst der 5. Strafsenat hat in BGHSt 34, 362 nicht auf das semantische Argument zurückgegriffen, um eine Fernwirkung des gesetzlichen Verwertungsverbotes von § 136 a Abs. 3 S. 2 StPO zu verneinen.[1167]

Mit ähnlichen Problemen beschäftigen sich die Autoren,[1168] welche die Reichweite eines Verwertungsverbotes durch die Betrachtung des Verbs „verwerten" bestimmen.[1169] Dieser Begriff der ausdrücklich normierten Beweisverwertungsverbote kann als Argument sowohl für die Anerkennung einer Fernwirkung als auch dagegen verwendet werden.[1170]

Aber selbst wenn man durch eine semantische Auslegung dieses Begriffs zu dem Ergebnis kommt, dass ein gesetzlich geregeltes Beweisverwertungsverbot auch die Verwertung von mittelbar erlangten Beweiselementen miteinschließt, bringt einen das nicht weiter. Obwohl man theoretisch argumentieren könnte,

---

1162 S. Kap. 3.C.

1163 Vgl. Eisenberg, Beweisrecht, Rdn. 715; Neuhaus, NJW 1990, 1221 (1221); Reichert-Hammer, JuS 1989, 446 (449); SK-*Rogall* § 136 a, Rdn. 109; Seebode, JR 1988, 427 (431).

1164 S. Kap. 4. C. I. 1.

1165 S. Kap. 4. C. II. 1.

1166 Baumann, GA 1959, 33 (37). Zutreffend auch: Kelnhofer, Hypothetische Ermittlungsverläufe, S. 252; Schröder, Beweisverwertungsverbote, S. 65.

1167 Dazu: Seebode, JR 1988, 427 (431).

1168 S. Kap. 4. C. I. 2 und Kap. 4. C. II. 3.

1169 Kritisch: Lubig, Beweisverwertungsverbote, S. 31; Mergner, Fernwirkung, S. 49; 95 ff.; SK-*Rogall* § 136 a, Rdn. 109.

1170 Mergner, Fernwirkung, S. 49.

dass „verwerten" extensiv ausgelegt werden muss und sowohl die unmittelbaren als auch die mittelbaren Beweismittel umfassen muss, ist das Verb bei den nicht normierten unselbstständigen Beweisverwertungsverboten nicht zu finden und kann infolgedessen – wie bei dem Begriff „Aussage" – nicht problemlos auf andere, vor allem auf die nicht normierten, unselbstständigen Beweisverwertungsverbote, übertragen werden.

Eine linguistische Auseinandersetzung hinsichtlich der Bedeutung eines bestimmten Begriffs kann keine entscheidenden Kriterien für die Verwertbarkeit bzw. Unverwertbarkeit von Beweismitteln liefern: die Autoren, die eine Fernwirkung aus den Begriffen „Aussage" oder „Verwertung" herleiten wollen, gehen zu weit und messen ihnen eine Bedeutung bei, die keine allgemeinen Schlussfolgerungen zulässt. Die Fernwirkungsfrage kann also nicht mit einer begrifflichen Auslegung einer konkreten Norm beantwortet werden, sondern stellt vielmehr ein generelles Problem der Beweisverbote dar.[1171]

4. *Die Kritik an der Schutzzwecktheorie*

Wenn man den Schutzzweck der Norm als entscheidendes Kriterium bei der Lösung der Fernwirkungsproblematik aufführt,[1172] dann handelt es sich um dasselbe Problem, unter dem diese Theorie bei der Betrachtung von unmittelbaren Beweisverwertungsverboten leidet[1173]: aus dem Zweck einer verletzten Norm kann man keine Schlussfolgerungen bezüglich der Verwertbarkeit der durch die Verletzung dieser Norm mittelbar erlangten Beweismittel herleiten. Wie bei jedem unselbstständigen Beweisverwertungsverbot, bietet die ausschließliche Analyse von Sinn und Zweck einer bestimmten Norm auch keine Antwort auf die Frage nach der Verwertbarkeit eines mittelbar erlangten Beweismittels.

5. *Die Kritik an der „doppelten" Abwägung*

Ein Teil der Lehre schlägt als Lösung auf die Frage nach der Verwertung von mittelbaren Beweismitteln in jedem Einzelfall eine Abwägung zwischen den sich widerstreitenden Interessen vor.[1174] Im Grunde genommen findet bei den unselbstständigen Beweisverwertungsverboten nach dem primären Abwägungsprozess (der die Frage prozessualer Folgen einer rechtswidrigen Beweiserlangung bezüglich der unmittelbaren Beweismittel klärt) eine neue Abwägung statt, welche die Frage nach der Verwertbarkeit von sekundären Beweismitteln beantwortet. Dieser zweite Abwägungsprozess kann entweder durch die reine Berücksichtigung

1171 LR-*Gleß* § 136 a, Rdn. 76; KMR-*Pauckstadt-Maihold* § 136 a, Rdn. 30.
1172 S. Kap. 4. C. III. 1.
1173 Vgl. Kelnhofer, Hypothetische Ermittlungsverläufe, S. 254 f.
1174 S. Kap. 4. C. III. 3.

sich widerstreitender Interessen[1175] oder – gemäß den modernen Auffassungen der Abwägungslehre[1176] – unter Bezug auf zusätzliche Abwägungsmerkmale erfolgen.

Dieser doppelte Abwägungsprozess leidet aber unter methodischen Problemen, die seine Ergebnisse bei der Feststellung einer Fernwirkung von Beweisverwertungsverboten besonders unsichtbar machen.

Bezüglich der öffentlichen Strafverfolgungsinteressen sind solche Belange bei der Analyse der sekundären Beweismittel mit dem primären, rechtswidrig erlangten Beweismitteln vollkommen identisch und können folglich nicht anders als bei der Abwägung bezüglich des primären Beweismittels beurteilt werden, da es sich in beiden Fällen um ein und dieselbe Straftat handelt.

Bei der Bewertung des Individualinteresses des Bürgers an der Bewahrung seiner Rechtsgüter muss man Folgendes unterscheiden. Wenn man eine grundsätzlich verminderte Wertung der Individualinteressen bei den mittelbaren Beweismitteln im Vergleich zu den unmittelbar erlangten Beweismitteln anerkennt, verneint diese Meinung die Existenz eines mittelbar-unmittelbaren Zusammenhangs im Sinne einer fehlenden kausalen Verbindung zwischen dem Rechtsfehler und der mittelbaren Beweismittelerlangung, wie *Kleinknecht*, *Petry* und *Ranft* u.a. behaupten.[1177] Diese auseinandergehende Auffassung überzeugt allerdings nicht und wird in Kapitel 4. C. IV. 1. b) kritisiert.

Wenn man im Vergleich dazu einen kausalen Zusammenhang zwischen einem Fehler bei der Beweiserhebung und der Erlangung von mittelbaren Beweisergebnissen anerkennt (s. Kapitel 6), ist die Bewertung der Individualinteressen in beiden Fällen grundsätzlich identisch.

Wird man demnach bei der Verwertung von mittelbaren und unmittelbaren Beweismitteln mit Interessen identischer Wertung konfrontiert, ist es sinnlos eine zweite Abwägung zwischen diesen Interessen durchzuführen. Das bedeutet, dass die Schlussfolgerung einer solchen Abwägung wegen der identischen Wertung der Abwägungsmerkmale in beiden Abwägungsprozessen beliebig und unbegründet sind, wenn die Ergebnisse dieser neuen Abwägung zwischen (denselben) öffentlichen Strafverfolgungsinteressen und den Individualinteressen des Bürgers an der Bewahrung seiner Rechtsgüter, die eine Unverwertbarkeit des primären Beweismittels zur Folge haben, zu einer Verwertbarkeit der sekundären Beweisergebnisse führen.

Diese Schlussfolgerung bedeutet bezüglich der Fernwirkungsfrage aber nicht, dass die Elemente abwägender Natur, die zu einer genauen Bestimmung der Bedeutung des Verfahrensverstoßes für das rechtlich geschützte Interesse führen,[1178]

1175 S. Kap. 4. C. III. 3. a).

1176 S. Kap. 4. C. III. 3. b).

1177 S. Kap. 4. C. I. 4.

1178 Vor allem bei der Berücksichtigung von hypothetischen Kausalverläufen und dem Verlust an Relevanz des festgestellten Kausalzusammenhangs durch ein dazwischentretendes Ereignis, s. Kap. 8 und 10.

ausgeschlossen werden. Im Gegenteil: Bei der Bestimmung der Fernwirkung von Beweisverwertungsverboten spielen bestimmte Elemente eine wesentliche Rolle, die exklusiv die Erlangung des sekundären Beweismittels betreffen.

V. Eigene Ansicht

Nach der hier für richtig gehaltenen normativen Fehlerfolgenlehre[1179] muss ein Verwertungsverbot unter Berücksichtigung normativer Parameter bestimmt werden. Darunter fallen etwa das Gewicht des Verfahrensverstoßes und der Ausmaß der Abweichung vom Gesetz sowie die Bedeutung des Verfahrensverstoßes für das rechtlich geschützte Interesse und die Notwendigkeit einer Verwertungssperre nach Maßstäben der Rechts- und Verfassungsordnung unter Berücksichtigung des Strafverfolgungsinteresses.[1180] Insbesondere die Konkretisierung der dargestellten Parameter bestimmter Hypothesen, nach denen ein Verwertungsverbot zu verneinen oder zu bejahen ist,[1181] stellen einen bedeutenden Fortschritt für die Rechtsicherheit und die Vorhersehbarkeit der Ergebnisse im konkreten Fall dar.

Die Fernwirkungsfrage ist im Grunde genommen ein Problem der Reichweite von Beweisverwertungsverboten.[1182] Wenn im Einzelfall nach Anwendung der oben genannten normativen Kriterien ein bestimmtes Beweisergebnis unverwertbar ist, muss man sich fragen, ob die dadurch erlangten weiteren Beweiselemente ebenfalls unverwertbar sind. Wenn jedoch kein Verwertungsverbot des unmittelbaren Beweismittels greift, ist die Frage nach einer möglichen Fernwirkung obsolet.[1183] Ausgangspunkt einer jeden Frage nach der Fernwirkung von Beweisverwertungsverboten ist infolgedessen die bestätigte Präsenz eines Beweisverwertungsverbotes bezüglich des unmittelbaren Beweismittels.

Beweisverwertungsverbote haben grundsätzlich Fernwirkung. Diese Schlussfolgerung beruht auf zwei Argumenten: Der Struktur des mittelbaren Beweises und der Funktion der Beweisverwertungsverbote.

Das zum ersten Mal von *Wolter*[1184] skizzierte Verständnis der Fernwirkungsproblematik im Sinne eines kausalen und normativen Zusammenhangs zwischen primären und sekundären Beweismitteln ist ein richtiger Ansatzpunkt für die Lösung des Problems. Die von *Wolter* vertretene Ansicht löst sich von den rein kausalen Betrachtungsweisen und nähert sich den Regeln der strafrechtlichen Zurechnung an, welche ein mehrstufiges differenziertes Lösungsmodell erlauben.[1185]

1179 S. Kap. 1. F. X ff.

1180 S. Kap. 1. F. X.

1181 S. Kap. 1. F. XII.

1182 Zutreffend: Lesch, FS Volk, S. 319; SK-*Rogall* § 136 a, Rdn. 109; Rogall, JZ 2008, 818 (827); ders., JZ 1996, 944 (948); Wohlers, FS Wolter, S. 1198 ff.

1183 Mergner, Fernwirkung, S. 175.

1184 Wolter, NStZ 1984, 276. In diesem Sinne auch: Schlüchter, JR 1984, 517.

1185 In diesem Sinne auch: Herdegen, Wahrheitsfindung und ihre Schranken, S. 118; Kelnhofer, Hypothetische Ermittlungsverläufe, S. 177; Reichert-Hammer, JuS 1989,

Wie ausführlich in Kapitel 6, 8 und 10 dargestellt, kann man trotz der hier grundsätzlich anerkannten Fernwirkung nach Anwendung von spezifischen Kriterien letztendlich eine solche Wirkung verneinen und ein mittelbares Beweisergebnis ausnahmsweise verwerten. Nach Feststellung des Kausalzusammenhangs[1186] (welcher nicht nur die grundsätzliche Bejahung der Fernwirkung, sondern auch die Existenz einer Fernwirkungsfrage selbst bestimmt) ist eine solche Möglichkeit zu prüfen und zwar anhand von bestimmten Kriterien vor allem auf normativer Ebene, die solch einen Zusammenhang beseitigen können.[1187] Infolgedessen kann – trotz eines festgestellten Kausalzusammenhangs – die Verneinung einer Fernwirkung von Beweisverwertungsverboten in manchen Fällen möglich sein.

Die Betrachtung kausaler und normativer Parameter, die unter bestimmten Voraussetzungen eine Verwertung von mittelbar erlangten Beweismitteln ausnahmsweise zulassen, erlaubt eine genaue Bestimmung der Position des Angeklagten sowie der öffentlichen Interessen an einer effektiven Strafverfolgung. In diesem Zusammenhang drängt die Gewährleistung der Strafverfolgungsinteressen geradezu die Möglichkeit auf, unter bestimmten Umständen sekundäre Beweismittel zu verwerten.

Eine allumfassende und ausnahmslose Anerkennung einer Fernwirkung würde diesen wichtigen Bestandteil des Strafverfahrens verkennen und stünde zudem im Gegensatz zur Rechtsprechung des BVerfG zur Fernwirkung, wonach „*Verfahrensfehlern, die ein Verwertungsverbot für ein Beweismittel zur Folge haben, nicht ohne weiteres Fernwirkung für das gesamte Strafverfahren zukommt*".[1188] In diesem Sinne bestätigt die mögliche Verwertung von sekundären Beweismitteln das Prinzip, dass die Stabilisierung von strafrechtlichen Normen ein wesentlicher Bestandteil der Strafjustiz und deswegen ein unvermeidbares Element bei der Feststellung von Beweisverwertungsverboten und ihrer Fernwirkung ist.

Diese Schlussfolgerungen gelten auch für die selbstständigen Beweisverwertungsverbote. Wie *Schröder*[1189] bezüglich der Frage nach der Fernwirkung von selbstständigen Beweisverwertungsverboten vollkommen richtig beschreibt, ist die indirekte Verwertung eines Tagebuchs zur Überführung des Beschuldigten nicht weniger schützenswert als die Verwertung des Tagebuchs selbst. Allerdings stellt die Behandlung der Fernwirkung von selbstständigen Beweisverwertungsverboten kein besonderes Phänomen dar, das eine anders geartete Betrachtung als die der unselbstständigen Beweisverwertungsverbote rechtfertigt. Die in den

---

446 (450); SK-*Rogall* § 136 a, Rdn. 115 ff.; Schlüchter, JR 1984, 517 (517 f.); Wolter, NStZ 1984, 276 (277).

1186 S. Kap. 6.

1187 S. Kap. 8 und 10.

1188 BVerfG Entscheidung vom 9. November 2010, 2 BvR 2101/09, Rdn. 42; BVerfGK 7, 61 (63). Vgl. Wohlers, FS Wolter, S. 1186.

1189 Schröder, Beweisverwertungsverbote, S. 69.

folgenden Kapiteln erklärte Theorie gilt daher undifferenziert sowohl für die unselbstständigen als auch für die selbstständigen Beweisverwertungsverbote.

1. *Die Struktur der mittelbaren Beweisergebnisse*

Das erste Argument für eine grundsätzliche Bejahung einer Fernwirkung liegt in der Struktur der Beweisverwertungsverbote und ganz konkret in der Verbindung zwischen einem Rechtsfehler und der Erlangung von mittelbaren Beweisergebnissen. In diesem Sinne ist die grundsätzliche Anerkennung einer Fernwirkung eine logische Konsequenz eines festgestellten Kausalzusammenhangs zwischen einem Rechtsfehler und der sekundären Beweiserlangung nach Anwendung der *condictio-sinne-qua-non*-Formel.[1190]

Die Meinung von Autoren wie *Kleinknecht, Petry* und *Ranft,*[1191] die eine strenge Trennung zwischen einem Verfahrensfehler und der Erlangung von mittelbaren Beweisergebnissen, im Sinne einer prozessualen Selbstständigkeit des neuen mittelbaren Beweises, befürworten, ist nicht zutreffend. Diese Ansicht verkennt die Tatsache, dass ohne den Eintritt eines Verfahrensfehlers das in Frage stehende (sekundäre) Beweismittel nicht erlangt werden kann. Die Erlangung von sekundären Beweismitteln ist tatsächlich nicht so rechtskonform wie diese Autoren glauben, sondern steht vielmehr in einem engen Zusammenhang zu einem Verfahrensfehler. Wenn unter Anwendung der *condictio-sinne-qua-non*-Formel ein Verfahrensfehler durch eine gedankliche Operation nicht hinweggedacht werden kann, ohne dass das Beweismittel erlangt werden könnte, lässt sich einfach feststellen, dass der Verfahrensfehler in einem Kausalzusammenhang mit der Erlangung des sekundären Beweismittels steht.

Davon ausgehend kann man nicht einfach behaupten, dass der mittelbare Beweis völlige Unabhängigkeit genießt. Ganz im Gegenteil: Das mittelbare Beweismittel ist mit dem Fehler, der ein Verwertungsverbot zur Folge hat, kausal verbunden und demzufolge auch einem Rechtsfehler zuzuschreiben. Wie *Kühne* zutreffend feststellt, *„kann richtigerweise eine solche Trennung nicht gedacht werden, da die rechtmäßig gewonnenen Beweisergebnisse notwendig bedingt sind durch die Verletzung eines Beweiserhebungsverbotes*".[1192] Die Aussage, dass ein sekundär erlangtes Beweismittel nicht aufgrund einer Rechtsverletzung erlangt wurde, ist infolgedessen nur scheinbar richtig.

Obwohl die Erlangung eines sekundären Beweismittels nicht unmittelbar auf eine Verletzung einer normierten Beweiserhebungsnorm zurückzuführen ist, kann man zusammenfassend festhalten, dass seine Beschaffung in einem Kausalzusammenhang zu einer solchen Verletzung steht. Das sekundäre Beweismittel ist daher mittelbar mit einem Verfahrensfehler verbunden. Dieser Zusammenhang führt zu

1190 S. Kap. 6. A.
1191 S. Kap. 4. C. I. 4.
1192 AK-*Kühne* § 48, Rdn. 53.

einem neuen – nicht normierten – Beweiserhebungsverbot, das alle Beweismittel, deren Erlangung in einem Kausalzusammenhang mit einer durch einen Prozessverstoß erlangten Wissensnutzung steht, umfasst. Solch ein (neues) Beweiserhebungsverbot findet seinen Ursprung selbstverständlich nicht in einer Norm, sondern in dem bestehenden (primären) Beweisverwertungsverbot.

2. *Autonomie bei der Prüfung des kausalen und normativen Zusammenhangs bezüglich des mittelbaren Beweismittels*

Die Erlangung eines sekundären Beweismittels impliziert wegen der spezifischen Umstände des konkreten Falls allerdings eine differenzierte Bewertung dieser Fälle im Vergleich zur Beschaffung von primären Beweismitteln. Diese Autonomie ermöglicht durch die Anwendung von kausalen und normativen Betrachtungen eine differenzierte Behandlung von sekundären Beweismitteln im Vergleich zu den primären, die exklusiv die Erlangung solcher sekundären Beweismittel im konkreten Fall berücksichtigen und folglich nicht mit den primären Beweisverwertungsverboten verbunden sind.

Dabei ist die Analyse von wichtigen Parametern bei der Prüfung einer Fernwirkung[1193] nur mit der Erlangung von sekundären und nicht mit der von primären Beweismitteln verknüpft. Solche konkreten Unterschiede erklären in bestimmten Fällen eine Verwertung von mittelbaren Beweismitteln trotz der grundsätzlichen Anerkennung einer Fernwirkung.

3. *Die normstabilisierende Funktion der Beweisverwertungsverbote in der Fernwirkungsproblematik*

Die zweite Begründung für eine grundsätzliche Bejahung einer Fernwirkung bezieht sich auf die hier vertretene Funktion der Beweisverbote.[1194] Nur die grundsätzliche Bejahung einer Fernwirkung kann die Stabilisierung und den Schutz derjenigen Normen gewährleisten, deren Schutzgüter im Strafverfahren besonders gefährdet sind. In diesem Sinne ist die grundsätzliche Bejahung einer Fernwirkung notwendig, um die Effizienz von Beweisverwertungsverboten als Reaktion auf einen Verfahrensfehler nicht zu untergraben.[1195] Wie bereits *Sendler* 1956 bei Verletzungen von § 136 a StPO bemerkte, wäre der effektive Schutz dieser Norm illusorisch, wenn trotz der Unverwertbarkeit der erzwungenen Aussage die darin enthaltenen Hinweise verwertet werden dürften.[1196]

Die ausnahmslose Verneinung einer Fernwirkung kann wegen der Umgehungsgefahr der oben genannten Funktion nicht toleriert werden, weil dadurch eine

1193 S. Kap. 6 ff.
1194 S. Kap. 1.B. VI.
1195 Vgl. Kühne, Strafprozessrecht, Rdn. 912.1.
1196 Sendler, Die Verwertung rechtswidrig erlangter Beweismittel, S. 47.

rechtswidrige Handlung der Ermittlungsbeamten, die der Geltung der verletzten Norm widerspricht, legitimiert werden würde. Wenn man eine solche Rechtsverletzung durch die Verwertung von sekundären Beweisergebnissen grundsätzlich toleriert, kann der Staat nicht signalisieren, dass er die verletzten verfassungsrechtlichen Werte ernst nimmt und dass er in der Lage ist, diese Werte im Strafprozess angemessen sicherzustellen. Nur durch die grundsätzliche Anerkennung einer Fernwirkung kann der Staat die Geltung und Orientierungskraft der Norm zeigen.

4. Die Ausnahme des Fernwirkungsgrundsatzes

Der oben genannte Fernwirkungsgrundsatz wirkt im deutschen Recht nicht ausnahmslos. Vielmehr kann man durch die Anwendung von Ausnahmen dieses Grundsatzes die Verwertbarkeit des mittelbar erlangten Beweismittels bejahen. Diese Ausnahmen stützen sich auf dieselben Argumente, die eine grundsätzliche Bejahung einer solchen Wirkung rechtfertigen: die Struktur des mittelbaren Beweises sowie die Funktion der Beweisverwertungsverbote.

Angesichts des notwendigen Systemschutzes[1197] ist eine Betrachtung von Ausnahmen des Fernwirkungsgrundsatzes (die letztendlich zur Verwertbarkeit des sekundären Beweismittels führen) unvermeidbar. Dadurch behält man die Stabilisierung von strafrechtlichen Normen als wesentliches Element für die Bestimmung von Beweisverboten und deren Fernwirkung im Auge.

Wie bereits erwähnt, umfasst der Zusammenhang zwischen einer Rechtsverletzung und der Erlangung von mittelbaren Beweismitteln nicht nur eine kausale, sondern auch eine normative Dimension. Bezüglich der Frage nach der Verwertbarkeit von mittelbaren Beweiselementen ist es notwendig, das Vorhandensein sowie die „Qualität" bzw. Relevanz dieses Zusammenhangs zu untersuchen, der durch die Wirkung von externen Faktoren beeinflusst werden kann, was letztendlich zur Verwertbarkeit des sekundären Beweismittels führen kann. Dem US-amerikanischen Rechtssystem folgend sind auch im deutschen Recht die hypothetischen Ermittlungsverläufe[1198] sowie der Relevanzverlust des festgestellten Kausalzusammenhanges dank der Präsenz eines dazwischentretenden Ereignisses[1199] die Faktoren, die – als normative Korrekturen des Fernwirkungsgrundsatzes – eine Aufhebung der normativen Ebene des Zusammenhangs verursachen.

Die prinzipielle Bejahung einer Fernwirkung sowie die Anerkennung von normativen Korrekturen dieses Grundsatzes, die eine Berücksichtigung von beiden gegenläufigen staatlichen Interessen ernst nehmen, führen zu angemessenen Lösungen in der Fernwirkungsproblematik.

1197 S. Kap. 1.B. VI.
1198 S. Kap. 10.
1199 S. Kap. 8.

5. *Das Prüfungsschema der Fernwirkungsfrage*

Die Frage, ob ein mittelbar erlangtes Beweisergebnis verwertbar ist oder nicht, ist mit Hilfe einer mehrstufigen Prüfung zu beantworten. Die hier vorgeschlagene Struktur geht davon aus, dass im Rahmen der Feststellung einer Fernwirkung der Beweisverwertungsverbote eine grundsätzliche Betrachtung von kausalen und normativen Prüfungsstufen anzuerkennen ist.

Die erste Stufe umfasst die kausale Ebene des Zusammenhangs zwischen einem Rechtsverstoß und der Erlangung von sekundären Beweismitteln. Ziel dieser ersten Prüfungsstufe bei der Feststellung einer Fernwirkung ist es, zu ermitteln, ob ein Kausalzusammenhang zwischen einer durch einen Prozessverstoß erlangten Wissensnutzung und der Erlangung von mittelbaren Beweismitteln besteht.[1200] Die Prüfung solch eines Kausalzusammenhangs hat als Ziel, das Vorhandensein eines Fernwirkungsfalls anzunehmen.[1201] Dadurch kann man schon hier erkennen, ob es sich um ein tatsächliches Problem der Fernwirkung handelt oder nur um ein vermutetes.

In den Fällen, in denen solch ein Kausalzusammenhang fehlt, ist die Frage nach einer möglichen Fernwirkung irrelevant und folglich das mittelbare Beweisergebnis nicht vom Rechtsfehler betroffen. Wenn im Gegensatz dazu der Kausalzusammenhang bejaht wird, kommen die anderen Prüfungsstufen in Betracht. Diese haben eine negative Funktion bei der Feststellung einer Fernwirkung der Beweisverwertungsverbote. Sie erklären einen bereits geprüften Zusammenhang letztendlich für irrelevant. Sie umfassen im Grunde genommen die verschiedenen Varianten der Abschwächung des Zusammenhangs und letztendlich der Verwertung des sekundären Beweismittels. Eine derartige Aufhebung des Fernwirkungsgrundsatzes geschieht durch kausale und normative Parameter, deren Vorliegen die grundsätzliche Unverwertbarkeit des mittelbaren Beweismittels annulliert und das sekundär erlangte Beweismittel dadurch ausnahmsweise verwertbar macht.

Die erste Möglichkeit (zweite Prüfungsstufe), um den Zusammenhang zwischen Beweiserlangung und Rechtsverstoß aufzuheben, besteht auf einer kausalen Ebene bei Vorliegen einer sog. alternativen Kausalität.[1202] Wenn neben dem verbotswidrigen Weg ein anderer, rechtmäßiger, alternativer Kausalverlauf gleichzeitig ausschlaggebend für die sekundäre Beweiserlangung war, wurde das Beweismittel nicht ausschließlich aufgrund einer Rechtsverletzung entdeckt und ist somit ausnahmsweise verwertbar. Mit dieser Prüfungsstufe endet die kausale Ebene der Feststellung einer Fernwirkung der Beweisverwertungsverbote.

Wenn solch eine alternative Kausalität nicht zu erkennen ist, muss man im konkreten Fall eventuell vorhandene Faktoren, die den bestehenden Zusammenhang *normativ* aufheben können, analysieren.

1200 S. Kap. 6.

1201 Zutreffend: SK-*Rogall* § 136 a Rdn. 126.

1202 S. Kap. 6.B.

Die dritte Stufe des Prüfungsschemas umfasst ein potentiell dazwischentretendes Ereignis, welches die normative Verbindung zwischen einem Rechtsfehler und dem mittelbaren Beweismittel durch einen Relevanzverlust des festgestellten Kausalzusammenhangs aufheben kann.[1203] Wenn ein solches dazwischentretendes Ereignis vorhanden ist, verliert die grundsätzliche Anerkennung einer Fernwirkung ihre Gültigkeit und das sekundäre Beweismittel ist demzufolge – wegen des fehlenden normativen Zusammenhangs zwischen Rechtsfehler und Beweismittel – verwertbar.[1204]

Als vierte und letzte Stufe des Prüfungsschemas muss das Vorhandensein eines hypothetisch rechtmäßigen Ermittlungsverlaufs untersucht werden.[1205] Diese Prüfungsstufe kommt allerdings nur bei nicht schwerwiegenden Verfahrensfehlern in Betracht. Wenn es sich im Gegenteil dazu um einen besonders schwerwiegenden Verfahrensfehler handelt, ist die Berücksichtigung einer Verlaufshypothese nicht gestattet.[1206]

Die hier vorgeschlagene Betrachtung von kausalen und normativen Kriterien steht im Einklang mit einer notwendigen, differenzierten Betrachtung von Verfahrensfehlern gemäß der normativen Fehlerfolgenlehre. Sie ermöglicht eine Entscheidung, die verschiedene Interessen auf der Suche nach einer gerechten Lösung des Konflikts in Kauf nimmt.[1207] Im folgenden Kapitel werden die verschiedenen Komponenten des hier dargestellten Prüfungsschemas ausführlich analysiert.

1203 S. Kap. 8.
1204 S. Kap. 8.
1205 S. Kap. 10.
1206 S. Kap. 10.E. II.
1207 Vgl. Rogall, FS Hanack, S. 302; ders., Zur Theorie und Systematik, S. 137.

Kapitel 5. Die Fernwirkung der Beweisverbote im chilenischen Recht

A. Die Fernwirkung der Beweisverbote in der chilenischen Rechtsprechung

I. Einleitung

Seit dem Inkrafttreten des CPP im Jahr 2000 hat die zweite Kammer (Strafkammer) der *Corte Suprema* in mehreren Entscheidungen Stellung zu der Verwertbarkeit von Beweiselementen genommen, die mittelbar aufgrund einer Verletzung von grundrechtlichen Garantien erlangt wurden. Die Urteile des chilenischen Obersten Gerichtshofs über die Fernwirkungsproblematik wurden ausschließlich im Rahmen des im Art. 372 ff. CPP geregelten „*recurso de nulidad*" (Revision) gefällt, auf der Grundlage eines in Art. 373 a) CPP geregelten sog. „absoluten Revisionsgrundes". Gemäß diesem Artikel müssen das Urteil sowie die mündliche Verhandlung für nichtig erklärt werden, „*wenn in jedwedem Stadium des Verfahrens oder bei der Verkündung des Urteils, Rechte und Garantien, die in der Verfassung oder internationalen Verträgen anerkannt sind, erheblich verletzt wurden.*" Da die Prüfung eines solchen Revisionsgrundes eine exklusive Kompetenz der zweiten Kammer der *Corte Suprema* ist, finden sich in der Rechtsprechung der *Cortes de Apelaciones* (chilenische OLG) wenige Entscheidungen zu diesem Thema, die sich lediglich auf die bereits in Kapitel 2. G. V. 2 analysierten Berufungen gegen den AAJO aufgrund eines unzulässigen Beweisausschlusses im Zwischenverfahren beziehen.[1208] Zudem muss erwähnt werden, dass das chilenische Verfassungsgericht noch keine Stellung zur Verwertbarkeit von sekundären Beweiselementen bezogen hat.

Die chilenische Rechtsprechung hat grundsätzlich eine Fernwirkung der Beweisverbote anerkannt. Die Richter haben allerdings nicht in allen ihren Entscheidungen ihre Position begründet. Es gibt einige Urteile, in denen der Oberste Gerichtshof sowie einige *Cortes de Apelaciones* (Berufungsgerichte) eine Fernwirkung der Beweisverbote ohne erkennbare Begründung bejaht haben.[1209] In anderen Entscheidungen hat sich die *Corte Suprema* lediglich darauf beschränkt, zu

---

1208 Ausführlich Kap. 2. G. V.

1209 *Corte Suprema*, Urteile Nr. 11.835–14; 2363–13, 2958–12; 6305–10. *Corte de Apelaciones de San Miguel*, Urteil Nr. 1701–14 (Strafrecht); *Corte de Apelaciones de Valparaíso*, Urteil Nr. 692–05 (Strafrecht); *Corte de Apelaciones de Concepción*, Urteil Nr. 474–05 (Strafrecht); *Corte de Apelaciones de Antofagasta*, Urteil Nr. 184–05 (Strafrecht); *Corte de Apelaciones de La Serena*, Urteil Nr. 565–03 (Strafrecht).

verkünden, dass unter den Begriff „illegaler Beweis" auch solche Beweiselemente einzugliedern sind, die mittelbar aufgrund einer illegalen Ermittlungshandlung erlangt wurden.[1210]

Es gibt aber auch Urteile, die ausdrückliche Begründungen enthalten, warum man zu dem Schluss gekommen ist, die Fernwirkung eines Beweisverbotes zu bejahen. Diese werden im Folgenden näher analysiert.

II. Die Rechtsprechung der *Corte Suprema*

Urteil der *Corte Suprema* vom 11. Juni 2007, Nr. 1836–07: Die Corte Suprema hat in diesem Fall, in dem es um sexuellen Missbrauch und die Sammlung von pornographischem Material von Minderjährigen ging, zum ersten Mal ausdrücklich Stellung zur Problematik der Fernwirkung von Beweisverwertungsverboten genommen.

In diesem Fall ging es um die Folgen einer Beweiserlangung durch Private. Die Mutter des minderjährigen Opfers hatte das Büro des Angeklagten ohne Genehmigung betreten und mehrere CDs mit pornographischem Material vom privaten Computer des Beschuldigten kopiert. Dieses rechtwidrig erlangte Beweismaterial war später der Ausgangspunkt von Ermittlungen und weiteren Beweiserhebungen durch die Polizei.

In seiner Rechtsmittelschrift vertrat der Verteidiger die Ansicht, dass alle Beweiselemente, die direkt als Folge des rechtswidrigen Betretens des Büros sowie indirekt als Folge dieses Betretens erlangt wurden, illegale Beweiselemente seien und aus diesem Grund ausgeschlossen werden mussten.

Das Gericht entgegnete (Cons. 4°), dass die Beweismittel, die direkt aufgrund des illegalen Betretens des Büros durch die Mutter des Opfers erlangt wurden, für die mündliche Verhandlung ausgeschlossen werden müssten, weil sie durch eine Verletzung des in Art. 19 Nr. 5 CPR anerkannten Rechts auf die Unverletzlichkeit der Wohnung und aller Formen von privater Kommunikation aufgedeckt wurden.

Nicht ausschließbar seien im Gegensatz dazu diejenigen mittelbaren Beweiselemente, die zu einem späteren Zeitpunkt von der Polizei aufgespürt werden. Um die vermeintliche Fernwirkung zu verneinen, verlautete der Oberste Gerichtshof (Cons. 6°), dass diejenigen Beweiselemente, deren Erlangung im Zusammenhang mit einer rechtswidrigen Handlung standen, erst dann erlangt wurden, *„als die Ermittlung bereits ‚gerichtlich beaufsichtigt' war; also die Handlungen der Polizei von einem zuständigen Richter kontrolliert wurden, und die Ermittlungsorgane mit Anordnungen und den damit zusammenhängenden Rechtsinstrumenten arbeiteten. In solchen Fällen ist keine direkte Ableitung dieser neuen Ermittlungshandlungen aus dem vorherigen Verfahrensfehler heraus zu beobachten."* Daher kann man nach

1210 *Corte Suprema,* Urteile Nr. 10.772–15 (Cons. 8°); 6996–15 (Cons. 10°); 1946–15 (Cons. 11°); 29.375–14 (Cons. 16°); 23.683–14 (Cons. 8°); 21.413–14 (Cons. 8°); 1258–12 (Cons. 7°).

Ansicht des Gerichts die verfassungsrechtlichen und gesetzlichen Rechte des Angeklagten nicht als verletzt betrachten.

Urteil der *Corte Suprema* vom 11. Dezember 2007, Nr. 5435–07: Dieser Entscheidung des Obersten Gerichtshof lag ein Fall von Drogenhandel zugrunde, in dem der Verteidiger Revision eingelegt hatte. Zur Begründung des Rechtsmittels trug der Anwalt vor, dass die beschlagnahmte Droge sowie die entsprechende Analyse, die das Strafurteil begründet hätten, aufgrund einer bereits als illegal erklärten Festnahme erlangt wurden. Da die Erlangung von unmittelbaren sowie mittelbaren Beweiselementen ihren Ursprung in einer Verletzung grundrechtlicher Garantien des Angeklagten hätten, beantragte die Verteidigung die Nichtigkeit des Urteils sowie der Verhandlung (Cons. 7°).

In dieser Entscheidung erkennt das oberste Gericht eine grundsätzliche Fernwirkung der Beweisverbote im chilenischen Recht ausdrücklich an. Nach Ansicht der *Corte Suprema* (Cons. 9°) sei es *„richtig, dass allgemein gesprochen, die Rechtswidrigkeit einer Ermittlungshandlung zur Illegalität aller Beweise, die daraus abgeleitet werden können, führen sollte. Nur dann wäre es möglich, zu sagen, dass keine Verletzung von Verfassungsgarantien und Rechten, die in internationalen Verträgen anerkannt sind, vorliegt. Die Illegalität erstreckt sich auf alle Beweise (direkte oder indirekte, mittelbare oder unmittelbare), die aus einer ursprünglichen Illegalität abgeleitet werden können."*

Der Fernwirkungsgrundsatz gilt jedoch nach Ansicht der Corte Suprema nicht ohne Ausnahmen. Demnach müssen (Cons. 7°) folgende Ausnahmen des Fernwirkungsgrundsatzes berücksichtigt werden: die unabhängige Quelle, die unvermeidliche Entdeckung und der abgeschwächte Zusammenhang. Bezüglich der unabhängigen Quelle hat das Gericht Ausnahmen dann anerkannt, wenn der Beweis, der in einer von der illegalen Handlung unabhängigen Quelle seinen Ursprung hat, *„(…) nicht als illegal betrachtet werden kann, (…) einfach weil in diesem Fall der Beweis nicht ein Ergebnis der Illegalität ist. Am deutlichsten sind die Situationen, in denen die Beweise vor der rechtswidrigen Handlung erlangt wurden; aber es ist auch möglich, dass sie nach der illegalen Aktion vorgelegt wurden"* (Cons. 7°).

Zu den Grenzen des Beweisausschlusses sagt die *Corte Suprema* (Cons. 9°), dass der Schutz der grundrechtlichen Garantien durch den Beweisausschluss nur eine Verwertung von betroffenen, mittelbar oder unmittelbar erlangten Beweiselementen verbietet. Die Straftat dürfe also durch andere Mittel bewiesen werden, sofern die rechtsverletzenden Beweismittel nicht verwendet werden.

Für die Bestimmung des Beweisausschlusses muss nach Ansicht des Gerichts (Cons. 9°) *„ein bestimmter Kausalzusammenhang zwischen der rechtswidrigen Grundlage und dem Beweismaterial, dessen Ausschluss diskutiert wird, hergestellt werden, und die Qualität dieses Zusammenhanges bewertet werden."*

Im konkreten Fall ist der Oberste Gerichtshof dem Vortrag des Verteidigers, wonach die Beweismittel die Folge einer bereits als illegal erklärten Festnahme seien, nicht gefolgt. Die *Corte Suprema* (Cons. 10°) war der Meinung, dass die beschlagnahmte Droge nicht aufgrund der illegalen Festnahme entdeckt worden war, sondern der Angeklagte nach seiner Festnahme freiwillig eine Vielzahl an

Drogen in dosierten Abpackungen in Anwesenheit der Polizeibeamten auf den Boden geworfen hatte. Aufgrund der Freiwilligkeit dieser Handlung kam das Gericht zum Schluss (Cons. 8° und 10°), dass das Auffinden der Drogen in keinem kausalen Zusammenhang zur illegalen Festnahme stand und dass die Polizisten im konkreten Fall im guten Glauben gehandelt hatten (Cons. 10°). Aus diesen Gründen hatte die Revision keinen Erfolg und die Verwertung der Beweismittel wurde für rechtmäßig erklärt.

Urteil der *Corte Suprema* von 25. Mai 2010, Nr. 1741–10: In dieser Entscheidung vertritt die *Corte Suprema* zunächst eine interessante Meinung über die Grenzen der Ausschlussregel im chilenischen Recht unter Berufung auf das US-amerikanische Rechtsystem (Cons. 17°). Demnach müsse im chilenischen Recht eine Fernwirkung von Beweisverwertungsverboten grundsätzlich anerkannt werden (Cons. 20°). Die *Corte Suprema* erläutert unter Berufung auf *Hernandez*[1211], dass (Cons. 20° d) *„die ‚Lehre der Früchte des vergifteten Baumes', deren Ursprung man im Fall ‚Silverthorne Lumber Co. v. United States' (251 US 385 1920) finden kann, (...) den Status eines allgemeinen Grundsatzes hat, der bei allen Beweisausschlussregeln gültig ist."*

Diese Regel (Cons. 20° d) gilt allerdings nicht absolut: vielmehr kennt sie eine Reihe von Ausnahmen. Da der chilenische Gesetzgeber in der Strafprozessordnung die Ausnahmefälle zur Ausschlussregel nicht ausdrücklich geregelt hat, richten sich diese nach den Leitlinien der Rechtsprechung des *Supreme Court* der Vereinigten Staaten. In diesem Sinne erkennt die *„fruits"*-Doktrin *„bestimmte Einschränkungen vor allem* (deshalb an)*, um den Kausalzusammenhang zwischen Verfassungsverstoß und der Erlangung von Beweismitteln (...) zu präzisieren. Ein solcher Kausalzusammenhang kann in einigen Fällen als nicht existent angesehen werden, während er in anderen Situationen, obwohl ein solcher Zusammenhang nicht zu leugnen ist, (...) so abgeschwächt sein kann, dass der Rechtsfehler als bereinigt angesehen werden kann."* Zum Schluss fasst das Gericht zusammen (Cons. 20° e), dass *„in der US-amerikanischen Rechtsprechung drei Gruppen von Ausnahmen anzuerkennen sind: die unabhängige-Quelle-Doktrin, die Regel der unvermeidlichen Entdeckung und das Prinzip der abgeschwächten Verbindung."*

Der Oberste Gerichtshof hat nicht nur das US-amerikanische Recht, sondern auch die deutsche Rechtsprechung analysiert (Cons. 20° f). Die Richter führen aus, dass *„die deutsche Rechtsprechung die Ausnahme der Abwägung von widerstreitenden Interessen anerkannt hat, die auf dem Grundsatz der Verhältnismäßigkeit beruht."*

Was die Verwertbarkeit der Beweismittel angeht, die nach Ansicht des Verteidigers von einer nicht-autorisierten Ermittlungshandlung stammen, entschied die *Corte Suprema* (Cons. 23°), dass der (nicht autorisierte) verdeckte Agent die Information über die illegalen Tätigkeiten des Angeklagten im Grunde von einer legalen, unabhängigen Quelle, nämlich einem Informanten, erhalten hat und zwar noch bevor der Polizist mit dem Beschuldigten in Kontakt kam. Somit stamme der Beweis freilich nicht aus illegalen Tätigkeiten. Dazu sagt das Gericht unter

1211 Hernández Basualto, Exclusión de la prueba ilícita, S. 21 f.

ausdrücklicher Berufung auf *Hernandez*[1212], dass „*wenn man bereits vor einer illegalen Handlung vorliegende Informationen oder Beweismaterial besaß, (...) man die erlangten Beweismittel nicht ausschließen* (darf), *da dies kein Ergebnis der Gesetzeswidrigkeit ist. In diesem Fall ist ein konkreter und spezifischer kausaler Zusammenhang zwischen der rechtswidrigen Grundlage und dem Beweismaterial nicht gegeben.*“

Urteil der *Corte Suprema* vom 03. November 2015, Nr. 14.781–15: In dieser wichtigen, neueren Entscheidung des Obersten Gerichtshofs[1213] ging es um verschiedene Aspekte der Fernwirkungsproblematik.

Dem Urteil lag folgender Sachverhalt zugrunde: In dem kleinen Dorf Salamanca wurde ein Jugendlicher zunächst ermordet und anschließend seine Leiche versteckt. Nach der erfolglosen Suche nach der Leiche beschlossen drei Polizisten, den mutmaßlichen Täter (einen Minderjährigen) zu verhören. Als die Ermittlungsbeamten an der Wohnung des Verdächtigen angekommen waren, erzählten sie ihm, dass die Polizei bereits alles über die Straftat wisse und von ihm Kooperation fordere. Daraufhin brach der Minderjährige in Tränen aus und gab zu, das Opfer in der Nähe einer Brücke ermordet und begraben zu haben. Der Beschuldigte gab zudem weitere Details über die Tat preis. Nach dem Geständnis führte der Verdächtige die Beamten an den besagten Ort, wo die Polizei sowohl die Leiche als auch andere Beweiselemente fand.

Parallel dazu organisierte eine Brigade von Freiwilligen der Feuerwehr die Suche nach der Leiche, welche den Fundort miteinbezog. Diese zeitgleich stattfindende Suche hatte, laut Aussage eines Feuerwehrmanns, bereits vor der Vernehmung des Verdächtigen begonnen. Als die Polizei die Leiche entdeckte, waren die freiwilligen Feuerwehrleute nur wenige Meter vom Fundort entfernt und die Entdeckung des Opfers stand unmittelbar bevor.

Da die polizeiliche Vernehmung des minderjährigen Verdächtigen ohne die Anwesenheit seines Verteidigers erfolgte, wurde sein Geständnis unter Verstoß gegen Art. 31 Gesetz Nr. 20.084[1214] erlangt. Als Folge dessen wurde die polizeiliche Vernehmung für unverwertbar erklärt, was die Beteiligten nicht bestritten (Cons. 4°). Im konkreten Fall musste die *Corte Suprema* allerdings entscheiden, ob die Beweismittel, die –nach Ansicht des Verteidigers – als Folge der unverwertbaren Vernehmung erlangt wurden, verwertbar sind oder nicht.

Der Oberste Gerichtshof verkündete diesbezüglich, dass sich das von der Verteidigung eingelegte Rechtsmittel auf die sog. „Früchte des vergifteten Baumes“-Doktrin stützt (Cons. 7°), eine Doktrin, „*deren Ursprung in der Rechtsprechung*

1212 ders., Exclusión de la prueba ilícita, S. 22; 77 f.

1213 Anm. Correa Robles, Revista de Ciencias Penales, Sexta Época 2016, 159.

1214 Der Art. 31 Abs. 1 des Gesetzes Nr. 20.084 „Gesetz über die Verantwortung von Jugendlichen bei Verstößen gegen das Strafrecht“ schreibt vor, dass „*der Jugendliche eine Aussage vor der Staatsanwaltschaft nur in Anwesenheit eines Verteidigers machen darf. Die Teilnahme des Verteidigers ist für jede Verfahrenshandlung, die die Präsenz des Jugendlichen erfordert, unverzichtbar (...).*“

des US-amerikanischen Supreme Court gefunden werden kann, und von der Corte Suprema bei der Einführung des akkusatorisch strafprozessualen Systems des Código Procesal Penal aufgenommen wurde." Was die gesetzliche Grundlage dieser Doktrin im chilenischen Recht betrifft, beruft sich das Gericht ausdrücklich (Cons. 7°) auf Art. 165 CPP, der sich auf die Wirkungen der prozessualen Nichtigkeit bezieht und wie folgt lautet: „*Die Nichtigkeitserklärung einer Handlung beinhaltet auch die Nichtigkeit der nachfolgenden Handlungen, die aus der nichtigen Handlung hervorgehen oder von ihr abhängen*".

Der zentrale Punkt im hier beschriebenen Fall war nach Ansicht der *Corte Suprema* (Cons. 8°) inwiefern „*die diskutierten Beweise als abhängig von der zweifellos rechtswidrigen Vernehmung oder eine Folge der – nicht diskutierten – rechtswidrigen Vernehmung sind.*" Hierzu verkündete das Gericht (Cons. 9°), dass zunächst die Idee einer vermeintlichen Illegalität derjenigen Beweismittel verworfen werden müsste, deren Ursprung in Handlungen zu finden ist, die *vor* und *unabhängig von* der als illegal erklärten Vernehmung stattgefunden haben. Im konkreten Fall betraf das die Aussagen des Feuerwehrmanns, die Aussagen der Angehörigen des Verstorbenen und zwei Zeugen. Dabei handelt es sich um Beweismittel, die bereits vor der illegalen Vernehmung erlangt wurden. Da die Erlangung dieser Beweiselemente mit keiner illegalen, polizeilichen Tätigkeit verbunden war, konnten sie logischerweise keine Folge der Illegalität sein. Ihre Aufnahme und Verwertung in der mündlichen Verhandlung war demnach erlaubt.

Bezüglich der Beweisergebnisse, die jedoch eine direkte Folge der illegalen Vernehmung waren (die Leiche, Fotos, eine Stange aus Metall und ein biochemisches Gutachten), stellte sich das Gericht (Cons. 10°) die Frage, ob sie „*tatsächlich in einem Kausalzusammenhang mit dem Geständnis stehen*". Das Gericht argumentierte, dass in einem ähnlichen Fall (*Nix v. Williams*) der US-amerikanische Supreme Court die Präsenz von Elementen, die belegen, dass die in Frage stehenden Beweismittel auch rechtmäßig hätten entdeckt werden können, für ausreichend hält, um die Verwertbarkeit von Beweiselementen zu bestätigen. Gemäß dieser Doktrin entschied die *Corte Suprema* (Cons. 11°), dass, wenn es „*konkrete Beweismittel gibt, die zeigen, dass die in Frage stehenden Beweismittel auch auf einem legalen Weg hätten erlangt werden können, man von einem Verlust des Kausalzusammenhangs zwischen dem ursprünglichen Unrecht (hier und in den USA eine illegal erworbene Aussage) und der anschließenden Entdeckung sprechen kann. Die Beweiserlangung ist in solchen Fällen unvermeidlich und rechtmäßig. In unserer prozessualen Rechtsordnung bedeutet das, dass, wenn es Beweiselemente dafür gibt, dass die belastenden Beweise durch rechtmäßige, vorherige oder von rechtswidrigen unabhängige Mittel, die zur Entdeckung führten, hätten entdeckt werden können, solche Entdeckung nicht als eine Folge oder als abhängig von einer illegalen Handlung betrachtet werden kann.*"

In der mündlichen Verhandlung hatte einer der Feuerwehrmänner als Zeuge ausgesagt, dass der Ort, an dem die Leiche tatsächlich gefunden wurde, „*Bestandteil in der Planung der Suche war*". Als die Polizei die Leiche schließlich fand, stand die Entdeckung der Leiche durch die freiwilligen Suchkräfte unmittelbar bevor und war aus diesem Grund nicht von der Aussage des Minderjährigen abhängig. Da die

Leiche auch unabhängig von der rechtswidrig erlangten Aussage des Beschuldigten hätte gefunden werden können, schlussfolgerte das Gericht (Cons. 12°), dass die Erlangung und Verwertung der mittelbar erlangten Beweismittel keine Garantie verletzt hatte und deshalb verwertbar waren.

Zusammenfassend stand für die *Corte Suprema* (Cons. 13°) fest, dass *„die Beweise, die in der mündlichen Verhandlung erhoben und im Urteil verwertet wurden, weder eine Folge noch abhängig von der unbestrittenen Verletzung von Verfassungsgarantien sind (...), da sie entweder aus einer absolut rechtmäßigen und von der Illegalität unabhängigen Weise erhoben wurden, oder aus einem Befund, der als unvermeidlich angesehen werden kann, stammen (...).*" Das Rechtsmittel wurde somit für unbegründet erklärt.

III. Die Rechtsprechung der *Cortes de Apelaciones* (Berufungsgericht)

Urteil der *Corte de Apelaciones de Antofagasta* vom 20. August 2005, Nr. 184–05 (Strafrecht): Das erste Urteil einer *Corte de Apelaciones* (Berufungsgericht), das sich mit der Fernwirkung von Beweisverwertungsverboten befasst hat, teilt die Meinung der *Corte Suprema.*[1215] Die Richter des Berufungsgerichts haben in diesem Sinne bestätigt (Cons. 6°), dass die Beweismittel, die aufgrund einer Verletzung von grundrechtlichen Garantien erlangt wurden, grundsätzlich unverwertbar sind, weil die Existenz einer Kausalverbindung eine Verwertung dieser Beweiselemente verbietet.

Urteil der *Corte de Apelaciones de San Miguel* vom 18. November 2008, Nr. 1428–08 (Strafrecht): Die *Corte de Apelaciones* (Cons. 8°) verkündete in dieser Entscheidung, dass die Beweismittel, die als Folge einer rechtswidrigen Video-Aufnahme erlangt wurden, das sind, „*„was die Doktrin als ‚Früchte des vergifteten Baumes' bezeichnet. Da die ursprünglichen Beweise illegal erlangt wurden, ist alles, was eine Folge dessen ist, auch illegal (...).*"

Diese Fernwirkung gilt – nach Ansicht der Richter – allerdings nicht ausnahmslos. Als Ausnahme dieses Fernwirkungsgrundsatzes sind die Situationen zu nennen, in denen die Ermittlungsorgane (Cons. 8°) *„in gutem Glauben gehandelt haben, wenn der Prozess ‚gerichtlich beaufsichtigt' wird oder wenn die Erlangung unvermeidlich ist.*" Da im konkreten Fall keine solche Ausnahmen vorlagen, hat das Gericht die Entscheidung des Untersuchungsrichters bestätigt, wonach die Beweiselemente, die unmittelbar und mittelbar aufgrund einer Verletzung von Art. 19 Nr. 5 CPR (Recht auf die Unverletzlichkeit der Wohnung und aller Formen von privater Kommunikation) erlangt wurden, für die mündliche Verhandlung ausgeschlossen sind.

1215 S. Kap. 5. A. II.

IV. Stellungnahme

1. *Grundsätzliche Anerkennung einer Fernwirkung von Beweisverboten in der chilenischen Rechtsprechung*

In ihrer Rechtsprechung hat die *Corte Suprema* die grundsätzliche Fernwirkung von Beweisverboten anerkannt.[1216] Der Oberste Gerichtshof Chiles sieht die Beweismittel, die mittelbar als Folge eines Verstoßes gegen grundrechtliche Garantien erlangt wurden, grundsätzlich als unverwertbar an.

Mit der grundsätzlichen Anerkennung dieser Fernwirkung unterscheidet sich die neue chilenische Rechtsprechung von der bereits kritisierten[1217] richterlichen Praxis während der Zeit des alten CdPP, wo der Oberste Gerichtshof in keinem einzigen Urteil ein Verwertungsverbot oder gar dessen Fernwirkung anerkannt hatte.[1218] Dadurch hat die *Corte Suprema* bei der Beachtung der individuellen Garantien im Strafverfahren einen bedeutsamen Schritt nach vorne gemacht.

Die grundsätzliche Anerkennung einer Fernwirkung der Beweisverbote unterscheidet sich auch von der bereits kritisierten Rechtsprechung des deutschen BGH, in der eine Fernwirkung grundsätzlich verneint wird.[1219] Das chilenische oberste Gericht geht demnach richtigerweise davon aus, dass die Anerkennung einer Fernwirkung keine unüberwindbaren kriminalpolitischen Nachteile für die Strafjustiz zur Folge hat. Wie die *Corte Suprema* in ihrem Urteil Nr. 5435–07 (Cons. 9°) zutreffend anmerkt, verbietet die Ausschlussregel und demzufolge ihre Fernwirkung *nur* eine Verwertung der konkret betroffenen Beweiselemente. In diesem Sinne bestätigt die chilenische Rechtsprechung, dass trotz der Anerkennung einer Fernwirkung, die Möglichkeit bestehen bleibt, auf rechtmäßigen Wegen legale Beweismittel zu erlangen, bzw. den Beschuldigten mit anderen Beweismitteln zu überführen.[1220]

Der Oberste Gerichtshof begründet die grundsätzliche Anerkennung einer Fernwirkung mit zwei Argumenten. Zum einen sei eine Ausweitung des Beweisausschlusses aus mittelbaren Beweiselementen erforderlich,[1221] weil man nur so sagen könne, dass keine Verfassungsgarantien und Rechte verletzt werden. Als zweites Argument hat die *Corte Suprema* im Urteil Nr. 14.781–15 Art. 165 Abs. 1 CPP bezüglich der „Wirkungen der prozessualen Nichtigkeit“ als gesetzliche Grundlage der Fernwirkung der Beweisverbote angeführt. Diese Regel besagt, dass

---

1216 *Corte Suprema*, Urteile Nr. 14.781–15; 10.772–15; 6996–15; 1946–15; 29.375–14; 23.683–14; 21.413–14; 11.835–14; 2363–13; 2958–12; 1258–12; 6305–10; 1741–10; 5435–07. *Corte de Apelaciones de San Miguel*, Urteil Nr. 1701–14 (Strafrecht).

1217 S. Kap. 4.B. IV.

1218 S. Kap. 2.A.

1219 S. Kap. 4.B. I.

1220 S. Kap. 4. B. IV. 1.

1221 *Corte Suprema*, Urteil Nr. 5435–07.

die Nichtigkeitserklärung auch die Nichtigkeit der nachfolgenden und der dadurch abgeleiteten Handlungen mit sich bringt.

Wie später ausführlich dargestellt wird,[1222] ist die Anerkennung einer Fernwirkung von Beweisverboten im chilenischen Recht unvermeidbar, wenn man die Beachtung der grundrechtlichen Garantien im Strafverfahren ernst nehmen will. Nur durch eine grundsätzliche Anerkennung einer Fernwirkung lässt sich sagen, dass eine Verletzung von grundrechtlichen Garantien tatsächlich beseitigt wurde. Wenn man im Gegensatz dazu eine solche Wirkung in der Regel verneint, wird die Gültigkeit der im Art. 276 Abs. 3 CPP geregelten Beweisausschlussregel, und dadurch auch die Gültigkeit und Wirkung der in der Verfassung und internationalen Verträgen anerkannten Garantien, in Frage gestellt.

Allerdings kommen Zweifel auf, Art. 165 Abs. 1 CPP als Grundlage der Fernwirkung von Beweisverboten im chilenischen Recht anzuerkennen. Zweck dieser Norm ist, einen integralen Ersatz aller aufgrund einer als nichtig erklärten Handlung verursachten Schäden zu gewährleisten. Allerdings können die in Art. 165 Abs. 1 CPP normierten Folgen nicht automatisch auf den Ausschluss von Beweiselementen beim Verstoß gegen grundrechtliche Garantien[1223] übertragen werden. Die Norm regelt nur die Folgen einer prozessualen Nichtigkeit, nicht aber die Handhabung von Beweiselementen, die mittelbar als Folge einer Verletzung von grundrechtlichen Garantien erlangt wurden.

Man kann infolgedessen – aus systematischen Gründen – nur eine Parallele zwischen der Wirkung der prozessualen Nichtigkeit und der Ausschlussregel ziehen, nicht aber beide Instrumente miteinander gleichsetzen, bzw. den Art. 165 Abs. 1 CPP analog auf Fälle der Fernwirkung anwenden.

2. *Ausnahme des Fernwirkungsgrundsatzes*

Die grundsätzliche Anerkennung einer Fernwirkung der im Art. 276 Abs. 3 geregelten Ausschlussregel durch die Rechtsprechung bedeutet aber nicht, dass solch ein Grundsatz ausnahmslos gilt.

In ihrer Rechtsprechung[1224] hat die *Corte Suprema* – unter ausdrücklicher Berufung auf das US-amerikanische Recht[1225] – bestimmte Ausnahmen des Fernwirkungs-Grundsatzes anerkannt, die, wenn die Voraussetzungen im konkreten Fall vorliegen, die Verwertbarkeit des mittelbar erlangten Beweismittels ermöglichen. Darunter fallen die Ausnahmen, die von der US-amerikanische *Supreme Court* als Ausnahme der *„fruit of the poisonous tree“* Doktrin entwickelt wurden,[1226] und

1222 S. Kap. 5. B. III.

1223 Ausführlich zum Begriff „grundrechtliche Garantien“, s. Kap. 2. G. I.

1224 *Corte Suprema*, Urteil Nr. 14.781–13; 1741–10.

1225 Das Gericht hat in seinem Urteil Nr. 1741–10 (Cons. 20° d), die Lehre der Früchte des vergifteten Baumes, als *„allgemeinen Grundsatzes bei allen Beweisausschlussregeln“* bezeichnet.

1226 S. Kap. 3. B. II.

gleichzeitig – gemäß der hier vertretenen Auffassung – als Ausnahme der Fernwirkung der Beweisverwertungsverbote im deutschen Recht gelten.[1227] Das sind: der fehlende kausale Zusammenhang zwischen einer durch einen Prozessverstoß erlangten Wissensnutzung und der Erlangung von mittelbaren Beweismitteln,[1228] die hypothetischen Ermittlungsverläufe[1229] sowie der Verlust an Relevanz des festgestellten Kausalzusammenhanges durch ein dazwischentretendes Ereignis.[1230]

Diesbezüglich hat der Oberste Gerichtshof zutreffend festgestellt, dass die Bestimmung des Beweisausschlusses von der Existenz eines Kausalzusammenhangs zwischen einer rechtswidrigen Handlung und einer Beweiserlangung sowie von der Qualität dieses Zusammenhanges abhängt.[1231] Dadurch bestätigt das Gericht die hier vertretene Auffassung, dass die Struktur der mittelbaren Beweiserlangung von kausalen sowie normativen Elementen gebildet wird, deren Betrachtung zu einer angemessenen Lösung des konkreten Falls führt.[1232]

Nichtdestotrotz ist die Wirkung der genannten Ausnahme im kausal-normativen Zusammenhang zweifelhaft. Laut der *Corte Suprema* im Urteil Nr. 14.781–15 verursacht der Eintritt eines hypothetischen Ermittlungsverlaufes *„einen Verlust des Kausalzusammenhangs zwischen dem ursprünglichen Unrecht und der anschließenden Entdeckung"*. Diese Auffassung ist nicht zu teilen. Wie im Kapitel 10. E. III ausführlich erwähnt wird, kann ein bereits festgestellter Kausalzusammenhang nicht durch ein hypothetisches Ereignis aufgehoben werden. Die hypothetischen Ermittlungsverläufe wirken ausschließlich als *normative* Aufhebung des Zusammenhangs, nicht in der kausalen Ebene einer solchen Verknüpfung.

Ferner hat die Rechtsprechung andere Ausnahmen des Fernwirkungsgrundsatzes, die nicht zu den oben genannten drei wichtigsten Ausnahmen der *„fruits"* Doktrin gehören, anerkannt. Dazu gehören die (im US-amerikanischen Recht umstrittene) *„good faith exeption"*[1233] sowie die „gerichtliche Beaufsichtigung des Verfahrens"[1234].

Hinsichtlich der „Guter Glaube Ausnahme" liefert die *Corte Suprema* kein Argument, um ihre Anerkennung im chilenischen Recht zu begründen. Wie später im Kapitel 12 ausführlich dargestellt wird, kann die Anerkennung eines

---

1227 S. Kap. 4. C. V. 4.

1228 *Corte Suprema*, Urteil Nr. 14.781–15 (Cons. 11° ff.); 1741–10 (Cons. 20° e); 5435–07 (Cons. 7°). Ausführlich S. Kap. 7.

1229 *Corte Suprema*, Urteile Nr. 14.781–15 (Cons. 11° ff.); 3828–14 (Cons. 12°); 11.767–13 (Cons. 7°). Auch: *Corte de Apelaciones de San Miguel*, Urteil Nr. 1428–08 (Strafrecht). Ausführlich S. Kap. 11

1230 *Corte Suprema* Urteile Nr. 11.482–13 (Cons 6°); 2095–11 (Cons. 35°); 1741–10 (Cons. 20° e). Ausführlich S. Kap. 9.

1231 *Corte Suprema*, Urteile Nr. 1741–10 (Cons. 20° e); 5435–07 (Cons. 9°).

1232 S. Kap. 5. A. IV. b).

1233 *Corte Suprema* Urteil Nr. 5435–07 (Cons. 10°). *Corte de Apelaciones de San Miguel* Urteil Nr. 1428–08.

1234 *Corte Suprema* Urteil Nr. 1836–07 (Cons. 7°).

Beweisverbots bzw. seiner Fernwirkung im deutschen und im chilenischen Recht nicht davon abhängen, ob die Ermittlungsbeamten im guten Glauben gehandelt haben oder nicht.

Bezüglich der „gerichtlichen Beaufsichtigung des Verfahrens" als einer Ausnahme des Fernwirkungsgrundsatzes sagt der Oberste Gerichtshof,[1235] dass bei Ermittlungstätigkeiten, die von dem Ermittlungsrichter kontrolliert wurden, und wenn die Ermittlungsbeamten mit den erforderlichen richterlichen Befehlen und den damit zusammenhängenden Rechtsinstrumenten ihre Tätigkeiten durchführen, der Kausalzusammenhang zwischen einem Rechtsfehler und der Beweiserlangung aufgehoben ist. In einem ähnlichen Sinne sagt die *Corte de Apelaciones de San Miguel* in ihrem Urteil Nr. 1428–08 (Strafrecht),[1236] dass (Cons. 8) *„wenn der Prozess gerichtlich beaufsichtigt wird"*, ein Ausschluss von mittelbar erlangten Beweiselementen zu verneinen ist.

Dieser Auffassung kann nicht zugestimmt werden. Die „gerichtliche Beaufsichtigung des Verfahrens" als Ausnahme des Fernwirkungsgrundsatzes kann nicht einen bereits geprüften Kausalzusammenhang aufheben bzw. abschwächen. Dazu muss gesagt werden, dass der Begriff der „gerichtlichen Beaufsichtigung des Verfahrens" irreführend ist. Wie bereits erwähnt,[1237] ist im chilenischen Recht eine richterliche Genehmigung bzw. Befugnis für die Ausübung von Ermittlungstätigkeiten nicht in allen Situationen notwendig, sondern nur dann, wenn sie für die Durchführung bzw. Anordnung einer konkreten Ermittlungsmaßnahme – laut dem Gesetz – erforderlich ist. Außerdem ist gemäß Art. 9 Abs. 1 und 2 CPP eine richterliche Genehmigung für die Durchführung einer Verfahrenshandlung stets erforderlich, wenn diese dem Angeklagten oder einem Dritten die Ausübung seiner Verfassungsrechte entzieht, sie begrenzt oder stört. Von einer allumfassenden „gerichtlichen Beaufsichtigung des Verfahrens" als Ausnahme des Fernwirkungsgrundsatzes kann nicht die Rede sein.

Aber auch in Situationen, in denen ein Richter eine konkrete Ermittlungstätigkeit autorisiert, kann man nicht automatisch von einer Heilung der Verfahrensfehler sprechen. Nur in Situationen, in denen die richterliche Entscheidung nicht von einer illegalen Ermittlungshandlung beeinflusst ist, steht ein Beweismittel nicht im Kausalzusammenhang zu einer rechtswidrigen Handlung. Wenn sich im Gegensatz dazu die richterliche Anordnung – vollständig oder teilweise – auf Beweiselemente stützt, deren Erlangung auf einer rechtswidrigen Handlung beruht, stehen die dadurch erworbenen Beweismittel im Kausalzusammenhang zu einem Rechtsverstoß. Die Entscheidung, ob ein dadurch erlangter Beweis tatsächlich in einem Kausalzusammenhang zu einer Garantieverletzung steht oder nicht, erfordert notwendigerweise eine Einzelfallprüfung, welche die Begründungen der richterlichen Entscheidung analysiert: auf allgemeine Lösungen muss daher verzichtet werden.

1235 *Corte Suprema* Urteil Nr. 1836–07 (Cons. 7°).

1236 Kritisch: Hernández Basualto, GJ 2008, 60 (68).

1237 S. Kap. 2. F. I.

B. Die Fernwirkung der Beweisverbote in der Literatur

Bezugnehmend auf die Ausführungen in Kapitel 2 hat die wissenschaftliche Untersuchung der Fernwirkungsproblematik in Chile erst seit dem Inkrafttreten des CPP im Jahr 2000 an Relevanz gewonnen. Während der ca. einhundert Jahre, in denen das chilenische Strafprozessrecht durch den CdPP geregelt wurde, wurde das Thema – wie allgemein die gesamte Beweisverbotslehre – von der chilenischen Literatur fast ausnahmslos ignoriert.[1238]

Im Vergleich zum Interesse, das die Literatur der Analyse der in Art. 276 Abs. 3 CPP formulierten Ausschlussregel (und allgemein der Erforschung der Beweisverbotslehre) dank der Strafverfahrensreform heutzutage zukommen lässt,[1239] ist die Behandlung der Fernwirkung von Beweisverboten für die chilenische Lehre ein Thema von untergeordneter Relevanz. Ein klares Indiz hierfür ist, dass bis heute keine einzige Monographie oder Dissertation über die Fernwirkung der Beweisverwertungsverbote im chilenischen Recht veröffentlicht wurde. Während einige Autoren in ihren Monographien zum Beweisausschluss bzw. in ihren Lehrbüchern über das Strafprozessrecht die Behandlung der Fernwirkung der Beweisverbote im chilenischen Recht überhaupt nicht angehen,[1240] beschränken sich andere Autoren darauf, das Thema lediglich anzureißen und die Problematik ganz allgemein kurz darstellen, vor allem unter Berufung auf das US-amerikanische Recht,[1241] in vielen Fällen ohne Bezug oder Stellungnahme zum nationalen Recht.[1242]

I. Die Position der Lehre

In seiner Monographie über den Beweisausschluss im neuen chilenischen Verfahren schreibt *Hernández,*[1243] dass die Frage, ob der Ausschluss von unzulässigem Beweismaterial eine Fernwirkung mit sich bringt, ein „falsches Dilemma“ sei. Wenn man den Ausschluss eines Beweises als gültiges Prinzip des Strafprozesses anerkennt, müsse man logischerweise daraus schließen, dass ein solcher Ausschluss nur dann einen praktischen Sinn hat und seinem Zweck treu bleibt, wenn der Ausschluss auch das ganze Beweismaterial, das sich aus einer rechtswidrigen Handlung herleitet, umfasst[1244]. Nur dadurch könne gewährleistet werden, dass

1238 S. Kap. 2. A.

1239 S. Kap. 2. B.

1240 U.a. Echeverria Donoso, derechos fundamentales; Maturana Miquel / Montero López, Derecho Procesal Penal.

1241 U.a. Chahuan Sarras, procedimiento penal, S. 263 ff; Zapata García, La prueba ilícita, S. 29 ff.

1242 So Pino Reyes, GJ 2011, 26 (34); Tavolari Oliveros, Instituciones del nuevo proceso penal, S. 140 ff. Bezüglich der Ausnahmen der Fernwirkung auch: Zapata García, La prueba ilícita, S. 31 ff.

1243 Hernández Basualto, Exclusión de la prueba ilícita, S. 76.

1244 ders., Exclusión de la prueba ilícita, S. 76.

das Urteil sich nicht auf eine Verletzung von verfassungsrechtlichen Garantien aufbaut.[1245] Völlig irrelevant ist dann – so *Hernández* -, ob es sich um direkte oder indirekte, mittelbare oder unmittelbare Beweise handelt.[1246] Jede andere Position hätte nur eine Umgehung der Ausschlussregel und somit einen Verstoß gegen die ihr zugrunde liegenden Begründung zur Folge.[1247]

Diese grundsätzliche Anerkennung einer Fernwirkung gilt – nach Ansicht des Autors – allerdings nicht ausnahmslos. Zunächst muss ein bestimmter Kausalzusammenhang zwischen der rechtswidrigen Grundlage und dem Beweismaterial, über dessen Ausschluss diskutiert wird, geprüft werden. Darüber hinaus muss auch die Qualität dieses Kausalzusammenhanges bewertet werden.[1248] Somit bejaht *Hernández* als Ausnahme des Fernwirkungsgrundsatzes den fehlenden Kausalzusammenhang,[1249] die hypothetischen Ermittlungsverläufe[1250] sowie die Möglichkeit einer „Heilung des unzulässigen Beweises".[1251]

Eine ähnliche Meinung vertritt *Zapata*. Die Autorin betont, dass sich der Anwendungsbereich der in Art. 276 Abs. 3 CPP geregelten Ausschlussregel selbstverständlich auch auf den mittelbar erlangten Beweis erstrecken muss.[1252] Eine wesentliche Frage dabei sei, ob der Beweis tatsächlich mit einer unzulässig erlangten Beweisgewinnung verbunden ist. Dafür muss man – ihrer Ansicht nach – die Existenz einer *„unmittelbaren und offensichtlichen Beziehung"* prüfen: nämlich, ob der sekundäre Beweis aus Beweiselementen stammt, die durch eine Verletzung von Verfassungsrechten erlangt wurden.[1253] Bezüglich der Grenzen der Fernwirkung beschränkt die Autorin ihre Analyse lediglich auf eine Auflistung und Erläuterung solcher Ausnahmen in anderen Ländern, ohne jedoch Stellung zum chilenischen Recht zu nehmen.[1254]

In seinem Lehrbuch vertritt *López* die Ansicht, dass die Frage der Verwertbarkeit von Beweiselementen, die aufgrund eines durch Verletzung von grundrechtlichen Garantien erlangten Beweismittels erlangt wurden, unter Anwendung der im US-amerikanischen Recht entwickelten *„fruits of the poisonous tree"* Doktrin affirmativ beantwortet werden muss.[1255] Da – laut *López* – die Anwendung dieser Theorie das Vorhandensein eines Kausalzusammenhangs voraussetzt, ist das sekundär erlangte Beweismittel nur dann verwertbar, wenn diese Kausalverbindung durch

1245 ders., Exclusión de la prueba ilícita, S. 76.
1246 ders., Exclusión de la prueba ilícita, S. 76.
1247 ders., Exclusión de la prueba ilícita, S. 76.
1248 ders., Exclusión de la prueba ilícita, S. 77. S. auch in diesem Sinne: *Corte Suprema*, Urteil Nr. 5435–07 (Cons. 9°).
1249 Hernández Basualto, Exclusión de la prueba ilícita, S. 78 ff.
1250 ders., Exclusión de la prueba ilícita, S. 80 ff.
1251 ders., Exclusión de la prueba ilícita, S. 84 ff.
1252 Zapata García, La prueba ilícita, S. 29 f.
1253 ders., La prueba ilícita, S. 29 f.
1254 ders., La prueba ilícita, S. 31 ff.
1255 Horvitz Lennon / López Masle, Derecho procesal penal, S. 219.

bestimmte Umstände aufgehoben wurde, wie in Fällen von unabhängigen Quellen, unvermeidbaren Entdeckungen sowie einem abgeschwächten Zusammenhang.[1256]

Chahuán ist wiederum der Meinung – und beruft sich dabei auf die spanische Lehre und Rechtsprechung -, dass man sich bezüglich der Fernwirkung zunächst fragen muss, ob das *„Beweismaterial durch die unerlaubt erlangten Beweiselemente kontaminiert ist"*[1257]. Ein Beweismittel könne als kontaminiert betrachtet werden, wenn es aus einer Quelle stammt, deren Ursprung ausschließlich in einer Verletzung von grundrechtlichen Garantien zu finden ist. Im Gegensatz dazu sei das in Frage stehende Beweismittel dann nicht kontaminiert, wenn eine „Kausaltrennung" zwischen primären und sekundären Beweiselementen festgestellt werden kann. Solch eine „Trennung" sei bei einer „unvermeidlichen Beweiserlangung" stets zu bejahen, die – wie *Chahuán* behauptet – *höchstwahrscheinlich* sein muss.[1258]

Auch *Cerda* bejaht die Unverwertbarkeit eines Beweismittels, das mit einem unzulässigen Beweis verbunden ist.[1259] Das entscheidende Kriterium für die Verwertung bzw. Nicht-Verwertung von sekundären Beweiselementen sei somit das Vorhandensein eines Kausalzusammenhangs.[1260] Die Beweiselemente, die nicht aufgrund einer Verletzung von grundrechtlichen Garantien erlangt wurden, seien unabhängig von dem begangenen Rechtsverstoß und dürften daher verwertet werden. Als weitere Ausnahmen der Fernwirkung erkennt der Autor[1261] die Doktrin der unvermeidbaren Entdeckung[1262] sowie des abgeschwächten Zusammenhangs an.[1263] Hierbei handelt es sich jeweils um Fälle – so *Cerda* -, in denen *„die Kausalverbindung zertrennt wurde"*.[1264]

In seinem Artikel über die Fernwirkung der Beweisverbote[1265] hat *Pino* – erstaunlicherweise – keine deutliche Stellung diesbezüglich eingenommen, sondern sich lediglich darauf beschränkt in seiner Untersuchung die verschiedenen Positionen zu beschreiben. Nur indirekt befürwortet der Autor eine solche Wirkung auch im chilenischen Recht, indem er Ausnahmen der Fernwirkung akzeptiert.[1266] Genau genommen erlaubt der Autor eine Verwertung von sekundären Beweiselementen dann, wenn sie in keinem direkten und konkreten Kausalzusammenhang mit einer Rechtsverletzung stehen, sowie in den Situationen, in denen ein *„heilender Wille des Beschuldigten"* (!) vorhanden ist.[1267] Allerdings verneint *Pino* die

---

1256 ders., Derecho procesal penal, S. 220 ff.
1257 Chahuan Sarras, procedimiento penal, S. 263.
1258 ders., procedimiento penal, S. 263.
1259 Cerda San Martin, Revista de la justicia penal 2010, 99 (157).
1260 ders., Revista de la justicia penal 2010, 99 (157 f.).
1261 ders., Revista de la justicia penal 2010, 99 (159 f.).
1262 ders., Revista de la justicia penal 2010, 99 (160 ff.).
1263 ders., Revista de la justicia penal 2010, 99 (162 f.).
1264 ders., Revista de la justicia penal 2010, 99 (159).
1265 Pino Reyes, GJ 2011, 26.
1266 ders., GJ 2011, 26 (34).
1267 ders., GJ 2011, 26 (34).

Berücksichtigung hypothetischer Ermittlungsverläufe als Ausnahme der Fernwirkung, weil *„die Strafverfolgungsorgane alles durch legitime Mittel hätten entdecken können. Anderenfalls würde sich eine große Tür zur Verwertung des unzulässigen Beweises öffnen."*[1268]

II. *„Oficio FN Nr. 284/2010"* des Generalstaatsanwalts

Gemäß Art. 17 a) Abs. 2 LOCMP darf der Generalstaatsanwalt allgemeine Anweisungen erlassen, die für eine *„angemessene Erfüllung der Leitungsaufgaben bei der Ermittlung, der strafrechtlichen Verfolgung und dem Schutz von Opfern und Zeugen"* notwendig sind. In Ausübung dieser Befugnisse hat der chilenische Generalstaatsanwalt in seinem *„Oficio FN Nr. 284/2010"*[1269] vom 31. Mai 2010 eine allgemeine Anweisung für die regionalen und lokalen Staatsanwälte, Rechtsberater und Hilfsanwälte der Staatsanwaltschaft bezüglich der Vorgehensweise in der APJO veröffentlicht.

Im Punkt 5.3 d) dieser Anweisung geht es um die Behandlung von Beweiselementen, die im Verstoß gegen grundrechtliche Garantien erlangt wurden (Art. 276 Abs. 3 CPP). Darin wird insbesondere das Phänomen des *„abgeleiteten Beweises"*[1270] ausführlich erläutert. Unter diesem Begriff versteht der Generalstaatsanwalt *„den Beweis, der, obwohl er mit einem unzulässigen Beweis verbunden ist, sein eigenes Wesen besitzt"*[1271]. Bezüglich der wesentlichen Frage, ob die Unzulässigkeit eines unmittelbaren Beweises auch auf sekundäre Beweiselemente übertragbar ist, antwortet der Generalstaatsanwalt in seiner Anweisung kategorisch: *„Die Generalstaatsanwaltschaft vertritt bezüglich des unzulässigen Beweises eine einschränkende These. Wenn beim sekundären Beweis die prozessualen Garantien beachtet wurden, muss dieser also in der Hauptverhandlung berücksichtigt und infolgedessen nicht in der APJO ausgeschlossen werden."*[1272]

Nach dieser kategorischen Stellungnahme weist der Generalstaatsanwalt an, dass sich im Strafverfahren die Staatsanwälte gegen einen Ausschluss von mittelbaren Beweismitteln unter Berücksichtigung von folgenden Argumenten einsetzen

---

1268 ders., GJ 2011, 26 (34).

1269 *„Instrucción General que imparte criterios de actuación sobre la audiencia de preparación del juicio oral"* (Allgemeine Anweisung zur Vorgehensweise in der APJO).

1270 Oficio FN Nr. 284/2010, S. 10.

1271 Oficio FN Nr. 284/2010, S. 10.

1272 Das „Oficio FN Nr. 284/2010" hat das alte „Oficio Nr. 167" vom 16. April 2002 „Richtlinien für die Staatsanwälte bezüglich des Ausschlusses von unzulässigen Beweisen" (*Orienta a los fiscales en el tema de la exclusión de prueba ilícita*) abgelöst. In der alten Anweisung hatte die Generalstaatsanwaltschaft ein ganz anderes Kriterium für die Behandlung der mittelbar erlangten Beweiselemente angewandt, wonach *„allgemein auch der Beweis, der von einem anderen, durch Verletzung von grundrechtlichen Garantien erlangten Beweis stammt, als unzulässig betrachtet werden muss."* Oficio Nr. 167 von 16. April 2002, S. 5.

müssen:[1273] Die Doktrin der unabhängigen Quelle, die unvermeidbare Entdeckung sowie das Prinzip des abgeschwächten Zusammenhangs. Die Staatsanwälte sind diesbezüglich verpflichtet, diese Richtlinien bei der Verneinung einer Fernwirkung anzuwenden, wenn es in der APJO um die Diskussion der Behandlung von mittelbar erlangten Beweiselementen geht.

III. Stellungnahme

Die chilenische Lehre hat sich übereinstimmend für eine grundsätzliche Anerkennung einer Fernwirkung der Ausschlussregel ausgesprochen. Als Argument für solch eine Bejahung wird vor allem das Vorhandensein eines Kausalzusammenhangs zwischen einer rechtswidrigen primären Beweiserlangung und der Erlangung von sekundären Beweiselementen aufgeführt. Außerdem wird die Vermeidung einer Umgehung der Ausschlussregel als Begründung der Fernwirkung genannt.

Als Einschränkung des Fernwirkungsgrundsatzes erkennt die herrschende Lehre im chilenischen Recht folgende drei wichtige Ausnahmen der *„fruits of the poisonous tree doctrine“* an: die Doktrin der unabhängigen Quelle, die Doktrin der Berücksichtigung hypothetischer Ermittlungsverläufe sowie die des abgeschwächten Zusammenhangs.

Das Problem der chilenischen Lehre sind eigentlich weniger die Lösungsvorschläge, die sie für die Behandlung der Beweiselemente, die mittelbar aus einer Rechtsverletzung stammen, vorbringt, sondern vielmehr die mangelnden Begründungen, die die Autoren für eine automatische Übertragung der US-amerikanischen *„fruit of the poisonous tree“*-Doktrin auf das chilenische Recht aufführen. In einem kontinentalen Rechtssystem wie dem chilenischen, wo das Strafverfahren, – anders als in den USA – kein „Parteiverfahren“ ist,[1274] scheint für die Übernahme dieser fremden Theorie unbedingt eine zusätzliche Begründung erforderlich. Das gilt vor allem für die Anerkennung der Ausnahmen der *„fruits“*-Doktrin im chilenischen Recht, die im Grunde genommen die Verwertbarkeit eines Beweismittels, obwohl dieses in einem ursächlichen Zusammenhang zu einem Verstoß gegen grundrechtliche Garantien steht, ermöglichen.

Die grundsätzliche Befürwortung einer Fernwirkung seitens der Lehre ist zu begrüßen. So wie im deutschen Recht,[1275] lässt sich auch im chilenischen Recht die prinzipielle Anerkennung einer Fernwirkung der Beweisverbote aus der normstabilisierenden Funktion der Beweisverwertungsverbote sowie der Struktur der mittelbaren Beweisergebnisse herleiten.

Diesbezüglich ist die Bejahung einer Fernwirkung eine logische Konsequenz eines festgestellten Kausalzusammenhangs zwischen einem Rechtsfehler und

---

1273 Oficio FN Nr. 284/2010, S. 10 ff.

1274 S. Kap. 2. B.

1275 S. Kap. 4. C. V. 3.

einer sekundären Beweiserlangung, ein Zusammenhang, der durch die Anwendung der *condictio-sine-qua-non*-Formel bestimmt werden muss.[1276] Die Erlangung des sekundären Beweismittels erfolgt also nicht „fehlerfrei", sondern ist von einem Verfahrensfehler abhängig. Dieser Zusammenhang rechtfertigt eine differenzierte Behandlung dieser Beweiselemente im Vergleich zu denjenigen, die keinerlei Verbindung zu einem Rechtsfehler aufweisen.

Ferner kann man festhalten, dass die grundsätzliche Anerkennung einer Fernwirkung im chilenischen Recht notwendig ist, um die Gültigkeit der in Art. 276 Abs. 3 CPP definierten Ausschlussregel sicherzustellen. Wenn man hingegen eine solche Wirkung verneinen würde, würde man die Geltung dieser Regel – und demzufolge die dadurch geschützten grundrechtlichen Garantien – in Zweifel ziehen. Und wenn man Verstöße gegen Individualrechte, die letztendlich zu einer sekundären Beweiserlangung führen, nicht prozessual sanktioniert, würde man nicht nur eine Rechtsverletzung seitens der Ermittlungsorgane tolerieren, sondern auch die Gültigkeit des gesamten Strafverfahrenssystems in Frage stellen.[1277] Nur die grundsätzliche Bejahung einer Fernwirkung ermöglicht eine Beachtung der in Art. 276 Abs. 3 CPP geregelten Ausschlussregel und gewährt dementsprechend den grundrechtlichen Garantien einen besonderen Schutz gegen Angriffe der Staatsverfolgungsorgane.

Verbindet man die hier vertretene Auffassung der Fernwirkung von Beweisverboten im chilenischen Recht mit der Gültigkeit der Ausschlussregel, muss man zunächst den Umfang und die Grenzen des Art. 276 Abs. 3 CPP in Bezug auf die Verwertbarkeit von sekundären Beweiselementen näher betrachten. Diesbezüglich könnte man argumentieren, dass die in Art. 276 CPP festgeschriebene Ausschlussregel bei den mittelbar erlangten Beweiselementen vollständig anwendbar ist. Somit wäre in dieser Norm nicht nur der Ausschluss von unmittelbar erlangten Beweismitteln geregelt, sondern auch die von mittelbaren Beweiselementen, die aufgrund eines Verstoßes gegen grundrechtliche Garantien gewonnen wurden. Wenn das der Fall wäre, wäre es allerdings – angesichts der bereits analysierten strikten Anwendung der beschriebenen Ausschlussregel[1278] – unmöglich, Ausnahmen des Fernwirkungsgrundsatzes anzuerkennen.

Diesen Schlussfolgerungen kann nicht gefolgt werden. Art. 276 Abs. 3 CPP regelt in seinem zweiten Beweisausschlussgrund ausschließlich die Behandlung von Beweiselementen, die unmittelbar unter Verstoß gegen grundrechtliche Garantien erlangt worden sind. Diese Norm enthält keinen Hinweis bezüglich des Umgangs mit Beweiselementen, die nicht *„unter Verstoß"* gegen Garantien, sondern (nur) in einer Kausalverbindung zu solchen Verstößen stehen.[1279] Die

---

1276 Ausführlich s. Kap. 6 und 7.

1277 S. Kap. 2. E. V.

1278 S. Kap. 2. G. III.

1279 In diesem Sinne auch: Armenta Deu, Ius et Praxis 2007, 345 (361); Pino Reyes, GJ 2011, 26 (32).

Handhabung der Fernwirkung der Beweisverbote im chilenischen Recht leitet sich folglich nicht *direkt* vom Wortlaut der gesetzlichen Ausschlussregel ab, sondern ergibt sich vielmehr *indirekt* aus Art. 276 Abs. 3 CPP. Aus diesem Grund ist es Aufgabe der Lehre, – wie in Deutschland auch[1280] – Umfang und Grenzen einer Theorie zur Behandlung von mittelbar erlangten Beweiselementen herauszuarbeiten, die letztendlich in der Rechtsprechung angewendet werden kann.

Wenn man keine direkte Anwendung der Ausschlussregel bei sekundären Beweismitteln anerkennt, fallen diese auch nicht in den Anwendungsbereich des Wortlauts des Art. 276 CPP. Daher ist es im chilenischen Recht bei der Frage der Verwertbarkeit sekundärer Beweiselemente (im Vergleich zur Behandlung der unmittelbaren Beweismittel[1281]) möglich, andere Interessen außerhalb der Stabilisierung von grundrechtlichen Garantien, nämlich die Stabilisierung strafrechtlicher Normen durch Strafe, zu berücksichtigen.[1282] Infolgedessen ist es im chilenischen Recht nicht nur möglich, sondern auch erforderlich, eine Ausnahmen vom Fernwirkungsgrundsatz zu akzeptieren, welche das öffentliche Interesse an einer effektiven Strafverfolgung stützen.

Genau wie im deutschen Recht[1283] basiert das Vorhandensein von Ausnahmen des Fernwirkungsgrundsatzes im chilenischen Recht auf der Struktur des mittelbaren Beweises sowie auf der Funktion der Beweisverbote.

Was die erste Begründung der Ausnahme betrifft, muss man bei der Feststellung einer Fernwirkung nicht nur die kausale Ebene des Zusammenhangs zwischen einer Rechtsverletzung und der Erlangung von mittelbaren Beweismitteln (eine Entstehungsvoraussetzung für die Fernwirkung), sondern auch die Qualität dieses Zusammenhangs durch die Betrachtung normativer Parameter, berücksichtigen.[1284]

Was die Funktion der Beweisverbote angeht, ist es im chilenischen Recht – wie bereits erwähnt[1285] – bei der Betrachtung von sekundären Beweismitteln neben dem Schutz grundrechtlicher Garantien auch denkbar, die Stabilisierung von strafrechtlichen Normen bei der Feststellung einer Fernwirkung in Betracht zu ziehen. Die Anerkennung und Wahrung dieses Interesses ermöglicht eine Einschränkung des Fernwirkungsgrundsatzes, die letztendlich zu einer gerechten Entscheidung führt.

Aus den oben genannten Gründen ergibt sich, dass auch im chilenischen Recht der fehlende Kausalzusammenhang als Entstehungsvoraussetzung, sowie die hypothetischen Ermittlungsverläufe und der Verlust an Relevanz des festgestellten Kausalzusammenhangs dank der Präsenz eines dazwischentretenden Ereignisses

1280 S. Kap. 4. C.
1281 S. Kap. 2.
1282 S. Kap. 1. B. VI.
1283 S. Kap. 4. C. V. 4.
1284 Ausführlich S. Kap. 4. C. V.
1285 S. Kap. 2. E. V.

als Ausnahmen des Fernwirkungsgrundsatzes eine wichtige Rolle bei der Bestimmung der Fernwirkung spielen.

IV. Die Kritik an der Stellungnahme der Generalstaatsanwaltschaft im „*Oficio FN Nr. 284/2010*"

Die Relevanz des „*Oficio FN Nr. 284/2010*" im chilenischen Strafjustizsystem darf nicht unterschätzt werden. Der Generalstaatsanwalt bestimmt aufgrund seiner hierarchischen Position die Leitlinien, die jede Staatsanwaltschaft bezüglich der Fernwirkungsproblematik in der alltäglichen Praxis – vor allem in der APJO – zu befolgen hat.

In der Anweisung der Generalstaatsanwaltschaft lässt sich deutlich ablesen, dass man für die Verwertung von sekundären Beweismitteln im Strafverfahren plädiert. Die Generalstaatsanwaltschaft stützt diesen Standpunkt auf zwei Argumentationslinien: Zunächst befürwortet sie eine strikte Trennung zwischen einem Beweis, der durch einen Verstoß gegen grundrechtliche Garantien erlangt wurde, und den daraus abgeleiteten Beweismitteln. Diesbezüglich verkündet die Anweisung: Wenn beim sekundären Beweis die prozessualen Garantien nicht verletzt wurden, müssen die Staatsanwälte für eine Verwertung der in Frage stehenden Beweise argumentieren. Somit will die Generalstaatsanwaltschaft – genau wie eine Minderheit in der deutschen Lehre[1286] – eine strenge Trennung zwischen einem Verfahrensfehler und der Erlangung von mittelbaren Beweiselementen hervorheben, wonach der mittelbare Beweis prozessuale Selbständigkeit genießt.

Dies ist eine irreführende Haltung, die letztendlich eine massive Missachtung von Verfassungsrechten im Strafverfahren nach sich zieht. Im Grunde genommen verkennt die Generalstaatsanwaltschaft – wie bereits im Kapitel 4. C. V. 1 dargestellt wurde -, dass die Erlangung eines sekundären Beweismittels nur *prima facie* als „makellos" angesehen werden darf. Um die Rechtmäßigkeit der sekundären Beweiserlangung richtig zu beurteilen, ist die Beweiserlangung nicht als eine autonome Ermittlungshandlung zu sehen, sondern als Bestandteil komplexer Ermittlungstätigkeiten, die miteinander verbunden sind. Wenn man den Ursprung eines Beweismittels nicht isoliert betrachtet, sondern mit Hilfe der *condictio-sine-qua-non*-Formel analysiert, lässt sich ein Zusammenhang zwischen einem Verfahrensfehler und der Erlangung vom sekundären Beweismittel feststellen, was letztendlich die vermeintliche „Sauberkeit" der Beweiserlangung widerlegt.[1287]

Als zweites Argument gegen den Ausschluss von mittelbar erlangten Beweismitteln führt der Generalstaatsanwalt die drei wichtigsten Ausnahmen der „*fruits*"-Doktrin auf, die die US-amerikanische Rechtsprechung anerkennt. Dazu muss man allerdings sagen, dass die Berufung auf solche Ausnahmen im Widerspruch zu dem erstgenannten Argument gegen eine Fernwirkung – nämlich das Nicht-Vorliegen

1286 S. Kap. 4. C. I. 4.
1287 Ausführlich Kap. 6.

eines Kausalzusammenhangs zwischen einem Rechtsfehler und der mittelbaren Beweiserlangung – steht. Wenn man Ausnahmen des Fernwirkungsgrundsatzes akzeptiert, muss man logischerweise die Existenz einer solchen Wirkung bejahen. Die genannten Ausnahmen wirken also direkt auf einen bereits geprüften und anerkannten, kausalen Zusammenhang zwischen einer Rechtsverletzung und der Erlangung von mittelbaren Beweismitteln. Wenn die Erlangung eines sekundären Beweismittels „makellos" wäre (siehe das erste Argument der Generalstaatsanwaltschaft), wäre es unnötig, Ausnahmen einer Fernwirkung anzuerkennen, die einen bestehenden ursächlichen Zusammenhang voraussetzen.

Es ist zu erwarten, dass die Generalstaatsanwaltschaft diesen Widerspruch auflösen wird und sich dann – im Einklang mit der h.M. und der einheitlichen Rechtsprechung – für eine grundsätzliche Anerkennung einer Fernwirkung der Beweisverbote ausspricht.

Kapitel 6. Der kausale Zusammenhang zwischen einer durch einen Prozessverstoß erlangten Wissensnutzung und der Erlangung von mittelbaren Beweismitteln im deutschen Recht

Die erste Prüfungsstufe bei der Bestimmung einer Fernwirkung von Beweisverwertungsverboten entspricht der Prüfung des Kausalzusammenhangs zwischen einer durch einen Prozessverstoß erlangten Wissensnutzung und der Erlangung von sekundären (mittelbaren) Beweismitteln.

Die Relevanz eines solchen Kausalzusammenhangs umfasst nicht nur die Fernwirkungsproblematik, sondern die ganze Beweisverbotslehre. Das Vorliegen eines Kausalzusammenhangs zwischen der Erlangung des Beweismittels und einem Verstoß gegen eine Beweiserhebungsregel entspricht der Existenzvoraussetzung eines unselbständigen Verwertungsverbotes. Wenn das primäre Beweismittel aus einer zulässigen Erhebungshandlung stammt, kann man nicht von einem Beweiserhebungsverstoß sprechen, durch den ein unselbständiges Beweisverwertungsverbot begründet werden kann.

Auch im Rahmen der Fernwirkungsproblematik spielt der kausale Zusammenhang eine wesentliche Rolle. Die Erlangung eines Beweismittels durch das mittels eines unverwertbaren Beweismittels verkörperte Verfahrenswissen ist eine Entstehungsvoraussetzung eines mittelbaren Beweismittels.[1288] In diesem Sinne kann man nur dann zu einem sekundären Beweisverwertungsverbot gelangen, wenn der Verstoß, der zur Erlangung eines primären, unverwertbaren Beweismittels führt, ursächlich für die Erlangung des sekundären Beweismittels war.[1289] Ist das hingegen nicht der Fall, ist die Erlangung des in Frage stehenden Beweismittels mangels ausreichender Verbindung zu einem Verfahrensfehler gestattet.

Bereits 1956 hat *Sendler*[1290] in einer der ersten zu den Beweisverwertungsverboten erschienen Monografie erläutert, dass „(...) *die Verwertung der weiteren Beweismittel* (...), *auf einer Verletzung des in § 136a StPO enthaltenen Verbots beruhen* (würde). *Das ist jedoch nicht der Fall, wenn das Beweismittel unabhängig von der fehlerhaften Aussage gefunden wird*(...)".

1288 Vgl. Reinecke, Die Fernwirkung, S. 56.

1289 Vgl. Fezer, Strafprozeßrecht, Fall 16, Rdn. 50; Reinecke, Die Fernwirkung, S. 52 ff.; Schröder, Beweisverwertungsverbote, S. 76.

1290 Sendler, Die Verwertung rechtswidrig erlangter Beweismittel, S. 49.

Diese unvermeidbare Prüfungsstufe betrifft die tatsächliche (und nicht normative) Ebene des Zusammenhangs und muss ausnahmslos in allen Fällen, in denen eine Fernwirkung von Beweisverwertungsverboten diskutiert wird, angewendet werden, unabhängig von der Schwere der zur Debatte stehenden Verfahrensfehler.[1291]

Die Rechtsprechung hat die Notwendigkeit einer Feststellung eines solchen Kausalzusammenhangs hinsichtlich der Beweisverbotsfeststellung in einigen Entscheidungen anerkannt. So geht das OLG Köln davon aus, dass alle sich aus einer Verletzung des § 7 Abs. 3 G 10 ergebenden Beweismittel, die durch weitere Ermittlungen *aufgrund* der unzulässigen TKÜ erlangt wurden, von dem Verwertungsverbot erfasst werden.[1292] In BGHSt 27, 355 (358) wurde *contrario sensu* festgestellt, dass Aussagen, die nicht auf eine Verletzung des § 100 a StPO i.V.m Art. 10 GG beruhen, einen eigenständigen Erkenntnisvorgang enthalten und dementsprechend in weiteren Verfahren benutzt werden dürfen.[1293] Zuletzt hat der BGH in BGHSt 29, 244 (252) die Existenz eines ursächlichen Zusammenhangs zwischen der Überwachung des Fernmeldeverkehrs und der Erlangung weiterer, selbständiger Beweismittel geprüft und ist dabei zur Erkenntnis gelangt, dass im konkret vorliegenden Fall eine solche Prüfung „*keine Schwierigkeiten bereitet*".

A. Die Äquivalenztheorie

Die im materiellen Strafrecht zur Feststellung des Ursachenzusammenhangs dominierende Äquivalenztheorie geht davon aus, dass jede Bedingung eines Erfolgs, die nicht hinweggedacht werden kann, ohne dass der konkrete Erfolg entfiele, kausal ist. Infolgedessen gilt jede Bedingung, ohne welche der Erfolg nicht eingetreten wäre (*condictio-sine-qua-non*) als Ursache eines strafrechtlich bedeutsamen Erfolgs.[1294]

Auch wird bei der Bestimmung von Beweisverwertungsverboten allgemein anerkannt, dass diese nur bestehen, wenn ein ursächlicher Zusammenhang zwischen einem Rechtsfehler und der Beweiserlangung vorliegt.[1295] Ebenso wie die Äquivalenztheorie es ermöglicht zu bestimmen, wann ein Ereignis mit einem bestimmten, eingetretenen Erfolg verknüpft ist oder nicht, lässt eine solche Theorie auch im Strafverfahrensrecht die Bestimmung von Ereignissen als Ursache

---

1291 Etwas Anderes geschieht bei den hypothetischen Ermittlungsverläufen, die bei besonders schwerwiegenden Verfahrensfehlern keinen Platz haben. S. Kap. 10. E. II.

1292 OLG Köln NJW 1979, 1216 (1217).

1293 S. auch: BGHSt 29, 244 (248).

1294 Vor allem: Roxin, Strafrecht AT, A § 11, Rdn. 6. BGHSt 2, 20 (24); 1, 332 (333).

1295 Vor allem LR-*Gleß* § 136 a Rdn. 70; Kelnhofer, Hypothetische Ermittlungsverläufe, S. 100; Reinecke, Die Fernwirkung, S. 52; Schröder, Beweisverwertungsverbote, S. 76 f.

einer Beweiserlangung (Erfolg) zu.[1296, 1297] In diesem Sinne scheint es angemessen, die Frage nach der Bestimmung des erforderlichen Kausalzusammenhangs auch in der Fernwirkungsproblematik durch die *condictio-sine-qua-non*-Formel zu prüfen. Diese Formel scheint ein sicheres Werkzeug zu sein, welches die Schwierigkeiten bei der Prüfung der Kausalität mindern kann.[1298]

Durch die Anwendung dieser Theorie, indem ein Verfahrensfehler durch eine gedankliche Operation hinweggedacht wird und trotzdem das mittelbare Beweismittel zum selben Zeitpunkt erlangt werden könnte, lässt sich deutlich erkennen, dass der Verfahrensfehler in keinem Kausalzusammenhang zur Erlangung eines sekundären Beweismittels steht. Folglich ist also eine derartige sekundäre Beweiserlangung rechtmäßig und das Beweismittel verwertbar.[1299] In solchen Situationen handelt es sich nicht um eine normative Zerschlagung des ursächlichen Zusammenhangs oder um eine Heilung von Verfahrensfehlern, sondern im Grunde lediglich um eine fehlende Voraussetzung für die Entstehung eines Fernwirkungsfalls. Das Beweismittel wird also nicht durch den Verfahrensfehler kontaminiert und ist deswegen kein mittelbares Beweismittel. Aufgrund des fehlenden Zusammenhangs gibt es keine Verletzung von Normen, die durch den Eintritt eines Verwertungsverbots stabilisiert werden müssten.

B. Die alternative Kausalität

Bei der Ermittlung einer Fernwirkung von Beweisverwertungsverboten ist es möglich, dass zwei unabhängig voneinander auftretende Kausalverläufe zeitlich zusammentreffen und jeder für sich allein zur Erlangung des sekundären Beweismittels führt.[1300] In solchen Fällen, die im materiellen Strafrecht unter dem Stichwort „alternative Kausalität“ behandelt werden, kann man von einer „Doppelkausalität“

1296 Vgl. Fezer, JR 1991, 85 (87); ders., JZ 1987, 937 (939); Godenzi, Private Beweisbeschaffung, S. 270; Kelnhofer, Hypothetische Ermittlungsverläufe, S. 100, Fn. 72; Knoll, Die Fernwirkungen, S. 107; Pitsch, Strafprozessuale Beweisverbote, S. 89; Schröder, Beweisverwertungsverbote, S. 77. Im U.S.-amerikanischen Recht S. Kap. 3. B. I.

1297 Nach dem neuen § 141 Abs. 4 der Schweizer StPO gilt, dass wenn *„(…) ein Beweis, der nach Absatz 2 nicht verwertet werden darf, die Erhebung eines weiteren Beweises* (ermöglicht), *so ist dieser nicht verwertbar, wenn er ohne die vorhergehende Beweiserhebung nicht möglich gewesen wäre“*. Eine Fernwirkung kommt also in Betracht, wenn der ursprüngliche unverwertbare Beweis eine *condictio-sine-qua-non* für den später aufgefundenen Beweis ist. Dazu: Wohlers, FS Wolter, S. 1193 ff.

1298 Dadurch sei die – allerdings nicht begründete – Kritik von Kleinknecht, NJW 1966, 1537 (1544), wonach die Prüfung der Kausalität *„schwierig oder gar unmöglich“* ist, unzutreffend. S. Kap. 4. C. I. 4. Vgl. Reinecke, Die Fernwirkung, S. 57 ff. Skeptisch bzgl. der Prüfung des ursächlichen Zusammenhangs, s. auch: BGHSt 32, 68 (71). Ausführlich dazu: S. Kap. 4. B. IV. 2.

1299 Vgl. Schlüchter, JR 1984, 517 (519; 522).

1300 Vgl. im materiellen Strafrecht Beulke / Satzger / Wessels, Strafrecht AT, Rdn. 222.

sprechen. Zur Prüfung des Kausalzusammenhangs im Strafverfahren muss man dann die oben dargestellte Äquivalenztheorie modifizieren und die zwei Ermittlungen, die wahrscheinlich zur Erlangung des in Frage kommenden Beweismittels geführt haben, alternativ hinwegdenken.[1301] Wenn beide Ermittlungen alternativ – aber nicht kumulativ – hinweggedacht werden können, ohne die Erlangung eines Beweismittel auszuschließen, ist jede Bedingung erfolgsursächlich für die Beweiserlangung.

In der Fernwirkungsproblematik entsteht dieses Phänomen bei zwei Ermittlungen, die hinsichtlich einer sekundären Beweiserlangung gleichzeitig kausal sind. In solchen Fällen kann es sein, dass keiner dieser alternativen Kausalverläufe mit einem Verfahrensfehler, der ein Beweisverwertungsverbot bei der primären Beweiserlangung zur Folge hat, verbunden ist. Folglich führen beide Wege zu einer „sauberen" Erlangung des mittelbaren Beweismittels: In solchen Fällen steht eine Fernwirkung von Beweisverwertungsverboten außer Frage. Wenn aber beide alternative Kausalverläufe mit einem Verfahrensfehler verbunden sind, kann man nicht von einem sauberen Weg sprechen und muss folglich eine Aufhebung des Fernwirkungsgrundsatzes verneinen. Es kann zudem sein, dass nur einer der beiden alternativen Kausalverläufe, die zur Erlangung von sekundären Beweismitteln führen, von einem primären Beweisverwertungsverbot kontaminiert ist. Wenn neben dem verbotswidrigen Weg ein anderer, gesetzmäßiger, alternativer Kausalverlauf gleichzeitig kausal für die sekundäre Beweiserlangung war, wurde das Beweismittel nicht ausschließlich aufgrund einer Rechtsverletzung erlangt. Da eine derartige Beweiserlangung auf zulässigen Ermittlungswegen stattfand, ist die Verwertung solcher Beweismittel gestattet und eine Fernwirkung der Beweisverwertungsverbote zu verneinen.[1302] Eine Fernwirkung kommt also nur dann in Betracht, wenn sie einzig und allein auf die rechtswidrige Erlangung eines unmittelbaren Beweismittels zurückzuführen ist.[1303]

C. Richtlinien für die Prüfung des Kausalzusammenhangs

Die Prüfung eines Kausalzusammenhangs ist eine unvermeidbare Aufgabe eines jeden Richters und muss in jedem konkreten Fall neu entschieden werden.[1304] Für eine solche Prüfung scheint es besonders hilfreich, die Vorgaben der

1301 Vgl. ders., Strafrecht AT, Rdn. 222.

1302 Zutreffend: Fezer, Strafprozeßrecht, Fall 16, Rdn. 50; Harris, StV 1991, 313 (319); Paulus, JuS 1988, 873 (876); Reichert-Hammer, JuS 1989, 446 (450); SK-*Rogall* § 136 a, Rdn. 116; Schlüchter, JR 1984, 517 (519); Wolter, NStZ 1984, 276 (277).

1303 Zutreffend: AK-*Gundlach* § 136 a, Rdn. 82; Ambos, Beweisverwertungsverbote, S. 149; Dencker, Verwertungsverbote, S. 80; Jäger, GA 2008, 473 (494); Reichert-Hammer, JuS 1989, 446 (450); SK-*Rogall* § 136 a, Rdn. 116 f.

1304 Zutreffend bemerkt dazu der BGH in BGHSt 29, 244 (252).

US- amerikanischen Rechtsprechung hinsichtlich der sog. *„independent source exception“* zu analysieren.[1305] Wie der Supreme Court zutreffend behauptet, kann man von einer „echten unabhängigen Quelle“ sprechen, wenn das bemängelte Beweismittel *vor* der rechtswidrigen Ermittlungshandlung erlangt wurde. Sie ist in keiner Weise auf eine primäre, rechtswidrige Handlung zurückzuführen bzw. von illegalen Vorgängen betroffen.[1306] Wenn im Vergleich dazu die Ermittlungsbehörden das in Frage stehende Beweismittel erst *nach* der rechtswidrigen Ermittlungshandlung erhalten, muss man – durch die Berufung auf persönliche Kenntnisse – prüfen, ob die Ermittlungsbeamten, die das Beweismittel erlangt haben, bereits zum Zeitpunkt der Beweiserlangung Kenntnis der rechtswidrigen Handlung hatten oder nicht. Die Kenntnis einer gesetzwidrigen Handlung nähert die Erlangung von sekundären Beweismitteln einem Rechtsfehler an, was dann wiederum ein Argument für die Bejahung eines Kausalzusammenhangs ist.

Für die Prüfung des Kausalzusammenhangs in den Situationen, in denen die Beantragung einer richterlichen Anordnung eine notwendige Voraussetzung für die Erlangung von mittelbaren Beweismitteln ist, ist die Frage nach der Rechtmäßigkeit der Begründung einer solchen richterlichen Anordnung für eine Ermittlungsmaßnahme von besonderer Relevanz. In diesem Sinne steht ein Beweismittel dann nicht im Kausalzusammenhang zu einer rechtswidrigen Handlung, wenn die richterliche Entscheidung nicht von der illegalen Ermittlungshandlung beeinflusst wird. Wenn im Gegensatz dazu sich die richterliche Anordnung auf Beweiselemente stützt, deren Erlangung auf einer rechtswidrigen Handlung beruht, stehen die so erworbenen Beweismittel im Kausalzusammenhang zur rechtswidrigen Handlung. Das ist z. B. dann der Fall, wenn bei einer illegalen Hausdurchsuchung die Polizeibeamten ein Notizbuch voller Telefonnummern von Drogenhändlern finden. Anhand dieser (illegal erworbenen) Informationen beantragt die Staatsanwaltschaft beim zuständigen Gericht eine TKÜ aller Nummern, die sich im Tagebuch befinden. Da sich die richterliche Anordnung dieser TKÜ also auf das illegal erlangte Beweismittel (Tagebuch) stützt, stehen die dadurch erlangten Beweismittel in einem Kausalzusammenhang zur illegalen Handlung.

1305 S. Kap. 3. B. II. 1.
1306 Vgl. BVerfG Entscheidung vom 8. Dezember 2005, 2BvR 1686/04, Rdn. 10.

Kapitel 7. Der Kausalzusammenhang im chilenischen Recht

Analog zur Behandlung der Kausalität im deutschen Recht[1307] ist im chilenischen Recht das Vorliegen eines ursächlichen Zusammenhangs zwischen der Erlangung eines Beweismittels und einer Verletzung von grundrechtlichen Garantien – wie die ständige Rechtsprechung der *Corte Suprema*[1308] auch bestätigt hat – eine unvermeidbare Voraussetzung für die Anwendung der in Art. 276 Abs. 3, zweiter Ausschlussgrund CPP definierten Ausschlussregel.[1309]

Die Prüfung eines ursächlichen Zusammenhangs ist auch für die Bestimmung einer Fernwirkung der Beweisverbote im chilenischen Recht unvermeidbar. Sie ist eine wesentliche Entstehungsvoraussetzung des mittelbaren Beweismittels selbst, die eine Bejahung des Fernwirkungsgrundsatzes ermöglicht.[1310] Wie bereits in Kapitel 6 ausführlich beschrieben, muss man auch im chilenischen Recht zur Feststellung einer Fernwirkung mittels der *condictio-sine-qua-non*-Formel untersuchen, ob das in Frage stehende sekundäre Beweismittel zum selben Zeitpunkt hätte erlangt werden können, wenn der Verfahrensfehler hinweggedacht wird. Ist dies nicht der Fall, steht die Normverletzung in einem kausalen Zusammenhang mit der Erlangung eines Beweiselements.

Auch die *Corte Suprema* erläutert im Urteil Nr. 14.781–15 (Cons. 8°), dass bei der Frage nach der Verwertbarkeit von mittelbar erlangten Beweiselementen wesentlich ist, ob das diskutierte Beweisstück von einem unumstritten rechtswidrigen Beweismittel abhängig oder eine Folge dessen ist. Im Urteil Nr. 21.413–14 (Cons. 8° und 9°) desselben Gerichts heißt es diesbezüglich, dass der Umfang des Beweisausschlusses im chilenischen Recht von einer kausalen Prüfung abhängig ist: Unzulässige Beweise sind all die Beweismittel, deren Erlangung in einem Kausalzusammenhang mit einer rechtswidrigen Ermittlungshandlung stehen. Ähnlich hat die *Corte Apelaciones de Antofagasta* (Urteil Nr. 184–05 Cons. 6° und Nr. 92–08, Cons. 7°) festgestellt, dass es nicht möglich ist, *„Beweise im Prozess zu verwerten, deren Ursprung in Beweisen liegt, die gesetzwidrig erlangt wurden, weil ein kausaler Zusammenhang besteht, der dies verhindert“*.

1307 S. Kap. 6.

1308 *Corte Suprema*, Urteile Nr. 21.413–14 (Cons. 8° f.); 3501–14 (Cons. 10°); 6711–12 (Cons. 8°); 2521–08 (Cons. 8° ff.).

1309 S. Kap. 2. G.

1310 S. Kap. 6 und 7. Vgl. Hernández Basualto, Exclusión de la prueba ilícita, S. 77; Zapata García, La prueba ilícita, S. 32.

A. Der fehlende Kausalzusammenhang im chilenischen Recht

Wie die chilenische h.M. zum Ausdruck bringt,[1311] kommt eine Fernwirkung nach der Lehre von der unabhängigen Quelle dann nicht zur Anwendung, wenn das in Frage stehende Beweismittel in keinem Kausalzusammenhang mit einem primären, unverwertbaren Beweismittel steht. In solchen Situationen kann man natürlich nicht von einem Fernwirkungsfall sprechen, weil das Beweismittel nicht durch einen Verfahrensfehler kontaminiert ist. Wenn also ein konkreter und spezifischer Kausalzusammenhang zwischen einer rechtswidrigen Handlung und der Erlangung von Beweismaterial ausgeschlossen ist, fehlt die Voraussetzung für das Vorliegen eines mittelbaren Beweismittels.[1312]

Diesbezüglich hat die ständige Rechtsprechung der *Corte Suprema* zutreffend das Vorhandensein einer „unabhängigen Quelle“ als Ausnahme der Fernwirkung anerkannt.[1313] Der Oberste Gerichtshof sagt dazu im Urteil Nr. 2333–10 (Cons. 7°) bezüglich der Verwertbarkeit von Beweismitteln, die nicht aus rechtswidrigen Ermittlungshandlungen abgeleitet werden können, dass es sich um die *„Lehre der unabhängigen Quelle handelt, die es dem Gericht ermöglicht, auf einem anderem als dem rechtswidrigen Weg, zu einem Urteil zu gelangen.“* Im Urteil Nr. 5435–07 (Cons. 7°) äußert sich das Gericht dahingehend, dass ein Beweismittel *„nicht als widerrechtlich ausgeschlossen werden kann, wenn es aus einer unabhängigen Quelle stammt, (...) weil in diesem Fall dieser Beweis nicht das Ergebnis eines Rechtsverstoßes ist.“* Zuletzt hat die *Corte Suprema* in einem Fall von schwerem Diebstahl – Urteil Nr. 2521–08 (Cons. 8°) – wegen eines fehlenden Kausalzusammenhangs die Behauptung des Verteidigers, dass sich das Urteil auf widerrechtlich erlangte Beweismittel stütze, mit der Begründung zurückgewiesen, dass *„keine angebliche Kontaminierung oder Rechtswidrigkeit des Beweises* (bestünde), *da er unabhängig von der* (rechtswidrigen) *Verhaftung erlangt wurde.“* Als logische Folge war das Gericht der Ansicht (Cons. 12°), dass *„alle belastenden Beweise aus einer unabhängigen Quelle, völlig unabhängig von der illegalen Festnahme“*, stammten.

Durch die Anwendung der sog. alternativen Kausalität[1314] ist auch im chilenischen Recht die Verwertung eines Beweismittels erlaubt, wenn neben dem unzulässigen Weg gleichzeitig auch ein anderer, rechtmäßiger Kausalverlauf für die

---

1311 Cerda San Martin, Revista de la justicia penal 2010, 99 (159); Díaz García, Derechos Fundamentales, S. 158 f; Hernández Basualto, Exclusión de la prueba ilícita, S. 78 ff.; Horvitz Lennon / López Masle, Derecho procesal penal, S. 220 f.; Pino Reyes, GJ 2011, 26 (34); Tavolari Oliveros, Instituciones del nuevo proceso penal, S. 141.

1312 Vgl. Hernández Basualto, Exclusión de la prueba ilícita, S. 22; 77 f.; *Corte Suprema*, Urteil Nr. 2333–10 (Cons. 6°).

1313 *Corte Suprema*, Urteile Nr. 2333–10 (Cons. 6° ff.); 1741–10 (Cons. 23°); 2521–08 (Cons. 8°); 5435–07 (Cons. 7°).

1314 S. Kap. 6. B.

Beweiserlangung ausschlaggebend war. Da in solchen Situationen das sekundäre Beweismittel nicht ausschließlich aufgrund eines Verstoßes gegen grundrechtliche Garantien erlangt wurde, kann die Beweiserlangung auf eine zulässige und nicht kontaminierte Quelle zurückgeführt werden.

B. Leitlinien für die Prüfung der Kausalität

Wie bereits erwähnt,[1315] müssen auch im chilenischen Recht für die Bestimmung, ob eine Beweiserlangung auf eine rechtswidrige Handlung zurückgeführt werden kann oder nicht, temporale Kriterien berücksichtigt werden. Demnach muss man unterscheiden, ob das sekundäre Beweismittel *vor* oder *nach* der rechtswidrigen Ermittlungshandlung erlangt wurde.[1316] Im ersten Fall kann das Beweismittel– aus zeitlichen Gründen – auf keinen Fall von den rechtswidrigen Vorgängen betroffen sein. Wenn im Gegensatz dazu das in Frage stehende Beweismittel allerdings erst *nach* der rechtswidrigen Ermittlungshandlung erhalten wurde, spielt die persönliche Kenntnis der Ermittlungsbeamten zum Zeitpunkt der Beweiserlangung für die Bestimmung eines Kausalzusammenhangs eine wesentliche Rolle.[1317]

In Übereinstimmung mit diesen Richtlinien hat der chilenische Oberste Gerichtshof im Urteil Nr. 2838–03 (Cons. 15°) festgehalten, dass die Unverwertbarkeit der Aussage eines Beschuldigten, die durch Verletzung von Grundrechten erlangt wurde, keinen Einfluss auf andere polizeiliche Handlungen hat, wenn diese *vor* der unverwertbaren Vernehmung stattgefunden hat. Diese Beweiselemente sind vollkommen verwertbar. Im Urteil Nr. 5435–07 (Cons. 7°) erläuterte die *Corte Suprema*, dass die deutlichsten Fälle einer unabhängigen Quelle diejenigen sind *„in denen die Beweise vor der rechtswidrigen Handlung erworben wurden; allerdings kann es auch möglich sein, dass sie nach der widerrechtlichen Aktion gewonnen wurden.*" Drei Jahre später hat sich dasselbe Gericht im Urteil Nr. 1741–10 (Cons. 23°) dahingehend geäußert, dass, *„wenn man bereits vor einer illegalen Handlung bestimmte Informationen oder Beweismaterial besaß, diese Beweismittel nicht auszuschließen sind, da sie nicht das Ergebnis einer Rechtswidrigkeit sind.*"Daraus schließt das Gericht, dass *„in diesem Fall ein konkreter und spezifischer kausaler Zusammenhang zwischen der rechtswidrigen Handlung und dem Beweismaterial nicht gegeben ist.*" In dieselbe Richtung geht das Gericht in einem jüngeren Urteil Nr. 14.781–15 (Cons. 9°), wenn es erläutert, dass das Erste, was verworfen werden sollte, die vermeintliche Illegalität von Beweismitteln ist, deren Ursprung in rechtmäßigen Handlungen, die vor und unabhängig von einer als illegal erklärten Vernehmung, erworben wurden. Sie seien keine Folge einer Rechtswidrigkeit oder gar davon abhängig.[1318]

1315 S. Kap. 6. C.
1316 Auch in diesem Sinne: Hernández Basualto, Exclusión de la prueba ilícita, S. 78.
1317 S. Kap. 6. C.
1318 Vgl. Correa Robles, Revista de Ciencias Penales, Sexta Época 2016, 159 (165).

Kapitel 8. Der Relevanzverlust des festgestellten Kausalzusammenhanges durch ein dazwischentretendes Ereignis im deutschen Recht

Nach der Prüfung des Kausalzusammenhanges[1319] zwischen einer durch einen Prozessverstoß erlangten Wissensnutzung und der Erlangung von mittelbaren Beweismitteln kann eine Fernwirkung der Beweisverwertungsverbote ausnahmsweise dann verneint werden, wenn gemäß spezifischer Umstände des konkreten Falls der Zusammenhang zwischen dem Rechtsfehler und der Beweiserlangung seine normative Bedeutung verliert.[1320] In diesem Sinne entfernt sich die Analyse der hier dargestellten Prüfungsstufe bei der Feststellung einer Fernwirkung von Beweisverwertungsverboten (sowie bei der Untersuchung der hypothetischen Ermittlungsverläufe[1321]) von einer rein kausalnaturalistischen Ebene – welche der Feststellung des Kausalzusammenhanges entspricht – und nähert sich einer normativen Ebene dieser Prüfung.

Der Relevanzverlust des festgestellten Kausalzusammenhanges durch ein dazwischentretendes Ereignis ist ein noch wenig erforschtes Problem in der Fernwirkungsproblematik.[1322] Er verliert dadurch jedoch nicht an Bedeutung für die Feststellung von Fernwirkungsfällen.

Die Ausnahmeregel des Relevanzverlustes kann dann in Betracht gezogen werden, wenn dank eines dazwischentretenden Ereignisses die Erlangung eines mittelbaren Beweismittels nicht mehr als mit der unrechtmäßigen Handlung verbunden angesehen werden kann.[1323] Es handelt sich also um Fälle, bei denen man von neuen, losgelösten Beweiserhebungsvorgängen sprechen kann.[1324] In diesem Sinne wird die Erlangung des sekundären Beweismittels nach dem Eintritt eines rechtmäßigen dazwischentretenden Ereignisses mit einer neuen makellosen Handlung und nicht mehr mit dem Verfahrensfehler verbunden, was einen normativen Verlust der Relevanz ihrer Verbindung mit dem vorherigen Verfahrensfehler zur

1319 S. Kap. 6.

1320 Darüber: Harris, StV 1991, 313 (319); SK-*Rogall* §136 a Rdn. 116; Schröder, Beweisverwertungsverbote, S. 77.

1321 S. Kap. 10.

1322 In diesem Sinne auch: Pitsch, Strafprozessuale Beweisverbote, S. 92; Rogall, Zur Theorie und Systematik, S. 158.

1323 Vgl. SK-*Rogall* § 136 a, Rdn. 116.

1324 Vgl. Pitsch, Strafprozessuale Beweisverbote, S. 92 f.

Folge hat. Somit wird die Erlangung des sekundären Beweismittels von seinem Makel bereinigt, mit dem Ergebnis, dass das in Frage stehende Beweismittel nicht mehr als ein rechtswidrig erlangtes angesehen werden kann und infolgedessen verwertbar ist. Eine solche Schlussfolgerung ergibt sich logischerweise als Konsequenz des hier vertretenen Prinzips, dass Verfahrensfehler in der Regel nicht zu einem endgültigen Verlust von Beweismaterial führen.[1325]

Die in diesem Kapitel analysierten, dazwischentretenden Ereignisse wirken sich nicht auf den ursächlichen Zusammenhang aus und können deswegen den bereits festgestellten Kausalzusammenhang nicht beseitigen. In diesem Sinne kann die in diesem Kapitel dargestellte Prüfungsstufe nicht als eine Unterbrechung eines bereits festgestellten Zusammenhanges wirken – wie einige Autoren behaupten[1326] -, sondern als eine normative Zerschlagung desselbigen.[1327]

Es ist wichtig festzuhalten, dass die hier analysierte Fehlerkorrektur nicht den Mangel einer ursprünglichen fehlerhaften Beweiserhebung beheben kann; sie wirkt in der Fernwirkungsproblematik nicht *retroaktiv*, sondern nur *prospektiv* bei einer neuen fehlerfreien Beweiserhebung des sekundären Beweismittels.

Entscheidend für die Feststellung einer erfolgreichen Zerschlagung des normativen Zusammenhanges durch ein dazwischentretendes Ereignis ist die Frage, ob die Verfahrensfehler auch zum Zeitpunkt der neuen Beweiserlangung weiterhin Gültigkeit besitzen: Ist dies der Fall, wirkt das Verwertungsverbot für die neue Beweiserlangung fort und das sekundäre Beweismittel ist in der Regel nicht verwertbar; für den gegenteiligen Fall bleibt das Verwertungsverbot jedoch nicht bestehen und folglich dürfen sekundär erlangte Beweismittel verwertet werden.[1328]

Die wesentliche Frage, die bei einer solchen Prüfungsstufe beantwortet werden muss, ist, inwieweit ein dazwischentretendes Ereignis bedeutet, dass die Verwertung von sekundären Beweismitteln – trotz eines feststehenden Kausalzusammenhanges mit einem Verfahrensfehler – berechtigt ist. In diesem Sinne muss man im Auge behalten, dass nicht jedem Ereignis die Gewichtigkeit zukommt, den normativen Zusammenhang zu zerschlagen, sondern nur denjenigen Ereignissen, die eine neue Beweiserlangung ermöglichen bei der die Rechtsfehler nicht mehr fortwirken. Ein neues selbständiges Ereignis kann also den ursprünglichen Zusammenhang nur zerschlagen, wenn die neue Beweiserlangung nicht mehr von einem

---

1325 S. Kap. 4. B. IV. 1. Zutreffend: Dencker, Verwertungsverbote, S. 82 f. Wie BGHSt 35, 32 (34) festhält, bedeutet die Unverwertbarkeit einer Aussage, die unter Verstoß gegen Beweiserhebungsnormen gewonnen worden ist, nicht, dass *„auch alle weiteren Aussagen der vernommenen Personen zu demselben Thema unverwertbar sind*".

1326 In diesem Sinne: Alsberg / Nüse / Dallmeyer, Beweisantrag, Rdn. 911; Dörig, NStZ 1988, 143 (143); Harris, StV 1991, 313 (319); Reichert-Hammer, JuS 1989, 446 (450); Schröder, Beweisverwertungsverbote, S. 77; Wolter, NStZ 1984, 276 (277).

1327 SK-*Rogall* § 136 a, Rdn. 116.

1328 BGHSt 37, 48 (53 f.); BGH NStZ 1995, 462; 1996, 290 (291); 2001, 551; LG Frankfurt StV 2003, 325 (326). Vgl. KMR-*Pauckstadt-Maihold* § 136 a, Rdn. 24.

solchem Verfahrensfehler beeinflusst ist, sondern ausschließlich von dem neuen Ereignis.[1329]

Der wichtigste Anwendungsbereich der normativen Zerschlagung des Zusammenhanges wegen eines dazwischentretenden Ereignisses betrifft den Personalbeweis. In dieser Gruppe spielen vor allem die Zeugen sowie der Beschuldigte (wenn er aussagt und sich dadurch selbst zum Beweismittel macht) eine wichtige Rolle. Das bedeutet allerdings nicht, dass eine solche Heilungsmöglichkeit bei sächlichen Beweismitteln nicht ebenso anwendbar ist, wie z. B. wenn aufgrund der Anwendung unzulässiger Vernehmungsmethoden der Beschuldigte eine (unverwertbare) Kopie einer Datei mit einer genauen Beschreibung eines strafrechtlichen Tatbestandes bei der Polizei abgibt. Wenn der Beschuldigte dann einige Wochen später aufgrund seiner freien Entscheidung den Ermittlungsbeamten eine neue Kopie der Datei aushändigt, wird das sächliche Beweismittel aufgrund eines dazwischentretenden Ereignisses verwertbar.

Die Zerschlagung des normativen Zusammenhangs zwischen einem Rechtsfehler und einem hierdurch erlangten sekundären Beweismittel, die dank eines dazwischentretenden tatsächlich geschehenen Ereignisses erfolgt, kann auf verschiedene Weisen eintreten.[1330] Ein solches Ereignis tritt in der Regel durch eine Heilung von Verfahrensfehlern und eine Wiederholung der Beweiserhebung auf, die von der Lehre allgemein als eine Art von Fehlerkorrektur anerkannt werden.[1331] Die Analyse der Heilung von Verfahrensfehlern und der Wiederholung der Beweiserhebung umfasst nicht ausschließlich das Problem der Fernwirkung

---

1329 In diesem Sinne hat der BGH in BGHSt 27, 355 (358) zutreffend den Einfluss eines Verwertungsverbotes bei späterer Beweiserlangung anerkannt, solange sie noch von dem Rechtsfehler beeinflusst sind: „(h)*at der Beschuldigte* (...) *einmal unter dem Eindruck eines Vorhalts* (...) (der sich nicht auf eine im § 100 a StPO erwähnte Katalogtat bezieht) auf *Tonband ausgesagt, dürfen auch spätere Aussagen, die noch von dem Vorhalt beeinflußt worden sind, nicht verwertet werden.*" Vgl. BGHSt 35, 32 (34). Auch – wie die Rechtsprechung mehrmals betont hat – wird z. B. das Verwertungsverbot des §136 a Abs. 3 S. 2 StPO auf weitere Aussagen, die der Beschuldigte in dem Verfahren später gemacht hat, ausgeweitet, sofern diese Aussagen in den Folgevernehmungen noch von der verbotenen Vernehmungsmethode beeinflusst waren. Denn es kann nicht darauf ankommen, ob in der Vernehmung selbst unzulässiger Druck ausgeübt wurde oder ob ein vorangegangener Druck weiter wirkt. Vgl. BGHSt 37, 49 (53 f.); 35, 328 (332); 27, 355 (358 f.); 22, 129 (133 f.); 17, 364 (367 ff.); BGH NStZ 2001, 551; 1996, 291; 1995, 462; 1988, 419. LG Frankfurt a.M. StV 2003, 325. LG Bad Kreuznach StV 1994, 294 f. Vgl. Rogall, FS Geppert, S. 538.

1330 Das Vorliegen einer tatsächlich Gegebenheit ist der größte Unterschied zwischen der hier analysierten Prüfungsstufe und der Berücksichtigung hypothetischer Ermittlungsverläufe (S. Kap. 10), was eine differenzierte Behandlung beider Situationen in verschiedenen Prüfungsstufen erklärt.

1331 Vgl. Dencker, Verwertungsverbote, S. 82 ff.; KMR-*Pauckstadt-Maihold* §136 a Rdn. 124; Knauth, NJW 1978, 741 (743); Rogall, FS Geppert, S. 528 ff.; Schlüchter, FS Krause, S. 494 f.; ders., Das Strafverfahren, Rdn. 4.2. Vgl. BGH NStZ 1988, 419;

der Beweisverwertungsverbote, sondern eigentlich das Problem der Korrektur von Verfahrensfehlern und deren Folgen, welche verschiedene Gebiete der Beweisverbotslehre umfassen.[1332] Bei einer solchen Fehlerkorrektur handelt es sich in der Regel entweder um ein aktives Tun der Strafverfolgungsbehörden, die durch eine gesetzmäßige Handlung den Beweis noch einmal (ordnungsgemäß) erlangen oder um die freiwillige und selbständige Handlung eines Zeugen oder des Beschuldigten, die eine Abkehr von der ursprünglich fehlerhaften Beweiserlangung ermöglicht.

Eine konkrete Regel, wonach die Erlangung eines Beweismittels unter bestimmten Umständen ausnahmslos als von einem Verfahrensfehler unabhängig betrachtet werden kann, gibt es bis heute nicht. Vielmehr muss sich der Richter bei jedem Fall nach den konkreten Umständen des Falls für oder gegen die Verwertbarkeit des Beweismittels entscheiden. Nichtdestotrotz kann man – im Rahmen der normativen Fehlerfolgenlehre – einige Parameter festlegen, die eine Zerschlagung des normativen Zusammenhanges indizieren. Für die Feststellung der konkreten Voraussetzungen der hier analysierten Prüfungsstufe ist ein Verweis auf die in Kapitel 3. B. II. 3 behandelte *„purged taint exception"* oder *„attenuated connection"* Ausnahme der *„fruits of the poisonous tree doctrine"* sinnvoll und unvermeidbar. Eine wesentliche Bedeutung genießen in diesem Sinne einige Kriterien, die der *Supreme Court*[1333] vor allem im Fall *Brown v. Illinois* für die praktische Anwendung der *„purged taint exception"* aufgelistet hat: Der Zeitunterschied zwischen der rechtswidrigen Ermittlungshandlung und dem erlangten Beweismittel, sowie das Vorhandensein von Einflussfaktoren, die einen Zusammenhang abschwächen können. Im Folgenden werden die wichtigsten Kriterien, die durch ein dazwischentretendes Ereignis den normativen Zusammenhang zerschlagen können, analysiert.

A. Der Zeitablauf

Die Auswirkung eines unzulässigen Vorhalts bei der Erlangung eines Beweismittels – z. B. einer Aussage – ist zunächst davon abhängig, welche Zeitspanne zwischen dem Vorhalt und der Beweiserlangung liegt.[1334] In diesem Sinne ist die Wirkung und der Einfluss der rechtswidrigen Handlung auf die Beweiserlangung geringer, je größer der Zeitabstand ist.

BGHSt 22, 129 (135 f.). OLG Köln NJW 1979, 1217 f. LG Frankfurt a.M. StV 2003, 325 (326).

1332 Ihr größter Anwendungsbereich stellt die Frage nach der Fortwirkung von Beweisverboten dar (S. Kap. 4. A. III), wobei die Korrektur von Verfahrensfehlern durch ein von einer fehlerhaften Beweiserlangung unabhängiges Ereignis eine große Bedeutung hat.

1333 S. Kap. 3. B. II. 3.

1334 Dörig, NStZ 1988, 143 (143). Kritik: Neuhaus, NStZ 1997, 312 (314).

Die deutsche Rechtsprechung hat den Einfluss des Zeitablaufes bei der Feststellung von Beweisverwertungsverboten anerkannt.[1335] Der BGH hat in seinen Urteilen BGHSt 27, 355 (358) und BGHSt 35, 32 (34) Folgendes festgehalten: Zwar dürfen Aussagen des Beschuldigten, die unmittelbar nach dem Vorhalt von Tonbandaufnahmen, deren Erlangung nicht zu einer § 100 a StPO aufgeführten Katalogtat gehört, nicht verwertet werden. Jedoch soll eine spätere Aussage des Beschuldigten in der Regel wieder verwertbar sein, wenn sich der Tonbandvorhalt nicht mehr direkt auf diese auswirkt, etwa weil längere Zeit verstrichen ist oder die unverwertbaren Aufnahmen nicht mehr vorgehalten wurden. Ferner kommt nach Ansicht des LG Frankfurt a.M. bei einem Verstoß gegen § 136 a StPO die Annahme einer Fortwirkung im Allgemeinen umso weniger in Betracht, je länger die wegen eines Verstoßes gegen § 136 a StPO unverwertbare, frühere Aussage zurückliegt.[1336]

Der bloße Zeitablauf als dazwischentretendes Ereignis – unabhängig von der konkreten Dauer – reicht allerdings nicht als alleiniges Kriterium für eine Auflösung des normativen Zusammenhanges aus.[1337] Größer als die (gewisse) Zeitspanne wird der Einfluss gewichtet, den ein Rechtsverstoß bei der Beweiserlangung noch hat. Die Zeitspanne wirkt nur als Indiz, dass der Einfluss eines Verfahrensfehlers bei der neuen Beweiserlangung gemildert wurde, nicht aber als voller Beweis für eine solche Milderung. Zur Feststellung eines fehlenden normativen Zusammenhangs bei der Beweiserlangung muss also der Zeitverlauf in allen Situationen zusätzlich mit anderen Elementen ergänzt werden.

B. Die freiwillige und nicht mehr vom Verfahrensfehler beeinflusste Handlung des Zeugen bzw. des Beschuldigten

Für die Feststellung der Verwertbarkeit der (neuen) Aussage eines Zeugen oder Beschuldigten, die in einem ursächlichen Zusammenhang zu einem Normverstoß steht, spielt die Freiwilligkeit dieser Aussage eine wesentliche Rolle. Eine solche Freiwilligkeit zeigt sich in der Regel in einem deutlichen Kontrast zur ursprünglichen Erlangung oder dem Versuch der Erlangung desselben Beweismittels, welche unter Einfluss einer illegalen Ermittlungshandlung stattgefunden hat.

Beruht die neue Erlangung des mittelbaren Beweismittels tatsächlich auf einer freien und selbstverantwortlichen Handlung des Beschuldigten bzw. eines Dritten,

---

1335 Vgl. BGHSt 17, 364 (368); 27, 355 (358 f.); 35, 32 (34); BGH NStZ 1995, 462; 1996, 291; 2001, 551; OLG Hamm NStZ-RR 2009, 283 (285); LG Aachen NJW 1978, 2256 (2257).

1336 LG Frankfurt a.M. StV 2003, 325 (326).

1337 Zutreffend: Wolter, NStZ 1984, 276 (277). Vgl. BGHSt 35, 32 (34); LG Bad Kreuznach StV 1994, 295. Obwohl im BGHSt 35, 32 (34) ca. eine Woche zwischen Geständnis und Vorhalt lag, ist diese Zeitspanne nicht entscheidend für den BGH, um einen Zusammenhang zwischen Vorhalt und Geständnis zu eliminieren.

kann man den normativen Zusammenhang als zerschlagen betrachten.[1338] Damit wird der Verfahrensfehler nicht mehr als für die Erlangung des sekundären Beweismittels entscheidend angesehen, sondern lediglich die neue, makellose Handlung.

In den meisten Situationen – aber nicht absolut und unbedingt[1339] – geschieht eine freiwillige Handlung der vermittelnden Person durch eine rechtmäßige Wiederholung einer ursprünglichen fehlerhaften Beweiserhebung. Eine bloße Wiederholung der Beweiserlangung unter denselben Umständen, die zur Unverwertbarkeit des sekundären Beweismittels geführt haben, kann *für sich allein* allerdings einen Verfahrensverstoß nicht heilen. Entscheidend für die Verwertbarkeit des Beweismittels sind dann nicht die bloße Wiederholung der Erhebung, sondern im Grunde die (neuen) Umstände, die eine solche zweite Beweiserhebung umfassen und die eine Differenzierung der neuen Beweiserlangung von der fehlerhaften ursprünglichen Beweiserhebung ermöglichen.

Die rechtmäßige Wiederholung einer Beweiserlangung durch eine freiwillige und nicht mehr vom Verfahrensfehler beeinflusste Handlung des Zeugen bzw. des Beschuldigten kann aber in bestimmten Situationen aus faktischen Gründen nicht mehr möglich sein. Dies ist u.a. dann der Fall, wenn – trotz des Willens des Beschuldigten zur Untersuchung beizutragen – das Beweismittel seine besondere Qualität nach einem Zeitablauf verloren hat (z. B. die Entnahme einer Blutprobe im Fall von Alkohol am Steuer), oder freilich, wenn das Beweismittel nicht mehr für eine neue Erhebung zur Verfügung steht (z. B. wenn die Blutspuren oder Fingerabdrücke am Tatort nach einigen Wochen verschwunden sind).

Um einen Verfahrensfehler bei der Beweiserlangung zu heilen, muss die Vernehmung des Zeugen bzw. Beschuldigten freiwillig und vollkommen frei von Umständen sein, die die Unverwertbarkeit der ursprünglichen (tatsächlichen oder versuchten) Erlangung motiviert haben. Eine solche „Reinheit" der neuen Beweiserlangung äußert sich in bestimmten Indizien, die auf eine freiwillige und nicht mehr vom Verfahrensfehler beeinflusste Handlung hindeuten. Eine Gemeinsamkeit solcher Indizien ist die Präsenz einer freiwilligen Einstellung des Zeugen bzw. des Beschuldigten bei seiner Vernehmung. Wie bei der Untersuchung des *„purguet taint exception"* analysiert wurde,[1340] ist die Vernehmung eines Zeugen oder Beschuldigten, der aufgrund einer illegalen Suche ausfindig gemacht wurde im

---

1338 Vgl. Jäger, GA 2008, 473 (294); ders., Beweisverwertung und Beweisverwertungsverbote, S. 228; Knauth, NJW 1978, 741 (743); Wolter, NStZ 1984, 276(277).

1339 Wenn z. B. ein durch einen bei einem Prozessverstoß erlangte Wissensnutzung entdeckter Beschuldigter trotzt eines Verstoßes gegen § 136 a StPO eine Vernehmung verweigert, ist die spätere freiwillige Aussage die erste Erlangung einer solchen Aussage. Im Vergleich dazu, wenn derselbe Beschuldigte ein erstes Geständnis aufgrund der Anwendung unzulässiger Vernehmungsmethoden abgelegt hat, ist das neue freiwillige Geständnis eine ordnungsgemäße Wiederholung des rechtswidrig erlangten Beweismittels.

1340 S. Kap. 3. B. II. 3.

Prinzip verwertbar, wenn er sich zu Beginn völlig unkooperativ zeigte, später aber seine Haltung ändert und die nötigen Informationen freiwillig liefert. Außerdem kann die Aussage des Zeugen bzw. des Angeklagten dann als freiwillig betrachtet werden, wenn er aus freien Stücken zur Polizei kommt, und wenn die Vernehmung des Zeugen bzw. des Angeklagten generell auf einen freien Willen bzw. auf eigene Initiative zurückgeführt werden kann.[1341] Wenn der Beschuldigte außerdem auf eigenen Wunsch hin – also ohne Ladung – bei Gericht bzw. bei der Polizei oder der Staatanwaltschaft erscheint, um ein Geständnis abzulegen, ist auch dieser Umstand ein wichtiges Indiz bei der Feststellung der Freiwilligkeit seines Geständnisses. Ferner kann man – im Einklang mit der Rechtsprechung des BGH[1342] – von einer Zerschlagung der Verbindung seiner Aussage zu einem Verfahrensfehler sprechen, wenn der Beschuldigte sich bei einer neuen Vernehmung etwas *„von der Seele“* redet. Dasselbe ergibt sich in zwei weiteren Fällen: Zum einen dann, wenn der Angeklagte im Prozess etwas zum ersten Mal preisgibt, das nur mit einer erneuter Einlassung bekannt hätte werden können und zum anderen dann, wenn der Beschuldigte die Absicht erklärt – unabhängig vom vorherigen Verlauf des Verfahrens – ein Geständnis abzulegen[1343]. Ein solches Geständnis kann von den kausal verknüpften Verfahrensfehlern differenziert werden.

Ausnahmsweise haben die Rechtsprechung und die Lehre in den Fällen, in denen es bei der Vernehmung eines Beschuldigten oder Zeugen zu einer Verletzung einer Belehrungspflicht nach §§ 136 Abs. 1 S. 2 und 243 Abs. 4 S. 1 StPO oder eines Zeugen gemäß §§ 52 Abs. 3 S. 1 und 55 Abs. 2 StPO gekommen ist und dieser Verstoß zu einem Verwertungsverbot geführt hat, eine sog. „qualifizierte Belehrung“[1344] als spezielles Erfordernis erachtet, um die Äußerungsfreiheit der Beweisperson bei der neuen Aussage zu sichern.[1345]

Bei der qualifizierten Belehrung muss die betreffende Aussageperson nicht nur darauf hingewiesen werden, dass es ihr „nach dem Gesetz freistehe, sich zu der Beschuldigung zu äußern oder nicht zur Sache auszusagen“ sondern auch, dass „die in rechtsfehlerhafter Weise zustande gekommene frühere Aussage unverwertbar ist und auch bei nunmehrigem Schweigen des Beschuldigten unverwertbar bleibt“.

1341 S. Kap. 3. B. II. 3.

1342 BGHSt 35, 32 (35).

1343 Rogall, FS Geppert, S. 541.

1344 Eine ausführliche Darstellung der Fehlerkonstellationen, in denen die qualifizierte Belehrung erforderlich ist, findet sich in Geppert, GS Meyer, S. 101 ff.

1345 Zur qualifizierten Belehrung s. Beulke, Strafprozessrecht, Rdn. 119; Geppert, GS Meyer, S. 93 ff.; Gless / Wennekers, JR 2009, 383 (383 ff.); LR-*Gleß*, §136 a Rdn. 174; Grünwald, JZ 1968, 752 (753); Hinderer, JA 2012, 115 (118 f.); Hoven, JA 2013, 368 (372); Jahn, Gutachten, C 91 f.; Meyer-Goßner / Schmitt, Strafprozessordnung, § 136 a Rdn. 139; Paul, NStZ 2013, 489 (496); SK-*Rogall* §136 a Rdn. 164 ff; Rogall, FS Geppert, S. 519 ff.; Roxin, HRRS 2009, 186 (186 ff.); ders., JR 2008, 16 (18 f.); Schünemann, MDR 1969, 101 (102); Weigend, StV 2003, 436 (438 f.).

Eine qualifizierte Belehrung ist dann erforderlich, wenn die fehlende Kenntnis der Unverwertbarkeit der früheren Aussage zur Annahme des Angeklagten führt, dass eine Rücknahme bereits getätigter Aussagen nicht möglich ist, was sein Verhalten bei einer neuen Aussage beeinflussen kann.[1346] Das Ziel einer qualifizierten Belehrung ist das fehlerfreie Wiederholen der früheren Beweiserhebung und nicht mehr die Verwertbarkeit der ursprünglichen Aussage oder der daraus resultierenden Beweise.[1347]

Der Angeklagte erlangt somit durch die qualifizierte Belehrung eine ausreichende Vorstellung darüber, welche Bedeutung das jeweilige Weigerungsrecht hat. Nur dadurch kann sichergestellt werden, dass eine Fortwirkung der Verfahrensfehler bzw. die durch die erste Vernehmung verursachte Willensbeeinträchtigung nicht mehr besteht.[1348] Eine solche qualifizierte Belehrung ist allerdings nur dann erforderlich, wenn der ursprüngliche Belehrungsverstoß fortwirkt, sodass sich der Angeklagte aufgrund der fehlenden Kenntnis bezüglich der Rechtslage nicht entscheiden kann, zu schweigen oder zu sprechen.[1349]

Generell wurde von der Rechtsprechung anerkannt, dass eine qualifizierte Belehrung bei Verstößen gegen die Belehrungspflicht nach § 136 Abs. 1 Satz 2 StPO notwendig ist[1350], nicht aber bei Verstößen gegen § 136 a StPO, wo in der Regel – laut Rechtsprechung – ein solcher Verstoß nur die davon betroffene Aussage unverwertbar macht, nicht aber spätere Aussagen, bei welchen kein unzulässiger Druck mehr ausgeübt wurde.[1351]

Allgemein sollte eine qualifizierte Belehrung eine Voraussetzung für die Verwertbarkeit späterer Aussagen sein, wenn eine zuvor getätigte Aussage nicht nur aus Vernehmungen, bei denen die Belehrungspflicht verletzt wurde, sondern aus

---

1346 Vgl. SK-*Rogall* § 136, Rdn. 64.

1347 Rogall, FS Geppert, S. 538, Fn. 122.

1348 Vgl. Schlüchter, Das Strafverfahren, Rdn. 99.

1349 Nicht erforderlich ist ausnahmsweise eine qualifizierte Belehrung, wenn der Verstoß nicht fortwirkt, also wenn der Beschuldigte die Unverwertbarkeit seiner früheren Aussage kennt oder er anscheinend davon ausgeht, dass er an seine Aussage nicht gebunden ist und jederzeit von ihr abrücken kann. Vgl. SK-*Rogall* § 136, Rdn. 66; Roxin, HRRS 2009, 186 (187); OLG Hamm NStZ-RR 2009, 283 (285).

1350 Vgl. neuerdings BGHSt 53, 112 (115): *„Allerdings hätte der Angeklagte C. – was nicht erfolgt ist – bei Beginn der Beschuldigtenvernehmung zusammen mit der Belehrung nach § 136 a Abs. 1 Satz 2 StPO darauf hingewiesen werden müssen, dass wegen der bisher unterbliebenen Belehrung als Beschuldigter die vorangehende Zeugenaussage unverwertbar sei*". S. auch: BGHSt 51, 367 (376); BGH StV 2007, 452. OLG Hamm NStZ-RR 2009, 285 f. LG Bamberg NStZ-RR 2006, 311. LG Frankfurt a.M. StV 2003, 325 (326); LG Dortmund NStZ 1997, 356 (356 f.). AG München StV 2001, 501. Verneint in: BGHSt 22, 129 ff.

1351 BGH NStZ 2001, 551; 1988, 419; BGHSt 35, 328 (332); 27, 355 (358 f.); 22, 129 (133 f.). A.a. LG Frankfurt a.M. StV 2003, 325. LG Bad Kreuznach StV 1994, 294 f. S. auch: BGHSt 53, 112 (116); BGH NStZ 1996, 291.

einem Verfahrensverstoß resultierte.[1352] Da Verletzungen gegen § 136 a StPO auch bei späteren Vernehmungen fortwirken können, scheint das Erfordernis einer qualifizierten Belehrung in diesen Fällen besonders angemessen.[1353] Nur durch eine qualifizierte Belehrung kann man in solchen Fällen sichergehen, dass die verwendete verbotene Vernehmungsmethode bei der neuen Aussage nicht mehr fortwirkt.

Obwohl der BGH in BGHSt 53, 112 ff. bei unterbliebener qualifizierter Belehrung kein generelles Beweisverwertungsverbot anerkannt hat, sondern diese Unterlassung in die Interessenabwägung des Einzelfalls eingegliedert hat,[1354] soll die Unterlassung einer solchen qualifizierten Belehrung – nach zutreffender Ansicht eines großen Teils der Lehre[1355] – in allen Fällen zur Unverwertbarkeit der neuen Vernehmung führen.

C. Die Bedeutung des Verfahrensverstoßes für das rechtlich geschützte Interesse des Betroffenen

Ein wichtiger Faktor bei der Prüfung der normativen Zerschlagung des festgestellten Kausalzusammenhanges durch ein dazwischentretendes Ereignis, ist die Bedeutung des Verfahrensverstoßes für das rechtlich geschützte Interesse des Betroffenen. Dieser normative Parameter für die Bestimmung von Beweisverwertungsverboten[1356] spielt bei der Prüfung der Freiwilligkeit der Entscheidung des Beschuldigten oder Zeugen, bei der Untersuchung zu kooperieren, eine wesentliche Rolle.

Bei besonders schwerwiegenden Eingriffen in den Kernbereich eines Grundrechts ist es fraglich, ob der Beschuldigte freiwillig und ohne fortwirkenden Einfluss der Rechtsverletzung mit den Ermittlungsorganen kooperiert. In diesem Sinne verursacht der Eintritt eines schwerwiegenden Verfahrensverstoßes einen hohen Einfluss der Rechtsfehler bei neuen Beweiserhebungen, was ein Indiz der Fortwirkung solcher Verfahrensfehler ist. Solche schwerwiegenden Verstöße rechtlich geschützter Interessen des Betroffenen nähren folglich die Unverwertbarkeit der neuen Erlangung eines Beweismittels und verringern die Möglichkeiten einer

1352 Zutreffend: Beulke, Strafprozessrecht, Rdn. 119.

1353 In diesem Sinne: Neuhaus, NStZ 1997, 312 (314 f.); Roxin, HRRS 2009, 186 (186); Weigend, StV 2003, 436 (438 f.). In der Rechtsprechung: LG Frankfurt a.M. StV 2003, 325; LG Bad Kreuznach StV 1994, 294.

1354 Auch in diesem Sinne: OLG Hamm NStZ-RR 2009, 286. Vgl. Hinderer, JA 2012, 115 (119); Hoven, JA 2013, 368 (372).

1355 In diesem Sinne auch: Beulke, Strafprozessrecht, Rdn. 119; Grünwald, JZ 1968, 752 (754); Neuhaus, NStZ 1997, 312 (315); SK-*Rogall* §136 a Rdn. 187; Roxin, HRRS 2009, 186 (186 ff.); ders., JR 2008, 16 (18); Schünemann, MDR 1969, 101 (102). In der Rechtsprechung: LG Bamberg NStZ-RR 2006, 311; LG Dortmund NStZ 1997, 356 (358); LG Bad Kreuznach StV 1994, 294; AG München StV 2001, 501.

1356 S. Kap. 1. F. X.

Heilung von Verfahrensfehlern.[1357] Im Gegensatz dazu ist die Fortwirkung eines Verfahrensfehlers tendenziell zu verneinen, je weniger schwerwiegend die Beeinträchtigung der Willensfreiheit war.[1358]

1357 Vgl. LG Frankfurt a.M. StV 2003, 325 (326).
1358 LG Frankfurt StV 2003, 325 (326). Vgl. HK-*Ahlbrecht* § 136 a, Rdn. 52.

Kapitel 9. Der Relevanzverlust des festgestellten Kausalzusammenhangs durch ein dazwischentretendes Ereignis im chilenischen Recht

Allgemeine Akzeptanz genießt in der chilenischen Lehre die sog. *„purgued taint exeption“* als Ausnahme der Fernwirkung des Beweisausschlusses und zwar vor allem bei der Verwertbarkeit von persönlichen Beweismitteln.[1359] In diesem Sinne befürwortet *Pino* die Verwertung von sekundären Beweiselementen in den Fällen, in denen ein *„heilender Wille“* des Täters vorliegt.[1360] Laut *Hernández* ist eine solche Heilung bei Aussagen, die ursprünglich durch eine Verletzung von grundrechtlichen Garantien erlangt wurden, gerecht und angemessen und muss daher aufgenommen werden.

Durch ein dazwischentretendes Ereignis ist es auch im chilenischen Recht möglich, die Erlangung eines sekundären Beweismittels von seinem „Makel“ zu befreien. Die logische Folge davon ist, dass die Verwertung des fragwürdigen Beweismittels nicht mehr als rechtswidrig angesehen werden kann und folglich verwertbar ist.[1361] Das gilt – wie bereits erwähnt[1362] – nicht nur für persönliche, sondern auch (wo es möglich ist) für sächliche Beweismittel.

Wesentlich für die Zerschlagung des ursprünglichen Zusammenhangs ist,[1363] dass die Beweiserlangung nicht mehr von dem Verfahrensfehler beeinflusst ist, sondern allein von dem neuen makellosen Ereignis. Entscheidende Kriterien für den Eintritt eines dazwischentretenden Ereignisses sind auch im chilenischen Recht: der Zeitverlauf, eine freiwillige und nicht mehr vom Verfahrensfehler beeinflusste Handlung des Zeugen bzw. des Beschuldigten sowie die Bedeutung des Verfahrensverstoßes für das rechtlich geschützte Interesse des Betroffenen.[1364]

Die *Corte Suprema* hat eine solche Ausnahme grundsätzlich anerkannt.[1365] Allerdings sind ihre Voraussetzungen, Grenzen und praktische Anwendung in der

1359 Hernández Basualto, Exclusión de la prueba ilícita, S. 85; Horvitz Lennon / López Masle, Derecho procesal penal, S. 222 f.; Pino Reyes, GJ 2011, 26 (34).
1360 ders., GJ 2011, 26 (34).
1361 Im deutschen Recht S. Kap. 8.
1362 S. Kap. 8.
1363 Im deutschen Recht S. Kap. 8.
1364 Ausführlich Kap. 8. A.; 8. B. und 8. C.
1365 Urteile Nr. 1741–10; 2095–11; 11.482–13.

Rechtsprechung umstrittenen und lassen sich nicht einfach aus den Urteilen, die zusätzliche Argumente für die Bejahung dieser Ausnahme anführen, ableiten.

Merkwürdig ist in diesem Kontext die Anerkennung dieser Ausnahme durch die *Corte Suprema* im Urteil Nr. 2095–11. In dieser Entscheidung lehnt der Oberste Gerichtshof die These des Verteidigers ab, wonach alle Aussagen des Angeklagten, die ohne Anwesenheit seines Anwalts gemacht wurden, nicht verwertbar seien. Das Gericht stellte fest (Cons. 33), dass im chilenischen Strafverfahren (mit Ausnahme der Minderjährigen gemäß Art. 31 Gesetz Nr. 20.084) die freiwillige und spontane Aussage des Beschuldigten, die ohne Zwang und in Kenntnis seiner Rechte gemacht wurde, immer verwertbar ist, egal ob der Verteidiger anwesend ist oder nicht.

Auch wenn im vorliegenden Fall die Aussagen des Beschuldigten (aus den oben genannten Gründen) ohne die Anwesenheit seines Anwalts grundsätzlich verwertbar waren, sei in diesem Fall – so das Gericht (Cons. 35), um die Verwertbarkeit des Beweismittels zu bekräftigen – auch das *„Prinzip des abgeschwächten Zusammenhangs"* anwendbar. Nach Ansicht des Gerichts ermöglicht eine solche Ausnahme *„die Verwertung von illegal erlangten Beweisen, weil z. B. eine freiwillige Handlung solche Fehler reinigt. Damit ist der präventive oder abschreckende Zweck der Ausschlussregel aus dem Weg geräumt."* Die freiwillige Handlung wäre – gemäß der Ausführungen des Gerichts – die letzte Vernehmung des Beschuldigten, wo er nach einem Gespräch mit seinem Anwalt seine frühere Aussage bestätigt hat. Sie wurde *„aufgrund der Anwesenheit des Verteidigers zweifellos freiwillig abgegeben. Die Bestätigung der vorherigen Aussagen nach Beratung durch den Verteidiger ist sicherlich geeignet und ausreichend, um die angeblichen Unregelmäßigkeiten der vorangegangenen Aussagen zu bereinigen."*

In einem ähnlichen Sinne hat die *Corte Suprema* im Urteil Nr. 11.482–13[1366] eine Heilung der illegalen Beweise durch ein dazwischentretendes Ereignis als Ausnahme des Beweisausschlusses unter umstrittenen Umständen anerkannt. Konkret handelte es sich hier um einen Beschuldigten, der 8 Stunden nach der ersten illegalen Vernehmung (die ohne Belehrung erfolgte) – und der daraus folgenden Entdeckung der Leiche – eine neue Aussage machte. Im Vergleich zur ersten Vernehmung wurde die neue Aussage nach einer ordnungsgemäßen Belehrung aufgenommen und freiwillig gemacht. Infolgedessen hat die *Corte Suprema* entschieden (Cons. 6°), dass die Ausnahme des abgeschwächten Zusammenhangs vorliegt. Um den ursprünglichen Rechtsfehler zu heilen (Cons. 6°), genügte dem Obersten Gerichtshof, dass der Angeklagte in seiner zweiten Vernehmung über seine Rechte informiert wurde und freiwillig (auch ohne Anwesenheit des Verteidigers) ausgesagt hatte.

In diesem Fall ist es aber hochumstritten, ob zum Zeitpunkt der neuen Beweiserlangung der Verfahrensfehler nicht fortwirkt. Der Angeklagte hatte seine zweite Aussage erst nach 8 Stunden auf einer Polizeiwache, ohne Anwesenheit eines

1366 Anm. Schürmann, Revista de Ciencias Penales, Sexta Época 2014, 197.

Anwalts, ohne gegessen oder geschlafen zu haben und ohne jede Kenntnis bezüglich der Unverwertbarkeit seiner ersten Aussage, gemacht. Eine Aussage unter solchen Umständen beeinträchtigt und verhindert die Aussagefreiheit und dadurch die freie Wahl, überhaupt auszusagen, und kann nicht als Heilung einer früheren unverwertbaren Aussage angesehen werden.

Die oben genannten Urteile lassen Zweifel aufkommen, und zeigen bezüglich der realen Freiwilligkeit einer neuen Aussage die Notwendigkeit im chilenischen Recht auf – im Einklang mit der überwiegenden Lehre und Rechtsprechung in Deutschland[1367] -, eine qualifizierte Belehrung bei allen späteren Aussagen zu verlangen, wenn eine zuvor getätigte Aussage aus einem Verfahrensverstoß resultierte. Nur dadurch kann man sicherstellen, dass es sich bei der neuen Vernehmung um eine freiwillige und nicht mehr vom Verfahrensfehler beeinflusste Handlung des Angeklagten handelt und somit bei der neuen Beweiserlangung der Verfahrensfehler nicht mehr fortwirkt.

A. Die Voraussetzungen des *„Oficio FN Nr. 284/2010"* für die Feststellung eines abgeschwächten Zusammenhangs

In seinem „Oficio FN Nr. 284/2010" hat der Generalstaatsanwalt – in Übereinstimmung mit *Tavolari*[1368] – die Kriterien, die einen abgeschwächten Zusammenhang indizieren, zusammengestellt. Wichtige Kriterien für die Anerkennung dieser Ausnahme sind:

(1) die zeitliche Nähe, wonach der Ausschluss umso unwahrscheinlicher ist, je länger der Abstand zwischen dem Rechtsverstoß und der Erlangung des in Frage stehenden Beweises ist,
(2) die Länge der Kausalkette, wonach die Zulassung eines solchen Beweises umso wahrscheinlicher ist, je größer die Zeitspanne zwischen dem Eintritt des ursprünglichen Verstoßes und der Erlangung des fraglichen Beweises ist,
(3) das Vorliegen einer freiwilligen Handlung des vom Rechtsverstoß Betroffenen und
(4) die gerade erst begangene Gesetzwidrigkeit, wonach eine Kontaminierung der abgeleiteten Beweiselemente umso wahrscheinlicher ist, je offenkundiger und eindeutiger die Verletzung eines Grundrechts bei der Erlangung des primären Beweismittels ist, und umgekehrt umso unwahrscheinlicher der Ausschluss, je schwächer eine solche Verletzung ist.

1367 S. Kap. 8.B.

1368 Diese Kriterien wurden wahrscheinlich von Tavolari Oliveros, Instituciones del nuevo proceso penal, S. 142 ff. übernommen.

Die Meinung des Generalstaatsanwalts stimmt mit den hier vertretenen Kriterien überein, die die Anwendung dieser Ausnahme illustrieren.[1369] Umstritten erscheint allerdings der zweite Umstand, wonach die Länge der Kausalkette eigentlich keinen Einfluss auf den Verlust der Relevanz des festgestellten Kausalzusammenhanges hat. All die Beweiserlangungen, die in einem Kausalzusammenhang mit einem ursprünglichen Verfahrensfehler stehen, müssen identisch behandelt werden, unabhängig vom Zeitpunkt der Rechtsverletzung. Relevant ist also nicht der Zeitpunkt, sondern – wie bereits im Kapitel 8. erwähnt – der Eintritt von besonderen Faktoren, durch die die Erlangung eines mittelbaren Beweismittels als nicht mehr in Verbindung mit der unrechtmäßigen Handlung angesehen werden kann.

1369 S. Kap. 8.

Kapitel 10. Die hypothetischen Ermittlungsverläufe im deutschen Recht

A. Darstellung des Problems

Die Frage der Rolle von hypothetischen Ermittlungsverläufen in Strafverfahren ist ein viel diskutiertes Problem der Strafprozessrechtsdogmatik.[1370] Terminologisch werden in diesem Zusammenhang verschiedene Begriffe wie „hypothetischer Kausalverlauf"; „hypothetischer Ermittlungsverlauf"; „Hypothese rechtmäßiger Beweiserlangung" oder „Verlaufshypothese" verwendet, die alle das gleiche Phänomen beschreiben. Es handelt sich um eine Gedankenoperation bei der Ermittlung eines Verwertungsverbots, auf deren Grundlage ein rechtswidrig beschafftes Beweismittel grundsätzlich berücksichtigt wird, wenn eine rechtmäßige Beweiserlangung möglich gewesen wäre.[1371]

Im Strafverfahrensrecht ist die Berücksichtigung von hypothetischen Ermittlungsverläufen bei verschiedenen Konstellationen von großer Bedeutung. Sie dienen zunächst der Beantwortung der wesentlichen Frage, ob ein rechtswidrig erlangtes Beweismittel, das prinzipiell nach Anwendung der normativen Parameter einem Beweisverwertungsverbot unterliegt,[1372] ausnahmsweise verwertbar ist, wenn es rechtmäßig hätte erlangt werden können. [1373] Außerdem spielen

---

1370 Ausführlich dazu insbesondere u.a. Beulke, ZStW 103 (1991), 657 (passim); Godenzi, Private Beweisbeschaffung, S. 241 ff.; Jahn / Dallmeyer, NStZ 2005, 297 (passim); Kelnhofer, Hypothetische Ermittlungsverläufe, passim; Pelz, Beweisverwertungsverbote, passim; Rogall, NStZ 1988, 385 (385 ff.); Schröder, Beweisverwertungsverbote, passim; Wohlers, FS Fezer, S. 311 ff.

1371 Vgl. Godenzi, Private Beweisbeschaffung, S. 243.

1372 S. Kap. 1. F. X.

1373 Dazu: Beulke, JURA 2008, 653 (661); ders., ZStW 103 (1991), 657 (668 ff.); Eisenberg, Beweisrecht, Rdn. 409 f.; Engländer / Volk, StPO, § 28, Rdn. 14; Fezer, NStZ 2003, 625 (629 f.); Grünwald, Beweisrecht, S. 161 f.; ders., JZ 1966, 489 (495 f.; 499 ff.); Herdegen, Wahrheitsfindung und ihre Schranken, S. 121; Kelnhofer, Hypothetische Ermittlungsverläufe, S. 141 ff.; Kleinknecht, NJW 1966, 1537 (1538); Klug, Verhandlungen des 46. Deutschen Juristentages, Band II, F 39; F 46 f.; Knoll, Die Fernwirkungen, S. 109 ff.; Meurer, JR 1990, 389 (391 f.); Meyer-Goßner / Schmitt, Strafprozessordnung, Einl. Rdn. 57 c; Otto, GA 1970, 289 (292, Fn. 22); Pelz, Beweisverwertungsverbote, S. 145 ff.; Rogall, JZ 2008, 818 (825 f.); ders., NStZ 1988, 385 (390 ff.); Roxin, NStZ 1989, 375 (379); Schlüchter, FS Krause, S. 490 ff.; ders., Das Strafverfahren, Rdn. 4.1; Schröder, Beweisverwertungsverbote, S. 72 ff.; Störmer, Dogmatische Grundlagen, S. 242 ff.; Welp, Die strafprozessuale Überwachung, S. 216 f.

hypothetische Erwägungen bei der Behandlung von Zufallsfunden[1374] sowie bei der Behandlung von rechtswidrigen Beweismittelbeschaffungen durch Private eine wichtige Rolle.[1375]

Die höchste Relevanz genießen hypothetische Ermittlungsverläufe aber bei der Problematik der Fernwirkung der Beweisverwertungsverbote. Unabhängig von den in der Literatur und Rechtsprechung vertretenen unterschiedlichen Standpunkten bezüglich der Zulässigkeit solcher Hypothesen in diesem Bereich ist die Frage nach der Anwendung solcher Verlaufshypothesen heutzutage unumgänglich bei der Behandlung von mittelbar erlangten Beweismitteln im Strafverfahren.[1376] Ohne zu diesem Punkt Stellung zu nehmen, wäre die Frage nach der Verwertbarkeit von mittelbar erlangten Beweismitteln nicht ausführlich analysiert.

Die folgenden Kapitel beleuchten insbesondere die Auswirkungen der hypothetischen Ermittlungsverläufe im Hinblick auf die Fernwirkungsproblematik. Eine ausführliche Analyse dieses Phänomens auch in anderen Konstellationen ginge über das Ziel dieser Arbeit hinaus und wird folglich nur dort durchgeführt, wo sie für das hier bearbeitete Thema relevant erscheint.

B. Die Rechtsprechung des BGH und der OLG bezüglich der Berücksichtigung von hypothetischen Ermittlungsverläufen im Strafprozessrecht

In der hochrichterlichen Rechtsprechung[1377] lässt sich bisher keine einheitliche Meinung zur Berücksichtigung hypothetischer Ermittlungsverläufe bezüglich der Verwertbarkeit von Beweismitteln, die unmittelbar oder mittelbar aufgrund einer

---

1374 Dazu: Allgayer, wistra 2010, 130 (132); Kelnhofer, Hypothetische Ermittlungsverläufe, S. 217 ff.; Pelz, Beweisverwertungsverbote, S. 180 ff.; Schröder, Beweisverwertungsverbote, S. 149 ff.; Singelnstein, ZStW 120 (2008), 854 (880 ff.); Welp, JURA 1981, 472 (475 ff.).

1375 Dazu: Godenzi, Private Beweisbeschaffung, S. 241 ff.; Kaspar, GA 2013, 206 (224); Kelnhofer, Hypothetische Ermittlungsverläufe, S. 239 ff.

1376 Dazu: AK-*Gundlach* § 136 a, Rdn. 85; Ambos, Beweisverwertungsverbote, S. 149; Fezer, Strafprozeßrecht, Fall 16, Rdn. 50; ders., JZ 1987, 937 (939); Harris, StV 1991, 313 (320 ff.); Jäger, GA 2008, 473 (494; 497); ders., Beweisverwertung und Beweisverwertungsverbote, S. 228 ff.; Kelnhofer, Hypothetische Ermittlungsverläufe, S. 248 ff.; Knoll, Die Fernwirkungen, S. 107 ff.; Ossenberg, Die Fernwirkung, S. 67 ff.; 187 ff.; Paulus, GS Meyer, 327 f.; Pitsch, Strafprozessuale Beweisverbote, S. 285 ff.; Reichert-Hammer, JuS 1989, 446 (540); Reinecke, Die Fernwirkung, S. 204 ff.; SK-*Rogall* § 136 a, Rdn. 119 ff.; Rogall, NStZ 1988, 385 (389; 392); Schlüchter, JR 1984, 517 (519 ff.); Sendler, Die Verwertung rechtswidrig erlangter Beweismittel, S. 49; Wolter, NStZ 1984, 276 (277 f.).

1377 Ausführlich dazu: Jahn / Dallmeyer, NStZ 2005, 297 (297 ff.); Wohlers, FS Fezer, S. 314 ff. Eingehend zur alten Rechtsprechung: Rogall, NStZ 1988, 385 (389); Schröder, Beweisverwertungsverbote, S. 84 ff.

Verletzung des Beweiserhebungsverbots erlangt wurden, feststellen. In diesem Kapitel werden die bedeutsamsten Entscheidungen des BGH und der OLG, die sich mit der Rolle der hypothetischen Ermittlungsverläufe bei der Feststellung von Beweisverwertungsverboten auseinandergesetzt haben, analysiert.

I. Entscheidungen, bei denen die Rechtsprechung hypothetische Ermittlungsverläufe zulässt

Eine grundsätzliche Zulassung hypothetischer Ermittlungsverläufe seitens der Rechtsprechung wurde als relevanter Faktor bezüglich der Frage nach dem Eintritt eines Beweisverwertungsverbots in verschiedenen Fallgestaltungen – allerdings ohne einheitliche Begründung für eine allgemeine Stellungnahme – anerkannt.

Zunächst sind die Fälle zu nennen, in denen die Durchführung einer Maßnahme prozessordnungswidrig erfolgt ist, obwohl die materiellen Voraussetzungen für die Anordnung dieser Ermittlungsmaßnahme vorlagen.[1378] In diese Gruppe sind paradigmatisch die Fälle einzuordnen, in denen eine Blutprobe entgegen der Vorschrift des § 81 a Abs. 1 S. 2 StPO nicht durch einen approbierten Arzt entnommen wurde. Zu diesem Bereich lässt sich der berühmte *Medizinalassistentenfall* (BGHSt 24, 125 ff.) einordnen, bei dem vom BGH zum ersten Mal die Frage der hypothetischen (rechtmäßigen) Beweiserlangung im Strafprozessrecht bezüglich der Frage nach der Verwertbarkeit von rechtswidrig erlangten Beweismitteln behandelt wurde. Zur Verwertbarkeit einer nicht von einem Arzt entnommenen Blutprobe verkündete der BGH in dem zitierten Fall kurz und knapp und ohne weitere Begründung, dass das entgegen den Vorgaben einer Erhebungsnorm entnommene Beweismittel *„auch auf gesetzmäßigem Weg jederzeit hätte gewonnen werden können“*, womit er die Verwertbarkeit dieses Beweismittels letztendlich bestätigte.[1379] Ähnlich hat das OLG Celle[1380] festgestellt, dass eine Blutprobe, die trotz eines Beschlagnahmeverbots gemäß § 97 Abs. 1 Nr. 3 Abs. 2 StPO entnommen wurde, verwertbar ist, weil eine rechtliche Möglichkeit bestand, diese Blutprobe nach § 81 a StPO zu entnehmen.

Außerdem hat die Rechtsprechung teilweise auch in den Fällen, in denen eine Maßnahme ergriffen wird, obwohl die gesetzlichen Voraussetzungen für ihre Durchführung nicht gegeben sind, festgestellt[1381], dass das in Frage kommende Beweismittel verwertbar ist, wenn ein solches Beweismittel auch durch einen hypothetisch prozessordnungsmäßigen Ermittlungsverlauf hätte gewonnen werden können.

1378 BGHSt 24, 125 (130); OLG Celle NStZ 1989, 385 (385 f.).

1379 BGHSt 24, 125 (130).

1380 OLG Celle NStZ 1989, 385 (385 f.). Anmerkung. Mayer, JZ 1989, 908; Wohlers, NStZ 1990, 245.

1381 Vgl. BGH StV 2003, 370 (372); BGH NStZ 1989, 375 f. OLG Frankfurt NStZ-RR 1999, 246; OLG Zweibrücken NJW 1994, 810 (811); OLG Celle NStZ 1989, 385 (385 f.).

Das OLG Zweibrücken (NJW 1994, 810 f.) hat sich mit der Verwertbarkeit einer Blutprobe in folgendem spezifischen Fall beschäftigt: Dem schwer verletzten Angeklagten wurde zur Operationsvorbereitung im Krankenhaus Blut entnommen. Nach der Operation hat die Polizei die Entnahme einer Blutprobe durch einen Arzt gemäß § 81 a StPO verlangt, dies war aber aufgrund des anfälligen Zustands des Angeklagten nicht mehr möglich. Die rechtliche Frage, die das OLG Zweibrücken nun zu entscheiden hatte, war, ob zu der Zeit, als das Blut entnommen wurde, eine Blutprobe gemäß § 81 a StPO hätte angeordnet und durchgesetzt werden können. Nach Ansicht des Gerichts wäre dies möglich gewesen, weil die gesetzmäßige Anordnung einer Blutentnahme jederzeit hätte verlangt werden können. Wenn die Strafverfolgungsorgane gewusst hätten, dass die Anordnung einer Blutentnahme schon früher hätte vorliegen müssen, so wäre diese Voraussetzung rechtlich und tatsächlich zu schaffen gewesen. Aus den oben genannten Gründen hat das OLG Zweibrücken die Verwertbarkeit des zur Operationsvorbereitung entnommenen Blutes in diesem Fall akzeptiert.[1382]

Der 5. Strafsenat hat in BGHSt 48, 240 (249) eine TKÜ, die gegenüber dem Angeklagten unzutreffend auf dem Vorwurf einer nicht vorliegenden Geldwäsche basierte, als verwertbar angesehen, weil aufgrund der damaligen Beweislage der Verdacht auf Mitgliedschaft in einer kriminellen Vereinigung (Katalogtat gemäß § 100 a S. 1 Nr. 1c StPO) bestand. Folglich erkennt der BGH die Verwertung eines rechtswidrig erlangten Beweismittels an, wenn hypothetisch die Möglichkeit gegeben war, einen rechtmäßigen TKÜ-Beschluss zu erlassen.

Auch bei einer fehlenden richterlichen Anordnung einer Ermittlungsmaßnahme hat der BGH in einigen Fällen die Zulassung eines hypothetischen Ermittlungsverlaufs bejaht. Im berühmten Fall *Weimar* (BGH NStZ 1989, 375 f.)[1383] wurde nach Erteilung eines rechtmäßig ausgestellten Hausdurchsuchungsbefehls eine zweite Hausdurchsuchung ohne richterliche Anordnung gemäß § 105 Abs. 1 StPO durchgeführt. Bezüglich der Frage nach der Verwertbarkeit des in der entgegen des Richtervorbehaltes durchgeführten zweiten Durchsuchung erlangten Beweismittels hat der BGH unter Berücksichtigung der hypothetischen Ermittlungsverläufe die Verwertung zugelassen. In diesem Fall hat der oberste Gerichtshof argumentiert, dass das aus einer rechtswidrigen Hausdurchsuchung stammende Beweismittel verwertbar ist, weil den Ermittlungsorganen die Erlangung eines erneuten richterlichen Hausdurchsuchungsbefehls jederzeit möglich gewesen wäre. Im gleichen Sinne hat der 1. Strafsenat des BGH im Jahr 2004 trotz einer fehlenden Durchsuchungsanordnung die Verwertung der bei der Durchsuchung beschlagnahmten Betäubungsmittel dann für zulässig erklärt, wenn den ermittelnden Polizeibeamten die Erlangung eines richterlichen Durchsuchungsbeschlusses ohne Weiteres möglich gewesen wäre.[1384] Auch bezüglich der Verwertbarkeit eines ohne

1382 OLG Zweibrücken NJW 1994, 810 (811).
1383 BGHSt 36, 119 ff. mit Anmerkung von: Fezer, StV 1989, 290; Meurer, JR 1990, 389; Roxin, NStZ 1989, 375.
1384 BGH NStZ 2004, 449 (450).

die erforderliche richterliche Anordnung mitgehörten Raumgesprächs nach Fehlbedienung eines Mobiltelefons hat der BGH[1385] die Heilung dieses Fehlers bejaht, weil in jedem Fall die gesetzlichen Voraussetzungen für eine richterliche Anordnung dieser Maßnahme nach §§ 100 c Abs. 1 Nr. 2, 100 d Abs. 1 StPO vorlagen. Ähnlich hat der 2. Strafsenat des BGH[1386] die Ergebnisse einer rechtsfehlerfreien Überwachungsanordnung auch gegenüber einem Dritten, von dieser Ermittlungsmaßnahme nicht betroffenen Beschuldigten, verwertet, weil auch diesem gegenüber eine richterliche Anordnung nach § 100 c Abs. 1 Nr. 2 Abs. 2 S. 1 StPO hätte ergehen können.

Die Entscheidung des OLG Koblenz NStZ 2002, 660 (661) stimmt mit der oben dargestellten Zulassung von Hypothesen bei fehlenden richterlichen Anordnung für eine Ermittlungsmaßnahme überein, obwohl die Richter im Ergebnis – aus beweisrechtlichen Gründen – die Unverwertbarkeit des Beweismittels bestätigt haben. Um zu dieser Entscheidung zu gelangen, hat das OLG geprüft, ob der erforderliche richterliche Beschluss in diesem Fall hätte erlassen werden können und ob das Beweismittel somit auch auf rechtmäßige Weise hätte erlangt werden können.[1387] Da im konkreten Fall zweifelhaft geblieben war, ob ein ausreichend informierter Richter einen Durchsuchungsbeschluss erlassen hätte, hat das OLG die Verwertbarkeit von den rechtswidrig erlangten Beweismitteln konsequent verneint.

Bei den meisten Entscheidungen, in denen Verlaufshypothesen zugelassen wurden, hat die Rechtsprechung die hypothetisch rechtmäßigen Ermittlungsverläufe als ein Kriterium der für die Bestimmung von Beweisverwertungsverboten erforderlichen Gesamtabwägung zwischen der Beeinträchtigung der Individualinteressen des Betroffenen einerseits und dem Interesse der Allgemeinheit an der funktionstüchtigen Strafverfolgung andererseits angesehen.[1388]

II. Entscheidungen, bei denen die Rechtsprechung hypothetische Ermittlungsverläufe verneint

In anderen Entscheidungen hat der BGH eine Berücksichtigung hypothetischer Betrachtungen, vor allem hinsichtlich solcher Beweismittel, die ohne die erforderlichen gesetzlichen Voraussetzungen erlangt wurden, kategorisch abgelehnt.[1389]

1385 BGH StV 2003, 370 (372).
1386 BGH NJW 2003, 2034 ff.
1387 OLG Koblenz NStZ 2002, 660 (661). Auch in diesem Sinne: AG Tiergarten StV 2003, 663 (664).
1388 Vgl. BGHSt 44, 243 (250); 24, 125 (130); BGH NJW 2003, 2034 (2035 f.). OLG Hamm NStZ 2007, 355 (356); OLG Koblenz NStZ 2002, 660 (661). LG Heilbronn StV 2005, 380 (382). Bei Ordnungswidrigkeiten: BayObLG NJW 1997, 3454 (3455). OLG Frankfurt NJW 1997, 2963 (2964). Kritisch: BGH NStZ 2012, 104 (105).
1389 BGHSt 51, 285 (295 f.); 31, 304 (306); 25, 168 (171).

In BGHSt 25, 168 (171) wurde bei der Frage der Verwertbarkeit eines Beweismittels, das durch eine Verletzung von gesetzlich vorgesehenen Voraussetzungen für die Anordnung einer Zwangsmaßnahme gemäß des im § 97 Abs. 1 Nr. 1 StPO geregelten Beschlagnahmeverbots erlangt wurde, ein hypothetisch gesetzmäßiger Ermittlungsverlauf abgelehnt. Der BGH hat in diesem Fall festgehalten, dass sich die Frage, ob das Beweismittel auf anderem Wege hätte gewonnen werden können, für das Revisionsgericht in der Regel nicht mehr nachträglich klären lässt.[1390]

Bei fehlenden gesetzlichen Voraussetzungen für die Anordnung einer Überwachungsmaßnahme hat der 4. Strafsenat in BGHSt 31, 304 (306) die Unverwertbarkeit eines auf Tonträger aufgenommenen Telefongesprächs zwischen einem V-Mann und einem Verdächtigen, welches unter Verletzung der in §§ 100 a und 100 b StPO erforderlichen richterlichen oder staatsanwaltschaftlichen Anordnung aufgezeichnet wurde, bejaht. Diese Schlussfolgerung hat der BGH sogar bestätigt, wenn ein Richter mit der Sache befasst worden wäre und einen Überwachungs- und Aufnahmebeschluss erlassen hätte. Für eine Betrachtung unter dem Gesichtspunkt eines hypothetischen Ersatzeingriffs – schlussfolgerte der BGH – *„ist in Anbetracht der eindeutigen Gesetzeslage kein Raum“*.[1391]

Bei grober Verletzung des Richtervorbehalts oder bei willkürlicher Bejahung der Gefahr in Verzug, hat die Rechtsprechung keinen Raum für hypothetische Ermittlungsverläufe gelassen und diese nicht akzeptiert.[1392] In zwei jüngeren Entscheidungen hat der BGH diese Rechtsprechung bestätigt und bei grober Verkennung des Richtervorbehalts hypothetisch rechtmäßigen Ermittlungsverläufen keine Bedeutung zukommen lassen,[1393] da bei Anerkennung eines hypothetisch rechtmäßigen Ersatzeingriffs die Einhaltung der Kompetenzregelung stets unterlaufen werden könnte und der Richtervorbehalt somit sogar letztlich sinnlos werden würde.[1394]

C. Die Rechtsprechung des BGH und der OLG hinsichtlich der Berücksichtigung von hypothetischen Ermittlungsverläufen in der Fernwirkungsproblematik

Bezüglich der Fernwirkungsproblematik hat die Rechtsprechung keine einheitliche Linie verfolgt.[1395]

1390 BGHSt 25, 168 (171).

1391 BGHSt 31, 304 (306).

1392 Vgl. BGHSt 51, 285 (295 f.); BGH NStZ 2012, 104 (105). OLG Koblenz NStZ 2002, 660 (661). LG Heilbronn StV 2005, 380 (382); LG Darmstadt StV 1993, 573 (574). AG Tiergarten StV 2003 663 (664).

1393 BGHSt 51, 285 (295 f.); BGH NStZ 2012, 104 (105).

1394 Zustimmend: Ambos, Beweisverwertungsverbote, S. 51; Hüls, ZIS 2009, 160 (169); Mosbacher, NJW 2007, 3686 (3687).

1395 Ausführlich: Kap. 4. B.

Das OLG Stuttgart hat im Jahre 1973 eine Berücksichtigung hypothetischer Ermittlungsverläufe wegen ihrer mangelnden Praktikabilität grundsätzlich abgelehnt, und zwar unabhängig von den konkreten Umständen des Einzelfalls.[1396]

In einem anderen Fall hat das OLG Köln die Betrachtung hypothetischer Kausalverläufe hingegen grundsätzlich anerkannt, aber im Ergebnis dann doch abgelehnt, weil in den Akten keine Anhaltspunkte für die Existenz solcher Hypothesen zu finden waren[1397]. Somit hat das OLG Köln die Tür für derartige Erwägungen nicht grundsätzlich geschlossen, sondern wegen der konkreten Umstände des vorliegenden Falles lediglich die Anwendung in dem zu entscheidenen Fall verneint.

In BGHSt 32, 68 ff. hat der BGH eine Fernwirkung des aus einem Verstoß gegen § 100 a StPO herbeigeführten Verwertungsverbots u.a. mittels des Arguments verneint, dass sich ein ursächlicher Zusammenhang zwischen einem Fehler und der schließlichen Überführung des Beschuldigten nicht feststellen ließe. Trotz der unklaren Bedeutung dieser Aussage, könnte sie – wie bereits im Kapitel 4. B. IV. 2 ausführlich dargestellt – unter der Annahme, dass weitere hypothetische Ermittlungen der Polizei auf die Spur des Angeklagten geführt hätten, als eine Zulassung von hypothetischen Ermittlungsverläufen verstanden werden.[1398]

In diesem Sinne hat der BGH in BGHSt 34, 362 ff.[1399] die Berücksichtigung von hypothetischen Ermittlungsverläufen auch als Begrenzungsmaßstab von Fernwirkungsfällen bejaht.[1400] Im vorliegenden Fall hat der BGH eine Fernwirkung von Beweisverwertungsverboten unter anderem verneint, weil *„sich kaum jemals feststellen läßt, ob die Polizei den Zeugen ohne den Verstoß nicht auch gefunden hätte"*.[1401]

D. Der Meinungsstand in der Literatur

Die Literatur hat die Frage der Zulassung von hypothetischen Ermittlungsverläufen im Strafverfahrensrecht in verschiedenen Konstellationen intensiv diskutiert, ohne jedoch einen Konsens zu erreichen.

Die h.M.[1402] erkennt die Relevanz von hypothetisch rechtmäßigen Ermittlungsverläufen für die Frage der Verwertbarkeit von Beweismitteln an, wenn ein

---

1396 OLG Stuttgart, NJW 1973, 1942. S. Kap. 4. B. II.

1397 OLG Köln NJW 1979, 1217. S. Kap. 4. B. II.

1398 Das ist eine der zwei möglichen Auffassungen des Urteils. S. Kap. 4. B. IV. 2.

1399 Mit Anmerkungen von: Fezer, JZ 1987, 937; Grünwald, StV 1987, 470; Neuhaus, NJW 1990, 1221; Seebode, JR 1988, 427; Reichert-Hammer, JuS 1989, 446; Wagner, NStZ 1989, 34.

1400 S. Kap. 4. B. IV. 2.

1401 BGHSt 34, 362 (365).

1402 U.a. Beulke, JURA 2008, 653 (661); ders., ZStW 103 (1991), 657 (668 ff.); Eisenberg, Beweisrecht, Rdn. 409 f.; Engländer / Volk, StPO, § 28, Rdn. 14; Fezer, NStZ 2003, 625 (629 f.); Godenzi, Private Beweisbeschaffung, S. 241 ff.; Grünwald, Beweisrecht, S. 161 f.; ders., JZ 1966, 489 (495 f.; 499 ff.); Herdegen, Wahrheitsfindung und ihre Schranken, S. 121; Kelnhofer, Hypothetische Ermittlungsverläufe, S. 141 ff.;

rechtswidrig gewonnenes Beweismittel hypothetisch auch auf einem prozessordnungsgemäßem Weg hätte gewonnen werden können, allerdings mit jeweils ganz verschiedenen Grenzen, Begründungen und Bedeutungen.

In der älteren Literatur gibt es einige Stimmen, die aus kausalen Betrachtungen die hypothetischen Ermittlungsverläufe im Strafverfahren zulassen. Gemäß dieser Ansicht wirkt sich ein hypothetisch rechtmäßiger Ermittlungsverlauf auf den kausal-ursächlichen Zusammenhang zwischen Rechtsfehler und Beweiserlangung aus, um solch einen Zusammenhang entweder zu überholen[1403] oder zu eliminieren.[1404]

Andere Stimmen der Lehre schlagen mittels begrifflicher Argumente eine differenzierte Behandlung von rechtmäßigen Hypothesen vor, wonach selbige nur bezüglich bestimmter Gruppen von Verfahrensfehlern gemäß ihrer beweisrechtlichen Bedeutung im Strafverfahren zugelassen sind.[1405] In diesem Sinne akzeptiert *Peters*[1406] hypothetische Ermittlungsverläufe nur bei Verstößen gegen sog. *Beweisregelungen,* die *Beweisverwertungsverboten* gegenüber stehen. Laut dem Autor sind solche Beweisregelungen Verfahrensanordnungen, die die Beweisführung ermöglichen oder sichern sollen und deren Verletzung keine Beweisverbote zur Folge haben. *Kleinknecht*[1407] unterscheidet seinerseits zwischen *Beweisverboten* und *Beweisverfahrensverboten*; zu letzteren gehören die sog. Form- und Ordnungsvorschriften. Wenn nach *Kleinknechts* Ansicht das unzulässige Beweismittel oder Beweisergebnis auch legal hätte erlangt werden können, gehört die verletzte Beweisverfahrensvorschrift automatisch zu den bloßen Form- und Ordnungsvorschriften, die eine Berücksichtigung solcher Verlaufshypothesen zulassen.[1408]

Kleinknecht, NJW 1966, 1537 (1538); Klug, Verhandlungen des 46. Deutschen Juristentages, Band II, F 39; F 46 f.; Knoll, Die Fernwirkungen, S. 109 ff.; Meurer, JR 1990, 389 (391 f.); Meyer-Goßner / Schmitt, Strafprozessordnung, Einl. Rdn. 57 c; Ossenberg, Die Fernwirkung, S. 67 ff.; Otto, GA 1970, 289 (292, Fn. 22); Pelz, Beweisverwertungsverbote, S. 145 ff.; Reichert-Hammer, JuS 1989, 446 (450); Reinecke, Die Fernwirkung, S. 204 ff.; SK-*Rogall* § 136 a, Rdn. 120 ff.; Rogall, JZ 2008, 818 (825 f.); ders., NStZ 1988, 385 (390 ff.); Roxin, NStZ 1989, 375 (379); Schlüchter, FS Krause, S. 490 ff.; ders., JR 1984, 517 (519 ff.); ders., Das Strafverfahren, Rdn. 4.1; Schröder, Beweisverwertungsverbote, S. 72 ff.; Störmer, Dogmatische Grundlagen, S. 216 f.; Wolter, NStZ 1984, 276 (277).

1403 Welp, Die strafprozessuale Überwachung, S. 216 ff.

1404 Klug, Verhandlungen des 46. Deutschen Juristentages, Band II, F 39; F 46. Kritisch dazu: S. Kap. 10. E. III.

1405 U.a. Kleinknecht, NJW 1966, 1537 (1538); Peters, Verhandlungen des 46. Deutschen Juristentages, Band I, S. 100. Kritik: Kelnhofer, Hypothetische Ermittlungsverläufe, S. 82 f.; Rogall, NStZ 1988, 385 (388; 390).

1406 Peters, Verhandlungen des 46. Deutschen Juristentages, Band I, S. 100. Ihm folgend: Jescheck, Verhandlungen des 46. Deutschen Juristentages, Band II, S. 1 f.

1407 Kleinknecht, NJW 1966, 1537 (1538).

1408 ders., NJW 1966, 1537 (1538).

Andere Autoren rechtfertigen eine Zulassung von hypothetischen Ermittlungsverläufen mit den gleichen Argumenten, die sie für die Bestimmung eines Verwertungsverbots anbringen. In dieser Gruppe sind vor allem diejenigen Autoren zu nennen, die eine Legitimation von Verlaufshypothesen im Schutzzweck der Norm[1409] oder dem öffentlich-rechtlichen, informationellen Folgenbeseitigungsanspruch[1410] bzw. Unterlassungsanspruch[1411] finden. Wieder andere Autoren[1412] zählen hierzu die hypothetischen Ermittlungsverläufe als einen Abwägungsfaktor bei der Bestimmung von Beweisverwertungsverboten. Innerhalb der normativen Fehlerfolgenlehre ermöglichen hypothetische Ermittlungsverläufe eine genauere Beurteilung der Schutzwürdigkeit und Schutzbedürftigkeit verletzter Interessen.[1413]

In Einklang mit der materiell-rechtlichen Zurechnungslehre ordnen andere Gruppen von Autoren[1414] die rechtmäßigen Ermittlungsverläufe als ein Prüfungselement ein, das im Rahmen des normativen Zusammenhangs zwischen Rechtsfehler und sekundärer Beweiserlangung bzw. Urteil eine wesentliche Rolle spielt. Nach *Schlüchter* wirken die hypothetischen Ermittlungsverläufe auf einer revisionsrechtlichen Ebene und ermöglichen eine Zerschlagung des normativen Zusammenhangs zwischen einem Rechtsfehler und dem Urteil im Sinne einer *„prospektiven Fehlerkompensation"*.[1415] Bezüglich der Fernwirkungsproblematik und der allgemeinen Bestimmung von Beweisverwertungsverboten knüpft *Wolter* an die materiell-rechtliche Lehre vom rechtmäßigen Alternativverhalten an. Laut *Wolter* zeigen die hypothetisch rechtmäßigen Verläufe als Abwägungskriterium im normativen Zusammenhang zwischen primärem und sekundärem Beweismittel ihre Wirkung. Wenn die Strafverfolgungsorgane auf ordnungsgemäßem Wege den Täter sicher oder höchstwahrscheinlich ebenso hätten überführen können, hat sich die Position des Beschuldigten im Prozess nicht in einer messbaren Weise verschlechtert. [1416] In diesem Sinne ermöglichen hypothetische Ermittlungsverläufe eine Bestimmung der Position des Beschuldigten im Strafverfahren.[1417] Nach *Wolters* Ansicht sollten demzufolge nur solche Verfahrensverstöße, die eine messbare

1409 U.a. Beulke, Strafprozessrecht, Rdn. 482; ders., JURA 2008, 653 (661); ders., ZStW 103 (1991), 657 (668 ff.); KMR-*Paulus* § 244, Rdn. 517; SSW-*Beulke*, Einl. Rdn. 271; Schröder, Beweisverwertungsverbote, S. 72 ff.; 78 ff.

1410 Amelung, Informationsbeherrschungsrechte, S. 51 f.

1411 Störmer, Dogmatische Grundlagen, S. 242 ff.

1412 Rogall, NStZ 1988, 385 (392); Roxin, NStZ 1989, 375 (379); Wolter, NStZ 1984, 276 (277).

1413 SK-*Rogall* § 136 a, Rdn. 120; Rogall, NStZ 1988, 385 (391).

1414 U.a. Fezer, JR 1991, 85 (87); Kelnhofer, Hypothetische Ermittlungsverläufe, S. 136 ff.; 141 ff.; Schlüchter, FS Krause, S. 490 ff.; ders., JR 1984, 517 (519 f.); ders., Das Strafverfahren, Rdn. 4.1; Wolter, NStZ 1984, 276 (277).

1415 Schlüchter, FS Krause, S. 490 ff.; ders., JR 1984, 517 (519 f.); ders., Das Strafverfahren, Rdn. 4.1. Vgl. Kelnhofer, Hypothetische Ermittlungsverläufe, S. 102 f.

1416 SK-*Wolter* § 151, Rdn. 203 (Stand Juni 1994); Wolter, NStZ 1984, 276 (277).

1417 Wolter, NStZ 1984, 276 (277).

Verschlechterung der Position des Beschuldigten im Verfahren zur Folge haben, ein Verwertungsverbot hervorrufen. Ihm zustimmend geht *Kelnhofer* davon aus, dass hypothetische Erwägungen zur richtigen Bewertung der Interessenlage beitragen können.[1418] Daraus folgt eine Berücksichtigung von Verlaufshypothesen aus dem rechtsstaatlich gebotenen Bestreben einer möglichst vollständigen Sichtung und Bewertung der die Abwägung eventuell beeinflussenden Faktoren.[1419]

Vor allem in der älteren Lehre gibt es einige Stimmen,[1420] die die Erwägung von hypothetischen Ermittlungsverläufen im Strafprozess aus verschiedenen Gründen ablehnen. Als gesetzessystematisches Argument wurde insbesondere dargelegt, dass die StPO eine Betrachtung solcher Hypothese nicht zulässt.[1421] Um diese Behauptung zu stützen, wird auf § 69 Abs. 3 in Verbindung mit § 136 a Abs. 3, S. 2 StPO verwiesen, welcher die Unverwertbarkeit einer Zeugenvernehmung ausdrücklich anordnet, obwohl hier in der Regel die Aussage des Zeugen auch durch legale Zwangsanwendung nach § 70 StPO hätte erlangt werden können.

Eine neue Version des gesetzessystematischen Arguments findet sich in *Jahns* und *Dallmeyers* Werken,[1422] die als Vertreter der sog. strengen Beweisbefugnislehre[1423] die Berücksichtigungsfähigkeit hypothetischer Ermittlungsverläufe lapidar als eine „*dogmatische Fehlentwicklung*“ bezeichnet haben.[1424] Eine kategorische Ablehnung der Berücksichtigung solcher Hypothesen begründen diese Autoren mit einer fehlenden gesetzlichen Grundlage, die die Hypothesenbildung in der Frage nach der Verwertbarkeit unrechtmäßig erlangten Beweismaterials legitimieren würde.[1425] In diesem Sinne würde eine Zulassung der Verlaufshypothese zu einer unerlaubten Ausweitung der staatlichen Beweisbefugnisse führen, was wiederum eine unzulässige Analogie zu Lasten des Beschuldigten zur Folge hätte.[1426]

Andere Autoren verneinen eine Berücksichtigung hypothetischer Ermittlungsverläufe aufgrund eines Kausalitätsarguments: eine schon bestehende

---

1418 Kelnhofer, Hypothetische Ermittlungsverläufe, S. 143.

1419 ders., Hypothetische Ermittlungsverläufe, S. 143.

1420 U.a. Dencker, Verwertungsverbote, S. 81; Osmer, Der Umfang, S. 88 f.; Ranft, Strafprozeßrecht, Rdn. 1618; Rogall, ZStW 91 (1979), 1 (33 f.); Schellhammer, NJW 1972, 319 (320); Schmidt, MDR 1970, 461 (463). Neuerdings: Ambos, Beweisverwertungsverbote, S. 50 f.; Jahn, Gutachten, C 77 f.; Jahn / Dallmeyer, NStZ 2005, 297 (297 ff.); Wohlers, FS Fezer, S. 326 ff. Ausgehend von einem revisionsbezogenen Ansatz: Haffke, GA 1973, 65 (81). Bezüglich der Fernwirkungsproblematik: Roxin / Schünemann, Strafverfahrensrecht, § 24, Rdn. 62.

1421 Dalakouras, Beweisverbote, S. 135 f; Dencker, Verwertungsverbote, S. 81; Rogall, ZStW 91 (1979), 1(33).

1422 Jahn / Dallmeyer, NStZ 2005, 297 (297 ff.). S. auch: Jahn, Gutachten, C 77 f.

1423 Bezüglich der strengen Beweisbefugnislehre im Rahmen der Fernwirkung von Beweisverboten S. Kap. 4. C. III. 2.

1424 Jahn / Dallmeyer, NStZ 2005, 297 (297).

1425 Jahn, Gutachten, C 77; Jahn / Dallmeyer, NStZ 2005, 297 (303).

1426 Jahn, Gutachten, C 77 f.

Rechtsverletzung könne durch eine gedankliche Operation nicht bereinigt werden.[1427]

Seinerseits hat *Schünemann*[1428] die Idee des hypothetischen Ermittlungsverlaufs als Lösung im Rahmen der Fernwirkungsproblematik knapp mit dem Argument der *„Struktur des deutschen Strafverfahrens“* abgelehnt.

Einige Autoren haben sich aus praktischen Gründen gegen eine Berücksichtigung hypothetischer Kausalverläufe ausgesprochen, weil die Frage nach den hypothetischen Ermittlungsverläufen im Strafverfahren entweder nicht beantwortet werden könne,[1429] nicht verlässlich zu erstellen sei[1430] oder die genauen Voraussetzungen dieser Lehre nicht geklärt seien.[1431] In diesem Sinne hat *Eb. Schmidt* eine Berücksichtigung der hypothetischen Ermittlungsverläufe abgelehnt, weil diese von einem *„unsicheren hypothetischen Element“* abhingen und folglich die Verwertbarkeit bzw. Unverwertbarkeit eines Beweismittels nicht bestimmen könnten.[1432]

Seinerseits hat *Osmer* wegen des Risikos einer Umgehungsgefahr eines Verwertungsverbots die Anwendung von Verlaufshypothesen im Strafprozess nicht befürwortet.[1433]

In einem neuen Beitrag hat *Wohlers* die Anwendung von hypothetischen Ermittlungsverläufen verneint, weil eine Missachtung der jeweils in Frage kommenden Norm je nach ihrem Sinn und Zweck eine Hypothesenbildung entweder unzulässig oder überflüssig machen kann.[1434] Unzulässig ist die Hypothesenbildung bei Beweiserhebungsnormen, die bestimmen, unter welchen Voraussetzungen die Strafverfolgungsorgane beweisrelevante Erkenntnisse gewinnen dürfen. Ferner sind sie in den Fällen unzulässig, in denen eine den prozessualen Anforderungen genügende Anordnung fehlt, weil diese Normen sonst ihre Verbindlichkeit verlieren bzw. den Richtervorbehalt leer laufen lassen würden.[1435] Der Autor beschränkt den Geltungsbereich der Hypothesenbildung somit auf die Situationen, in denen Beweiserhebungsvorschriften unbeachtet bleiben und ihre Funktion allein darin besteht, Interessen zu schützen, die mit der Gewinnung der Tatsachengrundlage nichts zu tun haben (wie §§ 81 a Abs. 1 S. 2, 81 d Abs. 1 StPO). Da diese Normen nicht den Sinn und Zweck haben, die Beweiserhebung zu beschränken, ist – wegen ihrer mangelnden Beweisrelevanz – eine Hypothesenbildung überflüssig.[1436]

1427 Dencker, Verwertungsverbote, S. 82; Fezer, JZ 1987, 937 (939); Rogall, ZStW 91 (1979), 1 (33).
1428 Roxin / Schünemann, Strafverfahrensrecht, § 24, Rdn. 62.
1429 Sarstedt, Verhandlungen des 46. Deutschen Juristentages, Band II, F 23. Ihm folgend: Mergner, Fernwirkung, S. 16. Vgl. BGHSt 25, 168 (171).
1430 Kühne, Strafprozessrecht, Rdn. 908.5; 909.1.
1431 Ambos, Beweisverwertungsverbote, S. 50.
1432 Schmidt, MDR 1970, 461 (463).
1433 Osmer, Der Umfang, S. 88 f.
1434 Wohlers, FS Fezer, S. 326 ff.
1435 ders., FS Fezer, S. 326 f.
1436 ders., FS Fezer, S. 328 f.

E. Stellungnahme und Begründung der Beachtung der hypothetischen Ermittlungsverläufe im Strafverfahren

Gegen die Meinung der Autoren, die einen hypothetischen Ermittlungsverlauf im Rahmen der Beweisverbotslehre aufgrund eines gesetzessystematischen Arguments ablehnen, kann man anbringen, dass deren Hauptargument gegen eine Zulassung von Verlaufshypothesen – nämlich das Fehlen einer ausdrücklichen gesetzlichen Grundlage – auf einer falschen Prämisse beruht: eigentlich verbietet das deutsche Strafverfahren weder die Verlaufshypothese, noch ist diese gesetzesfremd.

Das oben genannte[1437] Argument bezüglich § 69 Abs. 3 in Verbindung mit § 136 a Abs. 3, S. 2 StPO ist nicht entscheidend. Es verkennt, dass bei der Vernehmung bestimmter Zeugen, wie z. B. denjenigen, die ein Auskunftsverweigerungsrecht gemäß § 55 StPO haben, die Anwendung einer Zwangsmaßnahme gemäß § 70 StPO nicht zulässig ist[1438] und folglich in diesem Fall eine gesetzlich geregelte Ablehnung von Verlaufshypothesen sogar für die Zeugen nur eine begrenzte Wirkung hat. Der Rückgriff auf diese und andere Normen der StPO, die eine gesetzgeberische Entscheidung gegen die Zulässigkeit von Hypothesen aufzeigen könnten, kann als Argument lediglich auf die direkt betroffenen Normen angewandt werden. Der Geltungsbereich solcher Regeln darf infolgedessen nicht ohne Weiteres auf andere Fälle ausgedehnt werden. Außerhalb der geregelten Fälle kann die Zulässigkeit von Hypothesenbildungen nicht als allgemein unzulässig betrachtet werden.[1439] Entgegen der von *Jahn/Dallmeyer* vertretenen These[1440] bedarf die Verlaufshypothese nach der allgemeinen Verwertungserlaubnis keiner zusätzlichen gesetzlichen Grundlage für ihre Anerkennung: Die Forderung nach einer ausdrücklichen gesetzlichen Grundlage impliziert allerdings die Aufgabe der dogmatischen Denkweise und einen Rückschritt in der Entwicklung der Beweisverbotslehre.

Vielmehr zeigen bestimmte Normen der StPO, dass die hypothetischen Ermittlungsverläufe nicht nur *nicht* vom Gesetzgeber verboten, sondern in der Rechtsordnung tatsächlich anerkannt und legitimiert sind.[1441] Zu diesen Vorschriften zählen diejenigen, die die Behandlung von Zufallsfunden regeln, vor allem die Zulässigkeit der Datenübermittlung bei Zufallsfunden (§ 477 Abs. 2 S. 2 sowie § 100 d

---

1437 S. Kap. 10. D.

1438 Wolter, NStZ 1984, 276 (277 Fn. 26). Ihm folgend: Kelnhofer, Hypothetische Ermittlungsverläufe, S. 91; Rogall, NStZ 1988, 385 (391); Schröder, Beweisverwertungsverbote, S. 91.

1439 Zutreffend: Godenzi, Private Beweisbeschaffung, S. 273; Kelnhofer, Hypothetische Ermittlungsverläufe, S. 91; Rogall, NStZ 1988, 385 (390 f.); Schröder, Beweisverwertungsverbote, S. 91 f; Wohlers, FS Fezer, S. 323.

1440 S. Kap. 10. D.

1441 Vgl. SSW-*Beulke*, Einl. Rdn. 269; Beulke, JURA 2008, 653 (660); Kelnhofer, Hypothetische Ermittlungsverläufe, S. 142; Pelz, Beweisverwertungsverbote, S. 74; Rogall, NStZ 1988, 385 (391); Schröder, Beweisverwertungsverbote, S. 95 f.

Abs. 5 Nr. 1 StPO). Solche Regeln lassen eine Verwertung von erlangten personenbezogenen Daten auch gegen den Willen des Beschuldigten zu Beweiszwecken in anderen Strafverfahren nur dann zur Aufklärung solcher Straftaten zu, wenn eine solche Maßnahme (für deren Aufklärung) hätte angeordnet werden dürfen. Auch § 161 Abs. 2 StPO erlaubt die Verwertung von personenbezogenen Daten, die gemäß anderer Gesetze erlangt wurden, nur zur Aufklärung solcher Straftaten, zu deren Aufklärung eine solche Maßnahme nach der StPO hätte angeordnet werden dürfen. Auch im Bereich des Revisionsrechts finden hypothetische Erwägungen einen Platz in § 337 Abs. 1 StPO, insbesondere in der dort enthaltenen Formulierung des „Beruhens" auf Gesetzesverletzungen; die Relevanz eines Verfahrensfehlers für die Revision ist zu verneinen, wenn auch bei hypothetisch gesetzmäßigem Prozessieren das Urteil so ausgefallen wäre, wie es tatsächlich ausgefallen ist.

Aber ebenso, wie man die Argumente für eine allgemeine Ablehnung von hypothetischen Ermittlungsverläufen aus bestimmten Regeln der StPO nicht herleiten kann, liefern auch die vereinzelten Regelungen, die eine Betrachtung dieser Hypothesen erlauben, kein schlüssiges Argument für eine allumfassende und grenzenlose Zulassung von Verlaufshypothesen im Rahmen der Beweisverwertungsverbote.[1442] Diesbezüglich muss erwähnt werden, dass die oben genannten Paragraphen, die die Rolle hypothetischer Erwägungen im Strafprozess anerkennen, lediglich eine begrenzte Gruppe von Normen erfassen, deren Struktur nicht grenzenlos und unabdingbar auf andere Konstellationen übertragbar ist. Selbst das Vorhandensein absoluter Revisionsgründe (§ 338 StPO), die eine Kompensierung durch hypothetische Erwägungen eines in diesem Katalog normierten Verfahrensfehlers nicht erlauben, zeigt, dass die Behandlung von Verlaufshypothesen nicht unbegrenzt auf alle Fällen angewendet werden darf,[1443] sondern nur unter bestimmten Voraussetzungen und in konkreten Situationen. Die Zulassung bzw. Ablehnung von hypothetischen Ermittlungsverläufen – wie es allgemein bei der Behandlung von ungeregelten Beweisverwertungsverboten der Fall ist[1444] – ist im deutschen Recht nicht vom Gesetzgeber vorentschieden worden,[1445] und muss deshalb in jedem konkreten Fall festgelegt werden.

In diesem Sinne sind *a priori* diejenigen Vorwürfe gegen eine Berücksichtigung hypothetischer Ermittlungsverläufe nicht auszuschließen, die auf eine Umgehungsgefahr der Verwertungsverbote bzw. auf einen Verlust der Normenverbindlichkeit hinweisen;[1446] sie sind vor allem bei schwerwiegenden Verfahrensfehlern

1442 Vgl. Kelnhofer, Hypothetische Ermittlungsverläufe, S. 89 f.; Wohlers, FS Fezer, S. 323.

1443 Vgl. Beulke, ZStW 103 (1991), 657 (663); Godenzi, Private Beweisbeschaffung, S. 274; Kelnhofer, Hypothetische Ermittlungsverläufe, S. 142; Rogall, NStZ 1988, 385 (390); Schröder, Beweisverwertungsverbote, S. 96; Thiele, wistra 2004, 121 (125).

1444 S. Kap. 1.F.

1445 Vgl. Godenzi, Private Beweisbeschaffung, S. 277 f.; Kelnhofer, Hypothetische Ermittlungsverläufe, S. 90.

1446 S. Kap. 10.D.

zutreffend und müssen bei der Ermittlung von sekundären Verwertungsverboten berücksichtigt werden. Daher tendieren die Literatur[1447] sowie die Rechtsprechung[1448] zutreffend zu differenzierten Ansätzen, wonach eine Berücksichtigung von hypothetischen Ermittlungsverläufen davon abhängt, in welcher Konstellation und bei welchen Verfahrensfehlern solche Hypothesen Beachtung finden dürfen.

Nicht nachzuvollziehen sind die Ansichten, wonach eine Legitimation von Verlaufshypothesen im Schutzzweck der Norm[1449] oder im öffentlich-rechtlichen, informationellen Folgenbeseitigungsanspruch bzw. Unterlassungsanspruch zu suchen sei.[1450] Diesen Thesen lässt sich vorwerfen, dass die hypothetischen Erwägungen nicht durch Ansätze, die freilich nicht für die Bestimmung von Beweisverwertungsverboten[1451] bzw. ihre Fernwirkung[1452] geeignet sind, gerechtfertigt werden können. Wenn man also hypothetisch rechtmäßige Ermittlungsverläufe im Strafprozess mit denselben Argumenten, die an anderer Stelle abgelehnt wurden, legitimieren möchte, verfällt man in die gleichen Inkonsistenzen und Schwierigkeiten, die bereits kritisiert wurden.[1453]

Der hypothetische Ermittlungsverlauf entspricht m.E. einer eigenständigen Prüfungsstufe in der Bestimmung der mittelbaren Beweisverwertungsverbote.[1454] Für sein Verständnis sind die Richtlinien, die von der US-amerikanischen Rechtsprechung bei der Entwicklung der *„inevitable discovery exception"* formuliert werden, von besonderer Relevanz.[1455] Die hypothetisch rechtmäßigen Ermittlungsverläufe stellen daher ein wesentliches Prüfungselement bei der Ermittlung eines sekundären Verwertungsverbots dar, welches auf den normativen Zusammenhang zwischen einer durch einen Prozessverstoß erlangten Wissensnutzung und der Erlangung von mittelbaren Beweismitteln einen großen Einfluss hat.

Wie die US-amerikanische Rechtsprechung zutreffend erläutert hat, müssen die Ermittlungsorgane und der Beschuldigte sich in die gleiche und nicht in eine schlechtere Lage versetzen, in der sie gewesen wären, wenn keine illegale Handlung durchgeführt worden wäre.[1456] In diesem Sinne ermöglicht die Berücksichtigung von hypothetischen Ermittlungsverläufen eine genaue Bestimmung der Bedeutung des Verfahrensverstoßes für das rechtlich geschützte Interesse und bietet einen normativen Parameter für die Bestimmung von Verwertungsverboten nach der normativen Fehlerfolgenlehre,[1457] welche auf die Notwendigkeit

1447 S. Kap. 10. E. I.
1448 S. Kap. 10. E. I.
1449 S. Kap. 1. F. IV.
1450 S. Kap. 1. F. VI.
1451 S. Kap. 1. F. V und Kap. 1. F. VII.
1452 S. Kap. 4. C. IV.
1453 S. Kap. 4. C. IV.
1454 Ähnlich: Kelnhofer, Hypothetische Ermittlungsverläufe, S. 175 ff.
1455 S. Kap. 3. B. II. 2.
1456 S. Kap. 3. B. II. 2.
1457 S. Kap. 1. F. X.

einer Stabilisierung von Individualrechten durch die Bejahung eines Beweisverwertungsverbots oder umgekehrt auf die Notwendigkeit einer Stabilisierung von strafrechtlichen Normen durch die Ablehnung des Verwertungsverbots hinweist. Wenn das rechtswidrig erlangte primäre oder sekundäre Beweismittel auch rechtmäßig – nach Anwendung der erforderlichen Voraussetzungen für dieses Ereignis – erlangt worden wäre, hätte ein Verfahrensverstoß die rechtlich geschützten Interessen im Ergebnis nicht wesentlich verletzt. Solch ein Einfluss auf die Bedeutung des Verfahrensverstoßes für das rechtlich geschützte Interesse bei erfolgreich geprüftem, hypothetischen Ermittlungsverlauf macht eine Fernwirkung von Verwertungsverboten im konkreten Fall unnötig.

Die Berücksichtigung hypothetischer Ermittlungsverläufe ist bei der Bestimmung der mittelbaren Beweisverwertungsverbote (im Vergleich zu ihrer Rolle bei der Ermittlung von primären Beweisverwertungsverboten als Teil der gesamten Ermittlung der Verwertungsverbote[1458]) eine eigenständige und entscheidende Prüfungsstufe, welche als ein Bestandteil der Prüfung des normativen Zusammenhanges errichtet wurde.[1459]

Bei der Frage nach dem Eintritt eines hypothetischen Ermittlungsverlaufes bei der Bestimmung der mittelbaren Beweisverwertungsverbote handelt es sich um eine neue, eigenständige Prüfung, deren Bezugsobjekt anders als das Bezugsobjekt des primären Verwertungsverbots ist und dessen erfolgreiche Prüfung den normativen Zusammenhang zwischen einer durch einen Prozessverstoß erlangten Wissensnutzung und der Erlangung von mittelbaren Beweismitteln aufhebt: weil das sekundär erlangte Beweismittel eine andere Identität als das primär erlangte Beweismittel hat, bezieht sich die Prüfung der Verlaufshypothese nicht auf die Erlangung des Beweismittels, das unmittelbar dank eines Verfahrensfehlers gefunden wurde, sondern auf ein sekundäres Beweismittel, das im konkreten Fall in einem spezifischen und von dem primären Beweismittel unabhängigen Kontext erworben wurde. Somit ist die Prüfung einer hypothetisch rechtmäßigen Erhebung des mittelbaren Beweismittels gesondert vom primär erlangten Beweismittel vorzunehmen. Die Ergebnisse dieser Prüfung sind daher nur für die Erlangung eines bestimmten Beweismittels gültig und nicht auf andere übertragbar.

Diese Feststellung erklärt nicht nur die Eigenständigkeit der Prüfung der hypothetischen Ermittlungsverläufe bei den sekundär erlangten Beweismitteln im Vergleich zu den primären, sondern bildet das Fundament dieses differenzierten normativen Parameters, der eine autonome Behandlung im Rahmen der Feststellung von sekundären Verwertungsverboten erfahren muss.

Eine solche Unterscheidung des Objekts der Hypothese erklärt auch die mögliche, differenzierte Bedeutung des Erfolgsunrechts bei der Ermittlung der primären Beweismittel im Vergleich zu den sekundären: Bei der Ermittlung von sekundären

1458 Zutreffend: SK-*Rogall* § 136 a, Rdn. 120; Schröder, Beweisverwertungsverbote, S. 72 ff.

1459 S. Kap. 4. C. V. 1.

Verwertungsverboten sind – wegen des Kausalzusammenhangs zwischen Verfahrensfehler und sekundärer Beweiserlangung[1460] – die Fehlerschwere sowie die Strafbedürftigkeit, in ihrem spezifischen Wert und in ihrer Bewertung, gleichbedeutend mit der Ermittlung von primären Verwertungsverboten. Im Vergleich dazu handelt es sich bei der Feststellung des Erfolgsunrechts um einen normativen Parameter, der andere Werte als bei der Ermittlung von primären Beweisverwertungsverboten aufweist.

Die Behandlung von Verlaufshypothesen sieht bei der Feststellung von mittelbaren Beweisverwertungsverboten nur binäre Lösungen vor: Wenn ihre Voraussetzungen im konkreten Fall zusammentreffen[1461] und entsprechend der Natur des Rechtsverstoßes ihre Anwendung[1462] gestattet ist, beschließen sie die endgültige Verwertbarkeit des sekundär erlangten Beweismittels. Da eine Verlaufshypothese nur bejaht oder verneint werden kann, erlaubt sie keine graduellen Abstufungen, die ein differenziertes Ergebnis ermöglichen würden, sondern wirkt immer als entscheidender Faktor für die Verwertbarkeit oder Unverwertbarkeit eines sekundären Beweismittels. Die hypothetischen Ermittlungsverläufe können infolgedessen – zumindest bei der Ermittlung von sekundären Beweisergebnissen – nicht als ein reiner Abwägungsparameter für die Bestimmung von sekundären Beweisverboten mit einem unspezifischen Wert in eine Gesamtabwägung einordnet werden (wie die Rechtsprechung[1463] und einige Autoren[1464] behaupten).

Nur wenn die Wirkungen und Grenzen der Hypothese in der Fernwirkungsproblematik genau bestimmt werden, können die Kritikpunkte der Autoren, die sich wegen des Mangels an genauen Voraussetzungen sowie der Unsicherheit ihrer Ergebnisse gegen eine Zulassung von Verlaufshypothesen aussprechen[1465], überwunden werden. Diese werden in den folgenden Kapiteln näher beschrieben.

I. Grenzen und Beschränkungen bei der grundsätzlichen Berücksichtigung von Verlaufshypothesen in der Lehre und Rechtsprechung

Der Grundsatz, dass hypothetische Ermittlungsverläufe im Strafverfahren zulässig sind,[1466] gilt nicht grenzenlos, sondern ist in seinem Anwendungsbereich nur auf bestimmte, nicht besonders schwerwiegende Verfahrensfehler, beschränkt.[1467] In

1460 S. Kap. 6.
1461 S. Kap. 10. G.
1462 S. Kap. 10. E. II.
1463 S. Kap. 10. B. I.
1464 S. Kap. 10. D.
1465 S. Kap. 10. D.
1466 S. Kap. 10. E.
1467 Vgl. Eisenberg, Beweisrecht, Rdn. 409; Paul, NStZ 2013, 489 (494); Pelz, Beweisverwertungsverbote, S. 156 ff.; SK-*Rogall* § 136 a, Rdn. 123; Rogall, NStZ 1988, 385

der Literatur gibt es mehrere Stimmen, die eine Verneinung der Zulassung hypothetischer Ermittlungsverläufe bei besonders groben Verfahrensfehlern in verschiedenen Konstellationen befürworten.

Eine erste Einschränkung bei der Berücksichtigung von hypothetischen Erwägungen, die große Anerkennung in der Literatur genießt, ist die Verneinung der Anwendbarkeit der Hypothese bei bewussten oder grob fahrlässigen Verletzungen der richterlichen Anordnungskompetenzen.[1468] Als Argument dafür wurde zutreffend darauf hingewiesen, dass in solchen Fällen die richterliche Entscheidungskompetenz ansonsten stets umgangen werden könnte, was den Richtervorbehalt, und deshalb den präventiven Rechtsschutz, *de facto* gegenstandslos machen würde. Könnten die richterlichen Anordnungskompetenzen folgenlos missachtet werden, hätte ein präventiver Rechtsschutz keinerlei Sinn mehr.[1469]

Die Rechtsprechung hat die Anwendung des hypothetischen Ermittlungsverlaufs bei einer groben Missachtung des Richtervorbehalts oder bei willkürlicher Bejahung einer Gefahr im Verzug ebenso ausgeschlossen.[1470] Der BGH hat – im Einklang mit der oben aufgeführten Literatur – festgehalten,[1471] dass wenn man einen hypothetisch rechtmäßigen Ermittlungsverlauf bei bewusster Missachtung oder gleichwertig grober Verkennung des Richtervorbehalts akzeptieren würde, die Einhaltung der Kompetenzregelung in diesen Fällen stets unterlaufen und der Richtervorbehalt letztlich sinnlos werden könnte. Damit würde – nach Ansicht der obersten Richter – das wesentliche Erfordernis eines rechtsstaatlichen Ermittlungsverfahrens, wonach Beweise nicht durch bewusstem Rechtsbruch oder durch gleichgewichtige Rechtsmissachtung erlangt werden dürfen, aufgegeben werden. Insofern entstünde aus der Duldung grober Missachtungen des Richtervorbehalts gar ein Ansporn, die Ermittlungen ohne Ermittlungsrichter einfacher und möglicherweise erfolgversprechender zu gestalten.

---

(391); Thiele, wistra 2004, 121 (126); SK-*Wolter* § 151 (Stand Juni 1994), Rdn. 207; Wolter, GS Kaufmann, S. 778.

1468 In diesem Sinne: Beulke, JURA 2008, 653 (660); Engländer / Volk, StPO, § 28, Rdn. 14; Landau / Sander, StraFo 1998, 397 (402); Mosbacher, NJW 2007, 3686 (3687); Pelz, Beweisverwertungsverbote, S. 168 f.; Ransiek, JR 2007, 436 (437); SK-*Rogall* § 136 a, Rdn. 122; Rogall, NStZ 1988, 385 (391); SSW-*Beulke*, Einl. Rdn. 271; Schneider, NStZ 2009, 46 (52); Thiele, wistra 2004, 121 (126); Weiler, GS Meurer, S. 418.

1469 Vgl. Beulke, JURA 2008, 653 (660); Engländer / Volk, StPO, § 28, Rdn. 14; Jäger, FS Wolter, S. 959; Mosbacher, NJW 2007, 3686 (3687); Ransiek, JR 2007, 436 (437); Rogall, NStZ 1988, 385 (391); SSW-*Beulke*, Einl. Rdn. 271; Weiler, GS Meurer, S. 418. A.A. BGH NStZ 2004, 449 (450).

1470 Vgl. BGHSt 51, 285 (295 f.); BGH NStZ 2012, 104 (105). OLG Koblenz NStZ 2002, 660 (661). LG Heilbronn StV 2005, 380 (382); LG Darmstadt StV 1993, 573 (574). AG Tiergarten StV 2003 663 (664).

1471 BGHSt 51, 285 (295 f.). Vgl. auch BGH NStZ 2012, 104 (105). OLG Dresden NJW 2009, 2151; OLG Hamburg NJW 2008, 2597.

Ebenso räumt ein bedeutender Teil der Lehre Hypothesen bei grob fahrlässiger Missachtung oder bei bewusster Verletzung von Verfahrensvorschriften, wie es auch bei willkürlichen und vorsätzlichen Rechtsverstößen der Fall ist, keinen Raum ein.[1472]

Ein relevanter Teil der Lehre schließt hypothetische Ermittlungsverläufe ferner bei Verletzungen des Kernbereichs der Grundrechte aus.[1473] In diesem Sinne versteht *Kelnhofer* den Kernbereich der Grundrechte als absolut geschützten Bereich, bei dem Beweisverwertungsverbote als eine objektive Sanktion zwingend eintreten ohne Rücksicht auf hypothetische Ermittlungsverläufe.[1474] Ähnlich ist, laut *Rogall,* bei Kernbereichsverletzungen ein Rückgriff auf hypothetische Ermittlungsverläufe versagt, was sich aus dem angemessenen Schutz des Rechts auf ein faires Verfahren bei besonders schweren, fehlerhaften Eingriffen ergibt.[1475]

II. Eigene Ansicht

Den oben genannten Einschränkungen der Zulassung von hypothetischen Ermittlungsverläufen ist zuzustimmen. Eine Berücksichtigung hypothetischer Erwägungen kann nicht schrankenlos erfolgen, sondern ist von vornherein insofern beschränkt, wenn die Schwere der Rechtsverletzung eine Verwertungssperre fordert.[1476] Die hypothetischen Erwägungen werden folglich nicht als ein allgemeingültiges Prinzip bei der Feststellung von Beweisverwertungsverboten bzw. deren Fernwirkung angesehen. Sie wirken nur in begrenzten Fällen bei nicht besonders schwerwiegenden Verfahrensfehlern, da es bei letzteren keinen Raum für eine Verlaufshypothese gibt.[1477]

Diese Schlussfolgerung leitet sich zunächst aus der hier vertretenen normstabilisierenden Funktion von Beweisverwertungsverboten ab:[1478] Die Legitimität einer Entscheidung, die einen schwerwiegenden Verfahrensfehler durch hypothetische Erwägungen heilt, würde im Fall einer besonders schwerwiegenden Rechtsverletzung in Frage gestellt werden. Wie die Existenz der absoluten Revisionsgründe (§ 338 StPO) zeigt, ist bei besonders schwerwiegenden Verfahrensfehlern kein Platz für hypothetische Erwägungen, weil – wegen des erheblichen Gewichts des Verfahrensverstoßes – die Notwendigkeit eines ausnahmslosen Beweisverwertungsverbots besteht. Da bei schwerwiegenden Verfahrensfehlern die Rechtsgrundlage

1472 Meurer, JR 1990, 389 (391 f.); Ossenberg, Die Fernwirkung, S. 73; Pelz, Beweisverwertungsverbote, S. 179 ff.; SK-*Rogall* § 136 a, Rdn. 122; Rogall, NStZ 1988, 385 (392); Roxin, NStZ 1989, 375 (379).

1473 Kelnhofer, Hypothetische Ermittlungsverläufe, S. 183 ff.; SK-*Rogall* § 136 a, Rdn. 123; Wolter, NStZ 1993, 1 (7).

1474 Kelnhofer, Hypothetische Ermittlungsverläufe, S. 183 ff.

1475 SK-*Rogall* § 136 a, Rdn. 123.

1476 SK-*Rogall* § 136 a, Rdn. 123; Thiele, wistra 2004, 121 (126).

1477 In diesem Sinne auch: Hofmann, JuS 1992, 587 (589).

1478 S. Kap. 1.B. VI.

besonders beeinträchtigt ist, ist die Annahme eines Verwertungsverbots notwendig, um die Legitimation des Strafverfahrens nicht zu gefährden.[1479] Das ist bei schweren Verstößen gegen grundlegende Verfahrensvorschriften stets der Fall.

Dies gilt umso mehr, wenn eine Maßnahme ohne Rechtsgrundlage eingeleitet wird, der Eingriff den Kernbereich eines Grundrechts betrifft oder grundlegende Verfahrenspositionen entwertet, der Eingriff das Ziel hat, Rechte des Betroffenen zu umgehen oder ihm diese Rechte vorzuenthalten und das Recht auf ein faires Verfahren beeinträchtigt erscheint.[1480] Solche schwerwiegenden Rechtsfehler gelten auch als Grenzen des Anwendungsbereichs von hypothetischen Erwägungen.

Die Beachtung des präventiven Rechtsschutzes und des richterlichen Vorbehalts verbietet[1481] es in allen Fällen, Maßnahmen ohne Rechtsgrundlage durchzuführen. Die Berücksichtigungsfähigkeit hypothetischer Ermittlungsverläufe bedarf bei einer Übergehung der richterlichen Anordnungskompetenzen einer Beschränkung unter dem Aspekt des präventiven Rechtsschutzes.[1482] In diesem Sinne dürfen bei bewussten Verstößen, bei bewusster Umgehung oder schwerer fehlerhafter Verkennung des Richtervorbehalts hypothetisch rechtmäßige Ermittlungsverläufe nicht berücksichtigt werden, weil sonst die verletzten Normen ihre Effektivität verlieren. Außerdem ist bei gezielten bzw. bewussten Verletzungen, die eine Umgehung oder Entziehung der Rechte des Betroffenen zum Ziel haben, kein Platz für Hypothesen. Solche Fälle entsprechen einer unannehmbaren Verletzung des Rechts auf ein faires (strafrechtliches) Verfahren, was trotz möglicherweise hypothetisch rechtmäßigen Ermittlungsverläufen dazu führt, dass solche Fehler nicht folgenlos bleiben dürfen. Das Gleiche geschieht bei Verletzungen im absolut geschützten Kernbereich eines Grundrechts oder von grundlegenden Verfahrenspositionen. Dies sind Verstöße, die die Mindestanforderungen an die Legitimität des Strafrechtsverfahrens in Frage stellen und daher eine folgenschwere Reaktion hervorrufen müssen. In diesen schwerwiegenden Fällen entspricht die Stabilisierung der verletzten Norm durch ein Verwertungsverbot vielmehr einem Erfordernis, welches durch eine Hypothese nicht beseitigt werden kann.

Die oben genannten Einschränkungen bei der Zulässigkeit von hypothetischen Ersatzeingriffen vermindern den Anwendungsbereich im Rahmen der Fernwirkungsproblematik bedeutend, was natürlich ihre praktische Relevanz beeinflusst.[1483]

Die erwähnten schwerwiegenden Rechtsverstöße umfassen einen beschränkten Katalog von Verfahrensfehlern, welche außerhalb des Anwendungsbereichs von hypothetischen Ermittlungsverläufen stehen. Bei nicht besonders schwerwiegenden Fällen ist es möglich, durch hypothetische Erwägungen den normativen

---

1479 Vgl. BGHSt 51, 285 (290).
1480 S. Kap. 1. F. X.
1481 Thiele, wistra 2004, 121 (126).
1482 SK-*Rogall* § 136 a, Rdn. 121; Rogall, NStZ 1988, 385 (391). Vgl. BGHSt 31, 304 (306).
1483 Vgl. Löffelmann, Die normativen Grenzen, S. 58.

Zusammenhang zwischen Rechtsfehler und sekundärer Beweiserlangung zu beseitigen, und folglich eine Fernwirkung des Verbots zu verneinen. Wenn man – z. B. bei nicht bewussten Verletzungen des Richtervorbehalts, sowie generell bei nur fahrlässigen Verletzungen des Rechts des Betroffenen, jedoch nicht bei einer Kernbereichsverletzung – von nicht besonders schwerwiegenden Fehlern sprechen kann, spielen die hypothetischen Erwägungen bei der Ermittlung der Fernwirkung von Beweisverwertungsverboten im normativen Zusammenhang eine wichtige Rolle.

III. Die Wirkung der hypothetischen Ermittlungsverläufe im Zusammenspiel einer durch einen Prozessverstoß erlangten Wissensnutzung und der Erlangung von mittelbaren Beweismitteln

Wenn man die Fernwirkung von Beweisverwertungsverboten wegen der Anwendung eines hypothetischen Ermittlungsverlaufs verneint und infolgedessen die Verwertbarkeit von mittelbar erlangten Beweismitteln bejaht, muss man sich fragen, welche Wirkung dieses rechtmäßige Alternativverhalten in der kausal-normativen Verknüpfung zwischen dem auf einer Verletzung des Beweiserhebungsverbots beruhenden, erlangten Wissen und dem durch die Nutzung dieses Wissens erlangten mittelbaren Beweismittel hat.[1484]

Diese Frage spielt eine wesentliche Rolle:[1485] Wenn man den hypothetischen Ermittlungsverläufen eine Wirkung in der kausalen Verknüpfung zuschreibt, werden Verlaufshypothesen unabhängig von der Schwere der in Frage kommenden Verfahrensfehler konsequent und ausnahmslos angewandt. Davon ausgehend käme es wegen fehlender Entstehungsvoraussetzungen eines echten Fernwirkungsfalls stets zu einer Verwertung eines mittelbar erlangten Beweismittels. Wenn man im Vergleich dazu eine Wirkung auf die normative Ebene des Zusammenhangs anerkennt, kann man ihren Anwendungsbereich beschränken und – im Einklang mit der oben zitierten Lehre und Rechtsprechung – im Falle eines besonders schwerwiegenden Verfahrensfehlers eine Berücksichtigung hypothetischer Erwägungen ausschließen.

Diesbezüglich haben einige Autoren[1486] sowie ein Teil der Rechtsprechung[1487] die Ansicht vertreten, dass, wenn die Strafverfolgungsorgane bei rechtmäßiger

---

1484 S. Kap. 6.

1485 Dagegen: Knoll, Die Fernwirkungen, S. 111, der der Frage nur eine *„untergeordnete, terminologische Bedeutung"* beimisst.

1486 U.a. Klug, Verhandlungen des 46. Deutschen Juristentages, Band II, F 39; F 46 f.; Sendler, Die Verwertung rechtswidrig erlangter Beweismittel, S. 49; Welp, Die strafprozessuale Überwachung, S. 70. Aus einer revisionsrechtlichen Ansicht: Schöneborn, GA 1975, 33 (38, Fn. 40).

1487 OLG Köln NJW 1216 (1217).

Beweiserhebung das gleiche Beweisergebnis erlangt hätten, man nicht mehr von einem Kausalzusammenhang zwischen dem durch eine Verletzung des Beweiserhebungsverbots erlangten Wissen und dem durch die Nutzung dieses Wissens erlangten mittelbaren Beweismittel sprechen kann. Als Folge der hypothetischen Erlangung eines Beweismittels wird – dieser Meinung nach – ein bestehender Kausalzusammenhang beseitigt bzw. überholt, sodass die Erlangung des Beweises nicht mehr auf einem Verfahrensverstoß beruht.

Dieser Ansicht ist nicht zu folgen. In den Fällen der hypothetischen Kausalität kann man nicht von einer fehlenden oder überholenden Kausalität sprechen. Ein hypothetischer Ermittlungsverlauf kann einen schon bestehenden Kausalzusammenhang zwischen Fehler und Beweiserlangung nicht beseitigen oder überholen.[1488]

In diesem Sinne sind Verlaufshypothesen nicht geeignet, den Kausalzusammenhang zu eliminieren, weil in der Realität eine andere Ursachenreihe eben *nicht* stattgefunden hat:[1489] nur ein tatsächliches Ereignis (nicht aber ein hypothetisches) kann in einem bereits bestehenden Kausalzusammenhang wirken. Bei einer hypothetisch rechtmäßigen Beweiserlangung bleibt infolgedessen die – bereits festgestellte – Kausalverbindung zwischen dem tatsächlichen Geschehensablauf und dem konkreten Erfolg unberührt.[1490]

Die hypothetischen Ermittlungsverläufe haben vielmehr die Wirkung einer normativen Aufhebung des Zusammenhangs zwischen einer verbotenen Wissensnutzung und der Erlangung des Sekundärbeweismittels. Das Ergebnis eines geprüften hypothetischen Ermittlungsverlaufs wirkt also nicht auf der kausalen Ebene, sondern auf einer normativen[1491]: sie löst nicht ein Kausalitäts-, sondern

1488 In diesem Sinne: Beulke, ZStW 103 (1991), 657 (660, 676 f.); Godenzi, Private Beweisbeschaffung, S. 270; Harris, StV 1991, 313 (322); Herdegen, Wahrheitsfindung und ihre Schranken, S. 121; Jäger, Beweisverwertung und Beweisverwertungsverbote, S. 121; 231; Kelnhofer, Hypothetische Ermittlungsverläufe, S. 100; Knoll, Die Fernwirkungen, S. 110, Fn. 36; Pelz, Beweisverwertungsverbote, S. 48; Reichert-Hammer, JuS 1989, 446 (450); Reinecke, Die Fernwirkung, S. 205; Rogall, NStZ 1988, 385 (390); Schlüchter, JR 1984, 517 (519); Schröder, Beweisverwertungsverbote, S. 77.

1489 Vgl. Godenzi, Private Beweisbeschaffung, S. 271; Kelnhofer, Hypothetische Ermittlungsverläufe, S. 100; Pelz, Beweisverwertungsverbote, S. 48; Reichert-Hammer, JuS 1989, 446 (450); Schröder, Beweisverwertungsverbote, S. 77; Wohlers, FS Fezer, S. 324; ders., NStZ 1990, 245 (246).

1490 Zutreffend: Schröder, Beweisverwertungsverbote, S. 77; Wohlers, FS Fezer, S. 324.

1491 Zutreffend: Fezer, JR 1991, 85 (87); Herdegen, Wahrheitsfindung und ihre Schranken, S. 121; Jäger, Beweisverwertung und Beweisverwertungsverbote, S. 121; Kelnhofer, Hypothetische Ermittlungsverläufe, S. 178; Reichert-Hammer, JuS 1989, 446 (450); Reinecke, Die Fernwirkung, S. 206 ff.; Schlüchter, FS Krause, S. 495; ders., JR 1984, 517 (519); ders., Das Strafverfahren, Rdn. 4.1. Bezüglich der privaten Beweisbeschaffung: Godenzi, Private Beweisbeschaffung, S. 280 ff. Kritisch: Wohlers, FS Fezer, S. 324 ff.

ein Wertungsproblem[1492]. Wenn ein sekundäres Beweismittel durch hypothetische Erwägungen erlangt werden kann, ist die normative Verknüpfung zwischen einem tatsächlich geschehenen Verfahrensfehler und dem Beweisergebnis aufgehoben, was zur Verwertbarkeit des Beweismittels führt.[1493]

Die Autoren, die eine Berücksichtigung von hypothetischen Ermittlungsverläufen ablehnen, weil eine Gesetzesverletzung durch hypothetische Erwägungen nicht wieder rückgängig gemacht werden kann, treffen nicht den richtigen Punkt.[1494] Obgleich sie vollkommen Recht haben, dass die hypothetischen Ermittlungsverläufe keinen Einfluss auf die kausale Ebene des Zusammenhanges haben, verfolgen sie mit ihren Einwänden das falsche Ziel. Wie in Kapitel 4. C. V. 5 ausführlich dargestellt wird, gehören Kausalität und Normativität zu verschiedenen Prüfungsstufen innerhalb des Schemas der Fernwirkung von Beweisverwertungsverboten. Der Inhalt und die Bestimmung dieser Prüfungsstufen müssen voneinander getrennt analysiert werden.

F. Das Bezugsobjekt der Hypothese

Relevant für die Bestimmung der konkreten Erfordernisse der hypothetischen Beweiserlangung ist die Frage nach dem Bezugspunkt einer solchen Hypothese. Diese Frage bezieht sich auf das, was genau bei einem hypothetischen Ermittlungsverlauf hätte erlangt werden können. Mehr als eine nur semantische Frage von rein theoretischer Bedeutung hat sie wesentliche, praktische Folgen: je konkreter das Bezugsobjekt der Hypothese ist, desto begrenzter ist der Raum für die Anwendung solcher Gedankengänge. In der Literatur[1495] gibt es keine einheitliche Meinung hierzu. Zunächst sind die Autoren zu erwähnen, die eine hypothetisch rechtmäßige Erlangung des konkreten Beweismittels als Bezugsobjekt der Verlaufshypothese fordern.[1496] Im Gegensatz dazu gibt es andere Autoren, die das Beweisergebnis[1497]

1492 Zutreffend: Schlüchter, FS Krause, S. 490.

1493 Herdegen, Wahrheitsfindung und ihre Schranken, S. 118 ff.; Kelnhofer, Hypothetische Ermittlungsverläufe, S. 101; Reichert-Hammer, JuS 1989, 446 (450); Schlüchter, FS Krause, S. 490 ff.; ders., JR 1984, 517 (520).

1494 Dencker, Verwertungsverbote, S. 82; Haffke, GA 1973, 65 (80 ff.); Rogall, ZStW 91 (1979), 1 (33); Schellhammer, NJW 1972, 319 (320).

1495 Über den Meinungsstand in der Literatur, s. Godenzi, Private Beweisbeschaffung, S. 294.

1496 Amelung, FS Roxin, S. 1262; Engländer, Examens-Repetitorium, Rdn. 261; Harris, StV 1991, 313 (322); Kelnhofer, Hypothetische Ermittlungsverläufe, S. 267 ff.; Reichert-Hammer, JuS 1989, 446 (450); Wohlers, NStZ 1990, 245 (246).

1497 Engländer / Volk, StPO, § 28, Rdn. 14; Hartmann / Schmidt, Strafprozessrecht, Rdn. 1134; KMR-*Paulus* § 244 Rdn. 517; Otto, GA 1970, 289 (292, Fn. 22); SK-*Rogall* §136 a, Rdn. 121; Rogall, NStZ 1988, 385 (392); Schlüchter, Das Strafverfahren, Rdn. 4.1. Undifferenziert akzeptiert Kleinknecht, NJW 1966, 1537 (1538) entweder dasselbe Beweismittel oder Beweisergebnis.

selbst oder sogar die Überführung des Beschuldigten[1498] als Bezugsobjekt befürworten.

Auch in der Rechtsprechung gibt es dazu keine einheitliche Position. Obwohl sich der BGH in den Entscheidungen, die eine Berücksichtigungsfähigkeit von Hypothesen bejahen, auf das konkrete Beweismittel bezieht,[1499] gibt es auch andere Urteile, in denen er sich auf das Beweisergebnis[1500] oder sogar – wie in BGHSt 32, 68 (71)[1501] – die Überführung des Täters beruft.

Die Stimmen, die die Überführung des Beschuldigten als Bezugsobjekt der Hypothese berücksichtigen, vergessen allerdings, dass sich die entscheidende Frage der hypothetischen Ermittlungsverläufe darauf bezieht, die Verwertbarkeit oder Unverwertbarkeit eines konkreten Beweismittels zu bestimmen und nicht darauf, die allgemeine Überführung des Beschuldigten herbeizuführen: [1502] eine solche Überführung kann auch auf andere als das in Frage stehende Beweismittel gestützt werden. Gegen die Stimmen, die das Beweisergebnis als Bezugsobjekt der Hypothese betrachten, kann man dieselben Vorwürfe anbringen: mit einer solchen Forderung erlaubt man eine Ersetzung des in Frage stehenden Beweismittels durch ein anderes – externes – Beweismittel und fällt damit in eine unzulässige Erweiterung des Bezugsobjekts der Hypothesen. Durch die Berufung auf ein Beweisergebnis kann man also nicht mehr von einer Wirkung solcher Hypothesen im normativen Zusammenhang zwischen tatsächlicher und hypothetischer Beweiserlangung sprechen, weil solche diffusen Bezugsobjekte nicht auf das in Frage stehende Beweismittel als solches abzielen, sondern auf ein Ergebnis, das mit der Verwertbarkeit des sekundären Beweismittels nicht unbedingt identisch ist.[1503]

Diesbezüglich betrifft die Hypothesenbildung nur einen konkreten Verfahrensfehler, welcher ein spezifisches, rechtswidrig erlangtes Beweismittel umfasst.[1504] Davon ausgehend muss man das konkrete Beweismittel als Bezugsobjekt der Hypothese berücksichtigen, um das Bezugsobjekt der Hypothese nicht in einer unzulässigen Art und Weise zu erweitern.

1498 SK-*Wolter* § 151, Rdn. 203 (Stand Juni 1994); Wolter, NStZ 1984, 276 (277). Allerdings hat *Wolter* in seinen neuen Beiträgen (Wolter, 50 Jahre BGH, S. 996) seine Meinung geändert und nun das Beweismittel als Bezugsobjekt der hypothetischen Ermittlungsverläufe vorgeschlagen.

1499 BGHSt 24, 125 (130); 34, 39 (53); BGH NStZ 2002, 660 (661); 2004, 449(450).

1500 BGH NStZ 1997, 294(295).

1501 S. Kap. 10.C.

1502 Zutreffend: Godenzi, Private Beweisbeschaffung, S. 298; Grünwald, JZ 1966, 489 (495, 501); Kelnhofer, Hypothetische Ermittlungsverläufe, S. 267 f.; Pelz, Beweisverwertungsverbote, S. 146 ff.; Pitsch, Strafprozessuale Beweisverbote, S. 285; Reichert-Hammer, JuS 1989, 446 (450); Schlüchter, JR 1984, 517 (520); Schröder, Beweisverwertungsverbote, S. 75 f.; Wolter, 50 Jahre BGH, S. 996.

1503 Vgl. Kelnhofer, Hypothetische Ermittlungsverläufe, S. 269.

1504 Vgl. ders., Hypothetische Ermittlungsverläufe, S. 267.

Das Erfordernis eines konkreten Beweismittels als Bezugsobjekt der Hypothese bedeutet aber nicht, dass das hypothetisch erlangte Beweismittel absolut identisch mit dem tatsächlich erlangten Beweismittel sein muss. Wenn man eine komplette Gleichartigkeit zwischen dem tatsächlichen und dem hypothetisch erlangten Beweismittel fordert, begibt man sich auf ungewisses Gelände: wie kann man sich sicher sein, ob die hypothetisch rechtmäßige Erhebung des Beweismittels in derselben Form und in demselben Zustand wie beim tatsächlich erfolgten, rechtswidrigen Verlauf möglich gewesen wäre?[1505]

So eine gegenständliche Übereinstimmung ist nicht erforderlich. Im Grunde genommen sind die meisten Unterschiede in der Identität des tatsächlich erlangten und des hypothetischen Beweismittels – die entweder einen zeitlichen Unterschied oder eine Manipulation des Beweismittels als Ursache haben – beweisrechtlich irrelevant: sie sind für die richterliche Würdigung eines Beweismittels nicht entscheidend. Obgleich es bei bestimmten Beweisgegenständen (z. B. bei der Entdeckung von Schriftstücken) in der Tat möglich wäre, den gleichen Gegenstand tatsächlich und hypothetisch zu erlangen, ist eine völlige Kongruenz des hypothetisch und des tatsächlich erlangten Beweismittels nicht entscheidend, sondern nur die Übereinstimmung der Werte beider Beweismittel für die richterliche Würdigung. Wenn z. B. eine Leiche aufgrund eines Geständnisses, dass mit Hilfe von verbotenen Vernehmungsmethoden gemäß § 136 a Abs. 1 StPO erlangt wurde, um 15:30 Uhr gefunden wurde, spielt es für die Feststellung der Identität der Leiche in der Regel keine Rolle, ob diese basierend auf einer bereits begonnenen polizeilichen Fahndung um 16:00 Uhr entdeckt worden wäre, obwohl man aufgrund der progressiven Zersetzung des Körpers in beiden Fällen nicht vom gleichen Beweisgegenstand sprechen kann. Die Lage sähe anders aus, wenn die Leiche erst nach einem langen Zeitraum gefunden worden wäre, was eine gründliche Untersuchung der Leiche unmöglich machen würde.

G. Die Bildung der Verlaufshypothese

I. Abstrakte oder konkrete Hypothesenbildung?

Eine wesentliche Frage im Rahmen der Hypothesenbildung ist, ob rein abstrakte Hinweise auf grundsätzlich rechtliche Möglichkeiten, ein solches Beweismittel zu erlangen bestehen oder bestanden, oder ob die Strafverfolgungsorgane dasselbe

1505 Diese Voraussetzung wäre – wie Schöneborn, GA 1975, 33 (38, Fn. 40) zutreffend bemerkt – nur im Ausnahmefall anwendbar. Bei anderen Beweisen lassen sich die Ergebnisse bei geringfügigen Zeitverzögerungen (wie die Blutalkoholkonzentration bei einer Blutprobe) variieren.

Beweismittel durch gesetzestreues Vorgehen tatsächlich hätten erlangen können.[1506]

Einige Autoren[1507] sowie die Mehrheit der Rechtsprechung haben eine abstrakte Hypothesenbildung mehrmals[1508] gefordert. So wird die hypothetische Beweismittelerlangung lediglich an der abstrakten Gesetzeslage gemessen – also allgemein auf die rechtliche Möglichkeit der Beweisgewinnung abgestellt – ohne Rücksicht darauf, ob die Erlangung der entsprechenden Beweismittel unter den konkreten Umständen hätte realisiert werden können. Paradigmatisch ist in diesem Sinne der berühmte *Medizinalassistentenfall*,[1509] in dem der BGH es für die Verwertung des Beweismittels ausreichend befunden hat, dass eine durch einen Nichtarzt entnommenen Blutprobe grundsätzlich legal hätte gewonnen werden können, ohne Rücksicht darauf, ob ein Arzt zum Zeitpunkt der Blutentnahme in unmittelbarer Nähe gewesen wäre und die Entnahme hätte vornehmen können. Eine abstrakte Hypothesenbildung wurde vom BGH auch im Fall *Weimar* befürwortet.[1510] Der BGH hat damals unter Berücksichtigung hypothetischer Ermittlungsverläufe festgestellt, dass die bei der zweiten gesetzwidrigen Hausdurchsuchung gefundenen Beweismittel vollkommen verwertbar sind, weil *„es den Ermittlungsorganen jederzeit möglich gewesen wäre, einen erneuten richterlichen Hausdurchsuchungsbefehl zu erwirken"*. In diesem Fall wurde also vom BGH nicht geprüft, ob ein Richter unter den Umständen des konkreten Falls die zweite Hausdurchsuchung genehmigt hätte, sondern nur, ob der zuständige Richter nach der Gesetzeslage einen Hausdurchsuchungsbefehl erlassen hätte. In der zuvor genannten Entscheidung des OLG Zweibrücken NJW 1994, 810, f.[1511] wurde die Verwertbarkeit einer Blutprobe, die zur Operationsvorbereitung entnommen wurde, auch mittels einer abstrakten Hypothesenbildung bejaht, weil eine gesetzmäßige Anordnung einer Blutentnahme bei Verkehrsunfällen dieser Art stets getroffen wird.[1512] Auch in der

1506 Ausführlich zum Thema: Godenzi, Private Beweisbeschaffung, S. 300 ff.; Pelz, Beweisverwertungsverbote, S. 146 ff.; Schröder, Beweisverwertungsverbote, S. 111 f.

1507 Haller / Conzen, Strafverfahren, Rdn. 573; Jescheck, Verhandlungen des 46. Deutschen Juristentages, Band II, S. 2; Kleinknecht, NJW 1966, 1537 (1538); Peters, Verhandlungen des 46. Deutschen Juristentages, Band I, S. 101.

1508 BGHSt 24, 125 (130); 44, 243 (250); 48, 240 (249): BGH NStZ 1989, 375 (376); 1997, 294 (295); 2004, 449 (450); BGH NJW 2003, 2034 (2035 f.); OLG Celle NStZ 1989, 385 (385 f.); OLG Zweibrücken NJW 1994, 810 (811); OLG Frankfurt a.M. NStZ-RR 1999, 246. Bei Ordnungswidrigkeiten: BayObLG NJW 1997, 3454 (3455). Bezüglich der Fernwirkungsproblematik: BGHSt 32, 68 (71); 34, 362 (365); OLG Oldenburg NStZ 1995, 412. S. Kap. 10. C.

1509 S. Kap. 10. B. I. BGHSt 24, 125 (130).

1510 S. Kap. 10. B. I. BGH NStZ 1989, 375 (376) = BGHSt 36, 119 ff. mit Anmerkung von: Fezer, StV 1989, 290; Meurer, JR 1990, 389; Roxin, NStZ 1989, 375.

1511 S. Kap. 10. B. I.

1512 OLG Zweibrücken NJW 1994, 810 (811). Allerdings hat das OLG in diesem Fall angemerkt, dass solche Hypothesenbildung nicht bloß eine abstrakte Möglichkeit,

Fernwirkungsproblematik hat der BGH in BGHSt 32, 68 (71) und vor allem im BGHSt 34, 362 (365) eine rein abstrakte Hypothesenbildung gefordert, um solche Hypothese bejahen zu können.[1513]

Eine abstrakte Hypothesenbildung führt allerdings nicht unbedingt immer zu einer Verneinung von Beweisverwertungsverboten, sondern im Grunde genommen zu undifferenzierten Ergebnissen je nach Art des in Frage stehenden Verwertungsverbots, dessen primäre oder sekundäre Wirkung durch hypothetische Ermittlungsverläufe geheilt werden kann.

Eine abstrakte Hypothesenbildung bei Verletzungen von Rechten des Angeklagten – vor allem des § 136 bzw. § 136 a StPO – führt zu einer grundsätzlichen Bejahung eines Verwertungsverbots bzw. dessen Fernwirkung. Der Grund liegt darin, dass, wenn man z. B. den Angeklagten über seine Rechte belehrt hätte bzw. ihm gegenüber keine verbotene Vernehmungsmethode angewandt hätte, ein Geständnis und infolgedessen die Entdeckung von mittelbaren Beweismitteln nicht erfolgt wäre.[1514]

Allerdings führen – statistisch gesehen relevanter als die oben genannten Fälle – abstrakte, hypothetische Ermittlungsverläufe in den meisten Situationen (vor allem bei fehlenden oder gesetzeswidrigen richterlichen Anordnungen einer Ermittlungsmaßnahme) zu einer generellen Verneinung einer Fernwirkung von Beweisverwertungsverboten und infolgedessen zu einer Nicht-Berücksichtigung von Verfahrensfehlern.[1515]

Die Idee einer abstrakten Hypothesenbildung, wonach die legale Möglichkeit einer rechtmäßigen Beweiserlangung nach der Gesetzeslage ohne Berücksichtigung der konkreten Umstände des Einzelfalls genügt, war Gegenstand intensiver Kritik und findet heutzutage fast keine Unterstützung in der Literatur.[1516]

Die abstrakten Hypothesenbildungen führen nicht nur zu irreführenden Ergebnissen – weil auch solche Beweisergebnisse verwertbar wären, die die Ermittlungsbeamten tatsächlich bei legalem Verhalten gar nicht hätten erlangen können[1517] – sondern wirken in der Praxis – ohne erkennbare Grundlage – im Sinne einer Vermutung einer hypothetischen Beweiserlangung zum Nachteil des

---

sondern *„der übliche Verlauf"* seien. Das ändert nichts an der Tatsache, dass es sich in diesem Fall um eine abstrakte Hypothesenbildung handelt, weil ihr Ausgangspunkt nicht in den konkreten Umständen des Einzelfalles zu finden ist.

1513 S. Kap. 10. C.

1514 In diesem Sinne OLG Oldenburg NStZ 1995, 412: „(...) *der Angeklagte wäre er vor seinen Vernehmung im Ermittlungsverfahren als Beschuldigter belehrt worden und hätte er, wovon zu seinen Gunsten auszugehen ist, geschwiegen,* (wäre) *es angesichts der Art und des nicht erheblichen Gewichts der Tat zu keinen weiteren Ermittlungen gegen ihn gekommen* (...)."

1515 Zutreffend: SK-*Rogall* § 136 a, Rdn. 121.

1516 Ausnahmsweise: Haller / Conzen, Strafverfahren, Rdn. 573. Kritisch u.a. Schröder, Beweisverwertungsverbote, S. 113 ff. S. auch: Beulke, ZStW 103 (1991), 657 (673 ff.).

1517 Fezer, NStZ 2003, 625 (630); Schröder, Beweisverwertungsverbote, S. 113.

Beschuldigten. Indem die Vermutung selbst auf einer abstrakten Gesetzeslage basiert, deren Eintrittsmöglichkeit vom Gesetzgeber anerkannt ist, wird die Möglichkeit, gegen eine solche Vermutung einen Gegenbeweis bzw. einen Beweis des Gegenteils zu führen, gegen Null reduziert. Eine derartige Vermutung macht es dem Angeklagten in der Praxis unmöglich, das Vorhandensein der Vermutungsbasis (Norm) sowie das Nicht-Vorliegen der vermuteten hypothetischen Tatsache zu bestreiten. Aus diesem Grund nähern sich die abstrakten Hypothesen den unwiderlegbaren, gesetzlichen Vermutungen an.[1518] Solche abstrakten Hypothesenbildungen in Form von unwiderlegbaren Vermutungen entsprechen in der Tat einer – so *Schlüchter* – *„Perversion des Zweifelsatzes*[1519]", wobei die Zweifel an einer hypothetischen Beweisauffindung in den meisten Situationen zu Lasten des Beschuldigten gehen.

Als Folge der oben genannten Vermutungen können die Ermittlungsorgane in diesen Fällen freilich entgegen einer Beweiserhebungsnorm vorgehen, ohne wesentliche Sanktionen zu riskieren: bereits vor ihrer rechtswidrigen Beweiserlangung wissen die Ermittlungsbeamten, dass, wenn es eine Norm gibt, die eine rechtmäßige Beweiserlangung unter bestimmten Voraussetzungen erlaubt, dasselbe Beweismittel auf gesetzmäßigem Wege – unabhängig von den konkreten Umständen des Einzelfalls – hätte gewonnen werden können. Infolgedessen finden sich die Strafverfolgungsorgane in einer besseren prozessualen Stellung als der Beschuldigte, weil sie trotz der Begehung eines Verfahrensfehlers in den meisten Fällen mit der Verwertbarkeit dieses Beweismittels belohnt werden.[1520] Aufgrund der Tatsache, dass eine abstrakte Hypothesenbildung bei fehlenden oder gesetzwidrigen, richterlichen Anordnungen eine Beachtung der Beweiserhebungsnormen seitens der Ermittlungsbehörden im konkreten Fall im Grunde genommen bedeutungslos macht, wird den Strafverfolgungsorganen kein Anlass gegeben, rechtstreu zu bleiben. In diesem Sinne gibt es für die Ermittlungsbehörden keinen Grund, wegen eines nicht vorhersehbaren Verwertungsverbots, eine rechtmäßige Ermittlungsmöglichkeit, die besondere Mühe (vor allem in Bezug auf die Erlangung der notwendigen richterlichen Genehmigungen) erfordert, anstatt des einfachen, allerdings viel schnelleren, rechtswidrigen Ermittlungswegs zu wählen.[1521] Davon ausgehend führt eine rein abstrakte Hypothesenbildung im Ergebnis dazu,

---

1518 Rechtssätze, die bestimmte Rechtsfolgen anordnen, unabhängig davon, ob die Vermutung im Einzelfall mit der Wirklichkeit übereinstimmt oder nicht. Vgl. Correa Robles, REJ 2014, 115 (125); MK-ZPO-*Prütting* § 292, Rdn. 4. Beispiele von unwiderlegbaren, gesetzlichen Vermutungen sind in § 1566 Abs. 1, BGB, § 344 Abs. 2 HGB enthalten.

1519 Schlüchter, JR 1984, 517 (520). Ihr folgend: Neuhaus, NJW 1990, 1221 (1222); Reichert-Hammer, JuS 1989, 446.

1520 Zutreffend: Pelz, Beweisverwertungsverbote, S. 147 f.; Reinecke, Die Fernwirkung, S. 216; Schröder, Beweisverwertungsverbote, S. 117 f.; Wolter, NStZ 1984, 276 (277).

1521 Vgl. Gössel, NStZ 1998, 126 (130).

dass die Strafverfolgungsbehörden von den tatsächlichen Schwierigkeiten, die der Beweis dieser Hypothesen im kriminalistischen Alltag bedeutet, befreit werden.[1522]

Aus den oben genannten Gründen müssen die Hypothesen in den Fernwirkungsfällen – wie die h.M. betont[1523] – konkret formuliert werden. Die normstabilisierende Funktion der Beweisverwertungsverbote kann nur gewährleistet werden, wenn tatsächlich eine konkrete Möglichkeit bestand, das Beweismittel auf rechtmäßigem Weise zu erlangen. Somit lautet die richtige Frage bei der Hypothesenbildung: Hätten die Strafverfolgungsorgane unter den konkreten Umständen des Einzelfalls das Beweismittel wirklich auch ohne Rechtsverstoß erlangt?[1524] Nur damit bleiben sowohl die Gültigkeit von Beweiserhebungsnormen, als auch die Beweislastregeln und folglich die Möglichkeit des Angeklagten, Beweise gegen die Existenz oder Wirkung von solchen Hypothesen anzuführen, unberührt.

Im Rahmen der Fernwirkungsproblematik hat das OLG Köln zutreffend in NJW 1979, 1216 (1217) [1525] eine konkrete Hypothesenbildung verlangt. Da in den Akten solcher Fälle keine Anhaltspunkte für die Präsenz gesetzmäßiger Verlaufshypothesen zu finden seien, hat das Gericht eine Berücksichtigung hypothetischer Kausalverläufe im konkreten Fall verneint und die Unverwertbarkeit des mittelbar erlangten Beweismittels bestätigt.

Wie bereits erwähnt wurde,[1526] entspricht die Berücksichtigung hypothetisch rechtmäßiger Ermittlungsverläufe einer Prüfungsstufe bei der Bestimmung der Fernwirkung von Beweisverwertungsverboten, welche nach einer differenzierten Untersuchung des primären und des sekundären Beweismittels festgelegt wird.

1522 Fezer, NStZ 2003, 625 (603); Jäger, Beweisverwertung und Beweisverwertungsverbote, S. 122; Kelnhofer, Hypothetische Ermittlungsverläufe, S. 277; Schröder, Beweisverwertungsverbote, S. 113.

1523 In diesem Sinne: AK-*Gundlach* § 136 a, Rdn. 85; Amelung, FS Roxin, S. 1262; Beulke, JURA 2008, 653 (661); ders., ZStW 103 (1991), 657 (674, 676); Fezer, NStZ 2003, 625 (629 f.); ders., JR 1991, 85 (87); Gössel, NStZ 1998, 126 (129 f.); Grünwald, Beweisrecht, S. 161; ders., JZ 1966, 489 (496); Harris, StV 1991, 313 (322); Herdegen, Wahrheitsfindung und ihre Schranken, S. 121; Hofmann, JuS 1992, 587 (589); Kelnhofer, Hypothetische Ermittlungsverläufe, S. 267 ff.; 276 ff; Knoll, Die Fernwirkungen, S. 116; Meyer-Goßner / Schmitt, Strafprozessordnung, Einl. Rdn. 57 c; Ossenberg, Die Fernwirkung, S. 71; 188; Pelz, Beweisverwertungsverbote, S. 148; Pitsch, Strafprozessuale Beweisverbote, S. 286; SK-*Rogall* §136 a, Rdn. 121; Rogall, NStZ 1988, 385 (392); Roxin, NStZ 1989, 375 (379); SSW-*Beulke*, Einl. Rdn. 271; Schlüchter, JR 1984, 517 (519); Schröder, Beweisverwertungsverbote, S. 113; Thiele, wistra 2004, 121 (125); Welp, Die strafprozessuale Überwachung, S. 217; Wohlers, NStZ 1990, 245 (246); Wolter, FS Roxin, S. 1162, Fn. 54. Differenziert: Godenzi, Private Beweisbeschaffung, S. 304 ff.; Rogall, NStZ 1988, 385 (392), die überzeugend einen abstrakten, hypothetischen Ersatzeingriff bei Zufallsfunden fordern.

1524 Zutreffend durchgeführt, u. A am OLG Koblenz NStZ 2002, 660 (661); OLG Hamm NStZ 2007, 355(356).

1525 OLG Köln NJW 1979, 1217. S. Kap. 10.C.

1526 S. Kap. 4. C. V. 5.

Mit anderen Worten: Obwohl ein primäres, rechtswidrig erlangtes Beweismittel im konkreten Fall gesetzmäßig erlangt worden wäre, kann man diese Schlussfolgerungen nicht auf sekundäre Beweismittel übertragen. Für die sekundären Beweismittel benötigt man eine neue, separate Prüfung, deren Ergebnisse unabhängig von der hypothetischen, primären Beweismittelerlangung sind.

II. Erforderliches Beweismaß zur Berücksichtigung von Verlaufshypothesen

Wenn man eine konkrete Hypothesenbildung bei der Fernwirkung der Beweisverwertungsverbote anerkennt, ist die Frage des strafprozessualen Beweismaßes einer solchen Hypothesenbildung von wesentlicher Bedeutung. Wenn im Gegensatz dazu – wie der größte Teil der Rechtsprechung behauptet – eine abstrakte Hypothesenbildung ausreicht,[1527] ist diese Frage nicht umstritten, weil die hypothetische, mittelbare Beweismittelgewinnung lediglich bei der (in allen Fällen) möglichen Durchführung der im Gesetz normierten rechtmäßigen Erlangungshypothese unabhängig von konkreten tatsächlichen Umständen erfolgt.

In der Literatur und Rechtsprechung sind die Meinungen dazu ganz unterschiedlich und umfassen das gesamte Spektrum: von den wenigen Autoren, die *Sicherheit*[1528] als Beweismaß der Hypothese verlangen, bis hin zur Mehrheit der Rechtsprechung, für die eine hypothetische Beweiserlangung lediglich *möglich*[1529] sein muss. Die meisten Autoren vertreten eine Meinung, die sich in der Mitte dieser zwei extremen Positionen befindet, und verlangen einen bestimmten *Wahrscheinlichkeitsgrad.* Man unterscheidet dabei die Stimmen, die eine *höchste Wahrscheinlichkeit,*[1530] einen *höchstwahrscheinlichen Geschehensablauf*[1531], eine an

1527 S. Kap. 10. G. I.

1528 Hartmann / Schmidt, Strafprozessrecht, Rdn. 1134; Pelz, Beweisverwertungsverbote, S. 153 f.; Ransiek, StV 2002, 565 (571); Sendler, Die Verwertung rechtswidrig erlangter Beweismittel, S. 49.

1529 BGHSt 32, 68 (71); 48, 240 (249); 44, 243 (250); BGH NStZ 1989, 375 (376); 1997, 294, (295); 2004, 449 (450); BGH NJW 2003, 2034 (2035 f.); OLG Frankfurt NStZ-RR 1999, 246; NJW 1997, 2963, (2964) Kritik: Kelnhofer, Hypothetische Ermittlungsverläufe, S. 288 ff.; Pelz, Beweisverwertungsverbote, S. 151 ff.; Schröder, Beweisverwertungsverbote, S. 115 ff.

1530 Fezer, JR 1991, 85 (87); Schröder, Beweisverwertungsverbote, S. 115 ff.; Störmer, Dogmatische Grundlagen, S. 249; 254.

1531 Engländer, Examens-Repetitorium, Rdn. 261; Herdegen, NStZ 1990, 513 (517); ders., Wahrheitsfindung und ihre Schranken, S. 121; Hofmann, JuS 1992, 587 (589), Küpper, JZ 1990, 416 (423); Reichert-Hammer, JuS 1989, 446 (450); SK-*Rogall*, § 136 a, Rdn. 124; Rogall, NStZ 1988, 385 (392); Schröder, Beweisverwertungsverbote, S. 121 ff.; Störmer, Dogmatische Grundlagen, S. 249; 254; Wolter, NStZ 1984, 276 (277). Irreführend: Knoll, Die Fernwirkungen, S. 121.

Sicherheit grenzende Wahrscheinlichkeit[1532] oder sogar eine *Urteilswahrscheinlichkeit*[1533] fordern, von denjenigen, nach denen solche Hypothesen lediglich *wahrscheinlicher als das Gegenteil*[1534] sein müssen.

Für eine richtige Bestimmung des erforderlichen Beweismaßes ist es notwendig – wie einige Autoren[1535] zutreffend bemerken -, zwischen den der Verlaufshypothesenbildung zugrunde liegenden Tatsachen (Tatsachenbasis) einerseits und dem Eintritt der Hypothese bezüglich der Auffindung des Beweismittels (Prognose) andererseits zu differenzieren. Die Tatsachenbasis muss mit Sicherheit vorliegen: ihr Beweis entspricht der Prüfung einer im konkreten Fall feststellbaren Tatsache mit Hilfe eines zugänglichen Beweismittels.

Bezüglich des Beweises der Prognose muss die Hypothesenbildung auch durch ein hohes Beweismaß untermauert werden, damit ein Verwertungsverbot nicht durch einen rein spekulativen hypothetischen Ermittlungsverlauf sanktionslos bleibt, was wiederum – wie auch bei einer abstrakten Hypothesenbildung – ihre normstabilisierende Funktion[1536] nicht gewährleisten kann: die hypothetische Beweiserlangung muss mehr als nur spekulativ sein. [1537] Die Forderung nach einer Möglichkeit eines rechtmäßigen Ermittlungsverlaufes ist ungeeignet, um die Achtung der Grundrechte des Beschuldigten zu garantieren. Eine Hypothesenbildung durch die reine Möglichkeit einer rechtmäßigen Ermittlung als Maßstab ähnelt der abstrakten Hypothesenbildung und leidet daher unter ähnlichen Nachteilen.[1538]

Um die normstabilisierende Funktion der Beweisverbote zu gewährleisten, ist im Rahmen der Prognose eine *Höchstwahrscheinlichkeit* zu fordern.[1539] Ein solches Beweismaß gilt in allen Fällen, in denen eine Hypothesenbildung zulässig ist,[1540] also unabhängig vom Gewicht des Verfahrensverstoßes im konkreten Fall.

Die Hypothesen, die ein solches Beweismaß nicht erreichen, sind nicht geeignet, die Position des Beschuldigten im Strafverfahren zu beeinflussen: sie sind

---

1532 Jäger, GA 2008, 473 (494); ders., Beweisverwertung und Beweisverwertungsverbote, S. 230; Kelnhofer, Hypothetische Ermittlungsverläufe, S. 292 ff.; Roxin, NStZ 1989, 375 (379). Irreführend: Knoll, Die Fernwirkungen, S. 121. In der Rechtsprechung: BayObLG NJW 1997, 3454 (3455).

1533 Beulke, ZStW 103 (1991), 657 (670 f.).

1534 Reinecke, Die Fernwirkung, S. 216; Schlüchter, FS Krause, S. 492 ff.; ders., JR 1984, 517 (520).

1535 Eisenberg, Beweisrecht, Rdn. 410; SK-*Rogall* §136 a, Rdn. 124; Schröder, Beweisverwertungsverbote, S. 121 f.

1536 S. Kap. 1. B. VI.

1537 Harris, StV 1991, 313 (317).

1538 Zutreffend: Wolter, NStZ 1984, 276 (277).

1539 In der Rechtsprechung: BGH NStZ 2016, 531. Vgl. Eisenberg, Beweisrecht, Rdn. 410; SK-*Rogall* §136 a, Rdn. 124. Dieses Maß steht in Übereinstimmung mit dem sog. „*preponderance of evidence*" Standard des US-amerikanischen Rechts. S. Kap. 3. B. II. 2.

1540 S. Kap. 10. E. II.

daher als normative Aufhebung eines bestehenden Zusammenhangs nicht zu berücksichtigen. Andererseits darf man nicht vergessen, dass infolge seiner Natur als nur hypothetisch prognostizierbares, aber nicht tatsächlich geschehenes Ereignis ein höheres Beweismaß – wie bei der Tatsachenbasis erforderlich – nicht mit dem unsichtbaren Element der Prognose kompatibel ist.

III. Beweislast und Prüfung des hypothetischen Ermittlungsverlaufs

Die Beweislast bezüglich der hypothetischen Ermittlungsverläufe obliegt der Staatsanwaltschaft.

Für die Prüfung des konkreten Bezugsobjekts der Hypothese scheint es – im Einklang mit einem Teil der US-amerikanischen Rechtsprechung –, angemessen, die *„independence circumstances standards“* anzuwenden[1541]. Nach dieser Theorie müssen die Beweiselemente, die eine hypothetische Entdeckung des Beweismittels unvermeidlich machen, aus anderen Umständen als denjenigen, die aus der illegalen Suche selbst stammen, abgeleitet werden. Mittels dieser Standards kann man kontrollieren, ob die konkreten Elemente, die eine Hypothese bilden, nicht mit Fehlern kontaminiert sind, was die Rechtmäßigkeit eines hypothetischen Ermittlungsverlaufes in Frage stellen könnte. Nicht erforderlich ist aber eine völlig alternative und unabhängige Untersuchungslinie zum Zeitpunkt der richterlichen Verletzung im Sinne der *„activ pursuit rule“* anzuwenden.[1542]

Empfehlenswert, aber nicht notwendig ist – wie auch von einigen Autoren behauptet wird[1543] -, dass der hypothetisch rechtmäßige Kausalverlauf in den Ermittlungen vor der rechtswidrigen Maßnahme angelegt war. Dieser Umstand sieht von einigen Situationen ab, in denen die hypothetisch rechtmäßige Erlangung des Beweismittels vom Verhalten nichtpolizeilicher Dritter abhängt und somit nicht in den Ermittlungen angelegt war.[1544] Streng genommen darf man keinen Unterschied machen, ob das Beweismittel durch polizeiliche Untersuchungshandlungen oder durch das (nicht gesetzwidrige) Handeln Dritter gefunden worden wäre.[1545]

In der US-amerikanischen Rechtsprechung sind allerdings auch nichtpolizeiliche Ermittlungen vom Anwendungsbereich der Verlaufshypothese nicht

---

1541 S. Kap. 3. B. II. 2.

1542 S. Kap. 3. B. II. 2.

1543 Reichert-Hammer, JuS 1989, 446 (450); SK-*Rogall* §136 a, Rdn. 121; Rogall, NStZ 1988, 385 (392). Dagegen: Kelnhofer, Hypothetische Ermittlungsverläufe, S. 281 ff.; Pelz, Beweisverwertungsverbote, S. 154 f.; Schröder, Beweisverwertungsverbote, S. 122.

1544 In diesem Sinne: Schröder, Beweisverwertungsverbote, S. 122.

1545 Zutreffend: Pelz, Beweisverwertungsverbote, S. 154; Reinecke, Die Fernwirkung, S. 212; Schröder, Beweisverwertungsverbote, S. 123.

ausgeschlossen. Der im Kap. 3. B. II. 2 analysierte Fall *Nix v. Williams*[1546] illustriert, wie eine Leiche, die aufgrund einer Aussage, die unter Verstoß gegen das *Amendement* VI erlangt wurde, gefunden wurde, im Prozess als Beweis verwertbar ist, weil die Leiche nach einer nichtpolizeilichen Maßnahme – nämlich einer systematischen Suche der Leiche mit Hilfe von 200 Freiwilligen – wenige Stunden später erfolgreich gefunden worden wäre.

Auch andere Situationen, in denen die der Verlaufshypothesenbildung zugrundeliegenden Tatsachen nicht auf eine gezielte Operation der Polizei oder nichtpolizeilicher Dritter zurückgehen, sind vom Anwendungsbereich der Verlaufshypothese nicht ausgeschlossen. In diesem Sinne können auch konkrete, voraussagbare soziale Verhaltensweisen, die gemäß der allgemeinen Lebenserfahrung zur zufälligen Erlangung des Beweismittels geführt hätten, die Anwendung der Hypothese begründen.[1547] Dies ist z.B. dann der Fall, wenn eine Leiche, die aufgrund eines unter Verstoß gegen § 136 a StPO erlangten Geständnisses des Beschuldigten in einer dunklen Gasse in der Nacht gefunden wurde, höchstwahrscheinlich wenige Stunden später bei Tageslicht vom Zeitungsausträger, der täglich in dieser Zone arbeitet, gefunden worden wäre.

1546 *Nix v. Williams*, 467 U.S. 431 (1984). S. Kap. 3. B. II. 2. S. auch *Killough v. US*, 333 F.2d 929 ff. (1964), zitiert in: Schröder, Beweisverwertungsverbote, S. 122.

1547 Daher gehören auch zum Anwendungsbereich der hypothetischen Ermittlungsverläufe diejenigen Fälle, die *Jäger* (GS-*Jäger* § 136 a, Rdn. 47; Jäger, GA 2008, 473 (495); ders., Beweisverwertung und Beweisverwertungsverbote, 227) als ein *„Fehlen rechtlicher Relevanz des Verfahrensverstoßes"* nennt, also Situationen, in denen *„die Ermittlung des mittelbaren Beweismittels nach allgemeiner Lebenserfahrung im Zuge der üblichen Strafverfolgungstätigkeit als gesichert gelten kann"*. S. Kap. 4. C. III. 1.

Kapitel 11. Die hypothetischen Ermittlungsverläufe im chilenischen Recht

Die Akzeptanz der Ausnahme der hypothetischen Ermittlungsverläufe beim Fernwirkungsgrundsatz ist in der chilenischen Literatur umstritten. Während sich die Mehrheit der Autoren für eine Zulassung von hypothetischen Ermittlungsverläufen als Ausnahme – vor allem unter Berufung auf die US-amerikanische Rechtsprechung – ausspricht,[1548] vertritt ein kleinerer Teil der Lehre[1549] hingegen eine ablehnende Position.

Diaz, der eine ablehnende Haltung vertritt, ist der Ansicht, dass, wenn eine Anerkennung dieser Hypothese möglich wäre, die richterliche Reflexion lediglich eine *„theoretische Überlegung"* wäre, die sich auf Eventualitäten oder Vermutungen hinsichtlich der Beweise stützt. Im Grunde genommen würde ihre Beachtung eine Verurteilung ermöglichen, die sich nur auf Hypothesen und nicht auf Beweise stützt.[1550] Auch *Pino* äußert sich gegen die Zulassung hypothetischer Ermittlungsverläufe, weil man somit den Weg für die Strafverfolgungsorgane freimache, zu behaupten, dass alle rechtswidrig erlangten Beweismittel immer auch legal hätten entdeckt werden können. Die Einräumung einer solchen Möglichkeit hätte eine unzulässige Erweiterung des Anwendungsbereichs des unzulässigen Beweises und seiner Wirkungen zur Folge.[1551]

A. Die hypothetischen Ermittlungsverläufe in der chilenischen Rechtsprechung

In Übereinstimmung mit der herrschenden Meinung hat die ständige Rechtsprechung der *Corte Suprema* die hypothetischen Ermittlungsverläufe als eine zulässige Ausnahme des Fernwirkungsgrundsatzes anerkannt.[1552] Besonders relevant für diese Anerkennung ist das Urteil Nr. 14.781–15, in dem der Oberste Gerichtshof unter ausdrücklicher Berufung auf das US-amerikanische Recht den Inhalt

---

1548 Cerda San Martin, Revista de la justicia penal 2010, 99 (160 ff.); Chahuan Sarras, procedimiento penal, S. 263; Hernández Basualto, Exclusión de la prueba ilícita, S. 80 ff.; Horvitz Lennon / López Masle, Derecho procesal penal, S. 220 f.

1549 Díaz García, Derechos Fundamentales, S. 157; Pino Reyes, GJ 2011, 26 (34).

1550 Díaz García, Derechos Fundamentales, S. 157.

1551 Pino Reyes, GJ 2011, 26 (34).

1552 *Corte Suprema*, Urteile Nr. 11.767–13 (Cons. 7°); 3828–14 (Cons. 12°); 14.781–15 (Cons. 11° ff.). Auch: *Corte de Apelaciones de San Miguel*, Urteil Nr. 1428–08 (Strafrecht).

der *„inevitable discovery exception"* durch einen interessanten Vergleich mit dem berühmten Fall *Nix v. Williams* dargelegt hat. In dem Fall, der dem Urteil Nr. 14.781–15 zugrunde liegt – und bereits in Kapitel 5. A. II untersucht wurde – hat ein Feuerwehrmann in der Hauptverhandlung als Zeuge ausgesagt, dass der Ort, wo die Leiche tatsächlich gefunden wurde, *„innerhalb der geplanten Suchstelle* (der freiwilligen Helfer) *lag"*. Infolgedessen war die Entdeckung der Leiche durch die Freiwilligen zu dem Zeitpunkt, als die Polizei das Opfer tatsächlich gefunden hat, *„imminent und nicht von der* (unverwertbaren) *Aussage des Minderjährigen abhängig"* (Cons. 11°). Da die Leiche auch auf rechtmäßigem Wege und unabhängig von der rechtswidrig erlangten Aussage des Beschuldigten gefunden worden wäre, verletze (Cons. 12°) die Verwertung des sekundären Beweismittels in diesem Fall keine grundrechtliche Garantie. Daher schlussfolgert die *Corte Suprema* (Cons. 13°), dass die Beweiselemente, die in der Hauptverhandlung erhoben und schließlich im Urteil verwertet wurden, keine Folge der unbestrittenen Verletzung von Verfassungsgarantien sind.

B. Begründung der Berücksichtigung hypothetischer Ermittlungsverläufe im chilenischen Strafprozessrecht

Der CPP enthält keine einzige Norm, die die hypothetischen Ermittlungsverläufe im Strafverfahren verbietet oder zulässt. Dieser Umstand darf aber nicht so interpretiert werden, als ob der Gesetzgeber Verlaufshypothesen vom Verfahren ausschließen wollte, sondern muss so verstanden werden, dass es kein gesetzliches Hindernis für ihre grundsätzliche Berücksichtigung im chilenischen Recht gibt. Verlaufshypothesen bedürfen auch im chilenischen Recht keiner ausdrücklichen gesetzlichen Grundlage für ihre Anerkennung als Ausnahme des Fernwirkungsgrundsatzes.

Die hypothetischen Ermittlungsverläufe spielen im chilenischen Recht bei der Entscheidung über die Verwertbarkeit von sekundären Beweiselementen eine wesentliche Rolle. Wie bereits in Kapitel 10. E erwähnt wurde, kann durch hypothetische Ermittlungsverläufe die Auswirkung eines Verfahrensverstoßes auf die rechtlich geschützten Interessen bestimmt werden. Diesbezüglich zeigt eine rechtmäßige hypothetische Erlangung des sekundären Beweismittels, dass die rechtlich geschützten Interessen im Ergebnis nicht wesentlich verletzt worden sind, was dann gegen eine Fernwirkung des Verwertungsverbotes spricht.[1553]

1553 Im deutschen Recht S. Kap. 10. E.

C. Die Wirkung hypothetischer Ermittlungsverläufe auf den Zusammenhang zwischen Rechtsverstoß und Beweiserlangung im chilenischen Recht

Die herrschende Meinung in der chilenischen Lehre schreibt der Verlaufshypothese im Kausalzusammenhang zwischen Rechtsverstoß und Beweiserlangung eine Wirkung zu. Laut *López* und *Cerda* führt eine unvermeidbare Entdeckung zur Zerschlagung der Kausalverbindung.[1554] Ähnlich spricht *Chahuan* bei der „unvermeidlichen Beweiserlangung" von einer „Kausaltrennung".[1555]

Dieser Richtung folgend hat die *Corte Suprema* im Urteil Nr. 14.781–15 den hypothetischen Ermittlungsverläufen eine Wirkung auf der kausalen Ebene des Zusammenhangs zugewiesen. „*Wenn es Beweise gibt, die bestätigen, dass das in Frage stehende Beweismittel auch auf gesetzesmäßigem Wege hätte entdeckt werden können, kann man von einer Durchbrechung des Kausalzusammenhangs zwischen dem ursprünglichen Unrecht (...) und der anschließenden Entdeckung, die daher unvermeidlich und rechtmäßig wird, sprechen* (Cons. 10°)." In chilenischen Verfahrenssystem bedeutet dies – so das Gericht weiter (Cons. 10°) -, dass die belastenden Beweise, die auch rechtmäßig entdeckt worden wären, nicht als Folge einer Rechtsverletzung, oder als von dieser abhängig, angesehen werden können.

Diese Ansicht ist unzutreffend. Wie bereits ausführlich dargestellt,[1556] können die hypothetischen Ermittlungsverläufe einen bestehenden Kausalzusammenhang zwischen einer verbotenen Wissensnutzung und der Erlangung des mittelbaren Beweismittels nicht beseitigen oder überholen.[1557] Verlaufshypothesen wirken folglich nicht auf der kausalen, sondern auf der normativen Ebene, und zwar als im Sinne einer Aufhebung des genannten Zusammenhangs.

D. Grenzen der Berücksichtigung von Verlaufshypothesen im chilenischen Recht

Die chilenische Rechtsprechung hat bislang keine Grenzen bzw. Einschränkungen bei der Berücksichtigung von Verlaufshypothesen anerkannt. Ganz im Gegenteil hat der Oberste Gerichtshof im Urteil Nr. 11.767–13 die Zulässigkeit von Verlaufshypothesen bei einer fehlenden richterlichen Durchsuchungsanordnung ausdrücklich bejaht. Diesem Urteil lag folgender Fall zugrunde: Die Polizei hatte verschiedene Beweiselemente in einer Wohnung ohne richterlichen Durchsuchungsbeschluss

---

1554 Cerda San Martin, Revista de la justicia penal 2010, 99 (159); Horvitz Lennon / López Masle, Derecho procesal penal, S. 220 ff.

1555 Chahuan Sarras, procedimiento penal, S. 263.

1556 S. Kap. 10. E. III.

1557 Auch in diesem Sinne im chilenischen Recht: Correa Robles, Revista de Ciencias Penales, Sexta Época 2016, 159 (167); Hernández Basualto, Exclusión de la prueba ilícita, S. 81.

gefunden, die letztendlich vom Gericht für die Verurteilung des Beschuldigten verwertet wurden. Hinsichtlich der eingelegten Revision des Angeklagten war das Gericht der Ansicht (Cons. 7°), dass hier eine unvermeidliche Entdeckung vorlag, weil jederzeit von einem Richter eine Durchsuchung hätte angeordnet werden können. Die hypothetische Erlangung solcher richterlichen Anordnung hätte nach Ansicht des Gerichts letztendlich zu denselben Ergebnissen wie die tatsächlich geschehene Beweiserlangung geführt.

In der Literatur hat nur *Hernández* zu dieser Argumentation des obersten Gerichtshofs Stellung genommen. Er ist der Ansicht, dass eine Berufung auf Verlaufshypothesen bei Verletzung der richterlichen Anordnungskompetenzen nicht gestattet ist. Selbst wenn in solchen Situationen ein Ersatz der richterlichen Kompetenzen durch Verlaufshypothesen möglich wäre, würden alle rechtlichen Voraussetzungen für eine legitime Beeinträchtigung grundlegender Garantien ins Leere laufen. Die Strafverfolgungsbeamten müssten überhaupt keine richterlichen Genehmigungen oder Aufträge mehr erhalten, da es ausreichen würde, wenn allein die Anforderungen für die Anordnung erfüllt wären.[1558]

Wie auch in Deutschland[1559] gilt die grundsätzliche Anerkennung von hypothetischen Ermittlungsverläufen auch im chilenischen Recht nicht grenzenlos: Ihr Anwendungsbereich beschränkt sich ausschließlich auf nicht besonders schwerwiegende Verfahrensfehler.

Wenn eine schwere Rechtsverletzung vorliegt, muss daraus eine Verwertungssperre folgen. Das gilt insbesondere dann, wenn eine Maßnahme ohne Rechtsgrundlage eingeleitet wird, den Eingriff in den Kernbereich eines Grundrechts betrifft oder grundrechtliche Verfahrenspositionen entwertet und darüberhinaus dann, wenn der Eingriff das Ziel hat, Rechte des Betroffenen zu umgehen oder ihm diese Rechte vorzuenthalten bzw. das Recht auf ein faires Verfahren beeinträchtigt erscheint. Die Beachtung des präventiven Rechtsschutzes und des richterlichen Vorbehalts verbietet es, bei bewussten Verstößen, Umgehungen oder groben Verkennungen des Richtervorbehalts hypothetisch rechtmäßige Ermittlungsverläufe zu berücksichtigen.[1560]

In allen anderen Situationen ist es möglich, durch hypothetische Erwägungen einer Aufhebung des normativen Zusammenhangs zwischen Rechtsfehler und sekundärer Beweiserlangung zuzustimmen, was letztendlich zur Verneinung einer Fernwirkung führt.

1558 Hernández Basualto, Exclusión de la prueba ilícita, S. 83.
1559 Im deutschen Recht S. Kap. 8. E. II.
1560 Im deutschen Recht S. Kap. 8. E. II.

E. Hypothesenbildung und erforderliches Beweismaß zur Berücksichtigung von Verlaufshypothesen im chilenischen Recht

Zur Frage, ob eine rein abstrakte Möglichkeit der Beweisgewinnung für eine Hypothesenbildung ausreicht oder ob die Strafverfolgungsorgane die entsprechenden Beweismittel unter konkreten Umständen des Einzelfalls hätten gewinnen können müssen, hat die chilenische Lehre bisher keine Stellung genommen. Indirekt scheint *Hernández* die These der konkreten Hypothesenbildung zu bejahen, da seiner Ansicht nach die Verlaufshypothesen nur *ex-ante* und ausschließlich mit Hilfe von Elementen, die bereits während der rechtswidrigen Ermittlungshandlung verfügbar waren, gebildet werden können.[1561]

Auch die *Corte Suprema* hat in den meisten Entscheidungen nur indirekt eine konkrete Formulierung der Verlaufshypothesen gefordert und zwar durch eine ausdrückliche Erläuterung der konkreten Beweiselemente, die eine hypothetisch rechtmäßige Beweiserlangung im Einzelfall begründen.[1562]

In zwei Entscheidungen aber ist der chilenische Oberste Gerichtshof von einer abstrakten Hypothesenbildung ausgegangen, um den Eintritt einer Verlaufshypothese zu bejahen. Im bereits erwähnten Urteil Nr. 11.767–13 hat die *Corte Suprema* das Vorliegen einer hypothetisch rechtmäßigen richterlichen Durchsuchungsanordnung anerkannt, weil (Cons. 7°) eine Durchsuchung von einem Richter jederzeit hätte angeordnet werden können. In einem Mordfall (Urteil Nr. 3828–14) wurde u.a. die Tatwaffe, die zur Tötung verwendet wurde, dank einer für unrechtmäßig erklärten Aussage des Beschuldigten ohne Anwesenheit seines Verteidigers in einer Wohnung gefunden. Da das TOP diese Beweismittel für seine Entscheidung verwertet hat, beantragte der Verteidiger in seinem Revisionsantrag die Nichtigkeit der Hauptverhandlung sowie des Urteils. Der oberste Gerichtshof (Cons. 12°) war allerdings der Ansicht, dass das TOP die mittelbar erlangten Beweismittel (die Waffe und Munition, die in der Wohnung des Beschuldigten gefunden wurden, sowie das entsprechende Gutachten) verwerten durfte und, dass keine Verletzung von grundrechtlichen Garantien vorlag, weil diese Beweismittel „*zwangsläufig im normalen Verlauf der Untersuchung erlangt worden wären*".[1563]

1561 Hernández Basualto, Exclusión de la prueba ilícita, S. 82.

1562 S. Urteile der *Corte Suprema* Nr. 11767–13 (Cons. 7°) und 14.781–15 (Cons. 11°).

1563 Im Sondervotum von Richter Künsemüller und Brito im oben zitierten Urteil Nr. 3828–14 (Dissident, Cons. 6°) heißt es, dass eine „Wahrscheinlichkeitsprüfung" notwendig ist, um die hier betrachtete Ausnahme der „*fruits of the poisonous tree doctrine*" zu bejahen, wonach die Beweismittel im konkreten Fall „*sowieso zwangsläufig durch eine rechtmäßige Handlung hätten erlangt werden können*". Aus der Sachlage des Falls – sagt die Mindermeinung – kann eine hypothetische Beweiserlangung nicht hergeleitet werden.

Da eine abstrakte Hypothesenbildung als Vermutung einer hypothetischen Beweiserlangung einen Nachteil für den Beschuldigten darstellt und demzufolge in den meisten Situationen zu seinen Lasten geht, befinden sich die Strafverfolgungsorgane ohne erkennbare Grund in einer besseren prozessualen Stellung als der Beschuldigte.[1564] Dadurch wird den Strafverfolgungsorganen kein Anlass gegeben, rechtstreu zu bleiben.[1565] Die Hypothesen, die zur Aufhebung des normativen Zusammenhangs führen, müssen auch im chilenischen Recht konkret und nicht abstrakt formuliert werden.[1566] Nur dadurch kann die Geltung der durch Beweiserlangung verletzten Garantien gewährleistet werden und vermeiden werden, dass eine Beachtung der Beweiserhebungsnormen seitens der Ermittlungsbehörden im konkreten Fall bedeutungslos bleibt.

Im Hinblick auf das erforderliche Beweismaß der Hypothese verlangen die wenigen Autoren, die dazu Stellung genommen haben, einen *Wahrscheinlichkeitsgrad. Hernández* hält sogar eine an *Sicherheit grenzende Wahrscheinlichkeit* für erforderlich,[1567] während *Chahuan* fordert, dass das Beweismittel *höchstwahrscheinlich* ohne Rechtsverstoß hätte erlangt werden können.[1568]

Diesbezüglich gelten dieselben Leitlinien wie für das deutsche Recht: Während die Tatsachenbasis mit Sicherheit vorliegen muss, sollte die hypothetische Auffindung des Beweismittels *höchstwahrscheinlich* sein.[1569]

Für die Untersuchung des Bezugsobjekts muss man die „*independence circumstances standards*“ anwenden,[1570] wonach die Beweiselemente, die eine hypothetische Entdeckung des Beweismittels unvermeidlich machen, aus anderen Umständen als denjenigen, die aus der widerrechtlichen Suche selbst stammen, abgeleitet werden.

1564 S. Kap. 10. G. I.

1565 S. Kap. 10. G. I.

1566 Vgl. Correa Robles, Revista de Ciencias Penales, Sexta Época 2016, 159 (166). Im deutschen Recht S. Kap. 10. G. I.

1567 Hernández Basualto, Exclusión de la prueba ilícita, S. 82.

1568 Chahuan Sarras, procedimiento penal, S. 263.

1569 Im deutschen Recht S. Kap. 10. G. II.

1570 S. Kap. 10. G. III.

Kapitel 12. Darf die sog. „*good faith exception*“ bei der Fernwirkung von Beweisverboten im deutschen und chilenischen Recht eine Rolle spielen?

Wie bereits im Kapitel 3. B. II. 4 erwähnt wurde, darf im US-amerikanischen Recht seit *United States v. Leon*[1571] ein rechtswidrig erlangtes Beweismittel gemäß der umstrittenen „*good faith exception*“ verwertet werden, wenn die Polizei zur Erlangung des Beweismittels im guten Glauben gehandelt hat. Im Grunde genommen geht es bei dieser Ausnahme der Ausschlussregel um einen Irrtum des Polizisten, wonach dieser trotz seiner inneren Überzeugung, rechtmäßig zu handeln, tatsächlich allerdings rechtswidrig vorgeht.

Fraglich ist, ob auch im deutschen und chilenischen Recht eine Ausnahme vom Grundsatz der Fernwirkung anerkannt werden darf, wenn der Ermittlungsbeamte gutgläubig war.

Die Zulassung einer solchen Ausnahme wird in der deutschen Rechtsprechung und Literatur bisher kaum diskutiert. In jüngster Zeit hat *Pitsch* in seiner Dissertation eine Fernwirkung des Verwertungsverbots verneint, wenn die Beweiserlangung durch den Ermittlungsbeamten gutgläubig stattgefunden hat.[1572] Andere Autoren haben sich darauf beschränkt, die Problematik im US-amerikanischen Recht darzulegen, ohne eine Stellungnahme für oder gegen die Anerkennung einer solchen Ausnahme im deutschen Rechtsystem abzugeben.[1573]

Im Gegensatz dazu haben im chilenischen Recht mehrere Autoren Position zu dieser Doktrin bezogen. Allerdings stimmt nur *Cerda*[1574] einer Anerkennung der „*good faith exception*“ im chilenischen Recht unter strengen Voraussetzungen zu. Der Autor betont, dass in dem Moment, in dem man eine solche Ausnahme im chilenischen Recht akzeptiert, ihre Anwendung nur unter größter Vorsicht durchzuführen sei. Unter Berücksichtigung des Verhältnismäßigkeitsprinzips müsse diese Ausnahme demnach auf Fälle beschränkt werden, in denen – nach Art und Intensität der Rechtsverletzung – eine Unverwertbarkeit des Beweismittels als unverhältnismäßig erscheint.[1575]

1571 468 U.S. 897 (1984).

1572 Pitsch, Strafprozessuale Beweisverbote, S. 421 f.

1573 Vgl. Ossenberg, Die Fernwirkung, S. 94; Pitsch, Strafprozessuale Beweisverbote, S. 381; Rogall, Zur Theorie und Systematik, S. 124 f.

1574 Cerda San Martin, Revista de la justicia penal 2010, 99 (165).

1575 ders., Revista de la justicia penal 2010, 99 (165).

Der größte Teil der chilenischen Lehre verneint allerdings eine Anwendung der „*good faith exception*" in allen Fällen. *López* führt z.B. aus, dass man eine derartige Ausnahme im chilenischen Recht verneinen muss, wenn man nicht die Disziplinierung der Ermittlungsorgane, sondern andere Zwecke der Ausschlussregel – wie etwa die von ihm vertretene „gerichtliche Integrität"[1576] – anerkennt.[1577] Ebenfalls gegen eine Anerkennung der „*good faith exception*" im chilenischen Recht hat *Hernández* – ebenfalls unter Berufung auf die Funktion der Ausschlussregel – argumentiert, dass diese Ausnahme in einem Beweisausschlusssystem keinen Platz habe, wenn sie nicht die Disziplinierung der Ermittlungsorgane, sondern die Hochachtung der Grundrechte als Funktion habe.[1578] Eine Zulassung dieser Ausnahme würde, nach Ansicht dieses Autors, zu einer Anerkennung von rechtswidrigen Prozesshandlungen führen, die letztendlich die Rechte der Beteiligten verletzten.[1579] Seinerseits führt *Díaz* gegen die Zulassung dieser Ausnahme an, dass der Eintritt einer Rechtsverletzung nicht von „subjektiven Gesinnungen" des Ermittlungsbeamten abhängen darf, weil ansonsten die Gültigkeit der Ausschlussregel in Zweifel gezogen würde[1580].

Im Gegensatz zur Mehrheit der Lehre hat sich die *Corte Suprema* in einigen Urteilen für die Akzeptanz der „*good faith exception*" im chilenischen Recht ausgesprochen.[1581] In seiner Entscheidung vom 31. Dezember 2013 (Urteil Nr. 11.482–13) hat der chilenische oberste Gerichtshof die „*good faith exception*" als Ausnahme der Ausschlussregel sowie ihre Fernwirkung anerkannt. Im vorliegenden Fall ging es um einen Totschlag, bei dessen Ermittlung die Polizeibeamten den Beschuldigten als Zeugen zu einer Polizeistation brachten, obwohl dieser eigentlich der Verdächtige war. Dort vernahmen sie den Beschuldigten ohne die erforderliche Belehrung, bis er preisgab, seinen ehemaligen Partner ermordet und im Wald vergraben zu haben. Hinsichtlich der Verwertbarkeit dieses Geständnisses und der davon abgeleiteten Beweismittel hat die *Corte Suprema* in ihrer Entscheidung (Cons. 6°) geurteilt, dass die Polizisten bei der Vernehmung im guten Glauben gehandelt hätten: Als die Ermittlungsbeamten den Beschuldigten in das Polizeiquartier gebracht hatten, war er noch nicht eines Tötungsdelikts verdächtig gewesen, sondern – nach Angaben der Polizei – lediglich Zeuge einer Straftat. Aus diesem Grund sei das Geständnis sowie die davon abgeleiteten Beweiselemente verwertbar.

1576 S. Kap. 2. E. I.

1577 Horvitz Lennon / López Masle, Derecho procesal penal, S. 225.

1578 Hernández Basualto, Exclusión de la prueba ilícita, S. 74.

1579 ders., Exclusión de la prueba ilícita, S. 74.

1580 Díaz García, Derechos Fundamentales, S. 154.

1581 *Corte Suprema*, Urteil Nr. 11.482–13 (Cons. 6°) – Anm. Schürmann, Revista de Ciencias Penales, Sexta Época 2014, 197 -; Urteil Nr. 8139–13 (Cons. 7°); Urteil Nr. 5435–07 (Cons. 10°). S auch: *Corte Suprema* Urteil Nr. 3828–14 (Gegenstimme Cons. 4°), *Corte Apelaciones San Miguel* Urteil Nr. 1428–08 (Strafrecht). Bezüglich der Anerkennung der „*good faith exception*" in privaten Ermittlungen: *Corte Suprema*, Urteil Nr. 2576–11 (Cons. 6°).

Wenige Wochen nach der Verkündung der oben erwähnten Entscheidung hat das oberste Gericht in seinem Urteil Nr. 8139–13 festgehalten, dass die Beweiselemente, die als Folge eines gesetzeswidrigen Zutritts in eine Wohnung gefunden wurden, verwertbar sind, wenn die Beamten bei der Beweiserlangung im guten Glauben gehandelt haben. Demnach seien nicht nur der Zutritt in die Wohnung, sondern auch die Beweismittel zulässig, wenn die Polizisten beim Betreten der Wohnung dachten, dass es sich um eine unmittelbar begangene Tat handelte (Cons. 7°).

Im Gegensatz zu den oben zitierten Entscheidungen hat das chilenische oberste Gericht lediglich in einer Entscheidung vom 12. April 2010 (Urteil Nr. 9521–09) die Ansicht vertreten, dass der gute Glaube eines Polizisten die Unkenntnis der Gesetzwidrigkeit seiner Handlung nicht ausgleichen kann und dass die rechtwidrige Handlung aus dieser Tatsache heraus nicht legitimiert werden darf.

Im chilenischen und deutschen Recht ist der Anerkennung der *„good faith exeption"* als Ausnahme des Fernwirkungsgrundsatzes nicht zu folgen.

Wenn man die Disziplinierung der Ermittlungsbeamten als eine direkte Funktion der Beweisverwertungsverbote anerkennt – wie es im US-amerikanischen Recht der Fall ist[1582] -, muss man konsequenterweise argumentieren, dass die Disziplinierung eines Polizisten, der bei der Beweiserlangung nicht die Absicht verfolgt hat, eine Garantie zu verletzen, nicht notwendig ist: Er ist rechtstreu geblieben.[1583]

Wenn man im Gegensatz dazu eine normstabilisierende Funktion der Beweisverbote anerkennt,[1584] muss man als Konsequenz die Zulässigkeit der *„good faith exception"* verneinen: Die Gültigkeit einer Garantie, deren Beachtung eine wichtige Rolle bei der Legitimierung des gesamten Strafverfahrens spielt, kann nicht von dem guten oder bösen Glauben eines Beamten abhängen.[1585]

Die Annahme solcher subjektiven Erwägungen würde zu einer Relativierung der Gültigkeit der verstoßenen Garantien führen: ihre Geltung würde letztendlich von einem inneren Willen bzw. von der subjektiven Gesinnung des Beamten[1586] und nicht von einer tatsächlich geschehenen Normverletzung abhängen. Eine Verletzung von Garantien, die von einem Staatsorgan (der Polizei bzw. der Staatsanwaltschaft) herbeigeführt wurde, würde durch Anwendung der *„good faith exception"* nicht nur toleriert, sondern auch von einem Strafrichter legitimiert werden: Dadurch würde die Geltung der Ausschlussregel bzw. der verletzten Garantie in Frage gestellt werden.

Die Zulassung der *„good faith exception"* ist mit rechtsstaatlichen Grundsätzen nur schwer vereinbar. Die Beachtung der Garantien des Beschuldigten im

---

1582 S. Kap. 3. A. II.

1583 Vgl. Hernández Basualto, Exclusión de la prueba ilícita, S. 73 f.; Tavolari Oliveros, Instituciones del nuevo proceso penal, S. 140.

1584 S. Kap. 1. B. VI.

1585 Zutreffend: Schürmann, Revista de Ciencias Penales, Sexta Época 2014, 197 (199).

1586 Vgl. Díaz García, Derechos Fundamentales, S. 154.

Strafverfahren ist keine Empfehlung für die Ermittlungsbeamten, sondern ihre Pflicht, deren Einhaltung nicht durch subjektive Erwägungen wie einem guten oder bösen Glaube relativiert werden darf. Eine effektive Beachtung von Individualgarantien muss demnach von der inneren Motivation der Ermittlungsbeamten bei der Beweiserlangung getrennt werden.

Die hier vertretene Auffassung steht auch im Einklang mit der Rechtsprechung des BGH, wonach die Anwendung des hypothetischen Ermittlungsverlaufs bei einer groben Missachtung des Richtervorbehalts oder bei einer willkürlichen Bejahung einer Gefahr im Verzug ausgeschlossen ist:[1587] Wäre die Guter–Glaube-Ausnahme zulässig, würde die Funktion des Richtervorbehalts sowie des präventiven Rechtsschutzes als Schutzmechanismus des Bürgers gegen unbegründeten Angriffe der Ermittlungsorgane beeinträchtigt werden.

Der gute oder böse Glaube eines Ermittlungsbeamten bei der Beweiserlangung ist allerdings außerhalb der Grenzen des Strafverfahrensrechts nicht bedeutungslos. Er kann u.a. bei der Feststellung einer möglichen disziplinierungs- bzw. strafrechtlichen Verantwortlichkeit des Ermittlungsbeamten eine wichtige Rolle spielen.[1588]

1587 S. Kap. 10. E. I.
1588 Vgl. Schürmann, Revista de Ciencias Penales, Sexta Época 2014, 197 (199).

Schlussfolgerungen

1. Den Beweisverwertungsverboten kommt im deutschen Recht die Funktion zu, die verfassungsrechtlichen Normen zu stabilisieren, welche die Position des Beschuldigten im Strafverfahren sichern. Durch das Verwertungsverbot wird die Unantastbarkeit eines verletzten, geschützten Rechts als Strukturbestandteil der Gesellschaft bestätigt.
   a. Die normstabilisierende Funktion der Beweisverwertungsverbote wirkt zunächst *präventiv*. Eine rechtswidrige Handlung soll nicht als Orientierungsmuster für zukünftige Handlungen der Ermittlungsorgane dienen.
   b. Beweisverwertungsverbote wirken auch *prospektiv* als erneute Bekräftigung der Norm.
2. Die Frage, wann ein Beweiserhebungsverbot im deutschen Recht ein Beweisverwertungsverbot zur Folge hat, muss anhand der normativen Fehlerfolgenlehre beantwortet werden. Hierzu muss das Gewicht des Verfahrensverstoßes sowie des Ausmaßes der Abweichung vom Gesetz, die Bedeutung des Verfahrensverstoßes für das rechtlich geschützte Interesse und die Notwendigkeit einer Verwertungssperre nach Maßstäben der Rechts- und Verfassungsordnung unter Berücksichtigung des Strafverfolgungsinteresses berücksichtigt werden.
3. Im chilenischen Recht sind Beweisverbote im Gesetz geregelt. Die im Art. 276 Abs. 3 CPP geregelte Ausschlussregel beschreibt zwei Fälle, in denen ein Beweismittel für die Hauptverhandlung aufgrund seines Ursprungs ausgeschlossen werden muss. Nach dieser Norm müssen Beweiselemente, die *„aus Handlungen oder Ermittlungen, die für nichtig erklärt wurden, stammen“* sowie solche, *„die durch eine Verletzung von grundrechtlichen Garantien erlangt wurden“*, im Zwischenverfahren ausgeschlossen werden und dürfen nicht Gegenstand der Beweisaufnahme in der Hauptverhandlung sein.
4. Unter Beachtung der in Art. 276 Abs. 3 CPP geregelten Beweisausschlussregeln kommt den Beweisverboten im chilenischen Recht die Funktion des Schutzes der Grundrechte eines Beschuldigten vor rechtswidrigen Eingriffen der Ermittlungsorgane bei der Ausübung ihrer Tätigkeiten im Strafverfahren zu.
5. Im Vergleich zum deutschen Recht muss im chilenischen Recht der Ausschluss von Beweiselementen von einem Richter entschieden werden, der nicht das Endurteil fällt (*differenziertes* System).
6. Die Beweisverbote sind im deutschen und im chilenischen Strafprozess in jedem Verfahrensstadium – Ermittlungsverfahren, Zwischenverfahren und Hauptverfahren – zu beachten.
7. Unter dem Begriff „Fernwirkung von Beweisverwertungsverboten“ ist ausschließlich die Frage nach der Verwertbarkeit oder Unverwertbarkeit von Beweismitteln, die aufgrund eines unverwertbaren Beweismittels erlangt wurden, zu verstehen. Bei der Fernwirkungsfrage geht es um die Reichweite von Beweisverwertungsverboten.

8. Den Argumenten der deutschen Rechtsprechung hinsichtlich der Ablehnung einer Fernwirkung der Beweisverwertungsverbote ist nicht zu folgen.
   a. Bei den kriminalpolitischen Argumenten gegen eine Fernwirkung handelt es sich um unbegründete und nicht bestätigte Bekräftigungen der Rechtsprechung. Aus der Anerkennung einer Fernwirkung von Beweisverwertungsverboten folgt nicht notwendigerweise ein Freispruch des Angeklagten bzw. eine Prozessblockade.
   b. Die dogmatischen strafprozessualen Argumente gegen eine Fernwirkung verkennen, dass trotz eventueller tatsächlicher Schwierigkeiten ein Kausalzusammenhang als unvermeidbare Voraussetzung für das Vorliegen einer Fernwirkung zu prüfen ist. Außerdem ist die Berücksichtigung von hypothetischen Ermittlungsverläufen eine unvermeidliche Prüfungsstufe bei der Feststellung der Fernwirkung der Beweisverwertungsverbote, die konkret durchgeführt werden muss.
9. Die Fernwirkungsfrage kann nicht durch eine allumfassende und ausnahmslose Bejahung oder Verneinung dieser Wirkung beantwortet werden.
10. Art. 276 Abs. 3 CPP regelt in seinem zweiten Beweisausschlussgrund ausschließlich die Behandlung von Beweiselementen, die unmittelbar durch einen Verstoß gegen grundrechtliche Garantien erlangt wurden. Die Behandlung von Beweiselementen, die nicht direkt *„durch einen Verstoß“* gegen diese Garantien erlangt wurden, sondern in einer Kausalverbindung zu solchen Verstößen stehen, ist nach dem Wortlaut dieser Norm nicht geregelt.
11. Beweisverwertungsverbote haben im deutschen Recht grundsätzlich eine Fernwirkung. Diese Schlussfolgerung beruht auf der Struktur des mittelbaren Beweises und folgt aus der Funktion der Beweisverwertungsverbote.
   a. Der Zusammenhang zwischen primären und sekundären Beweismitteln hat eine kausale sowie eine normative Ebene. Im konkreten Fall erlaubt deren Untersuchung eine genaue Bestimmung der Position des Angeklagten sowie der öffentlichen Interessen an einer effektiven Strafverfolgung.
      i. Nach Anwendung der *condictio-sine-qua non*-Formel kann man den Kausalzusammenhang zwischen einem Rechtsfehler und der sekundären Beweiserlangung prüfen und daher die Verbindung zwischen dem sekundären Beweismittel und einem Verfahrensfehler feststellen.
      ii. Das Vorhandensein eines normativen Zusammenhangs wird *negativ* geprüft. Das bedeutet, dass Faktoren, die eine Aufhebung der normativen Ebene des Zusammenhangs verursachen, fehlen müssen. Der normative Zusammenhang kann durch die hypothetischen Ermittlungsverläufe sowie den Relevanzverlust des festgestellten Kausalzusammenhanges wegen eines dazwischentretenden Ereignisses aufgehoben werden. Durch diese Faktoren wird die Stabilisierung von strafrechtlichen Normen als wesentliches Element für die Bestimmung von Beweisverboten und deren Fernwirkung gesichert.

   b. Durch die grundsätzliche Bejahung einer Fernwirkung wird die Wirksamkeit von Beweisverwertungsverboten als Reaktion auf einen Verfahrensfehler bestätigt.

12. Im chilenischen Recht haben Beweisverbote grundsätzlich eine Fernwirkung. Eine solche Wirkung lässt sich aus der normstabilisierenden Funktion der Beweisverwertungsverbote sowie der Struktur der mittelbaren Beweisergebnisse herleiten.
   a. Die Bejahung einer Fernwirkung ist eine Folge des festgestellten Kausalzusammenhangs zwischen einem Rechtsfehler und einer sekundären Beweiserlangung.
   b. Die Anerkennung einer Fernwirkung im chilenischen Recht ist notwendig, um die Gültigkeit und Beachtung der in Art. 276 Abs. 3 CPP definierten Ausschlussregel sicherzustellen. Die Anerkennung einer Fernwirkung gewährt den grundrechtlichen Garantien einen besonderen Schutz gegenüber Angriffen der Staatsverfolgungsorgane.
13. Die grundsätzliche Anerkennung einer Fernwirkung der Beweisverwertungsverbote der jüngeren chilenischen Rechtsprechung ist zutreffend. Dadurch wird die Beachtung der individuellen Garantien im Strafverfahren gesichert und ihre Verletzung durch eine sekundäre Beweiserlangung nicht ohne strafprozessuale Sanktion gelassen.
   a. Als Ausnahmen der Fernwirkung erkennt die chilenische Rechtsprechung richtigerweise den fehlenden kausalen Zusammenhang, hypothetische Ermittlungsverläufe sowie den Verlust an Relevanz des festgestellten Kausalzusammenhanges durch ein dazwischentretendes Ereignis an. Durch diese Ausnahmen kann der kausale bzw. der normative Zusammenhang zwischen einer durch einen Prozessverstoß erlangten Wissensnutzung und der Erlangung von mittelbaren Beweismitteln als beseitigt angesehen werden.
   b. Nicht zu folgen ist im Gegensatz dazu der Anerkennung der „*good faith exeption*“ sowie die „gerichtliche Beaufsichtigung des Verfahrens“ als Ausnahmen der Fernwirkung.
14. Im chilenischen Recht ist es erforderlich, Ausnahmen vom Fernwirkungsgrundsatz zu akzeptieren, die das öffentliche Interesse an einer effektiven Strafverfolgung stützen. Sie finden ihre Begründung in der Struktur des mittelbaren Beweises sowie in der Funktion der Beweisverbote.
15. Im deutschen und chilenischen Recht sind der fehlende Kausalzusammenhang als Entstehungsvoraussetzung eines Fernwirkungsfalls, sowie die hypothetischen Ermittlungsverläufe und der Verlust an Relevanz des festgestellten Kausalzusammenhangs wegen eines dazwischentretenden Ereignisses als Ausnahmen des Fernwirkungsgrundsatzes anzuerkennen.
16. Das Vorliegen eines Kausalzusammenhangs zwischen der Erlangung des fragwürdigen Beweismittels und einem Verstoß gegen eine Beweiserhebungsregel ist Voraussetzung für das Bestehen eines unselbständigen Verwertungsverbotes.

17. Bei mittelbaren Beweismitteln besteht ein Kausalzusammenhang zwischen einem Verfahrensfehler und der Erlangung eines sekundären Beweismittels.
    a. Bei der Bestimmung, ob ein Verfahrensfehler in einem Kausalzusammenhang zur Erlangung eines sekundären Beweismittels steht oder nicht, ist der Äquivalenztheorie zu folgen.
    b. Ergänzend dazu ist gemäß der alternativen Kausalität das in Frage stehende Beweismittel verwertbar, wenn neben dem rechtswidrigen Weg ein anderer, gesetzmäßiger und alternativer Kausalverlauf gleichzeitig kausal für die sekundäre Beweiserlangung war.
    c. Für die Prüfung des Kausalzusammenhangs spielt der Zeitpunkt der Beweiserlangung eine wichtige Rolle.
        i. Wenn das bemängelte Beweismittel vor der rechtswidrigen Ermittlungshandlung erlangt wurde, ist es nicht von diesen Vorgängen betroffen.
        ii. Wenn das Beweismittel erst nach der rechtswidrigen Ermittlungshandlung erlangt wurde, ist für die Bestätigung des Kausalzusammenhanges eine Berufung auf die persönlichen Kenntnisse der Ermittlungsbeamten hinsichtlich der rechtswidrigen Handlung sinnvoll.
        iii. Für die Prüfung des Kausalzusammenhangs in den Situationen, in denen die Beantragung einer richterlichen Anordnung eine notwendige Voraussetzung für die Erlangung von mittelbaren Beweismitteln ist, muss man prüfen, ob sich die richterliche Anordnung auf unverwertbare Beweiselemente stützt oder nicht.
18. Eine Fernwirkung der Beweisverwertungsverbote kann aufgrund des Relevanzverlustes des festgestellten Kausalzusammenhanges durch ein dazwischentretendes Ereignis ausnahmsweise verneint werden. In solchen Fällen verliert der Zusammenhang zwischen dem Rechtsfehler und der Beweiserlangung seine normative Bedeutung. Die wichtigsten Kriterien, die durch ein dazwischentretendes Ereignis den normativen Zusammenhang zerschlagen können sind:
    a. Der Zeitablauf;
    b. Die freiwillige und nicht mehr vom Verfahrensfehler beeinflusste Handlung des Zeugen bzw. des Beschuldigten;
    c. Die Bedeutung des Verfahrensverstoßes für das rechtlich geschützte Interesse des Betroffenen.
19. Durch den Eintritt von hypothetischen Ermittlungsverläufen kann der normative Zusammenhang zwischen einer verbotenen Wissensnutzung und der Erlangung des Sekundärbeweismittels aufgehoben werden.
20. Ihr Anwendungsbereich beschränkt sich nur auf die nicht besonders schwerwiegenden Fälle. Im Gegensatz dazu dürfen hypothetisch rechtmäßige Ermittlungsverläufe bei bewussten Verstößen, bei bewusster Umgehung oder schwerer fehlerhafter Verkennung des Richtervorbehalts, bei gezielten bzw. bewussten Verletzungen, die eine Umgehung oder Entziehung der Rechte des Betroffenen zum Ziel haben sowie bei Verletzungen im absolut geschützten

Kernbereich eines Grundrechts oder von grundlegenden Verfahrenspositionen nicht berücksichtigt werden.

a. Bezugsobjekt der Hypothese ist ein konkretes Beweismittel.
b. In den Fernwirkungsfällen müssen die Hypothesen konkret formuliert werden.
c. Bezüglich des erforderlichen Beweismaßes muss die Tatsachenbasis mit Sicherheit vorliegen. Als erforderliches Beweismaß bezüglich der Prognose ist das Maß der „Höchstwahrscheinlichkeit" zu fordern.
d. Für die Prüfung des konkreten Bezugsobjekts müssen die Beweiselemente, die eine hypothetische Entdeckung des Beweismittels unvermeidlich machen, aus anderen Umständen als denjenigen, die aus der rechtwidrigen Suche selbst stammen, abgeleitet werden.

21. Der sog. „*good faith exeption*" ist sowohl im chilenischen als auch im deutschen Recht als Ausnahme des Fernwirkungsgrundsatzes nicht zu folgen.

Literaturverzeichnis

Allgayer, Peter: Verwendung und Verwertung von Zufallserkenntnissen, wistra 2010, 130–133.

Alsberg, Max/*Nüse*, Karl-Heinz/*Dallmeyer*, Jens: Der Beweisantrag im Strafprozess. 6. Aufl. Heymanns, Köln u.a. 2013. *Zitiert*: Beweisantrag.

Alschuler, Albert W.: The Exclusionary Rule and Causation: Hudson v. Michigan and its ancestors. Iowa L. Rev. 2008, 1741–1817.

Alternativkommentar zur Strafprozeßordnung, hrsg. v. Wasserman ua., Luchterhand, Neuwied u.a. 1992. *Zitiert*: AK-*Bearbeiter*.

Ambos, Kai: Beweisverwertungsverbote: Grundlagen und Kasuistik – internationale Bezüge – ausgewählte Probleme. Duncker & Humblot. Berlin 2010. *Zitiert*: Beweisverwertungsverbote.

-Las prohibiciones de utilización de pruebas en el proceso penal alemán – fundamentación teórica y sistematización, Política Criminal 2009, 1–56.

Amelung, Knut: Besprechung von Fezer, Gerhard: Grundfragen der Beweisverwertungsverbote, GA 1996, 332–337.

-Die Darstellung der Lehre von den Informationsbeherrschungsrechten im strafprozessualen Gutachten für den 67. Deutschen Juristentag in Erfurt, JR 2008, 327–328.

-Die Verwertbarkeit rechtswidrig gewonnener Beweismittel zugunsten des Angeklagten und deren Grenzen, StraFo 1999, 181–186.

-Grundfragen der Verwertungsverbote bei beweissichernden Haussuchungen im Strafverfahren, NJW 1991, 2533–2540.

-Informationsbeherrschungsrechte im Strafprozess: dogmatische Grundlagen individualrechtlicher Beweisverbote, Duncker & Humblot, Berlin 1990. *Zitiert*: Informationsbeherrschungsrechte.

-Normstruktur und Positivität strafprozessualer Beweisverbote, in: Wolter/Schenke/Rieß/Zöller (Hrsg.), Datenübermittlungen und Vorermittlungen, Festgabe für Hans Hilger, Heidelberg, 2003, 327–337. *Zitiert*: FG Hilger.

-Prinzipien der strafprozessualen Verwertungsverbote, in: Duttge/Geilen/Meyer-Goßner/Warda (Hrsg.), Gedächtnisschrift für Ellen Schlüchter, Köln u.a. 2002, 417–433. *Zitiert*: GS Schlüchter.

-Subjektive Rechte in der Lehre von den strafprozessualen Beweisverboten, In: Schulz/Vormbaum (Hrsg.), Festschrift für Günter Bemmann: zum 70. Geburtstag am 15. Dezember 1997, Baden-Baden 1997, 504–523. *Zitiert*: FS Bemmann.

-Zum Streit über die Grundlagen der Lehre von den Beweisverwertungsverboten, in: Schünemann/Achenbach/Bottke/Rudolphi/Haffke (Hrsg.), Festschrift für Claus Roxin zum 70. Geburtstag am 15. Mai 2001, Berlin u.a. 2001, 1259–1280. *Zitiert*: FS Roxin.

Amelung, Knut/*Mittag*, Matthias: Beweislastumkehr bei Haussuchungen ohne richterliche Anordnung gemäß § 105 StPO, NStZ 2005, 614–617.

Amelung, Knut/*Wehnert*, Karl-Ernst: Prinzipien strafprozessualer Beweisverwertungsverbote: gesammelte Abhandlungen zur informationsrechtlichen Rekonstruktion der Lehre von den Beweisverwertungsverboten im deutschen Strafverfahren; mit einer Einführung und schematischen Übersichten, Duncker & Humblot, Berlin 2011. *Zitiert*: Prinzipien strafprozessualer Beweisverwertungsverbote.

Anwaltskommentar StPO, Strafprozessordnung, hrsg. v. Krekeler/Löffelmann/Sommer, 2. Aufl., Dt. Anwaltverl., Bonn 2010. *Zitiert*: AnwK-*Bearbeiter*.

Armenta Deu, Teresa: Exclusionary rule: convergencias y divergencias entre Europa y América, REJ 2009, 81–110.

-La verdad en el filo de la navaja (nuevas tendencias en materia de prueba ilícita), Ius et Praxis 2007, 345–377.

Bauer, Wolfram: Der neue Streit um die Rechtskreistheorie als methodisches Problem, wistra 1996, 46–48.

-Ist die Kritik an der „Rechtskreistheorie" (methodisch) noch zu halten?, NJW 1994, 2530–2531.

Baumann, Jürgen: Sperrkraft der mit unzulässigen Mitteln herbeigeführten Aussage, GA 1959, 33–44.

Beling, Ernst: Deutsches Reichsstrafprozeßrecht: mit Einschluß des Strafgerichtsverfassungsrechts, de Gruyter, Berlin u.a. 1928. *Zitiert*: Reichsstrafprozeßrecht.

-Die Beweisverbote als Grenzen der Wahrheitserforschung im Strafprozess: Sonderausgabe, Breslau 1903 (Nachdruck Darmstadt 1968). *Zitiert*: Beweisverbote.

Beulke, Werner: Beweiserhebungs- und Beweisverwertungsverbote im Spannungsfeld zwischen den Garantien des Rechtsstaates und der effektiven Bekämpfung von Kriminalität und Terrorismus, JURA 2008, 653–666.

-Hypothetische Kausalverläufe im Strafverfahren bei rechtswidrigem Vorgehen von Ermittlungsorganen, ZStW 103 (1991), 657–680.

-Strafprozessrecht, 12. Aufl. Müller, Heidelberg u.a. 2012.

Beulke, Werner/*Satzger*, Helmut/*Wessels*, Johannes: Strafrecht Allgemeiner Teil: Die Straftat und ihr Aufbau: Lehrbuch, Entscheidungen, Gesetzestexte, 45. Aufl., Müller, Heidelberg u.a. 2015. *Zitiert*: Strafrecht AT.

Blomeyer, Jürgen: Die Revisibilität von Verfahrensfehlern im Strafprozeß (Kausalität und Finalität im Revisionsrecht), JR 1971, 142–150.

Bockemühl, Jan: Private Ermittlungen im Strafprozess: ein Beitrag zu der Lehre von den Beweisverboten, Nomos, Baden-Baden 1996. *Zitiert*: Private Ermittlungen.

Bofill Genzsch, Jorge: Die Beweisverbote im chilenischen Strafprozeß, Diss. Erlangen-Nürnberg, 1988. *Zitiert*: Beweisverbote.

-Garantías constitucionales y derecho penal, Gaceta Jurídica 1992, 7–13.

-La prueba en el proceso penal, Revista de derecho y jurisprudencia 1994, 17–42.

-Las prohibiciones de prueba en el proceso penal, RDPUCV 1988, 225–243.

Bottke, Wilfried: Anfertigung und Verwertung heimliche Wort- und Stimmaufgleichnungen auf Tonträger außerhalb des Fernmeldeverkehrs – BHG v. 9.4.86 – 3 StR 551/85 -, JURA 1987, 356–367.

Bradley, Craig M.: Beweisverbote in den USA und in Deutschland, GA 1999, 99–113.

Bransdorfer, Mark S.: Miranda Roght-to-Counsel Violations and the Fruit of the Poisonous Tree Doctrine, Ind.L.J. 1987, 1061–1100.

Busch, Richard: Anmerkung zu BayObLG, JZ 1953, S. 703, f., JZ 1953, 703–704.

Carocca Pérez, Alex: Una primera aproximación al tema de la prueba ilícita en Chile, Ius et Praxis 1998, 301–322.

Cerda San Martin, Rodrigo: La prueba ilícita y la regla de exclusión, Revista de la justicia penal 2010, 99–176.

Chahuan Sarras, Sabas: Manual del nuevo procedimiento penal, 4a Aufl., Legal Publishing Chile, Santiago 2009. *Zitiert*: procedimiento penal.

Conen, Stefan: Zur Disziplinierung der Strafverfolgungsorgane durch Beweisverwertungsverbote, in: Müller/Albrecht/Eisenberg (Hrsg.), Festschrift für Ulrich Eisenberg zum 70. Geburtstag, München, 2009, 459–541. *Zitiert*: FS Eisenberg.

Correa Robles, Carlos: Comentario de sentencia Corte Suprema ingreso número 14781–2015: "efectos reflejos de la prueba obtenida mediante infracción de garantías", Revista de Ciencias Penales, Sexta Época 2016, 159–176.

-La presunción de hecho como figura jurídica en el derecho procesal civil alemán, REJ 2014, 115–170.

Dahs, Hans: Die Ausweitung des Widerspruchserfordernisses, StraFo 1998, 253–264.

Dalakouras, Theoharis: Beweisverbote bezüglich der Achtung der Intimsphäre: unter besonderer Berücksichtigung der Grundrechtsproblematik sowie des griechischen Rechts, Duncker & Humblot, Berlin 1988. *Zitiert*: Beweisverbote.

Dullmeyer, Jens: Beweisführung im Strengbeweisverfahren, 2. Aufl., Books on Demand, Norderstedt 2008. *Zitiert*: Beweisführung.

Dannecker, Gerhard: Los límites en la utilización de la prueba en el proceso penal alemán, in: Coloma (Hrsg.), La prueba en el nuevo proceso penal, Santiago 2003, 185–210. *Zitiert*: Los límites.

Dautert, Franziska: Beweisverwertungsverbote und ihre Drittwirkung, Utz, Herbert, München 2015. *Zitiert*: Beweisverwertungsverbote.

Dencker, Friedrich: Anmerkung zum Urteil des BGH vom 10.08.1994 – 3 StR 53/94 (LG Kleve), StV 1995, 232–236.

-Über Heimlichkeit, Offenheit und Täuschung bei der Beweisgewinnung im Strafverfahren – Anmerkungen aus Anlaß zweier Entscheidungen des BGH -, StV 1994, 667–683.

-Verwertungsverbote im Strafprozeß: ein Beitrag zur Lehre von den Beweisverboten, Heymann, Köln u.a. 1977. *Zitiert*: Verwertungsverbote.

-Verwertungsverbote und Verwendungsverbote im Strafprozeß, in: Eser/Goydke/Maatz/Rüdiger/Dieter (Hrsg.), Strafverfahrensrecht in Theorie und Praxis: Festschrift für Lutz Meyer-Gossner zum 65. Geburtstag, München, 2001, 237–255. *Zitiert*: FS Meyer-Gossner.

Deutscher Juristentag (46. 1966 Essen): Verhandlungen des Siebenundsechzigsten Deutschen Juristentages: Essen 1966, Beck, München. *Zitiert*: 46. DJT.

Deutscher Juristentag (67 2008 Erfurt): Verhandlungen des Siebenundsechzigsten Deutschen Juristentages: Erfurt 2008, Beck, München. *Zitiert*: 67. DJT.

Díaz García, Ivan: Derechos Fundamentales y prueba ilícita en el nuevo proceso penal chileno, in: Correa (Hrsg.), La prueba en el nuevo proceso penal, Santiago 2003, 129–161. *Zitiert*: Derechos Fundamentales.

Donoso Boassi, Samuel: Prueba ilícita, oportunidad para debatir y resolver sobre la regla de exclusión, Revista Derecho Mayor 2008, 35–42.

Dörig, Harald: Anmerkung zum Urteil des BGH v. 6.8.1987 – 4 StR 333/87 (LG Münster), NStZ 1988, 143–144.

Dudel, Bernd: Das Widerspruchserfordernis bei Beweisverwertungsverboten: eine Untersuchung der vom BGH entwickelten Widerspruchslösung und ihrer dogmatischen Rechtfertigung, Nomos, Baden-Baden 1999. *Zitiert*: Widerspruchserfordernis.

Dünnebier, Hanns: Das Erforschungs- und Verfolgungsverbot des § 7 Abs. 3 G 10, DuR 1980, 383–392.

-Zur Tagebuchentscheidung des Bundesgerichtshofs, MDR 1964, 965–968.

Echeverria Donoso, Isabel: Los derechos fundamentales y la prueba ilícita: con especial referencia a la prueba ilícita aportada por el querellante particular y por la defensa, Eds. Jurídicas de Santiago, Santiago 2010. *Zitiert*: Derechos Fundamentales.

Eisenberg, Ulrich: Beweisrecht der StPO: Spezialkommentar. 9. Aufl., Beck, München 2015. *Zitiert*: Beweisrecht.

Engländer, Armin: Examens-Repetitorium Strafprozessrecht. 6. Aufl., Müller. Heidelberg u.a. 2013. *Zitiert*: Examens-Repetitorium.

Engländer, Armin/*Volk*, Klaus: Grundkurs StPO, 8. Aufl., Beck, München 2013. *Zitiert*: StPO.

Esser, Robert: EGMR in Sachen Gäfgen v. Deutschland (22978/05), Urt. v. 30.6.2008, NStZ 2008, 657–662.

Etcheberry Orthusteguy, Alfredo: Exposición Crítica del Sistema Penal Chileno, Revista de Ciencias Penales, Tercera Época 1965, 78–84.

Fahl, Christian: Beweisverbote im Strafprozeß – Policeman Donovan und die Früchte des vergifteten Baumes, JuS 1996, 1013–1018.

Feldmann, Clemens: Vewertbarkeit widerrechtlich erlangter Beweise, NJW 1959, 853–856.

Fezer, Gerhard: Anmerkung zum Beschluß des BGH v. 27.2.1992 – 5 StR 190/91, JR 1992, 385–387.

-Anmerkung zum Urteil des BGH vom 17.01.1989, StV 1989, 290–295.

-Anmerkung zum Urteil des BGH vom 17.11.1989 – 2 StR 418/89, JR 1991, 85–88.

-Anmerkung zum Urteil des BGH vom 28.04.1987 – 5 StR 666/86 (LG Hannover), JZ 1987, 937–939.

-Rezension Christian Jäger: Beweisverwertung und Beweisverwertungsverbote im Strafprozeß, StV 2005, 467–469.

-Grundfälle zum Verlesungs- und Verwertungsverbot im Strafprozeß, JuS 1978, 104–108; 325–331; 472–475; 612–641; 765–769.

-Grundfragen der Beweisverwertungsverbote, Müller, Heidelberg 1995. *Zitiert*: Grundfragen.

-Strafprozeßrecht, 2. Aufl., Beck, München 1995. *Zitiert*: Strafprozeßrecht.

-Überwachung der Telekommunikation und Verwertung eines „Raumgesprächs“, NStZ 2003, 625–630.

Finger, Thorsten: Prozessuale Beweisverbote – Eine Darstellung ausgewählter Fallgruppen, JA 2006, 529–539.

Frisch, Wolfgang: Zur Bedeutung des Beweisrechts und des Rechtsmittelrechts für die Revisibilität von Verfahrensmängeln, in: Wolter/Feigen (Hrsg.), Zur Theorie und Systematik des Strafprozeßrechts, Neuwied u.a. 1995, 173–204. *Zitiert*: Zur Theorie und Systematik.

Füllkrug, Michael: Unzulässige Vorteilszusicherung als verbotene Vernehmungsmethode – zugleich ein Beitrag zur Fernwirkung von Beweisverwertungsverboten -, MDR 1989, 119–123.

Geis, Max-Emanuel: Der Kernbereich des Persönlichkeitsrechts – Ein Plädoyer für die „Sphärentheorie“ -, JZ 1991, 112–117.

Geppert, Klaus: Das Beweisverbot des § 252 StPO, JURA 1988, 305–313.

-Die „qualifizierte“ Belehrung, in: Geppert/Dehnicke (Hrsg.), Gedächtnisschrift für Karlheinz Meyer, Berlin u.a. 1990, 93–120. *Zitiert:* GS Meyer.

Gesamtes Strafrecht: StGB, StPO, Nebengesetze; Handkommentar, hrsg. v. *Dölling/Duttge/Rössner Ambos*, Kai: 3. Aufl., Nomos, Baden-Baden 2013. *Zitiert*: GS-*Bearbeiter*.

Heidelberger Kommentar: Strafprozessordnung, bearb. v. *Gercke/Julius/Temming/Zöller/Ahlbrecht/Brauer/Pollähne/Posthoff/Cristoforo Rautenberg/Schmidt/Weißer*, 5. Aufl., *Gercke*, Björn Müller, Heidelberg u.a. 2012. *Zitiert:* HK-*Bearbeiter*.

Gless, Sabine/*Wennekers*, Jan: Anmerkung zum Urteil des BGH v. 18.12.2008 – 4 StR 455/08, JR 2009, 383–385.

Godenzi, Grunhild: Private Beweisbeschaffung im Strafprozess, Schulthess, Zürich u.a. 2008. *Zitiert:* Private Beweisbeschaffung.

Golden, Troy E.: The Inevitable Discovery Doctrine Today: The Demands of the Fourth Amendment, Nix, and Murray, and the Disagreement Among the Federal Circuits, B.Y.U. Journal of public law 1998, 97–126.

Gössel, Karl Heinz: Die Beweisverbote im Strafverfahren. In: Kaufmann/Bemmann, /Krauss/Volk (Hrsg.), Festschrift für Paul Bockelmann zum 70. Geburtstag am 7. Dezember 1978, München 1979, 801–817. *Zitiert:* FS Bockelmann.

-Die Beweisverbote im Strafverfahrensrecht der Bundesrepublik Deutschland, GA 1991, 483–511.

-Die Unterscheidung zwischen absoluten und relativen Beweisverwertungsverboten als neuer Ausgangspunkt einer Lehre von den Beweisverboten im Strafprozeß, in: *Ebert/Rieß/Roxin/Wahle* (Hrsg.), Festschrift für Ernst-Walter Hanack zum 70. Geburtstag am 30. August 1999, Berlin u.a., 1999, 277–291. *Zitiert:* FS Hanack.

-Kritische Bemerkungen zum gegenwärtigen Stand der Lehre von den Beweisverboten im Strafverfahren, NJW 1981, 649–657.

-Über das Verhältnis von Beweisermittlungsverbot und Beweisverwertungsverbot unter besonderer Berücksichtigung der Amtsaufklärungsmaxime der §§ 160, 244 II StPO, NStZ 1998, 126–130.

-Überlegungen zu einer neuen Beweisverbotslehre, NJW 1981, 2217–2221.

-Verfassungsrechtliche Verwertungsverbote im Strafverfahren, JZ 1984, 361–364.

Gropp, Walter: Zur Verwertbarkeit eigenmächtig aufgezeichneter (Telefon-) Gespräche -Der Fall Schenk und die Lehre von den Beweisverboten, StV 1989, 216–228.

Grünwald, Gerald: Anmerkung zum Urteil des BGH v. 31.5.1968 – 4 StR 19/68 (LG Oldenburg), JZ 1968, 752–754.

-Anmerkung zum Urteil des BGH vom 28.4.1987 – 5 StR 666/86 (LG Hannover) StV 1987, 283, StV 1987, 470–473.

-Beweisverbote und Verwertungsverbote im Strafverfahren, JZ 1966, 489–501.

-Das Beweisrecht der Strafprozeßordnung, Nomos, Baden-Baden 1993. *Zitiert:* Beweisrecht.

Haffke, Bernhard: Schweigepflicht, Verfahrensrevision und Beweisverbot, GA 1973, 65–84.

Haller, Klaus/*Conzen*, Klaus: Das Strafverfahren: eine systematische Darstellung mit Originalakte und Fallbeispielen, 5. Aufl., Müller, Heidelberg 2008. *Zitiert:* Strafverfahren.

Hamm, Rainer: Staatliche Hilfe bei der Suche nach Verteidigern – Verteidigerhilfe zur Begründung von Verwertungsverboten, NJW 1996, 2185–2190.

Hanack, Ernst-Walter: Die Rechtsprechung des Bundesgerichtshofs zum Strafverfahrensrecht (Bd. 11-22 der Amtlichen Sammlung), JZ 1971, 169, ff.

Harris, Kenneth: Verwertungsverbot für mittelbar erlangte Beweismittel: Die Fernwirkungsdoktrin in der Rechtsprechung im deutschen und amerikanischen Recht, StV 1991, 313–322.

Hartmann, Arthur/*Schmidt*, Rolf: Strafprozessrecht: Grundzüge des Strafverfahrens, 4. Aufl. Schmidt, Grasberg bei Bremen 2012. *Zitiert*: Strafprozessrecht.

Hassemer, Winfried: Konstanten kriminalpolitischer Theorie, in: Warda/Lange (Hrsg.), Festschrift für Richard Lange zum 70. Geburtstag, Berlin u.a. 1976, 501–519. *Zitiert:* FS Lange.

Hauf, Claus-Jürgen: Beweisverwertungsverbot: „in dubio pro reo“ beim Nachweis von Verfahrensfehlern, MDR 1993, 195–197.

-Der neue Streit um die Rechtskreistheorie, wistra 1995, 53–55.

-Ist die „Rechtskreistheorie“ noch zu halten? Eine neue Konzeption zur Frage von Verfahrensfehlern und Beweisverwertungsverboten, NStZ 1993, 457–462.

Hefendehl, Roland: Beweisermittlungs- und Beweisverwertungsberbote bei Auskunfts- und Mitwirkungspflichten, wistra 2003, 1–9.

Heger, Martin/*Kütterer-Lang*, Hannah: Strafprozessrecht, Kohlhammer, Stuttgart 2013. *Zitiert:* Strafprozessrecht.

Heidelberger Kommentar: Strafprozessordnung, bearb. v. *Gercke/Julius/Temming/Zöller/Ahlbrecht/Brauer/Pollähne/Posthoff/Cristoforo Rautenberg/Schmidt/Weißer*, 5. Aufl., Gercke, Björn Müller, Heidelberg u.a. 2012. *Zitiert*: HK-Bearbeiter

Heinrich, Bernd: Rügepflicht in der Hauptverhandlung und Disponibilität strafverfahrensrechtlicher Vorschriften, ZStW 112 (2000), 398–428.

Hellmann, Uwe: Strafprozessrecht, 2. Aufl. Springer, Berlin u.a. 2006. *Zitiert:* Strafprozessrecht.

Hengstenberg, Achim: Die Frühwirkung der Verwertungsverbote: eine Untersuchung der Bedeutung der Beweisverwertungsverbote für die strafprozessualen Verdachtsbeurteilungen, Kovač, Hamburg 2007. *Zitiert:* Frühwirkung.

Herdegen, Gerhard: Bemerkungen zur Lehre von den Beweisverboten, in: II. Strafverteidiger-Frühjahrssymposium 1988 der Arbeitsgemeinschaft Strafrecht des Deutsches Anwaltverein. Wahrheitsfindung und ihre Schranken, Bergisch Gladbach 1989, 103–121. *Zitiert:* Wahrheitsfindung und ihre Schranken.

-Die Beruhensfrage im strafprozessualen Revisionsrecht, NStZ 1990, 513–519.

Hernández Basualto, Héctor: Exclusión de la prueba ilícita en el nuevo proceso penal chileno, 2a Reimpresión, Universidad Alberto Hurtado, Santiago 2005. *Zitiert:* Exclusión de la prueba ilícita.

-Prueba ilícita y recurso de nulidad: (o ¿Para qué está la Corte Suprema), GJ 2008, 60–68.

Herrmann, Joachim: Aufgaben und Grenzen der Beweisverwertungsverbote Rechtsvergleichende Überlegungen zum deutschen und amerikanischen Recht, in: Herrmann/Krümpelmann/Moos/Triffterer/Leibinger/Schaffmeister/Meyer/Hünerfel/Behrendt (Hrsg.), Festschrift für Hans-Heinrich Jescheck zum 70. Geburtstag, Berlin, 1985, 1291–1310. *Zitiert*: FS Jescheck.

Hessler, Stephen E.: Establishing Inevitability Without Active Pursuit: Defending the Inevitable Discovery Exception to the Fourth Amendment Exclusionary Rule, Mich.L.Rev. 2000, 238–278.

Hinderer, Patrick: Die Beschuldigtenvernehmung im Strafverfahren – Grundwissen für die StPO Zusatzfrage, JA 2012, 115–119.

Hofmann, Michael: Beweisverbote im Strafprozeß – Beweiserhebungsverbote und Beweisverwertungsverbote, JuS 1992, 587–594.

Horvitz Lennon, María Inés/*López Masle*, Julian: Derecho procesal penal chileno, Tomo II, Ed. Jurídica de Chile, Santiago, Chile 2004. *Zitiert*: Derecho procesal penal.

Hoven, Elisa: Die Vernehmung des Beschuldigten – Klausurschwerpunkte in der strafrechtlichen Assessorklausur, JA 2013, 368–374.

Hüls, Silke: Der Richtervorbehalt – seine Bedeutung für das Strafverfahren und die Folgen von Verstößen, ZIS 2009, 160–169.

Ignor, Alexander: Plädoyer für die Widerspruchslösung, in: Hanack/Hilger/Mehle/Widmaier (Hrsg.), Festschrift für Peter Rieß zum 70. Geburtstag am 4. Juni 2002, Berlin u.a. 2002, 185–196. *Zitiert*: FS Rieß.

Israel, Jerold H./*Kamisar*, Yale/*Kerr*, Orin S./*King*, Nancy J./*LaFave*, Wayne R.: Modern criminal procedure: cases, comments, and questions, 12th. Ed., West. St. Paul, MN 2008. *Zitiert*: Modern criminal procedure.

Jäger, Christian: Beweiserhebungs- und Beweisverwertungsverbote als prozessuale Regelungsinstrumente im strafverfolgenden Rechtsstaat. Zugleich ein Beitrag zum 67. Deutschen Juristentag, GA 2008, 473–499.

-Beweisverwertung und Beweisverwertungsverbote im Strafprozess, Beck, München 2003. *Zitiert*: Beweisverwertung und Beweisverwertungsverbote.

-Prozessuale Gesamtbetrachtungs- und Kausalüberlegungen als Erosionserscheinungen in einem justizförmigen Strafverfahren, in: Zöller/Hilger/ Küper/Roxin (Hrsg.), Gesamte Strafrechtswissenschaft in internationaler Dimension: Festschrift für Jürgen Wolter zum 70. Geburtstag am 7. September 2013, Berlin 2013, 947–962. *Zitiert*: FS Wolter.

Jahn, Matthias: Beweiserhebungs- und Beweisverwertungsverbote im Spannungsfeld zwischen den Garantien des Rechtsstaates und der effektiven Bekämpfung von Kriminalität und Terrorismus. Gutachten C für den 67. Deutschen Juristentag 2008, in: Ständigen Deputation des deutschen (Hrsg.), Verhandlungen des Siebenundsechzigsten Deutschen Juristentages Erfurt 2008, Band I Gutachten, Teil C, München, 2008. *Zitiert*: Gutachten.

-Grundfragen und aktuelle Probleme der Beweisverwertung im Straf- und Steuerstrafverfahren, in: Jahn/Kudlich/Streng (Hrsg.), Strafrechtspraxis und Reform – Festschrift für Heinz Stöckel zum 70. Geburtstag, Berlin 2010, 259–286. *Zitiert*: FS Stöckel.

Jahn, Matthias/*Dallmeyer*, Jens: Zum heutigen Stand der beweisrechtlichen Berücksichtigung hypothetischer Ermittlungsverläufe im deutschen Strafverfahrensrecht, NStZ 2005, 297–304.

Jähnke, Burkhard: Verwertungsverbote bei Zeugnis- und Auskunftsverweigerungsrechten, in: II. Strafverteidiger-Frühjahrssymposium 1988 der Arbeitsgemeinschaft Strafrecht des Deutsches Anwaltverein. Wahrheitsfindung und ihre Schranken, Bergisch Gladbach 1989, 69–79. *Zitiert:* Wahrheitsfindung und ihre Schranken.

Jakobs, Günther: Rechtsgüterschutz?: zur Legitimation des Strafrechts, Schöningh, Paderborn u.a. 2012. *Zitiert:* Rechtsgüterschutz

-Staatliche Strafe: Bedeutung und Zweck, Schöningh, Paderborn u.a. 2004. *Zitiert:* Staatliche Strafe.

-Strafrecht, allgemeiner Teil: die Grundlagen und die Zurechnungslehre; Lehrbuch. 2. Aufl. de Gruyter. Berlin u.a. 1991. *Zitiert*: Strafrecht AT.

Jara Bustos, Francisco: Eficacia horizontal de los derechos fundamentales? El problema del estándar de la prueba ilícita en el derecho chileno, Derecho y Humanidades 2012, 273–296.

Jescheck, Hans-Heinrich: Beweisverbote im Strafprozeß: rechtsvergleichendes Generalgutachten für den 46. Deutschen Juristentag, in: Verhandlungen des 46. Deutschen Juristentages, Band II (Sitzungsberichte), Teil F, Essen, München 1966, F156–210. *Zitiert:* Verhandlungen des 46. Deutschen Juristentages, Band II.

Joerden, Jan: Verbotene Vernehmungsmethoden – Grundfragen des § 136a StPO, JuS 1993, 927–931.

Jones, Luther E. Jr: Fruit of the poisonous tree, S Tex. L. J. 1967, 17–22.

Kalb, Sebastian: Die funktionale Begründung strafprozessualer Beweisverbote: eine rechtsvergleichende Untersuchung zu den Grundlagen der Beweisverbote, Kovač, Hamburg 2006. *Zitiert:* Die funktionale Begründung.

Kaplan, John: The Limits of the Exclusionary Rule, Stan. L.Rev. 1974, 1027–1055.

Karlsruher Kommentar zur Strafprozessordnung: mit GVG, EGGVG und EMRK, hrsg. v. *Hannich/Appl*, 7. Aufl., Beck, München 2013. *Zitiert:* KK-*Bearbeiter.*

Kaspar, Johannes: Strafprozessuale Verwertbarkeit nach rechtswidriger privater Beweisbeschaffung, GA 2013, 206–225.

Kelnhofer, Evelyn: Hypothetische Ermittlungsverläufe im System der Beweisverbote, Duncker & Humblot, Berlin 1994. *Zitiert:* Hypothetische Ermittlungsverläufe.

Killian, Bobbi J.: United States v. Crews: Fruit of the Poisonous Tree – A new wrinkle?, Idaho L.Rev. 1982, 151–162.

Kindhäuser, Urs: Strafprozessrecht. 3., Aufl., Nomos, Baden-Baden 2013. *Zitiert:* Strafprozessrecht.

Kleinknecht, Theodor: Die Beweisverbote im Strafprozeß, NJW 1966, 1537–1545.

Klug, Ulrich: Referat auf dem 46. Deutschen Juristentag, in: Verhandlungen des 46. Deutschen Juristentages, Band II (Sitzungsberichte), Teil F, Essen, München 1966, F29–61. *Zitiert*: Verhandlungen des 46. Deutschen Juristentages, Band II.

KMR: Kommentar zur Strafprozeßordnung, hrsg. v. *Kleinknecht/Müller/Fezer/Heintschel-Heinegg*, 80. Lfg. Stand: August 2016, Luchterhand, Neuwied u.a. *Zitiert*: KMR-*Bearbeiter.*

Knauth, Alfons: Beweisrechtliche Probleme bei der Verwertung von Abhörmaterial im Strafverfahren, NJW 1978, 741–745.

Knoll, Dieter: Die Fernwirkungen von Beweisverwertungsverboten, AV-Verl., Augsburg 1992. *Zitiert*: Die Fernwirkungen.

Koch, Hans-Joachim: Die normtheoretische Basis der Abwägung, in: Erbguth/-Oebbecke/Rengeling,/Schulte (Hrsg.), Abwägung im Recht: Symposium und Verabschiedung von Werner Hoppe am 30. Juni 1995 in Münster aus Anlass seiner Emeritierung, Köln u.a., 1996, 9–24. *Zitiert*: Abwägung im Recht.

Kohlhaas, Max: Beweisverbote im Strafprozeß, DRiZ 1966, 286–291.

Kohlmann, Günther: Anmerkung zum Urteil des BGH vom 22.2.1978 – II StR 334/77 = BGHSt 27, 355 = JA 1978, 593, ff, JA 1978, 594–596.

Koriath, Heinz: Über Beweisverbote im Strafprozeß, Lang, Frankfurt am Main u.a. 1994. *Zitiert*: Über Beweisverbote.

Kramer, Bernhard: Unerlaubte Vernehmungsmethoden in der Untersuchungshaft, JURA 1988, 520–525.

Krekeler, Wilhelm: Zufallsfunde bei Berufsgeheimnisträgern und ihre Verwertbarkeit, NStZ 1987, 199–204.

Krey, Volker: Deutsches Strafverfahrensrecht: Studienbuch in systematisch-induktiver Darstellung, Kohlhammer, Stuttgart 2007. *Zitiert*: Strafverfahrensrecht.

Kühne, Hans-Heiner: Strafprozessrecht: eine systematische Darstellung des deutschen und europäischen Strafverfahrensrechts. 9. Aufl. Müller. Heidelberg u.a. 2015. *Zitiert*: Strafprozessrecht.

Küpper, Georg: Tagebücher, Tonbänder, Telefonate – Zur Lehre von den selbständigen Beweisverwertungsverboten im Strafverfahren -, JZ 1990, 416–424.

LaFave, Wayne R./*Israel*, Jerold H./*King*, Nancy J.: Criminal procedure, 4. Aufl., West. St. Paul, Minn. 2004. *Zitiert*: Criminal procedure.

Landau, Herbert/*Sander*, Günther M.: Ermittlungsrichterliche Entscheidungen und ihre Revisibilität, StraFo 1998, 397–402.

Lesch, Heiko: Funktionale Rekonstruktion der Lehre von den Beweisverboten, in: *Hassemer/Kempf/Moccia* (Hrsg.), In dubio pro libertate: Festschrift für Klaus Volk zum 65. Geburtstag, München 2009, 311–321. *Zitiert*: FS Volk.

-Strafprozessrecht, 2. Aufl., Luchterhand, Neuwied u.a. 2001. *Zitiert*: Strafprozessrecht.

-Zur Einführung in das Strafrecht: Über den Sinn und Zweck staatlichen Strafens, JA 1994, 510–519; 590–599.

Lippe, Sabine: Die „Widerspruchslösung" der Rechtsprechung für strafprozessuale Beweisverwertungsverbote, Kovač, Hamburg 2001. *Zitiert*: Widerspruchslösung.

Löffelmann, Markus: Die normativen Grenzen der Wahrheitserforschung im Strafverfahren: Ideen zu einer Kritik der Funktionsfähigkeit der Strafrechtspflege, De Gruyter Recht, Berlin 2008. *Zitiert*: Die normativen Grenzen.

Lohberger, Ingram: Mittelbare Verwertung sog. Zufallserkenntnisse bei rechtmäßiger Telefonüberwachung nach §§ 100 a, b StPO, in: *Ebert/Rieß/Roxin/Wahle* (Hrsg.), Festschrift für Ernst-Walter Hanack zum 70. Geburtstag am 30. August 1999, Berlin u.a., 1999, 253–276. *Zitiert*: FS Hanack.

Londoño Martínez, Fernando/*Martin Mois*, Freiwirth/*Praetorius Batalla*, Daniel/*Ramirez Berenguer*, José Manuel: Reforma procesal penal: génesis, historia sistematizada y concordancias: código procesal penal, Jurídica de Chile, Santiago 2003. *Zitiert*: Reforma procesal penal.

Löwe-Rosenberg: Die Strafprozeßordnung und das Gerichtsverfassungsgesetz. Großkommentar, hrsg. v. *Becker/Erb/Esser/Graalmann-Scheerer/Hilger/Ignor*, de Gruyter, Berlin u.a. *Zitiert*: LR-*Bearbeiter*.

-Erster Band: Einleitung, §§ 1–47, 27. Aufl., 2016;

-Zweiter Band: §§48–93, 26. Aufl., 2008;

-Vierter Band: §§112–150, 26. Aufl., 2007;

-Fünfter Band: §151–212b, 26. Aufl., 2008.

Lubig, Sebastian: Beweisverwertungsverbote im Kartellverfahrensrecht der Europäischen Gemeinschaft, Nomos, Baden-Baden 2008. *Zitiert*: Beweisverwertungsverbote.

Luhmann, Niklas: Das Recht der Gesellschaft. 1. Aufl. Suhrkamp. Frankfurt am Main 1993.

-Legitimation durch Verfahren. 2. Aufl. Suhrkamp, Frankfurt am Main 1989.

-Rechtssoziologie. 4. Aufl., Wiesbaden 2008.

-Soziale Systeme: Grundriß einer allgemeinen Theorie, 2. Aufl., Suhrkamp. Frankfurt am Main 1985. *Zitiert*: Soziale Systeme.

Magnus, Dorothea: Beweisverbote bei Zufallsfunden im Strafprozess – am Beispiel der DNA-Reihenuntersuchung, ZStW (2014), 695–719.

Maguire, Robert F.: How to unpoison the fruit – the fourth amendment and the exclusionary rule, J Crim Law Criminal Police Sci 1964, 307–321.

Maiberg, Karin: Zur Widerspruchsabhängigkeit von strafprozessualen Verwertungsverboten, Duncker & Humblot, Berlin 2003. *Zitiert*: Zur Widerspruchsabhängigkeit.

Maiwald, Manfred: Zufallsfunde bei zulässiger strafprozessualer Telephonüberwachung – BGH, NJW 1976, 1462, JuS 1978, 379–385.

Maturana Miquel, Cristián/*Montero López*, Raúl: Derecho Procesal Penal Tomo II, Legal Publishing Chile, Santiago 2012. *Zitiert*: Derecho Procesal Penal.

Maul, Heinrich/*Eschelbach*, Ralf: Zur "Widerspruchslösung" von Beweisverbotsproblemen in der Rechtsprechung, StraFo 1996, 66–70.

Mayer, Markus: Anmerkung zum Beschluß des OLG Celle vom 14.3.1989 – 1 Ss 41/89, JZ 1989, 908–910.

Mehle, Volkmar: Einige Anmerkungen zum gegenwärtigen Stand der Diskussion über die Fernwirkung des Verwertungsverbots nach §136a Abs. 3 Satz 2 StPO, in: II. Strafverteidiger-Frühjahrssymposium 1988 der Arbeitsgemeinschaft Strafrecht des Deutsches Anwaltverein. Wahrheitsfindung und ihre Schranken, Bergisch Gladbach 1989, 172–188. *Zitiert:* Wahrheitsfindung und ihre Schranken.

Mergner, Tobias: Fernwirkung von Beweisverwertungsverboten, Diss. Köln 2005. *Zitiert*: Fernwirkung.

Meurer, Dieter: Anmerkung zum Urteil des BGH vom 12.2.1989 – 2 StR 402/88 – (BGHSt 36, 119), JR 1990, 389–392.

Meyer-Goßner, Lutz / *Schmitt*, Bertram: Strafprozessordnung. Gerichtsverfassungsgesetz, Nebengesetze und ergänzende Bestimmungen, 59. Aufl. Beck, München 2016.

Meyer-Mews, Hans: Die Ratio der Widerspruchslösung, StraFo 2009, 141–144.

Mosbacher, Andreas: Verwertungsverbot bei Durchsuchungsanordnung des Staatsanwalts, NJW 2007, 3686–3688.

-Zur Zukunft der Widerspruchslösung, in: *Bernsmann/Fischer* (Hrsg.), Festschrift für Ruth Rissing-van Saan zum 65. Geburtstag am 25. Januar 2011, Berlin u.a., 2011, 357–378. *Zitiert*: FS Rissing-van Saan.

Mueller, Gerhard O. W.: Beweisverbote im amerikanischen Strafprozeß, in: Verhandlungen des 46. Deutschen Juristentages, Band I (Gutachten), Teil 3A, Essen, München 1966, 33–54. *Zitiert*: Verhandlungen des 46. Deutschen Juristentages, Band I.

Münchener Kommentar zur Strafprozessordnung, hrsg. v. *Knauer/Kudlich/Schneider*, Beck, München. *Zitiert*: MK-*Bearbeiter*.

Münchener Kommentar zur Zivilprozeßordnung: mit Gerichtsverfassungsgesetz und Nebengesetzen, hrsg. v. *Lüke/ Rauscher/ Krüger*, 2. Aufl., Beck, München. *Zitiert*: MK-ZPO-*Bearbeiter*.

Murmann, Uwe: Prüfungswissen Strafprozessrecht, 3. Aufl., Beck, München 2015. *Zitiert*: Strafprozessrecht.

Müssig, Bernd: Beweisverbote im Legitimationszusammenhang von Strafrechtstheorie und Strafverfahren, GA 1999, 119–142.

-Grenzen der Beweisverwertung beim Einsatz „Verdeckter Ermittler" gegen den Verdächtigen, GA 2004, 87–103.

Muthorst, Olaf: Das Beweisverbot: Grundlegung und Konkretisierung rechtlicher Grenzen der Beweiserhebung und der Beweisverwertung im Zivil-, Straf- und Verwaltungsverfahren, Mohr Siebeck, Hamburg u.a. 2009. *Zitiert*: Das Beweisverbot.

Neuhaus, Ralf: Zur Fernwirkung von Beweisverwertungsverboten, NJW 1990, 1221–1222.

-Zur Notwendigkeit der qualifizierten Beschuldigtenbelehrung – Zugleich Anmerkung zu LG Dortmund NStZ 1997, 356 (in diesem Heft) -, NStZ 1997, 312–316.

Niese, Werner: Die Rechtsprechung des Bundesgerichtshofes in Strafsachen, JZ 1953, 219–224.

Norouzi, Ali B.: Anmerkung zum Urteil des BGH v. 14.9.2010 – 3 StR 537/09 (OLG Koblenz), NJW 2011, 1525–1526.

Note/Comentar: Fruit of the Poisonous Tree. A Plea for Relevant Criteria, U. Pa. L. Rev. 1967, 1136–1153.

Nüse, Karl-Heinz: Zu den Beweisverboten im Strafprozeß, JR 1966, 281–288.

Oaks, Dallin H.: Studying the Exclusionary Rule in Search and Seizure, U. Chi. L. Rev. 1970, 665–757.

Osmer, Jan-Dierk: Der Umfang des Beweisverwertungsverbotes § 136a StPO, Diss. Hamburg 1966. *Zitiert*: Der Umfang.

Ossenberg, Sarah: Die Fernwirkung im deutsch-U.S.-amerikanischen Vergleich: unter besonderer Berücksichtigung der Funktionen der Beweisverwertungsverbote, Kovač, Hamburg 2011. *Zitiert*: Die Fernwirkung.

Ostendorf, Heribert: Strafprozessrecht: Rechtssystem und Rechtsanwendung, Nomos, Baden-Baden 2012. *Zitiert*: Strafprozessrecht.

Otto, Harro: Grenzen und Tragweite der Beweisverbote im Strafverfahren, GA 1970, 289–305.

Park, Tido: Handbuch Durchsuchung und Beschlagnahme: mit Sonderteil zur Unternehmensdurchsuchung, 2. Auflage, Beck, München 2009. *Zitiert*: Handbuch Durchsuchung.

Paul, Tobias: Unselbständige Beweisverwertungsverbote in der Rechtsprechung, NStZ 2013, 489–497.

Paulus, Rainer: Beweisverbote als Prozeßhandlungshindernisse, in: *Geppert/Dehnicke*, (Hrsg.), Gedächtnisschrift für Karlheinz Meyer, Berlin u.a. 1990, 309–329. *Zitiert*: GS Meyer.

-Rechtsdogmatische Bemerkungen zum Urkundenbeweis in der Hauptverhandlung des Strafverfahrens, JuS 1988, 873–879.

Pelz, Christian: Beweisverwertungsverbote und hypothetische Ermittlungsverläufe, VVF, München 1993. *Zitiert*: Beweisverwertungsverbote.

Peres, Holger: Strafprozessuale Beweisverbote und Beweisverwertungsverbote und ihre Grundlagen in Gesetz, Verfassung und Rechtsfortbildung, VVF, München 1991. *Zitiert*: Strafprozessuale Beweisverbote.

Peters, Karl: Beweisverbote im deutschen Strafverfahren, in: Verhandlungen des 46. Deutschen Juristentages, Band I (Gutachten), Teil 3A, Essen, München 1966, 91–164. *Zitiert*: Verhandlungen des 46. Deutschen Juristentages, Band I.

-Strafprozeß: ein Lehrbuch, 4. Aufl, Müller, Heidelberg 1985. *Zitiert*: Strafprozeß.

Petry, Horst: Beweisverbote im Strafprozeß, Stoytscheff, Saarbrücken 1970. *Zitiert*: Beweisverbote.

Pino Reyes, Octavio Alejandro: Teoría de los efectos reflejos de la prueba ilícita o "teoría de los frutos del árbol envenenado" (fruit of the poisonous tree doctrina), GJ 2011, 26–37.

Pitler, Robert M.: "The Fruit of the poisonous Tree" Revisited and Shepardized. Cal. L. Rev. 1968, 579–651.

Pitsch, Christoph: Strafprozessuale Beweisverbote: eine systematische, praxisnahe und rechtsvergleichende Untersuchung unter besonderer Berücksichtigung des Steuerstrafverfahrens, der Zufallsfunde und der Fernwirkungsproblematik, Kovač, Hamburg 2009. *Zitiert*: Strafprozessuale Beweisverbote.

Popp, Andreas: Verfahrenstheoretische Grundlagen der Fehlerkorrektur im Strafverfahren: eine Darstellung am Beispiel der Eingriffsmaßnahmen im Ermittlungsverfahren, Duncker & Humblot, Berlin 2005. *Zitiert*: Verfahrenstheoretische Grundlagen.

Posner, Richard A.: Excessive Sanctions for Govermental Misconduct in Criminal Cases, Wash.L.Rev. 1982, 635–646.

Prittwitz, Cornelius: Richtervorbehalt, Beweisverwertungsverbot und Widerspruchlösung bei Blutentnahmen gem. § 81a Abs. 2 StPO, StV 2008, 486–494.

Ranft, Otfried: Bemerkungen zu den Beweisverboten im Strafprozeß, in: *Seebode* (Hrsg.), Festschrift für Günter Spendel zum 70. Geburtstag am 11. Juli 1992, Berlin u.a., 1992, 719–736. *Zitiert*: FS Spendel.

-Strafprozeßrecht: systematische Lehrdarstellung für Studium und Praxis, 3. Aufl., Boorberg, Stuttgart u.a. 2005. *Zitiert*: Strafprozeßrecht.

Ransiek, Andreas: Anmkerung zum Urteil des BGH vom 18.4.2007 – 5 StR 546/06 (JR 10/2007 432–436), JR 2007, 436–438.

-Durchsuchung, Beschlagnahme und Verwertungsverbot, StV 2002, 565–571.

-Rechtswidrige Ermittlungen und die Fernwirkung von Beweisverwertungsverboten, in: *Fahl/Müller/Satzger/Swoboda* (Hrsg.), Festschrift für Werner Beulke zum 70. Geburtstag, Heidelberg, 2015 S. 949–961. *Zitiert*: FS Beulke.

Reichert-Hammer, Hansjörg: Zur Fernwirkung von Beweisverwertungsverboten (§136a StPO) – BHGSt 34, 362, JuS 1989, 446–450.

Reinecke, Jan: Die Fernwirkung von Beweisverwertungsverboten, VVF, München 1990. *Zitiert*: Die Fernwirkung.

Riegel, Reinhard: Das Dirnhofer-Urteil des Bundesgerichtshofs und seine Konsequenzen für die Zusammenarbeit der Sicherheits- und Strafverfolgungsbehörden, JZ 1980, 757–760.

Rogall, Klaus: „Abwägungen" im Recht der Beweisverbote, in: *Ebert/Rieß/Roxin/Wahle* (Hrsg.), Festschrift für Ernst-Walter Hanack zum 70. Geburtstag am 30. August 1999, Berlin u.a., 1999, 293–309. *Zitiert:* FS Hanack.

-Anmerkung zum Urteil des BGH vom 26.7.2007 – 3 StR 104/07 (LG Wuppertal), NStV 2007, 714, NStZ 2008, 110–113.

-Beweiserhebungs- und Beweisverwertungsverbote im Spannungsfeld zwischen den Garantien des Rechtsstaates und der effektiven Bekämpfung von Kriminalität und Terrorismus, JZ 2008, 818–830.

-Beweisverbote im System des deutschen und des amerikanischen Strafverfahrensrechts, in: *Wolter/Feigen* (Hrsg.), Zur Theorie und Systematik des Strafprozeßrechts, Neuwied u.a. 1995, 113–160. *Zitiert:* Zur Theorie und Systematik.

-Das Verwendungsverbot des § 393 II AO, in: *Hirsch/Wolter/Brauns* (Hrsg.), Festschrift für Günter Kohlmann zum 70. Geburtstag, Köln 2003, 465–498. *Zitiert:* FS Kohlmann.

-Der Beschuldigte als Beweismittel gegen sich selbst: ein Beitrag zur Geltung des Satzes „Nemo tenetur seipsum prodere" im Strafprozeß, Duncker & Humblot, Berlin 1977. *Zitiert:* Der Beschuldigte als Beweismittel gegen sich selbst.

-Gegenwärtiger Stand und Entwicklungstendenzen der Lehre von den strafprozessualen Beweisverboten, ZStW 91 (1979), 1–44.

-Grund und Grenzen der „qualifizierten" Belehrung im Strafprozess, in: *Geisler/Kraatz/Kretschmer/Schneider/Sowada* (Hrsg.), Festschrift für Klaus Geppert zum 70. Geburtstag am 10. März 2011, Berlin u.a., 2011, 519–547. *Zitiert:* FS Geppert.

-Grundsatzfragen der Beweisverbote. In: Höpfel, Frank and Höpfel, Huber (Hrsg.), Beweisverbote in Ländern der EU und vergleichbaren Rechtsordnungen, Exclusion of Evidence Within the EU and Beyond, Europäisches Kolloquium Wien, 18. – 20. September 1997, Freiburg i. Br., 1999, 119–148. *Zitiert:* Beweisverbote in Ländern der EU.

-Hypothetische Ermittlungsverläufe im Strafprozeß, NStZ 1988, 385–393.

-Kernbereichsmystik im Strafverfahren, in: *Weßlau/Wohlers* (Hrsg.), Festschrift für Gerhard Fezer zum 70. Geburtstag am 29. Oktober 2008, Berlin 2008, 61–86. *Zitiert:* FS Fezer.

-Rezension. Rainer Störmer, Dogmatische Grundlagen der Verwertungsverbote, StV 1996, 513–519.

-Über die Folgen der rechtswidrigen Beschaffung des Zeugenbeweises im Strafprozeß, JZ 1996, 944–955.

-Verwertungsverbote im Besteuerungsverfahren, in: Hanack/Hilger/Mehle/Widmaier (Hrsg.), Festschrift für Peter Rieß zum 70. Geburtstag am 4. Juni 2002, Berlin u.a. 2002, 951–982. *Zitiert*: FS Rieß.

-Zur Lehre von den Beweisverboten, Anmerkungen zum gegenwärtigen Diskussionsstand, in: *Samson/Dencker/Frisch/Frister/Reiß* (Hrsg.), Festschrift für Gerald Grünwald zum siebzigsten Geburtstag, Baden-Baden 1999, 523–547. *Zitiert:* FS Grünwald.

Röger, Ralf: Die Verwertbarkeit des Beweismittels nach § 81a StPO bei rechtswidriger Beweisgewinnung, Lang, Frankfurt am Main u.a. 1994. *Zitiert:* Die Verwertbarkeit des Beweismittels.

Roxin, Claus: Anmerkung zum Urteil des BGH vom 15.02.1989, NStV 1989, 375, f, NStZ 1989, 375–379.

-Beschuldigtenstatus und qualifizierte Belehrung, JR 2008, 16–19.

-Das Recht des Beschuldigten zur Verteidigerkonsultation in der neuesten Rechtsprechung, JZ 1997, 343–347.

-Die Rechtsprechung des Bundesgerichtshofs zum Strafverfahrensrecht – Ein Rückblick auf 40 Jahre -, in: *Roxin/Jauernig* (Hrsg.), 40 Jahre Bundesgerichtshof: Festveranstaltung am 1. Oktober 1990 mit Ansprache des Präsidenten des Bundesgerichtshofes; Vorträge, Heidelberg 1991, 66–99. *Zitiert:* 40 Jahre BGH.

-Für ein Beweisverwertungsverbot bei unterlassener qualifizierter Belehrung (Anmerkung zu BGH HRRS 2009 Nr. 260), HRRS 2009, 186–188.

-Gegenwart und Zukunft der Verteidigung im rechtsstaatlichen Strafverfahren. in: *Ebert/Rieß/Roxin/Wahle* (Hrsg.), Festschrift für Ernst-Walter Hanack zum 70. Geburtstag am 30. August 1999, Berlin u.a., 1999, 1–25. *Zitiert:* FS Hanack.

-Strafrecht: allgemeiner Teil Bd. 1 Grundlagen: der Aufbau der Verbrechenslehre, 4. Aufl., Beck, München 2006. *Zitiert:* Strafrecht AT

Roxin, Claus / *Schünemann*, Bernd: Strafverfahrensrecht: ein Studienbuch, 28. Auflage, Beck, München 2014. *Zitiert:* Strafverfahrensrecht.

Rudolphi, Hans-Joachim: Die Revisibilität von Verfahrensmängeln im Strafprozeß, MDR 1970, 93–100.

Rüping, Hinrich: Das Strafverfahren, 3. Aufl., Vahlen, München 1997. *Zitiert:* Strafverfahren.

Salditt, Franz, 25 Jahre Miranda. Rückblick auf ein höchstrichterliches Experiment, GA 1992, 51–75.

Sarstedt, Werner: Referat auf dem 46. Deutschen Juristentag, Verhandlungen des 46. Deutschen Juristentages, Band II (Sitzungsberichte), Essen 1966, München 1966, F8–F29. *Zitiert*: Verhandlungen des 46. Deutschen Juristentages, Band II.

Satzger, Helmut / *Schluckebier*, Wilhelm / *Widmaier*, Gunter, StPO: Strafprozeßordnung; Kommentar. Heymann. Köln 2014. *Zitiert*: SSW-*Bearbeiter*

Schellhammer, Kurt: Blutentnahme durch Medizinalassistenten, NJW 1972, 319–320.

Schlothauer, Reinhold: Zur Bedeutung der Beweisverwertungsverbote im Ermittlungs- und Zwischenverfahren, in: *Prittwitz/Baurmann/Günther/Kuhlen/Merkel/ Nestler/ Schulz* (Hrsg.), Festschrift für Klaus Lüderssen zum 70. Geburtstag am 2. Mai 2002, Baden-Baden 2002, 761–772. *Zitiert:* FS Lüderssen.

Schlüchter, Ellen: Anmerkung zum Urteil des BGH vom 24.8.1983 – 3 StR 136/83 (BGHSt. 32, 68), JR 1984, 517–522.

-Das Strafverfahren, 2. Aufl., Heymanns, Köln u.a. 1983.

-Zum normativen Zusammenhang zwischen Rechtsfehler und Urteil, in: *Schlüchter/Laubenthal* (Hrsg.), Recht und Kriminalität: Festschrift für Friedrich-Wilhelm Krause zum 70. Geburtstag, Köln u.a. 1990, 485–501. *Zitiert:* FS Krause.

Schmidt, Eberhard: Ärztliche Mitwirkung bei Untersuchungen und Eingriffen nach StPO §§ 81a und 81c, MDR 1970, 461–465.

-Die Verletzung der Belehrungspflicht gemäß § 55 II StPO als Revisionsgrund, JZ 1958, 596–601.

-Formen im Gerichtssaal, ZRP 1969, 254–259.

-Strafprozeßordnung. Nachträge und Ergänzungen zu Teil 2: Lehrkommentar zur Strafprozeßordnung und zum Gerichtsverfassungsgesetz, Vandenhoeck & Ruprecht, Göttingen 1970. *Zitiert:* Strafprozeßordnung.

Schneider, Hartmut: Zur Berücksichtigung hypothetischer Ermittlungsverläufe in Fällen grob fehlerhafter Annahme von Gefahr im Verzug bei Wohnungsdurchsuchungen, NStZ 2009, 46–52.

Schnelle, Simon: Eine Fehlerfolgenlehre für Rechtsverordnungen, Vahlen, München 2007. *Zitiert:* Eine Fehlerfolgenlehre.

Schöneborn, Christian: Die strafprozessuale Beweisverwertungsproblematik aus revisionsrechtlicher Sicht, GA 1975, 33–41.

Schröder, Svenja: Beweisverwertungsverbote und die Hypothese rechtmäßiger Beweiserlangung im Strafprozess, Duncker & Humblot, Berlin 1992. *Zitiert:* Beweisverwertungsverbote.

Schroth, Ulrich: Beweisverwertungsverbote im Strafverfahren – Überblick, Strukturen und Thesen zu einem umstrittenen Thema, JuS 1998, 969–980.

Schünemann, Bernd: Die Belehrungspflichten der §§ 243 IV, 136 n. F. StPO und der BGH, MDR 1969, 101–103.

Schürmann, Miguel: En contra de la aceptación amplia del reconocimiento de la buena fe como excepción a la regla de exclusión de la prueba ilícita. Comentario a la sentencia de la Corte Suprema Nr. 11.482–13, Revista de Ciencias Penales, Sexta Época 2014, 197–199.

Seebode, Manfred: Anmerkung zum Urteil des BGH vom 28.4.1987 – 5 StR 666/86 (BGHSt. 34, 362), JR 1988, 427–432.

Sendler, Horst: Die Verwertung rechtswidrig erlangter Beweismittel im Strafprozeß mit Berücksichtigung des anglo-amerikanischen und des französischen Rechts, Diss. Berlin, Freie Univ. 1956. *Zitiert*: Die Verwertung rechtswidrig erlangter Beweismittel.

Singelnstein, Tobias: Strafprozessuale Verwendungsregelungen zwischen Zweckbindungsgrundsatz und Verwertungsverboten. Voraussetzungen der Verwertung von Zufallsfunden und sonstiger zweckentfremdender Nutzung personenbezogener Daten im Strafverfahren seit dem 1. Januar 2008, ZStW 120 (2008), 854–893.

-Unselbständige Verwertungsverbote und informationelle Selbstbestimmung. Zum Gesetzesvorbehalt in der Beweisverbotslehre aus grundrechtlicher Perspektive, in: *Müller/Albrecht/Eisenberg* (Hrsg.), Festschrift für Ulrich Eisenberg zum 70. Geburtstag. München 2009, 643–656. *Zitiert*: FS Eisenberg.

SK-StPO: Systematischer Kommentar zur Strafprozessordnung. Mit GVG und EMRK, hrsg. v. *Wolter*. *Zitiert*: SK-*Bearbeiter*.

-Band II: §§94 – 136a StPO, 5. Aufl., Heymanns, Köln 2016.

-Band III: §§137 – 197 StPO, 5. Aufl., Heymanns, Köln 2016.

-Band VII: §§333 – 337a StPO, 4. Aufl., Heymanns, Köln 2014.

Spendel, Günter: Beweisverbote im Strafprozeß, NJW 1966, 1102–1108.

-Wahrheitsfindung im Strafprozeß, JuS 1964, 465–473.

Störmer, Rainer: Dogmatische Grundlagen der Verwertungsverbote: eine Untersuchung über die Strukturen strafprozessualer Verwertungsverbote unter dem

Einfluss der Verfassung und der Grundsätze des öffentlichen Rechts, Elwert, Marburg 1992. *Zitiert*: Dogmatische Grundlagen.

-Strafprozessuale Verwertungsverbote in verschiedenen Konstellationen, JURA 1994, 621–628.

-Verfassungsrechtliche Verwertungsverbote im Strafprozeß, JURA 1994, 393–398.

Strafprozessordnung mit Gerichtsverfassungsgesetz und Nebengesetzen Kommentar, hrsg. v. *Graf*, 2. Aufl., Beck, München 2012. Zitiert: Graf-StPO-*Bearbeiter*

Strate, Gerhard: Rechtshistorische Fragen der Beweisverbote, in: II. Strafverteidiger-Frühjahrssymposium 1988 der Arbeitsgemeinschaft Strafrecht des Deutsches Anwaltverein. Wahrheitsfindung und ihre Schranken, Bergisch Gladbach 1989, 13–20. *Zitiert:* Wahrheitsfindung und ihre Schranken.

Swoboda, Sabine: Grenzen der Informationsgewinnung aus DNA-Identifikationsmustern bei molekulargenetischen Reihentests nach § 81 h StPO, StV 2013, 461–470.

Sydow, Fritz: Kritik der Lehre von den „Beweisverboten", Holzner, Würzburg 1976. *Zitiert*: Kritik der Lehre.

Tavolari Oliveros, Raúl: Instituciones del nuevo proceso penal, Editorial Jurídica de Chile, Santiago 2007.

Thiele, Hans: Die Bedrohung prozessualer Freiheit durch materielles Wirtschaftsstrafrecht am Beispiel der §§ 264a, 265b StGB, wistra 2004, 121–126.

Wagner, Heinz: Anmerkung zum Urteil des BGH vom 28.4.1987 – 5 StR 666/86, NStZ 1989, 34–35.

Weigend, Thomas: Anmerkung zum Beschluss des LG Frankfurt v. 9.4.2003 – 5/22 Ks 3490 Js 230118/02, StV 2003, 436–440.

-Anmerkung zum Urteil EGMR, Große Kammer, Urt. vom 01.06.2010, StV 2011, 325–329.

-Unverzichtbares im Strafverfahrensrecht, ZStW 113 (2001), 270–304.

Weiler, Edgar: Beweissichernde Durchsuchung und die Folgen von Verfahrensfehlern, in: *Graul/Wolf* (Hrsg.), Gedächtnisschrift für Dieter Meurer, Berlin 2002, 395–420. *Zitiert:* GS Meurer.

Welp, Jürgen: Beschlagnahme und Verwertung unzüchtiger Postsendungen – BGHSt 23, 329, JuS 1971, 239–244.

-Die strafprozessuale Überwachung des Post- und Fernmeldeverkehrs, Winter, Heidelberg 1974. *Zitiert:* Die strafprozessuale Überwachung.

-Zufallsfunde bei der Telefonüberwachung, JURA 1981, 472–484.

Welzel, Hans: Abhandlungen zum Strafrecht und zur Rechtsphilosophie, de Gruyter, Berlin u.a. 1975. *Zitiert:* Abhandlungen.

-Das deutsche Strafrecht: eine systematische Darstellung, 11. Aufl., de Gruyter, Berlin 1969. *Zitiert:* Strafrecht.

Werner, Matthias: Allgemeine Fehlerfolgenlehre für den Verwaltungsvertrag: unter besonderer Berücksichtigung der Entwicklung der Rechtsprechung, Nomos, Baden-Baden 2008. *Zitiert:* Allgemeine Fehlerfolgenlehre.

Wesemann, Horst / *Müller*, Anisa: Das gem. § 136a Abs. 3 StPO unverwertbare Geständnis und seine Bedeutung im Rahmen der Strafzumessung, StraFo 1998, 113–116.

Weßlau, Edda: Gespaltene Tatsachenfeststellungen, Überkreuzverwertungen und advokatorische Dilemmata – Beweisverwertung zum Nachteil von Mitbeschuldigten, StV 2010, 41–45.

-Rezension Knut Amelung, Informationsbeherrschungsrechte im Strafprozeß, StV 1995, 278.

Widmaier, Gunter: Wahrheitsfindung zwischen Aufklärungspflicht und Beweisverboten in: II. Strafverteidiger-Frühjahrssymposium 1988 der Arbeitsgemeinschaft Strafrecht des Deutsches Anwaltverein. Wahrheitsfindung und ihre Schranken, Bergisch Gladbach 1989, 29–39. *Zitiert:* Wahrheitsfindung und ihre Schranken.

Wohlers, Wolfgang: Anmerkung zum Beschluss des OLG Celle v. 14.3.1989 – 1 Ss 41/89 (Abgedruckt mit Sachverhalt und Gründen in NStZ 1989, 385), NStZ 1990, 245–246.

-Rezension Cristian Jäger, Beweisverwertung und Beweisverwertungsverbote im Strafprozess, GA 2005, 368–370.

-Die Hypothese rechtmäßiger Beweiserlangung – ein Instrument zur Relativierung unselbstständiger Verwertungsverbote? in: *Weßlau/Wohlers* (Hrsg.), Festschrift für Gerhard Fezer zum 70. Geburtstag am 29. Oktober 2008, Berlin 2008, 311–329. *Zitiert:* FS Fezer.

-Die Nichtbeachtung des Richtervorbehalts – Probierstein für die Dogmatik der unselbständigen Verwertungsverbote, StV 2008, 434–442.

-Fernwirkung – zur normativen Begrenzung der sachlichen Reichweite von Verwertungsverboten, in: *Zöller/Hilger/Küper/Roxin* (Hrsg.), Gesamte Strafrechtswissenschaft in internationaler Dimension: Festschrift für Jürgen Wolter zum 70. Geburtstag am 7. September 2013, Berlin 2013, 1181–1204. *Zitiert:* FS Wolter.

-Verwertungs-, Verwendungs- und/oder Belastungsverbote – die Rechtsfolgenseite der Lehre von den Beweisverwertungsverboten, in: *Herzog/Schlothauer/Wohlers* (Hrsg.), Rechtsstaatlicher Strafprozess und Bürgerrechte: Gedächtnisschrift für Edda Weßlau, Berlin 2016, 427–444. *Zitiert:* GS Weßlau.

Wolter, Jürgen: Anmerkung zum Urteil des BGH vom 24.08.1983 NStZ 1984, 275 ff., NStZ 1984, 276–278.

-Beweisverbote und Umgehungsverbote zwischen Wahrheitserforschung und Ausforschung, in: *Canaris/Schmidt/Heldrich/Roxin/Widmaier/Hopt* (Hrsg.), 50 Jahre Bundesgerichtshof: Festgabe aus der Wissenschaft, München 2000, 963–1009. *Zitiert:* 50 Jahre BGH.

-Kriminalpolitik und Strafprozessrechtssystem, in: *Schünemann/Achenbach/Bottke/Rudolphi/Haffke* (Hrsg.), Festschrift für Claus Roxin zum 70. Geburtstag am 15. Mai 2001, Berlin u.a. 2001, 1143–1171. *Zitiert:* FS Roxin.

-Menschenwürde und Freiheit im Strafprozeß, in: *Geppert/Dehnicke* (Hrsg.), Gedächtnisschrift für Karlheinz Meyer, Berlin u.a. 1990, 493–516. *Zitiert:* GS Meyer.

-Repressive und präventive Verwertung tagebuchartiger Aufzeichnungen – zugleich Besprechung der Tagebuch-Entscheidung des BVerfG -, StV 1990, 175–180.

-Verfassungsrecht im Strafprozeß- und Strafrechtssystem, NStZ 1993, 1–10.

-Verwertungsverbote bei zulässiger Telefonüberwachung, in: Dornseifer/Horn/Schilling/Schöne/Struensee/Zielinski (Hrsg.), Gedächtnisschrift für Armin Kaufmann, Köln u.a. 1990, 761–780. *Zitiert:* GS Kaufmann.

Zapata García, María Francisca: La prueba ilícita. Santiago, Chile, LexisNexis, Santiago 2004.

www.ingramcontent.com/pod-product-compliance
Ingram Content Group UK Ltd.
Pitfield, Milton Keynes, MK11 3LW, UK
UKHW021927290926
8980IPUK00016B/1496

9 783631 779965